제 2 판

지역 · 도시경제학

– 이론과 실증 –

김의준 김재홍 김호연 구교준
마강래 이수기 임 업

弘 文 社

제 2 판 머리말

지역학(regional science)은 도시와 지역 등 공간(space)과 관련된 다양한 연구 분야가 융합된 학제적 학문이다. 지역학은 주거 및 산업입지와 도시개발 등의 분야에서 객관적이고 과학적인 분석 수준의 제고가 필요하다는 인식을 기반으로 1940년대 말에 태동하였으며 Walter Isard 교수의 헌신적 노력으로 1954년 세계지역학회(RSAI: Regional Science Association International)가 결성된 후 현재 북미지역학회(NARSC), 태평양지역학회(PRSCO), 유럽지역학회(ERSA) 등 3개의 대륙별 국제학회 산하에 수많은 지역별, 국가별 학회가 구성되어 있다.

우리나라에서는 1983년에 한국지역학회가 창립되어 국토계획을 비롯하여 도시·지역개발과 정책 패러다임의 기반 형성에 기여해 왔고 국토와 도시를 포함한 공간과 관련된 연구를 수행하는 학자의 대부분은 지역학회에 참여해 왔다. 그러나 지역학은 현 시대가 요구하는 학문적 융합의 필요성에도 불구하고 오히려 학제적 성격 때문에 단일 분과 학문 영역으로 발전하지 못하고 일부 대학의 관련 학과에서 부분적으로 강의와 연구가 이루어져 오고 있는 실정이라서 그동안 우리나라에서는 지역학 교과서는 차치하고 지역학을 소개하는 저서조차도 찾아보기 어려웠다. 이에 따라 한국지역학회에서는 지역학 관련 서적의 발간 필요성을 인지하였고 학회 설립 32년 만인 2015년 8월에 한국지역학회 주관으로 지역·도시 현상에 대한 공간경제학적 이해와 지역학의 학문적 접근법을 소개하는 최초의 지역학 입문서인 「지역·도시경제학: 이론과 실증」이 발간되었고, 2018년에는 지역·도시 문제에 대한 지역학적 차원에서의 정책적 접근을 목적으로 하는 「지역·도시정책의 이해」가 발간되어 그동안 지역학 관련 저서의 극심한 빈곤에서 벗어날 수 있게 되어 그나마 다행으로 생각한다.

2019년 8월 「지역·도시경제학: 이론과 실증」 개정판이 발간되었다. 초판 발행 이후

4년 만에 개정판이 발간된 것은 두 가지 큰 의미를 가진다. 첫 번째, 지역학 교과목도 개설되지 않은 우리나라에서 지역학 관련 입문서의 개정판이 발간된다는 것은 그만큼 지역학 관련 독자(학생, 연구자 등)의 토대와 지평이 넓어졌다는 것을 의미한다. 두 번째, 저자와 출판사의 노력에도 불구하고 초판에서 발생되었던 오탈자와 미세한 오류의 수정 및 내용상의 보완을 꾀할 기회가 제공되어 저서의 완성도를 다소 높일 수 있다는 점이다. 그럼에도 불구하고 발간 후에 아쉬움이 남는 것은 모든 집필자들의 공통된 심정일 것이다. 본서는 7인의 공동저자가 전공분야별로 저술하였기에 저자들의 전공분야를 넘어서는 누락분야의 보완이 이루어지지 못한 점은 아쉽지만 다음에 전면 개정의 기회가 있을 것으로 기대한다.

책을 발간하는 것은 쉬운 일이 아니다. 특히 저자가 여러 명일 경우에는 누군가의 헌신이 필요하다. 초판 발행까지 18개월이 걸렸고, 개정판 발행에 6개월이 소요되는 동안 공동저자 모든 분들의 노력과 협력이 있었기에 본서의 출간이 가능했지만 출판사와의 연락, 원고 수납, 표지 선택 등 많은 부분에서 헌신해 주신 마강래 교수께는 저자 모두 특별히 심심한 감사를 드린다. 또한 본서의 초판부터 개정판까지 깔끔하게 원고를 정리하고 출판을 도와준 홍문사 직원 여러분의 노고에도 깊은 감사를 드린다.

마지막으로 본서가 지역학 관련 연구자, 정책담당자, 학부 및 대학원 학생들의 지역학 이해와 지역학 관련 논문 작성 및 실무 정책 입안에 미력이나마 기여하기를 기대하며, 본서를 비롯한 한국지역학회 주관으로 발간된 저서들이 향후 우리나라 지역학 발전의 토대가 되기를 바란다.

2019년 7월

저자 일동

머 리 말

인간은 많은 한계 속에서 살아간다. 그리고 이를 넘어서려는 끊임없는 도전들은 인류발전의 원동력이 되어왔다. 그 중에서도 삶의 질에 가장 큰 영향을 미치는 요인을 꼽으라면 시간과 공간이라고 볼 수 있다. 우리는 스스로 살아온 과거의 시간은 물론 한치 앞, 미래의 시간도 자신의 의지로 제어할 수 없다. 또한 가장 빠른 시간 안에 원하는 지역으로 이동하고 싶어하는 욕구 때문에 지속적으로 새로운 교통수단이 개발되었지만, 오늘날도 여전히 사람과 상품의 이동은 쉽지 않다. 이러한 공간 이동의 제약으로 지역마다 독특한 지역성이 형성되었다. 생활양식, 가치관, 행동범위뿐 아니라 다른 지역과 구별되는 고유한 환경이 만들어진 것이다. 우리가 매일 경험하는 도시, 농촌, 지역 등은 살아 있는 유기체이기 때문에 시간과 공간의 한계에 어떻게 극복하고 대응하느냐에 따라 지역은 성장에서 밀려나거나 혹은 빠르게 발전한다.

1956년 근대 공간경제학의 시작을 알리는 Walter Isard 교수의 Location and Space Economy가 출간된 이후 수많은 책들이 도시와 지역의 경제이론이나 분석방법을 다루었다. 기본적인 구성은 대체로 유사하지만 저마다 다른 강조점을 가지고 도시와 지역 시장에서 일어나는 경제활동의 원리를 기술하였다.

이 책에서는 시간과 공간의 두 가지 축을 이용하여 생산자, 소비자 등 경제주체의 경제활동과 시장을 분석하였다. 앞선 책들과 비교하면 이론적 깊이와 분석범위가 제한되어 있다고 생각할 수도 있지만, 나름대로 학문적인 고민을 가지고 정리하려고 노력하였다. 우선 지경학적 요인을 설명하는 도구로서 입지와 이동, 성장과 쇠퇴, 집중과 분산, 시장과 정부, 토지와 환경 등 주제를 다루었다. 또한 경제성장과 발전이론, 도시경제이론, 입지이론, 지방재정, 주택시장, 지역경제 분석방법론 등 반드시 논의되어야 할 핵심 주제뿐만 아니라 교통기반시설, 인적 자본, 혁신과 집적, 신경제지리와 교역,

환경가치 등 아직도 이론화 작업을 거치고 있는 주제도 정리해 보았다.

1983년 8월 22일 창립된 한국지역학회의 첫 번째 저술이라는 점에서 이 책의 또 다른 의미가 있다. 한국지역학회는 공간이라는 공통점을 매개로 하여 경제학, 지리학, 도시 및 지역계획학, 행정학, 도시공학, 사회학 등 분야 전문가가 도시와 지역이론, 분석기법, 정책 등을 연구하는 학술집단이다. 학회가 설립된 지 32년이 지난 시점에서야 첫 번째 책을 만들었다는 것은 늦은 감이 있다. 그러나 보잘 것 없는 핑계를 대자면, 그 긴 시간 동안 이론이 정리되는 과정을 지켜보고 이를 소화하였다는 점이다.

이 책은 일곱 사람이 모여서 만든 책이다. 각자의 전문 분야를 고려하여 김의준 교수는 도시와 지역경제 성장이론을, 김호연 교수는 도시경제이론과 신경제지리학을, 이수기 교수는 도시토지이용과 입지이론, 지역성장과 격차이론을, 구교준 교수는 지방재정과 지역분석을, 김재홍 교수는 주택시장과 환경분석을, 마강래 교수는 교통 기반시설과 인구이동을, 임업 교수는 인적 자본과 노동시장, 혁신과 집적경제 등의 주제를 집필하였다. 여러 명이 각자 원고를 쓰다보면 누군가가 크고 작은 행정적인 일을 처리하고 모임도 진행해야 하는데, 마강래 교수가 기꺼이 시간을 내어 정성을 다해 주었다.

돌아보면 처음 책을 쓰자는 논의에서부터 마무리하는 데까지 꼬박 18개월이 걸렸다. 당연히 주변 분들의 후원과 격려, 그리고 학문적인 조언과 자문이 없었다면 불가능했을 일이다. 특히 원고를 읽고 마무리해 준 고려대학교 행정학과 이희철 조교, 서울대학교 공간경제연구실 신혜원·우영진·이유진 조교, 연세대학교 도시공학과 석박사 통합과정 최예술·김찬용 조교, 한양대학교 유치선·하재현 조교, 그리고 짧은 시간 내 기대 이상의 좋은 책을 만들어 주신 홍문사 임권규 사장님과 이경희 편집부장께도 깊은 감사를 전한다. 모든 분들의 수고를 생각하면 글의 깊이가 부족하다고 느껴지지만 그러기에 미생을 완생으로 이루어갈 소망도 있다.

2015년 8월 5일

저자 일동

차 례

제 1 편 도시 및 공간경제

제1장 지역 및 도시경제학은 무엇인가?

제2장 도시경제모형 및 이론

제4장 도시정부와 거버넌스

제5장 도시주택시장: 이론과 정책

제8장 인적자본과 지역노동시장

제9장 공간적 상호작용과 인구이동

제10장 혁신과 집적경제

제11장 지역 간 교역과 신경제지리학

제12장 지역환경의 경제적 분석과 가치측정

제13장 지역경제분석

제 1 부

Regional and Urban Economics

도시 및 공간경제

Regional
and
Urban Economics

제 1 장

지역 및 도시경제학은 무엇인가?

본 장에서는 지역 및 도시경제학이 무엇인지를 알아보고 입지와 성장의 두 가지 요소를 중심으로 지역 및 도시경제의 구성원리를 파악하기로 한다.

1.1 지역 및 도시경제학의 원리

1) 지역과 도시 공간의 생성

지역 및 도시경제학은 지역과 도시시장에서 일어나는 경제활동을 설명하는 학문이다. 지역이란 국가보다는 작지만 개별 도시나 농촌보다는 큰 공간단위이며, 서울, 인천 및 경기도를 아우르는 수도권 및 전라남도나 경상북도 등 도 단위 규모의 행정구역을 그 예로 들 수 있다.

그렇다면 도시와 농촌을 구분하는 기준은 무엇인가? 우리나라의 지방자치법에 따르면, 인구 5만 명 이상(읍의 경우 2만 명 이상)의 인구 수 기준, 총인구 수에서 시가지 지역에 거주하는 인구 비중이 60% 이상(읍 40% 이상)되는 인구밀도 기준, 상업 및 공업 등 산업에 종사하는 가구 비율이 60% 이상(읍 40% 이상) 되어야 하는 고용기준 등을 충족할 때, 해당 지역을 도시로 지정할 수 있다. 그러나 경제학에서 다루는 도시 및 농촌의 구분기준은 이러한 제도적 기준보다 유연하여 인구밀도가 상대적으로 높은 공간을 도시라고 본다. 읍(邑)뿐 아니라 면(面)이나 리(里)처럼 흔히 농촌이라고 생각하기 쉬운 행정단위의 지역도 주변지역보다 인구밀도가 높으면 도시라고 말할 수 있다. 극단적인 예를 들면, 사막 가운데 홀로 존재하는 오아시스도 경제학에서의 도시와 농촌의 구분기준을 적용한다면 도시라고 할 수 있다.

도시의 특징 중 하나로 사람이 모여 살고 재화 및 서비스를 거래할 수 있다는 점을 들 수 있다. 그렇다면 사람들이 도시와 같은 특정 지역에 모여 살아가는 이유는 무엇인가? 서로 떨어져 사는 대신, 같이 사는 것은 어떠한 이점을 가져다주는 것일까? 사람들이 함께 생활하는 원인은 다양하지만, 이 책에서는 경제적 원인에 대해서만 알아보기로 하자.

원시시대 식량을 확보하기 위해서는 이동이 필수적일 수밖에 없었다. 수렵과 채취를 반복하는 과정에서 생존하는 데 유리한 자연환경을 발견하게 되었고, 사람들은 이 지역을 중심으로 정착하였다. Fujita and Thisse(2013)와 O'Sullivan(2003)에 따르면 최초의 도시는 기원 전 7,000년에 형성되었는데, 가장 대표적인 곳은 중동지역 메소포타미아의 우르(Ur)로 알려져 있다. 우르는 60만m²의 면적에 2만 5천 명이 거주하였던 도시로, 현재 이라크 남부의 디콰르(Dhi Qar) 지역에 입지했던 것으로 알려져 있다. 도시가 개발될 당시에는 해안선에 있었으나, 시간이 흐르며 지속적으로 변한 지형으로 인해 지금은 내륙에 위치하고 있다.

도시주민은 농경과 목축생활을 하면서 자연의 원리를 체득하고 다양한 생각의 사람들과 교류하며 수확량을 늘릴 수 있는 방법을 찾기 시작하였다. 풍부한 자원과 비옥한 토지의 환경에서 동물과 식물을 기르고 수리시설을 갖추며, 농기구와 같은 도구도 만들었다. 일종의 농업기술 혁신과정을 거치면서 주민들이 소비하고도 남을 만큼의 농산물이 생산되었는데, 그 규모는 생산량의 2% 미만이었던 것으로 추산된다. 그렇다면 이러한 잉여 농산물은 어떻게 처리되었을까? 농산물이 부패되지 않기 위해서는 자체적인 소비를 더 늘리거나 다른 지역과 교역되어야 한다. 다만, 농작물을 수확하는 시기와 소비 및 교환의 시기가 서로 다르기 때문에 잉여 농산물을 저장할 수 있는 창고 같은 공간이 필요했을 것이다. 이 과정에서 사람들은 잉여 농산물을 각자 자기 집에 보관하는 것보다는 도시 전체가 한 곳에 모아 두고 이를 지키는 것이 외부 침입을 방어하는 데 더 유리하다는 점을 알게 되었다. 보관의 규모는 늘어나지만 보관비용은 덜 증가하는, 다시 말해 보관에 대한 규모의 경제가 발생하면서 잉여 농작물만을 전적으로 관리하는 새로운 비농업 사회계층이 나타나게 되었다. 농업 생산성의 향상은 단순히 도시의 경제수준 상승을 의미하는 데 그치지 않고 신분 및 직업의 분화가 일어나는 사회적인 변화도 수반하게 된다. 보관을 전업으로 하는 계층을 군사계층이라고 정의한다면, 도시는 단순한 주거와 경제의 공간에서 여리고(Jericho)와 같은 국방도시(Defensive City)로 확대된다. 또한 소규모 마을 단위의 종교적 행위도 광역화되면서 도시민 전체를 대상으로 한 종교시설이 만들어진다면, 도시는 종교도시 또는 사원도시(Religious City)로 탈바꿈한다. 특히 사원에 봉헌되는 재물은 사제에게만 귀속되는 것이 아니라 도시에서 일하는 노동 및 비노동 인구에게도 배분되기 때문에 사원

그림 1-1 남부 이라크 디콰르(Dhi Qar) 지역

자료: 구글 지도(Google Maps)를 토대로 하여 수정.

도시는 복지 차원의 분배기능을 담당한다. 더욱이 도시의 재화를 다른 지역과 교역하는 과정에서 물물교환 조건을 합의하고 교역을 전문적으로 다룰 수 있는 계층이 나타난다면, 도시의 직업구조는 농업, 국방, 종교 등을 뛰어넘는 새로운 산업도시로 다양화될 수 있었다. 또한 도시와 도시가 서로 교역하면서 새로운 경로가 만들어진다면, 재화를 이동하는 시간과 거리가 단축될 수 있고 이는 해당 도시를 교역도시로 성장시킬 수 있는 계기를 만든다.

이와 같이 사람이 특정지역에 거주하면서 인구밀도가 높아지고, 인구구성이 다양해짐으로써, 잉여 생산물의 창출과 교역과정이 발생한다. 이로 인해 도시 내 새로운 계급이 만들어지고, 도시의 특성 또한 기본적인 농업 중심 도시에서 종교도시, 국방도시, 교역도시 등으로 확대되는 과정을 겪게 되었다(Childe, 1950).

2) 지역 및 도시경제학의 구성

지역 및 도시경제학에서는 경제 이론과 방법론을 토대로 하여 지역이 왜 생겨나는지, 어떻게 하면 성장할 수 있는지, 또한 쇠퇴하는 원인은 무엇인지 등을 실증적으로 분석한다. 연구의 대상 범위는 대부분 단일국가 내 도시와 지역으로 한정하지만, 최근에는 동북아시아, 환태평양 등과 같이 범국가적인 차원의 연구 분야로 확대되는 경향이 나타났다. 지역 및 도시경제학과 연관된 학문 분야로는 지리학, 도시 및 지역계획, 지역개발, 도시공학, 행정학, 경제학, 농업 및 응용경제학, 건축학, 토목공학, 사회학 등이 있으며, 한국연구재단의 국가과학기술표준분류를 토대로 하여 학문의 영역을 정리한다면 다음과 같다.

- 경제 및 경영 분야: 에너지 · 자원경제, 환경경제, 문화경제, 산업 · 서비스경제, 교통경제, 기술 · 디지털경제, 농업경제, 보건 · 의료경제, 지역경제 등
- 지역/지리/관광 분야: 도시지역개발(국토 · 지역개발 및 계획, 환경계획 · 개발 · 관리, 토지이용, 산업입지, 농촌 · 낙후지역개발, 지역경제, 교통 · 물류 경제 등), 지적/지리정보(계량지리 · 방법론, 지역 · 지리정보, 지도학 · 지리정보시스템 등), 인문지리, 부동산(부동산경제 · 부동산금융, 부동산분석 · 부동산정책, 부동산조세 등)
- 정치/행정 분야: 자치행정과 공공정책
- 건설/교통 분야: 국토정책 및 계획(국토정책, 국토계획, 교통계획, 도시계획 등)

지역 및 도시경제학의 대표적인 연구 분야는 입지이론(Location Theory)과 지역경제

그림 1-2 지역 및 도시경제학의 학문 영역

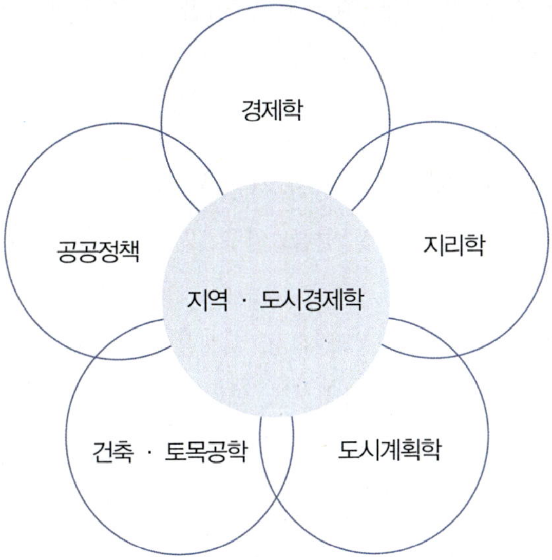

발전이론(Regional Economic Development Theory)이다. 미시경제이론과 공간분석을 이용하여 공공정책, 교통시설과 환경, 토지이용, 주택 및 노동시장 등이 생산자와 소비자의 입지에 어떠한 영향을 미치는지를 다루는 한편, 거시경제 이론과 계량경제 방법론을 토대로 하여 지역, 농촌, 도시 등의 경제성장원리를 분석한다.

1960년대 이전까지는 주로 공간입지이론과 지역거시분석이 지역 및 도시경제학의 주류를 이루었으나, 이는 점차 주거입지이론과 부동산시장분석, 최적인구이론, 공간경제이론, 신경제지리 등으로 확대되었다. 예를 들어, 1990년대 일본의 Masa Fujita와 Paul Krugman의 공간경제학(Spatial Economics)과 집적경제학(Agglomeration Economics), Luc Anselin의 공간계량경제학(Spatial Econometrics) 등이 기존의 경제학과 지리학 분야를 통합한 연구영역으로 등장하였다. 특히 공간을 다루지 않는 경제학 분야에서는 시간 변수가 매우 중요한데, 과거의 사건이 현재의 모습에 영향을 미치고 현재는 또한 미래의 의사결정에 관여하기 때문이다. 그러나 공간을 다루는 분야에서는 시간뿐만 아니라 공간의 속성도 중요한 변수이다. 예를 들어, 우리 집의 주택가격은 과거에 내가 집을 어떻게 유지·보수했느냐 뿐만 아니라 이웃집 주인이 자기 집을 어떻게 관리하고 있는지에도 영향을 받는다. 공간계량경제학에서는 이와 같이 공간단위 간의 상호 영향력을 고려하여 도시나 지역의 다양한 경제활동을 분석하는데, 최근 연구주제를 예시하면 다음과 같다.

■ 주제 분류

- 입지 및 공간
- 도시경제시장: 주택 및 토지·부동산 시장, 토지이용, 성장관리, 도시재정, 교통 등
- 지역경제시장: 고용, 실업 및 임금, 인구 및 인구이동, 교육, 보건 및 건강, 갈등관리 등
- 혁신 및 경제발전: 지역 성장과 격차, 저개발국가 경제발전, 농촌계획 등
- 환경 및 자원경제: 농업 및 자원경제, 에너지·환경경제, 지속가능한 개발경제 등
- 공간분석: 공공서비스, 빈곤과 소득격차, 범죄, 공공선택 및 선거 등
- 공간통계 및 공간계량경제학

■ 공간 분류

- 도시 및 지역 공간: 도시 규모 및 도시시스템, 산업입지 및 산업구조, 토지이용 및 도시형태, 경제 성장, 발전 및 소득 수렴 등
- 인적 공간: 주거입지 및 주택시장, 인구이동, 인구 및 고용 분포, 공간 상호작용 등
- 기타 공간: 공간분화 및 혁신 시스템, 사회기반시설(사회간접자본) 등

한편 생산과 소비, 자체 지역과 인접 지역, 정부와 민간부문, 주택과 교통, 시간과 공간 등 지역에서 일어나는 경제활동이나 주체들은 서로 연계되어 있다. 특정 지역의 경제주체가 의사를 결정하면 그 효과는 마치 나비효과와 유사하게 다른 지역, 다른 부문의 경제수준에 영향을 미친다. 예를 들어, 정부의 주택정책은 교통정책에 영향을 미치고 이는 산업입지의 변화를 유도할 수도 있다. 이러한 일련의 연쇄과정을 계량화하여 정책을 분석할 수 있는 틀이 바로 지역통합분석모형이다. 지역 및 도시경제학의 연구 분야와 방법론을 정리하면 다음과 같다.

■ 방법론 분류

- 경제분석: 투입산출모형·사회계정행렬 및 연산일반균형모형, 지역계량경제모형, 단

일지역 및 다지역 통합모형, 변이할당분석 및 경제기반모형, 파급효과분석모형 및 예측모형, 선택모형, 공간계량경제모형 등

- 인구분석: 인구이동모형, 인구예측모형 등
- 공간분석: 공간 상호작용모형 및 교통·네트워크모형, 입지모형 및 공간배정모형, 공간통계 및 공간계량경제학, 지리정보시스템 및 모형, 원격탐사 등
- 기타 분석: 최적화모형, 비용편익 분석 및 사업타당성 분석, 가치평가, 다목적 및 다기준 의사결정, 정량분석 등

1.2 경제, 입지와 성장

1) 경제와 성장[1]

모든 도시와 지역은 경제적으로 부흥하기를 원한다. 도시 및 지역의 경제성장을 이룰 수 있는 방법은 무엇일까? 우선 도시나 지역에 관계없이 국가를 대상으로 논의되었던 성장이론을 살펴보기로 하자. 경제성장을 견인하는 요소는 매우 다양하지만, 전통적인 시각에서 바라보는 경제성장의 요인은 투자의 확대, 구조조정을 통한 자원의 배분, 시장 친화적 경제정책의 추진, 기술혁신 등으로 요약할 수 있다.

첫 번째, 투자가 성장동력이라고 주장하는 이론에는 선형단계 성장이론(Linear Stages of Growth Theory)이 있다. 이 이론은 로스토우(Walt Whitman Rostow)의 성장단계 논문(The Stages of Growth: A Non-Communist Manifesto)에서 제안한 성장의 5가지 단계이론을 기초로 한다. 로스토우는 사회의 진보과정을 5가지 형태로 구분하였는데, 예를 들어 전통사회(Traditional Society)는 도약을 향한 예비시대(Preconditions for Take-off)를 통과한 다음 도약시대(Take-off)에 이르고 다시 성숙시대(Drive to Maturity)를 거쳐 궁극적으로 대량소비시대(Age of High Mass Consumption)까지 진입한다고 주장하였다. 이와 같은 단계적 국가

1 Todaro and Smith(2012)를 참조하였음.

그림 1-3 5단계 발전이론

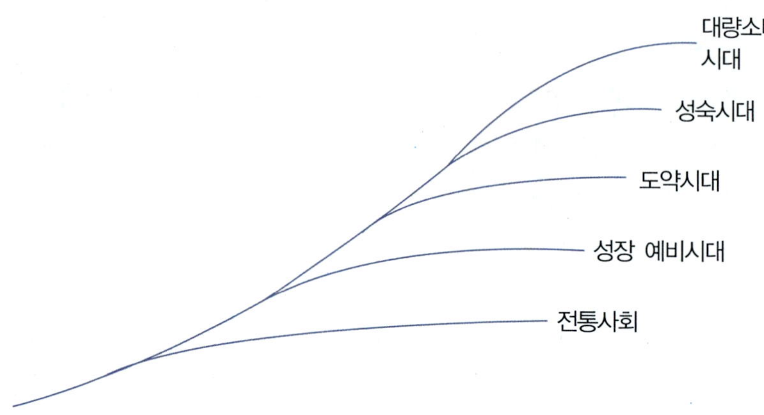

발전 진화과정은 개별 국가의 역사적 특수성에 관계없이 모든 국가에 공통적으로 적용 가능하다고 주장하였다.

그렇다면 전통사회는 어떻게 대량소비사회로 진입할 수 있는가? 해롯 도마 모형(Harrod-Domar Model)에 따르면, 저축을 통해서 투자재원을 확보하고, 이를 시설개발에 투자한다면 경제의 규모가 늘어나고 성장도 가능하다. 소득은 자본스톡(Stock, 저량)에 비례한다고 가정한다면, 소득의 증가율은 저축율과 소득 대비 자본스톡에 의해 결정된다. 예를 들어, 국가의 생산량과 자본스톡은 각각 200 및 1000이고 저축률은 20%라는 가정할 경우, 경제성장률은 4%(=20%×200/1000)가 된다. 따라서 경제성장을 지속시키기 위해서는 보다 많은 저축이 필요하다. 만일 소득수준이 높지 않아서 저축할 여력이 없다면 다른 국가나 지역에서 차입을 통해서라도 투자재원을 확보해야 한다. 그러나 실제로 이 이론이 모든 국가에 동일하게 적용된다고 하기는 어렵다. 왜냐하면 투자가 경제발전을 위한 필요조건인 것은 확실하지만 충분조건이라고 할 수는 없기 때문이다. 즉, 국가조직이나 시장의 효율성 수준, 역사적인 발전과정 등도 중요한 요소인데 개발도상국가의 경우 성장배경이 되는 요소들이 부진하고 발전의 경험이 미미하였기 때문에 국가가 성장하는 데 한계가 있었다.

해롯 도마 모형의 성장률 결정과정

(1) 저축률=저축/소득
(2) 투자=자본스톡 증가분
=저축
(3) 자본계수=자본스톡/소득
=자본스톡 증가분/소득 증가분
=저축/소득 증가분
(4) 저축=자본계수×소득 증가분
=저축률×소득
(5) 소득 증가율=저축률/자본계수
=저축률×(소득/자본계수)/소득
=저축률×(1/자본계수)
=저축률×(소득/자본스톡)

자료: Todaro(2012) 참조.

두 번째, 경제성장은 부문 간 또는 지역 간 자원을 어떻게 배분하느냐에 따라 달라진다는 주장에는 대표적으로 루이스(Authur Lewis, 1954)의 "Economic Development with Unlimited Supplies of Labour"에 의한 2부문 모형(Dual Model) 또는 Todaro(2012)의 구조변화이론(Structural Change Theory)이 있다.

앞에서 살펴본 선형단계 성장이론에서는 투자수요(Demand)를 증가시키면 경제는 성장할 수 있다고 강조한 반면, 2부문 모형에서는 생산요소 과잉 지역에서 과소 지역으로 생산요소를 이전시켜야 한다고 주장한다. 예를 들어, 한 국가는 도시와 농촌의 두 개 지역으로 구성되고 각각 제조업과 농업으로 특화되어 있다고 가정해 보자. 농촌은 노동력 과잉 문제로 인하여 추가 노동력을 투입할 경우 오히려 생산량이 감소하는 반면, 도시에서는 일할 사람이 부족하다. 따라서 인구 또는 노동력이 농촌에서 도시로 이동할 경우, 농업 생산량은 감소하지 않는 반면 도시의 제조업 생산량은 증가하게 되어 결국 도시와 농촌 모두 1인당 소득이 늘어날 수 있다. 특히 제조업의 총수입 중 임금을 제외한 나머지를 생산시설 확장에 사용한다면, 도시에서 고용할 수 있는 노동력의 규모가 더 빠르게 늘어나므로 장기적으로 실업문제를 해소할 수 있다고 주장한다.

〈그림 1-4〉를 이용하여 이러한 과정을 다시 살펴보자. 농촌의 농업 생산량과 노동

간 관계는 왼쪽 그래프와 같이 노동량 투입이 늘어날수록 농업 생산량이 늘어나지만, 투입 노동량이 LR_1 이상이 될 경우 오히려 생산량은 줄어들게 된다. 이는 가용할 수 있는 토지나 시설규모는 한정된 상황에서 너무 많은 사람이 고용되면 1인당 생산성이 낮아지고 생산량 또한 감소하기 때문이다. 따라서 농업 생산량을 극대화하는 데 필요한 인력규모는 LR_1이고, 그 이상의 인력은 과잉 공급된 것이라고 볼 수 있다. 고용규모가 LR_1일 때 농업 생산량은 XR_1이지만, 고용규모가 LR_2으로 늘어날 경우 생산량은 오히려 XR_2으로 감소하였다.

한편 도시의 제조업 생산량과 노동 간 관계는 오른쪽 그래프와 같은데, 농업과 다른 점은 노동량 이외의 다른 생산요소인 자본 스톡량이 증감할 수 있다는 점이다. 자본 스톡규모가 K_1으로 고정되어 있는 상태에서 도시 노동량이 LU_1이라면 도시 제조업의 생산량은 XU_1과 같다. 만일 농촌의 노동량이 LR_2에서 LR_1으로 $(LR_2 - LR_1)$만큼 감소하였고, 이러한 노동량이 도시로 이주하여 고용된다고 한다면, 도시 노동량은 기존의 LU_1에서 LU_2으로 늘어나며, 생산량도 XU_1에서 XU_2으로 증가하게 된다. 결국 도시와 농촌의 총 고용량은 변하지 않았지만 생산량의 합계는 $(XR_2 + XU_1)$에서 $(XR_1 + XU_2)$으로 증가하여 전체적인 소득이 향상되었다. 또한 도시 제조업의 생산량의 증가에 따라 고용자에게 지급할 임금 총액도 증가하지만, 투자재원도 늘어나기 때문에 자본 스톡량은 K_1에

그림 1-4 농촌(농업 부문)과 도시(제조업 부문)의 노동과 생산

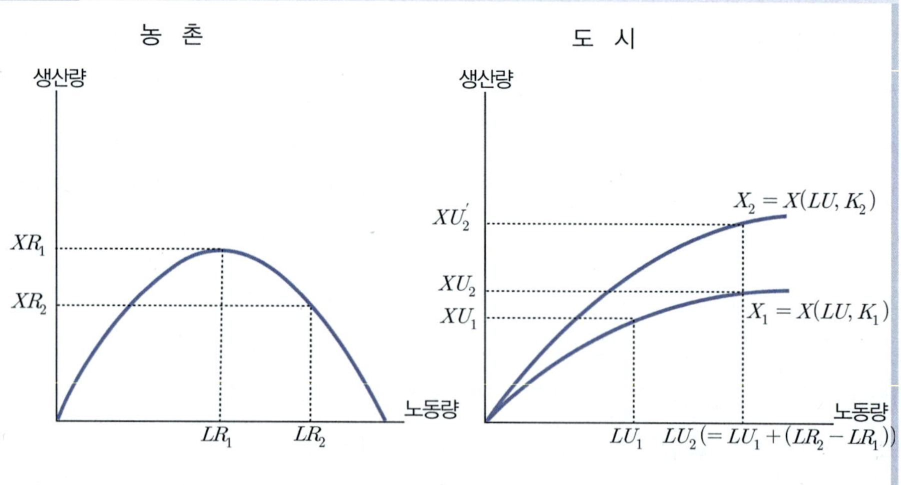

서 K_2로 확대된다. 이에 따라 고용과 생산량 간의 관계식은 X_1이 아니라 자본 스톡량이 K_2로 고정되어 있는 X_2가 되며, 이제는 같은 노동 투입이라도 생산량은 XU_2'로 더욱 크게 늘어난다. 이와 같이 농촌의 노동력이 도시로 이주하고 이들이 제조업에 고용되어 자본스톡이 늘어나고 생산량도 증가하는 일련의 과정을 통해서 경제성장이 유도된다. 이러한 발전과정은 전통적인 산업을 신산업으로 대체하는 단계적 과정(Sequential Process)을 통해서 국가경제가 성장한다는 Chenery(1979)의 주장과 유사하다.

그러나 과연 도시발전이 농촌의 저개발 문제를 해결하는 데 도움이 되느냐에 대해서는 논란이 있다. 오히려 경제적 기반이나 일자리가 갖추어지지 않은 상태에서 갑작스럽게 유입된 노동력은 도시의 인구과밀로 인한 혼잡과 농촌사회의 붕괴 등 사회경제적 문제를 야기한다는 비판도 있다. 특히 시설을 확장한다 하더라도 고용이 반드시 늘어난다고 보기는 어렵다. 예를 들어 거시경제 지표는 양호하지만 생산성 또한 향상되는 경우 오히려 고용 없는 성장 등의 부정적 결과가 나타날 수 있기 때문이다.

세 번째 시각은 정부가 규제를 완화하는 시장친화적 정책이 시행될 경우, 경제성장이 이루어질 수 있다는 것이다. 대표적인 이론이 신고전주의 성장이론(Neoclassical Growth Theory)이다. 다음 수식은 솔로(Solow)모형을 단순화한 것인데, 소득 증가율은 총요소생산성(Total Factor Productivity), 고용 증가율 및 자본스톡 증가율 등에 의해 결정된다.

소득 증가율
=총요소생산성 증가율+노동 기여율×고용 증가율+자본스톡 기여율×자본스톡 증가율

일반적인 솔로 모형에서는 총요소생산성은 고정되어 있고 노동 기여율과 자본스톡 기여율의 합은 1과 같다. 예를 들어, 총요소생산성 증가율은 2%, 노동 기여율 및 자본스톡 기여율은 각각 0.6 및 0.4, 그리고 고용 증가율과 자본스톡 증가율을 각각 5% 및 10%로 가정한다면, 소득 증가율은 9%(=2%+3%+4%)가 된다. 이와 같이 고용과 자본스톡이 증가할수록 소득은 늘어난다.

그런데 정부 규제로 인하여 양질의 노동과 자본이 공급되지 못한다면, 국가경제 성장이 더디거나 심지어 퇴보한다. 왜냐하면 국가가 시장에 과도하게 개입하여 자원배분의 효율성을 도모할 만한 유인이 결여되어 있기 때문이다. 따라서 정부가 규제를 완화하여 시장에 개입할 수 있는 여지를 줄인다면 재화와 서비스, 노동과 자본 등 자원은 각 시장의

수요 공급과 가격의 변화에 따라 효율적으로 배분되어 경제성장은 안정적으로 일어날 수 있다는 것이 신고전주의의 주요 성장논리이다. 한편, 시장은 불완전하기 때문에 이를 수정하기 위한 정부의 개입은 어느 정도 타당하다는 주장도 있다.

마지막 성장동력은 노동과 자본과 같은 생산요소 투입 이외 생산성을 높일 수 있는 환경을 조성하자는 주장으로서 이론적 틀로는 내생적 성장이론(Endogenous Growth Theory), 신경제이론 등이 있다. 내생적 성장이론에서는 인적 자본(Human Capital), 혁신, 지식 등 생산 과정의 변화를 통해서 어떻게 경제가 성장하는지를 분석한다. 신고전주의 성장이론에서는 이러한 요소들이 모두 외생적인 요소로 간주되었는데, 내생적 성장이론에서는 총요소생산성은 교육과 연구개발 투자, 사회간접자본 투자, 집적경제 등에 의해 결정된다는 것이다. 여기서 집적경제란 복수의 경제주체 또는 시설이 공간적으로 기능적으로 연결되면서 창출되는 외부효과를 말한다. 본서 2부에서 상세히 설명하겠지만 일반적으로 집적경제는 일반적으로 국지화 경제(Localization Economy)와 도시화 경제(Urbanization Economy)로 나눌 수 있다[2]. 산업 측면에서 국지화 경제란 동종 업종이 공간적으로 집중함으로써 발생하는 외부 효과로서 마샬-애로우-로머 경제(Marshall, Arrow, Romer Economies)라고도 한다. 도시화 경제는 반대로 산업의 다양성으로 통해서 나타나는 외부 경제효과로서 제이콥 경제(Jacobs Economies)로 정의하기도 한다(Henderson, 2003). 이러한 규모의 경제와 집적경제가 발생하는 요인으로는 정보의 공유, 노동시장 내 구인 및 구직과정의 효율화, 산업 내 전문화 등이 있다. 또한 규모에 대한 보수가 증가하고 공공 투자의 외부효과가 발생하기 때문에 수확체감 효과가 더 이상 나타나지 않는다고 주장한다.

표 1-1 경제성장이론의 비교

이 론	성장동력	방법론
선형단계 발전	투자	해롯 도마 모형
구조 변화	생산요소의 이동	2부문 모형
신고전주의	규제 완화와 시장 친화적 정책	솔로 신고전주의 모형
내생적 성장이론	연구개발 및 교육 투자지출 확대, 사회간접자본시설 확충, 기술 혁신	루카스 및 로머 모형

2 논어(論語) 술이편(述而篇)의 "세 사람이 길을 같이 걸어가면 그 중에 반드시 내 스승이 있다(三人行必有我師焉)"는 경구와 같이 다수가 있을 경우 그 학습효과는 더 커지게 된다.

2) 입지와 성장

앵글로 색슨 경제학(Economics)에서는 국가 또는 지역을 공간단위로 인식하지 않기 때문에 교통비용이 발생하지 않는다고 가정한다. 전통적인 신고전주의 교역이론에서도 지역 생산자가 동일한 생산기술을 보유하고 있고 규모에 대한 수익불변(Constant Return to Scale)과 한계생산 체감(Diminishing Marginal Product) 등이 나타나므로 지역 간 생산요소 또는 재화가 자유롭게 이동할 경우 지역 간 임금과 자본 수익률 격차 문제는 해소될 것이라고 주장하였다. 예를 들어, 임금이 낮은 지역에는 일하고자 하는 사람이 많은 반면, 임금이 높은 지역에는 오히려 일할 사람이 부족할 경우 저임금 지역 사람이 고임금 지역으로 이동하게 된다. 이러한 이동으로 인해 기존의 저임금 지역 임금수준이 높아지는 반면, 고임금 지역은 정반대의 현상이 나타난다. 그러나 이와 같은 예상은 실제로 일어나지 않았고, 세계 2차 대전의 종전 이후 도시 및 지역의 낙후, 저개발 등 사회경제적인 문제들이 나타나면서 입지와 공간의 경제적인 영향력을 인식하기 시작하였다.

지역 차원의 경제성장은 지역 및 도시공간의 생성원리에 나타난 바와 같이 지역의 입지적 특성에 영향을 받을 수밖에 없다. 부존자원, 사회적·물리적 환경 등이 지역적으로 차이가 나는데, 정보통신시설, 교통시설 등의 보완적인 투자(Complimentary Investment)가 이루어지지 않는다면 지역마다 생산자의 이윤과 소비자의 효용수준은 다를 수밖에 없다. 지역 및 도시경제학의 입지 이론은 전통적으로 농업입지, 산업입지, 상업입지, 주거입지 등 토지를 이용하는 경제주체에 따라 구분된다. 입지이론은 19세기 본 튀넨(Johann Heinrich von Thünen)의 농업입지론을 시작으로 하여 론하트(Wilhelm Launhardt), 베버(Alfred Weber) 등의 산업입지론, 클리스톨러(Walter Christaller), 뢰쉬(August Lösch) 등의 중심지이론(Central Place Theory) 등으로 이어졌고, 20세기 중반 이후 미시경제이론에 근거하여 상업시설입지론, 주거입지론, 공공시설 입지론 등으로 발전되었다. 입지에 대한 논의는 이 책의 제1부에 상세히 정리되어 있으니, 여기서는 입지가 경제활동과 시장에 어떠한 영향을 미치는지를 알아보기로 하자.

예를 들어, <그림 1-5>와 같이 기점(0)과 종점(40km)으로 구성된 40km의 선형 구간 사이에 존재하는 A지점(기점에서 10km 떨어져 있음)과 B지점(기점으로부터 30km 떨어져 있음)의 두 지점에서 동일한 제품을 생산하며, 각 지점의 생산자는 생산자 A와 생산자 B라고 가정하자. 제품가격은 생산원가와 교통비용(물류비용)으로 구성되어 있으며, 여기서 교

그림 1-5 생산자 A와 생산자 B의 시장범위

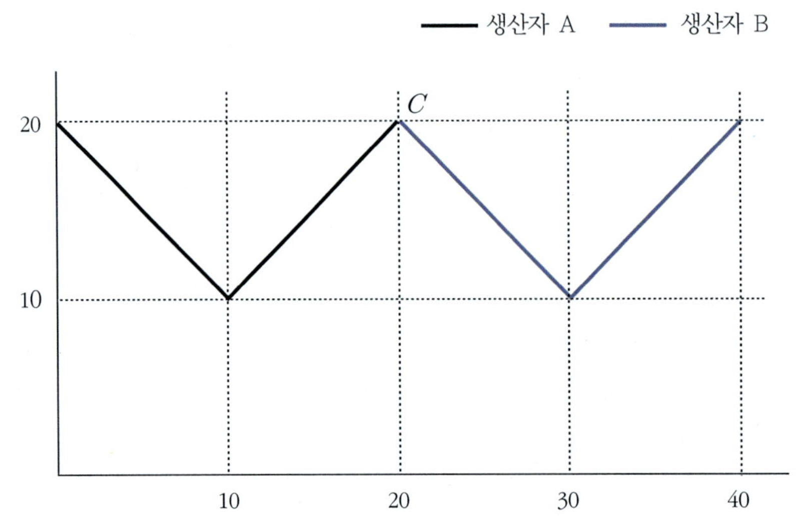

통비용은 생산지에서 소비자까지 제품을 운송하는 데 소요되는 비용을 말한다. A와 B에서 생산하는 제품의 질은 동일하기 때문에 소비자 입장에서는 상대적으로 저렴한 제품을 구매하고자 할 것이다. 따라서 생산원가 또는 교통비용을 낮춘 생산자의 시장범위는 넓어지는 반면 상대방의 시장규모는 그만큼 축소될 수밖에 없다. 예를 들어, 생산자 A와 생산자 B의 생산원가는 10으로 동일하고 제품을 1㎞의 거리만큼 운송하는 데 있어 교통비용이 1만큼 발생한다. 기점에 있는 소비자가 생산자 A의 제품을 구매하기 위해서는 생산원가 10과 교통비용 10(=10㎞×1/㎞)의 합인 20을 지불하지만, 생산자 B의 제품을 소비하기 위해서는 생산원가 10과 교통비용 30(=30㎞×1/㎞)의 합인 40을 지출해야 한다. 따라서 합리적인 소비자라면 당연히 생산자 A의 제품을 선호하게 된다. 반대의 경우 끝단 40㎞ 지점에 거주하는 소비자라면 오히려 생산자 B의 제품을 소비할 것이다. 그렇다면 생산자 A와 생산자 B가 독점적으로 공급할 수 있는 시장범위는 무엇인가? 이미 살펴본 바와 같이 생산자 A의 왼쪽, 즉 기점 0~10㎞는 생산자 A의 시장으로, 생산자 B의 오른쪽인 30~40㎞는 생산자 B의 시장이라고 볼 수 있다. 생산자 A와 생산자 B 사이에 있는 공간은 소비자가 지불하는 가격수준에 따라 달라지는데, 20㎞ 입지한 소비자(C점)는 어느 쪽 생산물을 구입하더라도 가격은 생산원가 10과 교통비용 10(＝10㎞×1/㎞)의 합인 20이 된다. 따라서 생산자 A와 생산자 B의 시장범위는 각각 0~20과 20~40이며, 두 생산자 사이에 있는 시장은 양분된다.

그러나 만일 다음의 〈그림 1－6〉과 같이 생산자 A의 생산원가가 50% 감소하여 5가 된다면 시장은 어떻게 변동하는가? 기점에서 20㎞에 있는 소비자의 경우 생산자 A의 제품가격은 생산원가 5와 교통비용 10의 합인 15로 이전보다 5만큼 인하되었지만, 생산자 B의 가격은 생산원가 10과 교통비용 10의 합인 20으로 변동이 없다. 따라서 소비자는 제품을 선택하는 데 더 이상 무차별하지 않고, 분명히 가격경쟁력이 있는 생산자 A의 제품을 선호한다.

그렇다면 생산자 A와 생산자 B의 제품가격이 동일한 지점은 어디인가? 양 생산자의 제품가격선이 일치하는 점은 기점으로부터 22.5㎞ 떨어진 곳 (*D*점)으로 생산자 A와 B 제품 가격은 17.5가 이다. 따라서 생산원가 하락에 따라 생산자 A의 시장 범위는 20㎞에서 22.5㎞로 늘어난 반면, 생산자 B의 시장은 과거 20~40㎞에서 22.5~40㎞로 축소되었다. 그렇다면 이와 같이 생산원가가 줄어들 수 있는 요인은 무엇인가? 경제성장이론에 근거한다면, 생산자 A는 시설확장에 필요한 투자 확대, 회사 내 지식의 공유, 양질의 노동력

그림 1-6 생산원가 변동에 따른 생산자 A와 생산자 B의 시장범위

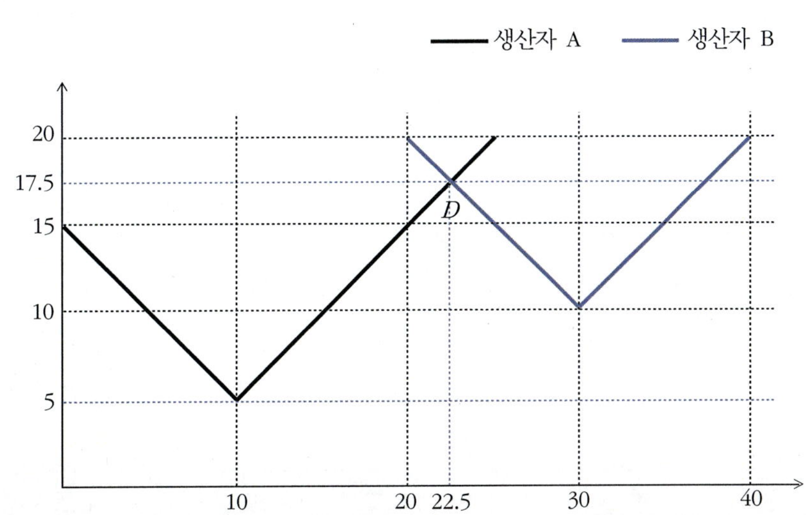

확보, 연구개발 투자비 확충 및 연구개발의 혁신 유도, 또는 집적화를 통해서 생산단가를 낮추었다고 생각해 볼 수 있다.

생산자 A의 생산원가가 하락한 가운데, 이번엔 생산자 B의 교통비용이 감소할 경우 두 생산자의 시장범위는 어떻게 달라질까? 예를 들어, 생산자 B의 km당 비용이 현재 1에서 0.5로 감소하였다고 가정해 보자. 다음의 <그림 1-7>에 나타난 바와 같이 기울기가 전보다 더 완만해지면 시장의 범위는 넓어진다. 기점으로 22.5km 떨어진 *D*점의 경우 A의 제품가격은 17.5인 반면 생산자 B의 제품가격은 13.75(=10+0.5×7.5)로 하락하여 이 지점의 소비자는 더 이상 생산자 A의 제품을 선택하지 않는다. 교통비용의 하락에 따라 생산자 B의 시장범위는 기점으로부터 20km 지점인 *C*점으로 원상회복되었는데, 이 경우 생산자 A와 생산자 B의 제품가격은 15로 동일해진다. 그렇다면 생산자 B의 교통비용이 감소한 이유는 무엇인가? 제품을 이동하는 데 필요한 인력을 확보하거나 정부가 관련 규제를 완화하거나 또는 B지역의 도로, 철도 등 시설투자를 확대할 경우 물류비용이 줄어들 수 있다.

이번에는 두 명의 개인 생산자 A와 B 대신 3개의 지역 생산자 A, B 및 C로 대체하여 각 지역 생산자는 지역주민이 필요한 공공재, 예를 들어 폐기물 서비스를 제공한다고

그림 1-7 생산원가와 교통비용 변동에 따른 생산자 A와 생산자 B의 시장범위

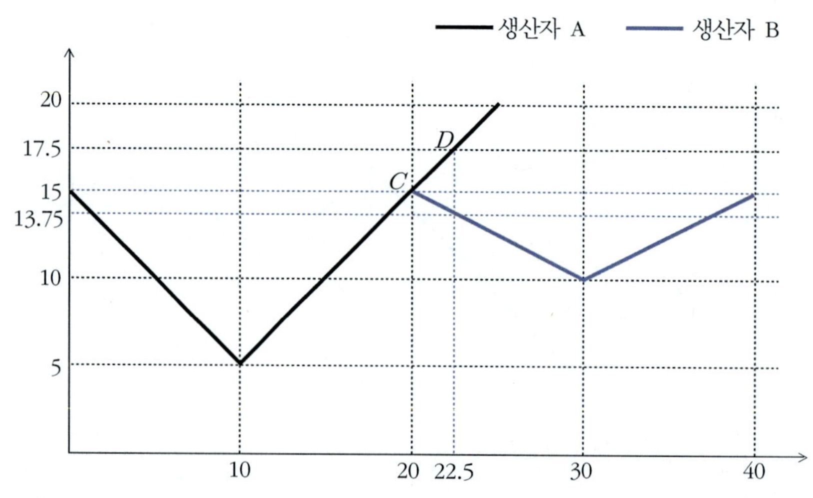

그림 1-8 지역 폐기물 서비스의 생산가격

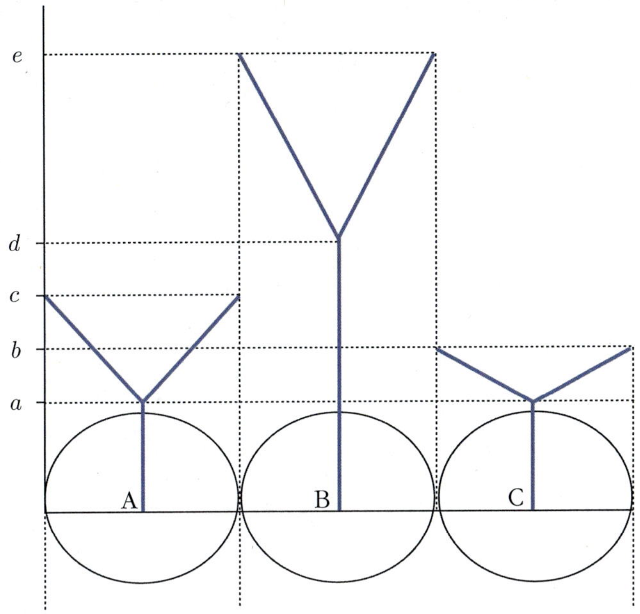

가정하자. 편의상 각 지역마다 독립적인 폐기물 지방공기업을 운영한다고 가정한다. 각 공기업이 제공하는 서비스 가격은 앞의 사례와 같이 생산원가와 교통비용로 구성되지만 시장의 범위는 각 지방자체단체 행정구역으로 제한된다. A지역의 생산원가는 a이고 인접 지역과의 경계선에 있는 주민이 지불해야 하는 지방공기업 서비스 가격은 생산원가에 교통비용을 합친 c가 된다. 마찬가지로 B지역 및 C지역의 생산원가는 각각 d 및 a이고 각 지역 경계선에 위치한 주민이 지불해야 하는 서비스 가격은 각각 e 및 b가 된다. 세 개 지역이 동일한 폐기물 수거 서비스를 받았음에도 불구하고 주민이 지불해야 할 요금은 A지역 최소 a~최대 c, B지역 최소 d~최대 e, C지역 최소 a~최대 b 등 서로 다르다. 즉 지방공기업이 각 지역마다 독점적 위치에 있으므로 비효율적일 수 있다고 볼 수 있다.

만일 지방공기업이 제공하는 서비스 범위가 공간적으로 제약받지 않는다면 어떠한 상황이 벌어질 것인가? 〈그림 1-9〉에 나타난 바와 같이 생산의 효율성이 상대적으로 부

그림 1-9 서비스 공간범위의 규제완화에 따른 생산가격과 시장

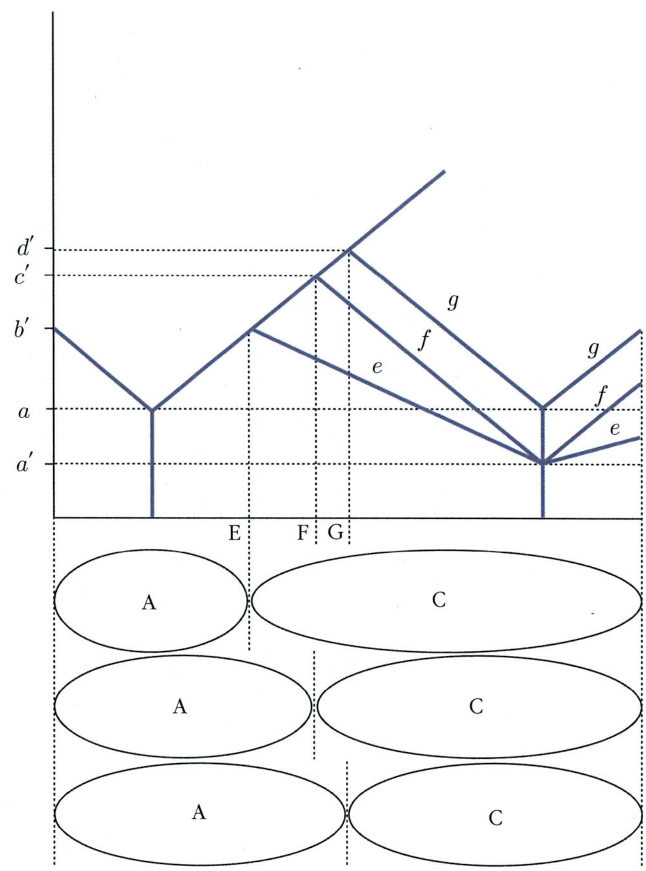

족한 B지역의 지방공기업은 생존할 수 없고, 그 대신 A지역과 C지역의 공기업이 B지역의 주민에게 과거와 동일한 공기업 서비스를 저렴한 비용으로 제공하게 된다. 두 개 지방공기업의 시장범위는 생산원가(효율성)와 교통비용에 따라 달라진다. 예를 들어 A지역 공기업의 생산원가와 교통비용은 변동하지 않은 상태에서 C지역 공기업의 생산원가와 교통비용이 각각 a 및 g일 경우, 시장은 G를 중심으로 양분된다. 그러나 만일 C지역 공기업의 생산비가 효율성 제고로 a'으로 낮아지고 교통비용 역시 e로 떨어진다면 C지역 공기업의

공간 시장은 G에서 E으로 확대된다. 이와 같이 지방공기업의 시장영역에 대한 규제가 완화된다면, 즉 인접 공기업과의 서비스 공급경쟁이 일어날 수 있다면 분명히 지역주민에게는 경제적 이득이 될 수 있다.

1.3 책의 구성

1) 구　성

이 책은 생산자와 소비자이론에 근거한 6개 연구 분야의 도시경제학과 노동, 교역, 인구, 생산성, 환경 등을 다룬 7개 연구 분야의 지역경제학으로 구성되어 있다. 각 장은 이론, 분석방법, 정책 등으로 정리되어 있는데, 2장에서는 도시경제를 이해하는 데 가장 기본적인 도시경제모형을 설명하고 있다. 소비자 효용, 교통비용과 주택소비량 간의 관계, 입찰지대 등을 이용하여 소비자의 최적 입지가 어떻게 결정되는지를 살펴보고, 또한 정주공간의 규모와 구성이 건축 및 주거 밀도, 인구변화 등의 다양한 환경변화에 따라 어떻게 변하는 지를 다루었다. 제3장도 2장과 동일하게 도시 공간구조의 변화를 다루고 있으며, 토지 이용과 관련하여 튀넨의 농업지대론, 생태학적 도시모형, 도시경제학적 도시모형, 교통비용 중심의 입지이론과 도시공간구조 모형 등을 정리하였다. 제4장에서는 지방정부의 체계와 구조를 설명하고, 자원 배분이 지방자치와 분권화를 통해 어떻게 효율성을 달성할 수 있는지를 설명하였다. 지역 간 협력관계가 외부효과가 존재하는 공공서비스의 배분과 공급에 어떠한 영향을 미치는지를 살펴보았다. 5장에서는 주택경제를 이해하는 데 필요한 수요와 공급, 가격 등의 기본 개념과 분석방법을 다루고 있으며, 주택정책이 주택시장에 어떻게 영향을 미치는지를 정리하였다. 6장은 교통기반시설 투자와 경제성장 간의 관계를 정리하고, 교통기반시설 투자의 공간경제효과를 평가하기 위한 생산함수접근법과 비용편익접근법을 제시하였다.

이 책의 2부인 지역 및 공간경제의 제7장에서는 지역경제 성장과 불균형 간 관계를 살펴보았다. 지역경제의 균형성장이론과 불균형성장이론은 정리하고, 또한 지역경제 성장 및 지역격차의 개념과 측정지표를 살펴보았다. 8장에서는 지역노동시장의 개념, 노동인력 공급, 직무일치 등을 살펴보고, 인적 자본의 개념과 측정방안을 정리하였다. 또한 인적 자본 외부효과의 사회적 편익과 주요 구조를 논의하고 인적 자본 및 인적 자본 외부효과의 실증분석 사례를 검토하였다. 9장에서는 지역경제의 가장 중요한 요소인 인구의 기본적인 개념을 정리하고 인구의 성장과 공간적 이동에 대한 이론과 실증사례를 설명하였다. 10장에서는 혁신과 지역경제와의 관계, 혁신의 공간적 분포와 효과, 지식생산함수 등을 검토하였다. 혁신활동에 있어서 집적경제의 중요성과 개념을 설명하고, 혁신과 집적경제와 관련한 실증 연구사례를 정리하였다. 11장에서는 신경제지리학의 기본 개념을 설명하고 중심－주변부 모형의 수리적인 과정을 정리하였다. 시장 내 경쟁의 유형, 규모의 경제 존재 여부, 소비재화의 다양성 수준 등을 따라 지역경제 성장유형이 어떻게 달랐는지를 보여주고 또한 지역산업 활동의 공간적 집적과 분화과정을 이론적으로 검토하였다. 12장에서는 환경가치의 기본적인 개념을 정리하고 또한 이러한 무형의 가치를 어떻게 측정할 수 있는지를 정리하였다. 마지막 13장에서는 이전 장과 달리 주로 지역경제 활동을 분석할 수 있는 방법론을 기술하였다. 경제 성과와 성장 잠재력 분석방법, 투입산출 분석방법, 직종 분석방법 등과 정책수단을 소개하였다.

이러한 13장의 주제를 내용의 난이도(기초와 심화단계), 분석방법론의 유형(이론과 실증), 분석 공간단위(도시 및 지역), 경제활동의 분석단위(미시 및 거시), 학문적인 연계성(경제, 지리 및 계획학) 등 다섯 가지 기준으로 나누어서 정리하면 다음의 <표 1－2>와 같다. 만일 독자가 경제학 원론 수준의 소비자 및 생산자이론을 알고 있다면, 이 책을 읽고 이해하는 데 전반적으로 큰 어려움은 없을 것이다. 특히 계량경제학 또는 경제수학의 기초 개념을 어느 정도 습득하였다면, 제1부의 5장과 6장, 제2부의 11장과 12장 등 다소 전문적인 내용을 담고 있는 4개 장의 내용을 더욱 수월하게 따라갈 수 있을 것이다.

표 1-2 이 책의 구성

장		주제어	단계		분석		공간		경제활동		연계성		
			기초	심화	이론	방법	도시	지역	미시	거시	경제	지리	계획
도시 및 공간 경제	1	지역 및 도시경제의 기본 개념	●		●		●	●		●	●	●	●
	2	도시공간경제 모형	●		●		●		●		●		
	3	공간구조와 입지	●		●		●		●				●
	4	지방재정		●	●		●	●	●	●	●		
	5	주택경제	●		●	●	●		●		●		
	6	교통기반시설 경제	●		●	●		●		●	●		
지역 및 공간 경제	7	지역경제성장과 분배	●		●			●		●	●		
	8	노동시장과 인적 자본		●	●	●	●	●	●		●	●	
	9	인구와 공간	●		●	●	●	●		●	●	●	●
	10	혁신과 집적 경제	●		●	●	●	●	●	●	●	●	●
	11	신경제지리		●	●			●	●		●		
	12	환경경제분석		●	●	●	●	●	●		●		
	13	지역경제방법론	●			●	●	●	●	●	●		●

2) 참고도서

지역 및 도시경제학에 대한 심화된 내용을 알고자 할 경우 다음과 같은 책을 찾아보기 바란다.

Arnott, Richard and McMillen, Daniel P., eds, A Companion to Urban Economics. New Jersey: Blackwell Publishing, 2006.

Aziz, Iwan, Matthew P. Drennen, Ronald E. Miller, Sidney Saltzman, Erik Thorbecke and Walter Isard, Methods of Interregional and Regional Analysis, Aldershot: Ashgate, 1998.

Boyce, David, "A Short History of the field of Regional Science", Papers in Regional Science, 2004, 83: 31~57.

Capello, Roberta, Regional Economics, London: Routledge, 2006.

Cheshire, Paul Charles and E. S. Mills eds, Handbook of Regional and Urban Economics, Vol 3, Amsterdam: Elsevier, 1999.

Henderson, J. Vernon and Jacques François Thisse eds, Handbook of Regional and Urban Economics, Vol 4, Amsterdam: Elsevier, 2004.

Isard, Walter. 1975. Introduction to Regional Science. New Jersey: Prentice Hall.

McCann, Philip, Urban and Regional Economics. Oxford: Oxford University Press, 2001.

Mills, Edwin S. ed, Handbook of Regional and Urban Economics, Vol 2, Amsterdam: Elsevier, 1987.

Nijkamp, Peter ed, Handbook of Regional and Urban Economics, Vol 1, Amsterdam: Elsevier, 1987.

O'Sullivan, Arthur, Urban Economics. Boston: McGraw－Hill/Irwin, 2003.

3) 주요 학술기관 및 학술지

지역 및 도시경제 분야에 관련된 학술기관과 학술지는 다음 정리된 바같이 상당히 많으나, 가장 대표적인 우리나라 학술기관은 한국지역학회라고 볼 수 있다. 한국지역학회는 공간을 매개로 한 학제 간(interdisciplinary) 연구에 필요한 이론적 틀, 분석기법, 정책 등을 체계적으로 연구하기 위해서 1983년 창립하였고, 학회지 「지역연구」를 발간하고 있다.

■ 국내 학술기관 및 학술지

GRI연구논총(경기연구원 발간)
경제연구(한국경제통상학회 발간)
경제학연구(한국경제학회 발간)
관광학연구(한국관광학회 발간)
교통연구(한국교통연구원 발간)
국토계획(대한국토도시계획학회 발간)
국토연구(국토연구원 발간)
국토지리학회지(국토지리학회 발간)
농업경제연구(한국농업경제학회 발간)
농촌경제(한국농촌경제연구원 발간)

농촌계획(한국농촌계획학회 발간)
대한교통학회지(대한교통학회 발간)
대한지리학회지(대한지리학회 발간)
도시행정학보(한국도시행정학회 발간)
서울도시연구(서울연구원 발간)
응용경제(한국응용경제학회 발간)
재정학연구(한국재정학회 발간)
주택연구(한국주택학회 발간)
지방행정연구(한국지방행정연구원 발간)
지역연구(한국지역학회 발간)
한국경제지리학회지(한국경제지리학회 발간)
한국도시지리학회지(한국도시지리학회 발간)
한국지역개발학회지(한국지역개발학회 발간)
한국지역지리학회지(한국지역지리학회 발간)

■ 국제 학술기관

European Regional Science Association
Mid-Continent Regional Science Association
North American Regional Science Council
Pacific Regional Science Conference Organization
Regional Science Association International
Southern Regional Science Association
Western Regional Science Association
Regional Research Institute(rri.wv.edu)
Regional Economics Application Laboratory(real.uiuc.edu)

■ 국제 학술지

Annals of Regional Science
Economic Systems Research
Growth and Change
International Regional Science Review
Journal of Regional Analysis and Policy
Journal of Regional Science
Journal of Urban Economics
Papers in Regional Science
Regional Science and Urban Economics
Regional Studies

Review of Regional Studies

Review of Urban and Regional Development Studies

Regional Science Policy and Practice

Spatial Economic Analysis

Urban Studies

참고문헌

- Chenery, Hollis B., Structural Change and Development Policy, Baltimore: Johns Hopkins University Press, 1979.
- Childe, V. Gordon. “The Urban Revolution”, The Town Planning Review, 1950, 21(1): 3~7.
- Fujita, Masahisa and Jacques–François Thisse, Economics of Agglomeration: Cities, Industrial Location, and Globalization, Cambridge: Cambridge University Press, 2013.
- Henderson, Vernon, “The Urbanization Process and Economic Growth: The So–What Question”, Journal of Economic Growth, 2003, 8(1): 47~71.
- Todaro, Michael P. and Stephen Smith, Economic Development, New Jersey: Prentice Hall, 2012.
- 김의준, “월터 아이자드의 지역학,” 현대 공간이론의 사상가들, 국토연구원 엮음, 한울 아카데미, 2006.

Regional and Urban Economics

제2장 도시경제모형 및 이론[1]

본 장에서는 하나의 고용중심을 가진 도시의 모형을 구축하여 내부 구조를 살펴보도록 한다. 먼저 주민들이 효용을 극대화함에 따라 주택의 소비량과 입찰지대가 결정된다. 또한 주택 건설업자들의 이윤극대화로부터 토지에 대한 입찰지대가 도출된다. 이를 통해 각 지점에서의 건축밀도와 주거밀도는 물론, 도시의 균형규모를 알아낼 수 있다. 이 모형은 예컨대 인구 증가가 미치는 영향을 살펴보기 위한 비교정태분석의 기본 틀을 제공한다. 나아가 다양한 소득계층, 교통혼잡, 도로 접근성을 고려하거나 임대료 수입을 내생화하는 등 여러 방향으로 모형의 확장이 가능하다. 최근 신경제지리학이 발전하면서 새로운 도시의 형성이나 도시 간 상호작용을 설명하기 위한 시도도 활발하게 이루어지고 있다.

1 본 장은 Kraus(2006)의 내용을 우리말로 옮겨 부분적으로 보완한 것이다.

2.1 단일중심 도시

누구나 알고 있듯이 중심업무지구로부터 멀어질수록 도시의 경제지형은 크게 변화한다. 도심에서의 아파트 임대료는 변두리 지역의 유사한 아파트보다 훨씬 높으며, 주거지를 선택할 때에도 도심의 고층건물과 교외지역의 저층주택 사이에서 결정하는 경우가 많다. 단일중심 도시모형은 바로 그러한 현상을 설명하기 위해 고안된 것이다. 1960년대와 1970년대에 걸쳐 이 모형의 기초를 마련한 이들은 William Alonso, Edwin Mills, Richard Muth 등이다(Alonso, 1964; Mills, 1972 and Muth, 1969 참조).

도시들이 점차 다핵화됨에 따라 단일중심 모형은 더 이상 적합하지 않다는 비판이 있다. 그러나 아직도 많은 도시들은 하나의 고용중심을 가지고 있으며, 단일중심 도시를 구성하는 경제적인 힘을 이해하는 것은 다핵도시를 설명하는 데 있어서도 매우 유용하다. 본 장에 소개되는 모형은 Brueckner(1987)를 단순화한 것이다. 먼저 모형을 자세히 살펴본 후 이 모형이 도시 내부구조의 분석과 도시 간 차이의 설명에 어떻게 활용될 수 있는지 알아보도록 하자.

2.2 고립된 도시의 모형

원형의 평탄한 도시를 생각해 보자. 모든 고용은 원의 한가운데에 있는 중심업무지구(CBD) 한 점에서만 이루어지고, N명의 주민이 거주하고 있다. 주민들은 각자 매일 한 번씩 왕복 통근을 하며 일정한 시간 동안 일하여 하루에 y의 임금을 받는다. 통근거리의 증가에 따라 통근비용도 비례하여 올라간다. 단위거리당 왕복 통근비용을 t라고 하면 CBD로부터 x의 거리만큼 떨어진 지점에 사는 근로자의 통근비용은 tx이다. 여기에서는 일단 시간비용을 제외한 금전적 비용만을 고려하자.

1) 주택 소비량의 결정

한 사람의 근로자는 효용함수 $v(q,c)$를 가지는데, q는 집의 면적이나 마당 등 주택이 제공하는 서비스의 소비량이며, c는 기타 복합재의 소비를 나타낸다. x지점에 사는 주민은 단위면적당 $p(x)$의 주택 임대료를 치른다. 한편 복합재의 경우 CBD에서 생산될 수도 있고 수입될 수도 있으며, 그 가격은 어디에서나 1이라고 가정한다. 개인은 효용을 극대화하고자 하며, 다음과 같은 예산제약에 직면한다.

$$p(x)q+c=y-tx \tag{2.1}$$

여기서 두 가지 고려해야 할 사항이 있다. 하나는 이 개인의 입지 선택(x)이며, 다른 하나는 <그림 2-1>에 나타난 바와 같이 x_0 지점에 입지한 주민이 직면하는 주택소비(q)와 기타재 소비량 사이의 선택 문제이다. 예산제약선의 Y축 절편은 $y-tx_0$로 주어지

그림 2-1 특정 지점에서의 균형주택 소비량

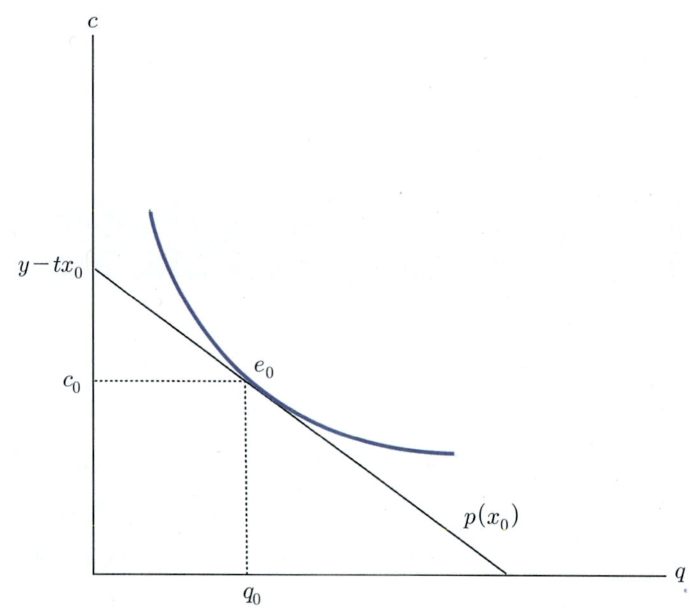

며, 소득에서 통근비를 제한 순소득이다. 예산선의 기울기는 $-p(x_0)$이다. 원점에 대해 볼록한 하나의 무차별곡선이 예산제약선과 접하는 e_0점에서 균형이 이루어지는데, 이 경우 주택 소비량은 q_0가 된다.

주민들이 동질적이고 각자 나름의 입지를 선택한다는 사실은 곧 모든 주거지에서의 효용수준이 같음을 의미한다. 이러한 등효용조건을 충족시키는 것은 바로 주택가격의 공간적 변화이다. 통근거리의 증가와 그에 따른 이동비용의 상승으로 인한 순소득의 감소를 상쇄하기 위해서는 주택가격이 감소해야 한다. 무차별곡선은 <그림 2-2>와 같이 균형에서의 공통적인 효용수준에 대응한다고 가정하며, x_1과 x_0은 $x_1 > x_0$를 만족하는 임의의 두 위치를 나타낸다. $p(x_0)$과 $p(x_1)$은 각각 $y-tx_0$과 $y-tx_1$을 절편으로 하는 예산제약선으로서, 균형 효용수준이 정확히 달성되는 경우의 임대료이다. 순소득은 x_0에서보다 x_1에서 낮으며, 이는 그 지점에서의 예산선이 더 평평함을 의미한다. 그러므로 $p(x_1) < p(x_0)$이며, CBD에서 멀어질수록 주택 임대료는 감소한다.

이 그림을 통해 다른 지점에 사는 두 사람의 주택 소비량을 비교할 수도 있다. 예산

그림 2-2 주택가격의 변화와 입지 균형의 달성

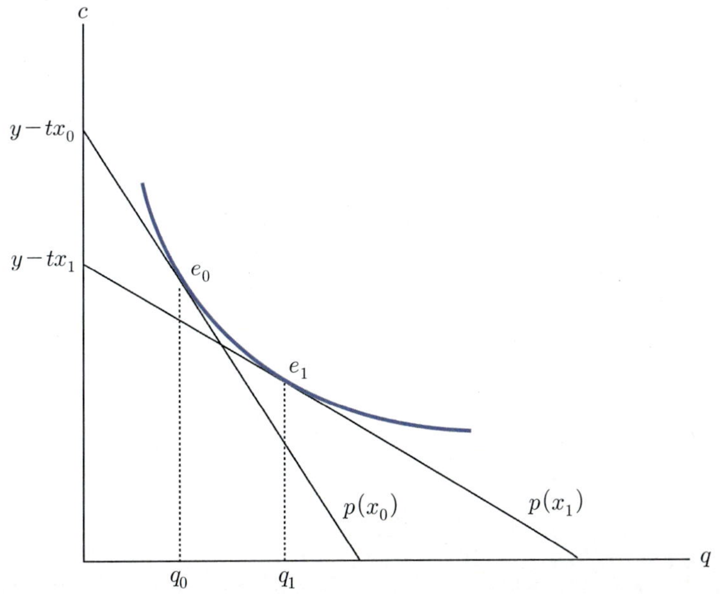

선이 x_0에서보다 x_1에서 더 평평하므로, 균형 무차별곡선은 e_0에서보다 e_1에서 더 평평하다. 강하게 볼록(convex)한 무차별곡선을 가정한다면 e_1은 e_0에 비해 상대적으로 동남쪽에 위치하며, 바꾸어 말하면 $q_1 > q_0$이다. 따라서 CBD에서 먼 지점에 거주할수록 주택의 소비량이 증가하는 것이다.

2) 주택에 대한 입찰지대

이제 입찰지대의 개념을 살펴보도록 하자. 같은 그림에서, $p(x_0)$는 x_0 지점에 거주하는 사람이 자신의 무차별곡선에 대응하는 효용수준을 누리면서 집에 대해 지불할 수 있는 최대 액수를 나타낸다. 만일 주택가격이 조금이라도 높다면 그 지점에서의 예산제약선은 더 가파를 것이며, 주어진 무차별곡선에 도달하기는 불가능할 것이다. 이때 $p(x_0)$를 주택에 대한 입찰지대라고 정의한다.

그림 2-3 효용의 증가와 주택에 대한 입찰지대의 감소

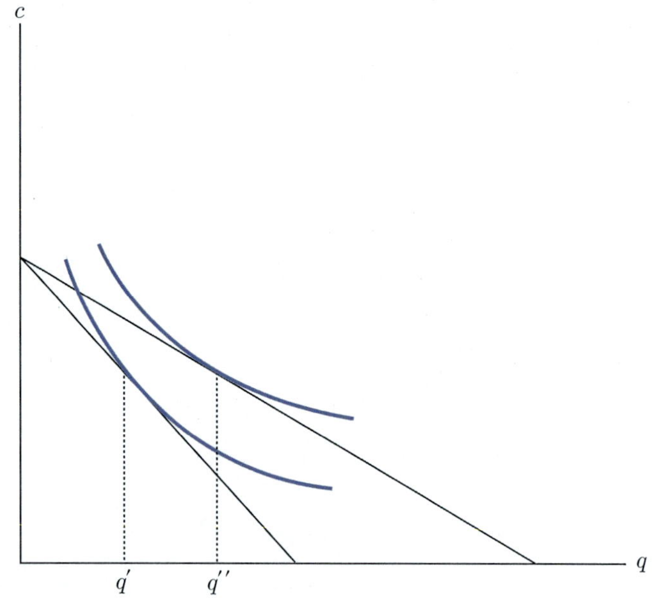

이상의 논의로부터 주어진 효용수준 하에서 결정되는 주택의 입찰지대가 거리에 대해 감소함수라는 점을 알 수 있다. 입찰지대는 효용수준의 변화에도 영향을 받는데, 동일한 지점에서 서로 다른 효용수준에 대한 주택 입찰지대를 비교하는 <그림 2-3>을 통해 이를 파악할 수 있다. 우선 두 예산제약선의 절편이 같으므로 입지는 고정되어 있다. 높은 무차별곡선은 더 평평한 예산선으로 도달할 수 있는데, 이는 주택에 대한 입찰지대가 더 낮다는 것을 의미한다. 주택 입찰지대를 $\tilde{p}$, 효용수준을 u로 각각 표시할 때 $\tilde{p}=\tilde{p}(x,u)$라 쓸 수 있으며, $\tilde{p}$는 x와 u 모두에 대하여 감소함수이다. 주어진 효용수준에서 각각의 거리에 대응하는 $\tilde{p}$의 그래프를 주택에 대한 입찰지대곡선이라 부른다. <그림 2-4>는 두 개의 입찰지대곡선을 비교하여 보여준다. $\tilde{p}$가 u의 감소함수이므로 낮은 곡선에서 효용은 더 높아지게 된다.

그 중 하나의 입찰지대곡선은 균형 효용수준과 대응하는데, 그 곡선이 바로 균형 주택가격의 그래프이다. 입찰지대를 지불하는 개인이 수요하는 주택의 양을 $\tilde{q}(x,u)$로 정의한다면, $\tilde{q}$는 거리에 대해 증가하며, u가 균형 수준에 고정되었을 때 주택 양은 $q(u)$로 나타낼 수 있다. 주택을 그 수요가 소득과 양의 관계를 가지는 정상재라고 가정하면 $\tilde{q}$ 역

그림 2-4 주택용지에 대한 입찰지대들

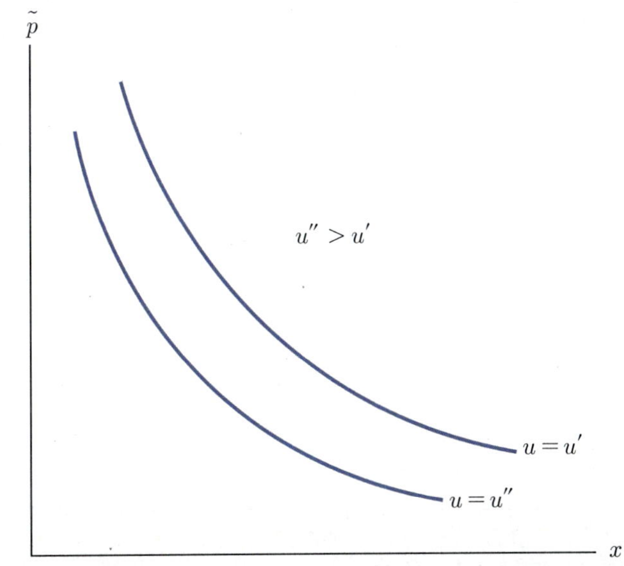

시 u에 대해 증가하는 함수이다. <그림 2-3>에 나타난 q''와 q' 간의 차이는 부분적으로 소득효과 때문이며, 주택이 정상재라면 $q'' > q'$의 관계가 형성된다.

3) 주택의 생산

주택 생산자는 모두 동질적이며, 주어진 가격 하에 이윤을 극대화하고자 한다고 가정하자. 한 지점에서의 주택 산출량 $H(x)$는 규모에 대해 수확불변(CRS)인 생산함수 $H(x) = H(L(x), K(x))$로 나타낼 수 있는데, 여기서 $K(x)$는 x 지점에서의 자본의 투입량이며 $L(x)$는 x에서의 토지의 투입량이다. 이 지점에서의 토지 임대료는 $r(x)$이고, 자본의 임대료 i는 어디에서나 같다. i는 국가 전체의 자본시장에서 외생적으로 결정되는 반면, 토지 임대료는 도시 내부에서 내생적으로 결정된다. 특정의 x 지점에서, 한 주택 생산자는 $p(x)H(L(x), K(x)) - r(x)L(x) - iK(x)$의 이윤을 얻는다. 이제 모든 x에 대해 이윤을 극대화하는 $L(x)$과 $K(x)$를 찾아보도록 하자.

그림 2-5 주택시장의 균형

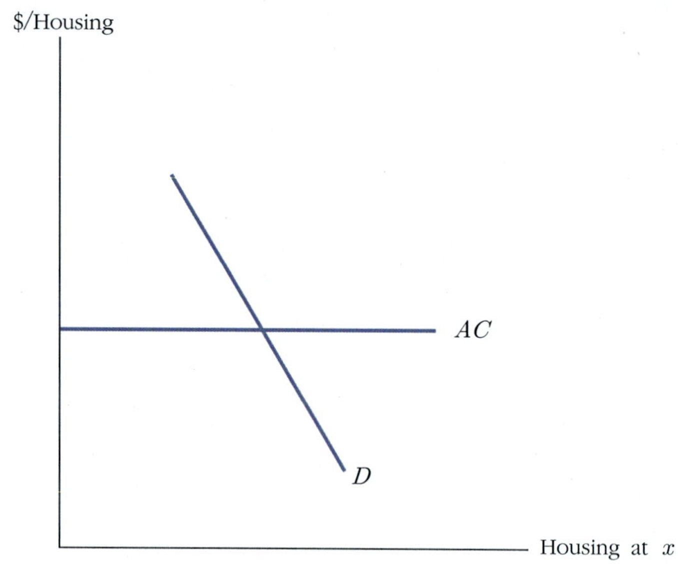

주택생산이 수확불변의 특성을 지니므로, 요소시장에서 가격수용자인 기업은 산출량 수준과 무관하게 <그림 2-5>에서 AC로 표시된 수평의 장기 평균비용곡선을 가진다. 또한 기업들이 산출물 시장에서도 가격수용자라는 추가적 가정 하에서, 기업과 시장 전체의 장기공급곡선은 장기평균비용과 같은 가격수준에서 완전탄력적이 된다. 그림에서 AC는 x 지점에서 형성되는 주택의 장기 시장공급곡선이며, 균형을 이루기 위해서는 주택 가격과 평균비용이 같아야 한다. 이를 식으로 표현하면,

$$p(x) = AC(r(x), i) \tag{2.2}$$

그림에서 $r(x)$ 혹은 i의 증가는 AC의 상향 이동을 유발한다. x가 증가하면 $p(x)$는 감소하며, 이에 따라 주택 생산의 평균비용 역시 감소한다. 자본의 임대비용은 공간과 무관하므로, 이러한 관계는 $r(x)$가 x의 감소함수일 때에만 성립한다. 따라서 토지 임대료는 CBD에서 멀어질수록 낮아진다.

4) 건축밀도의 결정

일반적으로 도시에서는 도심에서 멀어질수록 주거 형태가 달라진다. 중심부에서는 고층 아파트나 주상복합의 형태가 압도적이지만 도심을 벗어나면 3~5층의 공동주택이 주를 이루게 된다. 교외로 나가면 단독주택이 우위를 점하게 되며, 변두리로 향할수록 부지 규모가 점차 커지는 경향을 보인다. 일반적으로 중심부로부터의 거리가 증가함에 따라 주택 생산에 있어 자본/토지 비율이 감소한다.

이러한 현상은 <그림 2-6>을 통해 이해할 수 있다. 한 단위의 주택을 생산하는데 투입되는 노동과 자본의 조합인 이른바 단위 등량선이 그려져 있다. 그림과 같이 등량선은 강하게 볼록하다고 가정한다. 우선 특정 위치 x_0를 상정하고, 그 지점의 단위 등비용곡선상에서 운영하는 주택 생산자에 대해 생각해 보자. 기업은 이윤극대화를 위해 비용이 최소화되는 요소의 조합을 선택해야 한다. 이는 e_0로서, x_0에서의 요소 가격을 반영하는 등비용선이 단위 등량선과 접하는 점이다. 요소 가격은 등비용선의 기울기에 반영되며, $-r(x_0)/i$이다.

점 e_0에서의 자본/토지 비율은 일반적으로 건축밀도라고 부르는데, 원점에서 출발하

그림 2-6 CBD에서 멀어질수록 감소하는 건축밀도

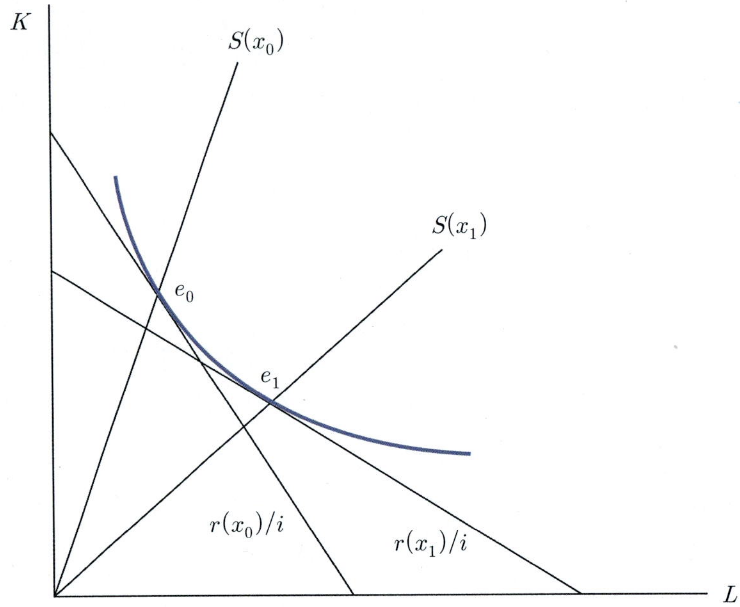

여 e_0을 통과하는 직선의 기울기로 계산된다. x에서의 건축밀도를 $S(x)$로 나타내자. x_0에서 주택을 생산하는 모든 기업의 건축밀도는 생산량에 관계없이 동일하다. 이는 규모에 대한 수확불변을 의미하는데, 원점으로부터 뻗어 나온 직선의 모든 점에서 CRS 생산함수의 등량선들이 같은 기울기를 가진다는 사실에 기인한다. 따라서 위치와 요소가격이 주어질 때 등량선과 등비용선 간의 모든 접점은 동일한 건축밀도를 가진다.

이제 x_0보다 먼 임의의 위치 x_1을 고려해 보자. 이미 살펴본 바와 같이 $r(x_1) < r(x_0)$이며, 이는 등비용곡선의 기울기가 x_1에서 더 완만함을 의미한다. 등비용선이 강하게 볼록할 때, 단위 등량선상에서 비용이 최소화되는 e_1점이 e_0에 비해 더 평평한 직선상에 위치하게 된다. 따라서 $S(x_1) < S(x_0)$가 성립하며, CBD로부터 멀어질수록 건축밀도는 감소하게 되는 것이다.

5) 토지에 대한 입찰지대

토지에 대한 입찰지대는 이미 살펴본 주택 입찰지대곡선과 밀접한 관계가 있다. 만약 x 지점에서 주택을 판매하고 받을 수 있는 금액이 주택에 대한 소비자의 입찰지대 $\tilde{p}(x,u)$라면, 주택 생산자의 입장에서 식 (2.2)가 나타내는 영의 이윤 조건을 충족시키면서 토지에 지불할 수 있는 최대금액은 얼마인가? 이 입찰금액의 최대치를 토지에 대한 입찰지대라 부르며, 이를 $\tilde{r}(x,u)$로 표시하면 다음의 식을 얻는다.

$$\tilde{p}(x,u) = AC(\tilde{r}(x,u),i) \qquad (2.3)$$

우리는 이미 x나 u의 증가가 $\tilde{p}$를 감소시킴을 확인한 바 있다. 식 (2.3)과 함께, 이는 x나 u의 증가가 $\tilde{r}$도 함께 낮추는 것을 의미한다. 주어진 u에서 x에 대한 $\tilde{r}$의 그래프를 토지에 대한 입찰지대곡선이라 정의하자. 입찰지대곡선 중 균형 효용수준에 대응하는 경우가 존재하는데, 이는 균형토지가격의 그래프와 같다. 주어진 토지 입찰지대에 직면한 주택 생산업자의 건축밀도는 $\tilde{S}(x,u)$와 같다. $\tilde{S}$는 u가 균형수준에 설정되었을 때의 균형 $S(x)$ 함수로서 x에 대해 감소한다. 또한 u의 증가는 $\tilde{S}$를 감소시킨다.

6) 순주거밀도의 결정

본 모형이 시사하는 또 다른 특성은 순주거밀도, 즉 단위 주거용지당 인구 수가 CBD에서 멀어질수록 감소한다는 점이다. 거리 x에서의 순주거밀도를 간단히 $D(x) = h(x)/q(x)$로 표시할 수 있다. $h(x)$는 x 지점에서 주택 생산에 배정된 한 단위의 토지가 생산하는 주택의 양이다. x가 증가하면 $q(x)$도 늘어나므로 $h(x)$가 감소한다. 즉 <그림 2-6>에 나타난 e_1에서의 주택 생산량이 e_0에서와 동일하지만 더 많은 토지를 요구한다는 것이다(CRS 하에서 단위 등량선을 따라 이동하는 경우를 생각해 보자). 따라서 CBD로부터 멀어짐에 따라 순주거밀도는 감소한다. 주어진 입찰지대 하에서 순주거밀도 함수인 $\tilde{D}(x,u)$는 x의 감소함수로서, u가 균형수준에 있을 경우 균형 $D(x)$ 함수가 된다. u가 증가할 경우 $\tilde{D}$는 감소한다.

7) 도시규모의 결정

지금까지 모형에서 어떻게 $\tilde{p}(x,u)$, $\tilde{q}(x,u)$, $\tilde{r}(x,u)$, $\tilde{S}(x,u)$ 그리고 $\tilde{D}(x,u)$ 등의 함수들이 정의되는지 알아보았다. 효용수준 u를 결정하는 방법을 찾는다면, 도시내 모든 지점에서의 균형 주택가격과 토지가격, 공간적 특성, 도시의 균형규모 등을 파악할 수 있다. <그림 2-7>에서 볼 수 있듯이, $\overline{x}$는 도시의 반지름이고 r_A는 입지와 무관하게 일정한 농업 부문의 토지 입찰지대이다. $\overline{x}$의 좌측으로는 농업에서의 토지 입찰지대가 주택생산의 경우보다 낮아서 시장에 나온 모든 토지는 주택 생산업체들이 차지한다. 반면 $\overline{x}$의 우측으로는 농업의 입찰지대가 높기 때문에 농민들이 토지를 확보하게 된다. $\overline{x}$의 바깥쪽에서는 주택이 생산되지 않으므로, 이 거리가 곧 도시의 균형 반지름이 된다.

그림과 같이, $\overline{x}$는 주택 부문과 농업 부문의 토지 입찰지대곡선이 교차하는 지점에서 결정된다. 이는 다음과 같이 u가 주어졌을 때 $\overline{x}$를 결정하는 식으로 이해할 수 있다.

$$\tilde{r}(\overline{x},u)=r_A \tag{2.4}$$

그림 2-7 입찰지대가 결정하는 도시의 경계

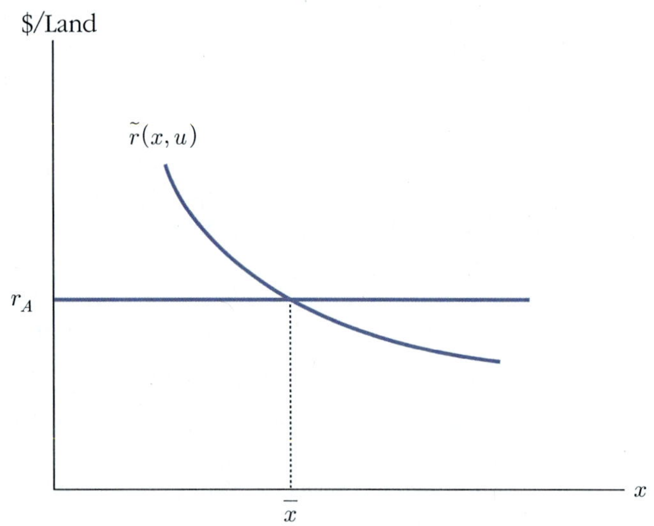

8) 효용수준의 결정

효용수준 u가 정확히 어떻게 결정되는가는 해당 도시가 개방되어 있는지 또는 외부와 단절되어 있는지에 달려 있다. 외부에 개방되어 있는 열린 도시의 경우 도시 외부의 효용수준인 u의 값은 외생적으로 주어지며, 이에 따라 도시 간 인구 이동이 일어난다. 도시의 인구 N은 내생변수로서 다음과 같이 결정된다. 각각의 직선거리 x에서 $\theta/2\pi$만큼의 토지가 주택용지 혹은 농토로서 사용 가능하다고 가정하자. 그렇다면 x에서 매우 작은 폭 dx의 고리 안에 수용될 수 있는 인구는 $\widetilde{D}(x,u)\theta x dx$이고, 이 도시의 균형 인구규모는 $\overline{x}$ 안에 수용될 수 있는 사람의 수가 된다.

$$N = \int_0^{\overline{x}} \widetilde{D}(x,u)\theta x dx \tag{2.5}$$

한편, 외부와 단절되어 있는 닫힌 도시의 경우 인구의 규모는 외생적으로 주어지는 반면 균형 효용수준은 내생적으로 결정된다. 인구 N이 주어진 상태에서 식 (2.5)가 성립해야 하는 것이다. 이 식은 식 (2.4)와 같이 내생변수 $\overline{x}$와 u를 포함하므로 $\overline{x}$와 u는 두 식에 의해 결정된다. 해가 구해지면 모든 공간적 특성이 도출될 수 있다.

2.3 비교정태분석

비교정태분석이란 모수 값의 변화가 모형의 해에 어떤 영향을 미치는지 살펴보는 것이다. 이를 위해 닫힌 도시의 경우를 택하여 인구 증가의 효과를 알아보기로 한다. 만약 두 도시가 인구를 제외한 모든 측면에서 동일하다면 주택과 토지의 가격, 그리고 공간적 규모 등에 있어 어떤 차이가 발생할까?

1) 인구 증가의 효과

분석의 핵심은 u의 증가가 $\tilde{p}(x,u)$, $\tilde{q}(x,u)$, $\tilde{r}(x,u)$, $\tilde{S}(x,u)$ 그리고 $\tilde{D}(x,u)$ 함수들에 미치는 영향을 이해하는 것이다. 앞 절에서의 결과를 종합하면, $\tilde{p}$, $\tilde{r}$, $\tilde{S}$ 및 $\tilde{D}$는 모두 u에 대한 감소함수이고 $\tilde{q}$는 증가함수라는 결론을 얻는다.

인구 N의 값이 주어진 상황에서, $\bar{x}$와 u에 대한 식 (2.4)와 (2.5)의 해는 <그림 2-8>의 E_0과 같은 점으로 나타낼 수 있다. r_A로 표시된 곡선은 식 (2.4)를 만족하는 x와 u의 조합을, N 곡선은 식 (2.5)를 충족하는 같은 변수들의 조합을 나타낸다. 그림과 같이 r_A 곡선은 우하향하는 반면 N 곡선은 우상향한다. 먼저 r_A 곡선을 검토해 보자. 곡선의 우하향성은 식 (2.4)의 해를 묘사하는 <그림 2-7>로부터 알 수 있다. $\tilde{r}$이 u의 감소함수이므로 u의 증가는 주택 생산에 있어 토지 입찰지대의 하향 이동을 유발하며, 농업 입찰지대와의 교점은 더 낮은 x에서 생긴다. 이제 N 곡선을 고려하자. $\tilde{D}$가 u의 감

그림 2-8 닫힌 도시에서의 인구 증가

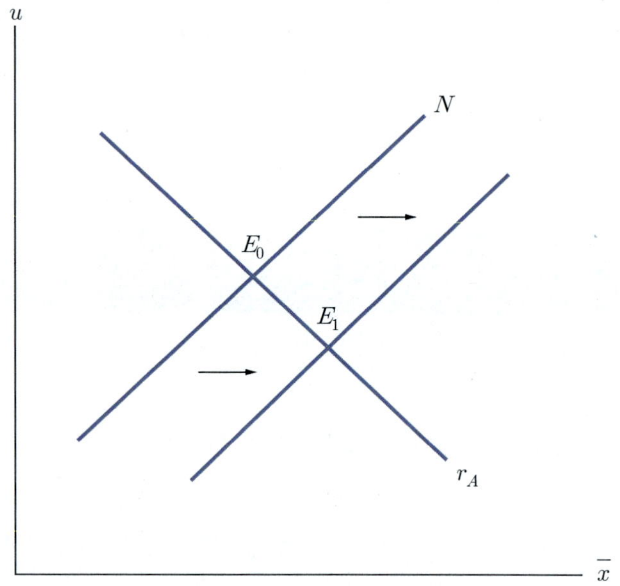

소함수이므로, 주어진 $\bar{x}$에서 u의 증가는 식 (2.5)의 우변을 감소시킨다(거주해야 하는 인구의 감소). 따라서 보다 높은 효용을 제공하면서 주어진 인구를 수용하는 유일한 방법은 x를 증가시키는 것이다.

이제 N이 증가하면 어떻게 될까? 주의할 부분은 식 (2.4)와 (2.5)로 구성된 시스템에서 N은 후자를 이동시키지만 전자에는 영향을 미치지 않는다는 사실이다. 즉, <그림 2-8>에서 N 곡선만이 이동한다는 것이다. 변화의 방향은 쉽게 알 수 있다. N이 증가할 때 식 (2.5)의 우변도 증가한다(실제 거주인구). 그런데 u의 값이 주어졌을 때 이를 가능케 하는 것은 $\bar{x}$의 증가뿐이다. 따라서 인구가 증가하면 N 곡선은 오른쪽으로 이동한다. 새로운 균형 (x,u) 조합은 E_1이다. 그러므로 N의 증가는 $\bar{x}$를 증가시키고 u를 감소시킨다.

균형 효용이 감소하고 $\tilde{p}$가 u의 감소함수라는 사실은 모든 x에 대해 $\tilde{p}$가 증가한다는 것을 의미하며, 이는 도시 경계 안쪽의 모든 지점에서 주택 임대료가 상승함을 뜻한다. 토지 임대료와 건축밀도 및 순주거밀도의 경우도 마찬가지이다. 어느 x에서든, 큰 도시의 주민은 상대적으로 적은 양의 주택을 소비하게 되는 것이다.

2) 도시규모와 효용수준

위의 결과에서는 대도시 주민들의 효용이 낮은 것으로 나타났는데, 이는 대도시에서 집적의 경제로 인해 임금이 높아질 가능성을 고려하지 않았기 때문이다(Henderson, 1985). 예를 들어, 소도시의 가장자리에 사는 A와 대도시의 가장자리에 사는 B의 효용을 비교해 보자. 이들은 각자 자기 도시의 가장자리에 거주하므로, 각기 소비하는 주택에 지불하는 가격은 같다(가장자리에서의 토지 임대료는 양 도시에서 동일하며 r_A와 일치함). 그러므로 통근비를 제외한 순소득이 높은 쪽의 효용수준이 더 높은 것이다. 이 경우 분명히 단거리 통근을 하는 A의 효용이 크다.

그러나 t 혹은 y에 외생적인 변화가 일어난다면 문제는 달라진다. 이 모수들의 특정한 값이 $\tilde{p}(x,u)$와 $\tilde{q}(x,u)$에 대입되며, $\tilde{r}(x,u)$, $\tilde{S}(x,u)$ 및 $\tilde{D}(x,u)$에 대해서도 마찬가지이다. 우선 모수 값의 변화가 식 (2.4)와 (2.5)의 해인 x와 u에 어떤 영향을 미치는지 검토해 볼 수 있다. 그러나 특정 지점에서의 건축밀도에 대한 영향을 판별하기 위해서는, 모수 변화의 직접효과와 그로부터 파생되는 효용의 변화 모두를 종합적으로 고려해야 한다.

2.4 모형의 확장

단일중심 도시모형은 현실성을 고려하여 다양한 방향으로 확장되었는데, 이 중 몇 가지를 살펴보기로 하자.

1) 다양한 소득계층

Muth(1969)를 비롯한 많은 학자들이 다양한 소득계층을 포괄하는 방향으로 모형을 일반화하였다. 저소득층에 비하여 고소득 가구가 CBD에 더 가까이 혹은 멀리 거주하는가? 상황에 따라 다르지만 일반적으로 더 멀리 산다. 다른 조건이 일정할 때 고소득층이 주택을 더 많이 소비하며, 이에 따라 주택 임대료가 낮은 지역에 입지할 유인이 생기기 때문이다. 비교정태분석을 위해 참고할 만한 연구로는 Hartwick et al.(1976)이 있다.

2) 교통혼잡

통근에는 시간비용이 수반된다는 사실과 함께 교통혼잡이 특정 지점으로부터의 통근시간을 내생화한다는 점을 고려한 것이다(Solow, 1972 등). 이들 연구에서는 어느 직선거리 x에서나, 단위거리에 대한 이동시간이 x와 $\overline{x}$ 사이에 거주하는 사람들의 수에 비례한다고 가정하였다. 이로부터 통근수단의 가격이나 혼잡 해소에 필요한 도로망 건설을 위한 토지의 할당 등에 대한 연구로 확대된 바 있다.

3) 간선도로에의 접근성

기본모형에서는 근로자의 통근비가 자택에서 CBD까지의 직선거리에만 의존한다. 이는 접근비용이 무시될 수 있을 만큼 방사형 도로망이 개발되어야 가능하다. Anas & Moses(1979)는 방사형 도로 사이에 간극이 존재하고 도로까지의 접근에 비용이 수반되는 경우를 분석하였다. 그 결과, 도시는 현실에서 관찰되는 것과 유사하게 방사형 도로를 따라 개발되는 경향을 보였으며, 기본 모형과 달리 도시와 농촌지역의 경계가 원형으로 형성되지 않는 것으로 나타났다.

4) 닫힌 도시

기본모형은 주택 생산에 투입되는 토지가 도시 외부의 지주로부터 임대되었다고 암묵적으로 가정한다. 이는 주민들의 소득이 외생적으로 결정되고 총 토지임대료는 내생적이라는 설정에 기인한다. 이를 변형한 "완전폐쇄도시"에서는 총 토지임대료가 주민들의 수입원이 된다. 소득이 내생화됨으로써 모형은 상당히 복잡해지는데, 완전히 닫힌 도시에 대한 추가 설명은 Pines & Sadka(1986)에서 찾을 수 있다.

5) 신경제지리학의 접목

단일중심 도시 모형에는 도심(CBD)이 외생적으로 주어졌다고 가정한다는 한계가 존재한다. 1980년대 후반부터 신경제지리학(제2부 제11장 참조) 이론의 발전에 힘입어 중심 자체의 내생적인 형성이나 새로운 도시의 발생을 설명하기 위한 시도가 활발히 이루어졌다.

Fujita(1988)는 독점적 경쟁을 이용한 도시 공간구조분석의 틀을 개발하였다. 먼저 기업과 소비자의 집적을 통해 도시의 중심지가 형성되고, 운송비 부담에 비해 규모의 경제가 크면서 충분한 양의 생산량이 이동 가능할 경우 집중현상이 발생한다. Krugman(1993)에서도 역시 자기강화적인 특징이 발현하면서 대도시가 발전하는데, 다양한 도시의 재화들이 전방연계효과를, 또 공산품에 대한 수요가 후방연계효과를 창출한다. 기업들에게는 시장권역이 확대되는 유인이 작동하기 때문에 구심력과 원심력 간 균형이 이루어지게 된다.

Fujita & Krugman(1995)은 시장잠재력의 개념과 독점적 경쟁모형을 이용하여 단일중심적 균형이 유지되는 변수의 범위를 도출한 후, 인구 증가에 따라 사회적 후생이 증가한다고 주장하였다. 이를 더욱 발전시킨 Fujita et al.(1999)에서는 같은 간격으로 계층적 도시구조가 나타나는데, 이른바 집적의 그늘(urban shadow)이 만들어져 지나치게 인접한 위치에서 다른 도시가 형성되는 것을 막는다. Mori et al.(2005)은 특정 산업의 집적지간 거리가 무작위적으로 형성된 공간구조의 경우에 비해 멀다는 사실로부터 집적의 그늘이 실제로 존재한다고 주장하였다. 반면 Partridge et al.(2009)에서는 성숙한 도시 시스템의 경우 집적의 그늘이 나타나지 않았다.

참고문헌

- Alonso, W., Location and Land Use, Cambridge: Harvard University Press, 1964.
- Anas, A. and Moses, L. N., "Mode Choice, Transport Structure and Urban Land Use", Journal of Urban Economics, 1979, 6(2): 228~246.
- Brueckner, J. K., "The Structure of Urban Equilibria: A Unified Treatment of the Muth–Mills Model", Chapter 20 of Mills, E. S. (ed.), Handbook of Regional and Urban Economics, Vol. 2, Amsterdam: North–Holland, 1987.
- Fujita, M., "A Monopolistic Competition Model of Spatial Agglomeration: A Differentiated Product Approach", Regional Science and Urban Economics, 1988, 18: 87~124.
- Fujita, M. and Krugman, P., "When Is the Economy Monocentric? von Thünen and Chamberlin Unified", Regional Science and Urban Economics, 1995, 25: 505~528.
- Fujita, M., Krugman, P., and Mori, T., "On the Evolution of Hierarchical Urban Systems", European Economic Review, 1999, 43: 209~251.
- Fujita, M. and Mori, T., "The Role of Ports in the Making of Major Cities: Self–agglomeration and Hub–effect", Journal of Development Economics, 1996, 49: 93~120.
- Hartwick, J., Schweizer, U., and Varaiya, P., "Comparative Statics of a Residential Economy with Several Classes", Journal of Economic Theory, 1976, 13(3): 396~413.
- Henderson, J. V., Economic Theory and the Cities, 2nd ed., Orlando: Academic Press, 1985.
- Kraus, M., "Monocentric Cities", in Arnott, R. J. and McMillen, D. P. (eds.), A Companion to Urban Economics, Blackwell Publishing, 2006, 96~108.
- Krugman, P., "First Nature, Second Nature, and Metropolitan Location", Journal of Regional Science, 1993, 33: 129~144.
- Mills, E. S., Studies in the Structure of the Urban Economy, Baltimore: Johns

Hopkins Press, 1972.

■ Mori, T., Nishikimi, K., and Smith, T. E., On the Empirical Identification of Industrial Agglomerations and their Spatial Coordination, Institute of Economic Research, Kyoto University, 2005.

■ Muth, R. F., Cities and Housing, Chicago: University of Chicago Press, 1969.

■ Partridge, M. D., Rickman, D. S., Ali, K., and Olfert, M. R., "Do New Economic Geography Agglomeration Shadows Underlie Current Population Dynamics Across the Urban Hierarchy?" Papers in Regional Science, 2009, 88(2): 445~466.

■ Pines, D. and Sadka, E., "Comparative Statics Analysis of a Fully Closed City", Journal of Urban Economics, 1986, 20(1): 1~20.

■ Solow, R. M., "Congestion, Density and the Use of Land in Transportation", Swedish Journal of Economics, 1972, 74(1): 161~173.

Regional
and
Urban Economics

제3장

도시공간구조와 입지이론

제3장 에서는 도시공간의 개념과 도시공간구조를 형성하게 하는 다양한 요인들에 대해서 살펴본다. 나아가 도시공간구조를 설명할 수 있는 이론들을 소개하고 각 이론이 가지고 있는 핵심내용과 한계를 이해한다. 주요한 이론으로 튀넨의 농업지대론, 튀넨의 농업지대론을 확장한 도시경제학적 도시모형, 생태학적 도시모형, 그리고 교통비용을 중심으로 하는 입지이론과 도시공간구조모형을 포함하였다. 마지막으로 도시공간구조의 변화와 관련하여 스프롤과 교통, 정보통신의 영향을 살펴보기로 한다.

3.1 도시공간구조

1) 도시공간구조의 개념

도시공간구조(urban spatial structure)의 개념을 이해하기 위해서는 도시의 기원과 도시가 존재하는 이유에 대해 살펴볼 필요가 있다. 인류가 이룩한 고대문명을 토대로 학자들은 촌락의 규모를 넘어서는 도시의 기원에 대해 다양한 이론을 전개하였다. 보편적으로 받아들이는 도시의 기원은 다음과 같이 네 가지로 요약할 수 있다. 신석기시대의 농업혁명을 통한 노동의 분업을 가져온 수력이론, 물물교환으로 시작하여 상업활동의 중심지로부터 도시의 기원을 설명하는 경제이론, 전쟁으로부터 방어하기 위해 성벽을 쌓고 모여 살게 되면서 도시로 발전했다는 군사이론, 마지막으로 인간의 종교적 행위와 정치구조로부터 파생하였다고 설명하는 종교이론이 있다.[1] 이러한 이론들은 고대 도시의 다양한 기원에 대한 일반적인 설명으로 받아들여지고 있다.

도시공간의 형성을 가져온 보다 근원적인 기원은 무엇일까? 그리고 도시는 왜 존재하는가? 이러한 물음에 대해 그리스의 철학자인 플라톤과 아리스토텔레스는 인간의 비자족성과 사회성을 강조하였다. 플라톤은 자신의 저서인 「국가(republic)」에서 폴리스(polis)의 기원을 인간은 스스로 자급자족할 수 있는 존재가 아니며, 서로의 필요와 욕구를 충족시키기 위해 생겨난다고 주장하였다. 아리스토텔레스는 인간의 공동체적인 속성에 근거하여 사회·경제적인 자기실현을 위해 도시가 자연스럽게 형성된다고 보았다. 도시의 기원과 도시공간의 형성에 대한 이들의 관찰은 인간의 물리적인 생존에 필요한 경제적인 욕구와 인간의 자기실현을 위한 사회적이고 도덕적인 욕구를 잘 설명한다고 볼 수 있다.

결국, 도시는 인간의 비자족적 특성과 인간의 사회·경제적인 욕구를 충족시키기 위해 만들었다고 볼 수 있다. 다양한 기능과 용도가 도시에 집적하고 인구가 증가하면서 공간적으로 확장되어 복잡한 도시공간구조를 형성하게 된다. 도시공간구조는 물리적인 측면에서 도시형태(urban form)라고 할 수 있다. 이러한 도시형태는 인간의 다양한 정치·경제·사회·문화 활동의 결과로 나타난다. 또한, 도시공간구조는 평면적인 토지이용의

1 Pacione, M., Urban geography: A global perspective, chapter 3, The origins and growth of cities, 2009.

구조와 패턴뿐만 아니라 수직적인 밀도의 개념까지 포함하는 포괄적인 개념으로 이해할 필요가 있다.

2) 도시공간구조의 중요성

도시공간구조는 지역의 성장과 발전에 중요한 역할을 할 수 있다. 효율적인 도시공간구조는 도시에서 살아가는 시민들의 경제활동에 필요한 자원과 서비스를 편리하고 효율적으로 관리하고 배분할 수 있도록 한다. 이는 도시공간구조가 도시민들의 삶의 질과 공공의 이익(public interests)을 향상시킬 수 있음을 의미한다. 반면 비효율적인 도시공간구조는 심각한 도시문제를 만들어 시민들의 삶의 질과 공동체의 이익을 저하시킬 수 있다. 예를 들어, 도시공간에서 직장과 주거가 구조적으로 멀리 분리되어 있고 대중교통이 체계적으로 보급되지 않을 경우 통행거리는 길어지고 교통체증은 심화될 것이다. 그리고 이에 따른 대기오염의 악화와 에너지 소비의 증가로 사회 전체에 부정적인 영향을 미칠 것이다. 또한, 도시공간구조는 인구·사회·경제적인 측면에서 도시의 공간적 분리(spatial segregation)와 밀접한 관련을 가지고 있다. 도시공간이 인종이나 소득계층별로 분리가 심화될 경우 사회적인 긴장은 증가할 수 있고 사회 공동체 전체에 부정적인 영향을 미칠 수 있다.

도시공간구조는 인간의 사회·경제적 욕구 실현을 위한 다양한 활동의 결과물이다. 이는 교통이나 정보통신과 같은 기술의 발전뿐만 아니라 인간의 정치, 경제, 사회, 문화 등 사회 전반적인 영역과 밀접한 관련이 있음을 의미한다. 또한, 도시공간구조는 인류의 역사에서 도시가 형성된 이후 끊임없이 변화하고 발전하였다. 이처럼 도시공간구조는 도시민들의 삶과 밀접한 관련을 맺고 있기 때문에 도시공간구조의 이론적 배경과 모형에 대한 충분한 이해가 필요하다.

3.2 도시공간구조모형

1) 튀넨의 농업입지이론

독일 Rostock 부근의 농장주이자 농업경제학자였던 본 튀넨(Von Thünen, 1826)은 「고립국(The Isolate State)」을 출판하여 특정 농산물을 생산하는 농업지대가 생기는 원인을 탐구하고 농업적 토지이용의 최초 모형을 제시하였다. 튀넨은 농업의 입지패턴을 설명하기 위한 가상적인 고립국을 만들어 자신의 이론을 전개하였다. 〈그림 3-1〉에서 튀넨은 중심지로부터 거리에 따라 농업적 토지이용의 용도가 어떻게 결정되는지 설명하였다. 튀넨의 농업입지이론을 개념적으로 설명하면 작물 A의 경우는 작물을 소비하는 중심지와 가까이 있어야 유리한 농업을 의미한다. 예를 들어 채소의 경우 중심부와 거리가 멀어지면 농산물의 신선도가 떨어질 수 있기 때문에 가까이 입지하는 것이 유리하다. 반면 작물 C의 경우 중심부와 어느 정도 거리가 있어도 농산물을 중심부에 공급하는 데 크게 문제가 되지 않는다. 〈그림 3-1〉에서 왼쪽 모형의 경우 등질적 평야지대가 아니고 물건을 운반할 수 있는 강이나 교통망을 가정하였을 때이다. 농작물의 재배 범위는 강이나 교통축

그림 3-1 튀넨의 농업입지이론

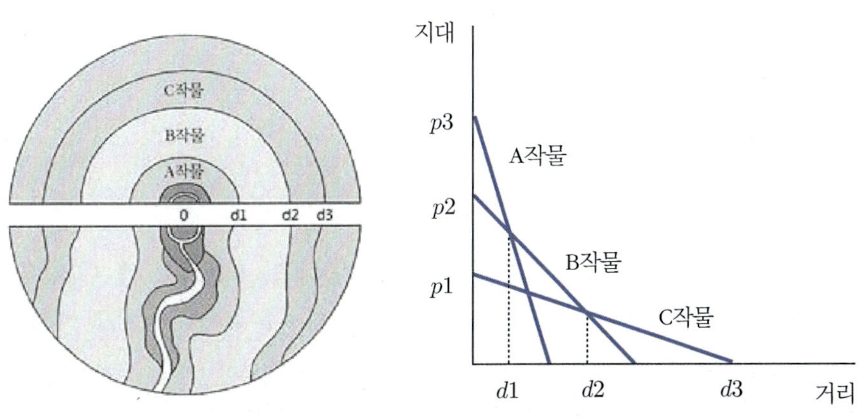

을 따라서 형성된다.

튀넨의 고립국이론은 다음과 같은 주요 가정을 가지고 있다.[2] 첫째, 고립국은 모든 환경조건(기후, 토양, 지형 등)이 동일한 원형의 등질적 평야지대로 구성되어 있으며 외부와의 교역은 전혀 없다. 둘째, 고립국의 중심지는 하나의 큰 소비시장을 가지고 있으며 이 시장으로의 접근은 모든 방향에서 가능하며 접근비용은 거리에 비례한다. 셋째, 농산물의 소비자와 공급자는 시장에 대한 완전한 정보를 가지고 있고 자신의 이익을 극대화하려는 합리적 경제인이다. 넷째, 생산자가 고립국 중앙에 있는 소비시장에 농산물을 공급할 때 우마차를 이용하며 접근이 가장 빠른 직선 길을 이용한다.

튀넨은 고립국에 대한 위와 같은 가정을 토대로 농업적 토지이용을 위한 지대의 결정을 방정식으로 전개하였다. 아래 수식에서 이윤은 총판매수익에서 생산비용, 교통비용, 지대를 제외한 값이다. 이윤이 제로(zero)가 되는 지점에서 단일작물의 한계지대가 결정되기 때문에 결국 지대(land rent)는 판매총수익(Px)에서 비용 부분인 생산비Cx)와 교통비용(Txd)을 뺀 값을 의미한다.

$\pi(d) = Px - Cx - Txd - LR$, 이윤이 0이 되는 균형상태에서 지대식은

$LR = Px - Cx - Txd$

$\pi =$ 이윤

$P =$ 단위생산물당 시장가격

$C =$ 단위생산물당 생산비

$T =$ 단위생산물당 운송비용

$x =$ 단위면적당 생산량

$d =$ 시장으로부터의 거리

$LR =$ 지대

튀넨의 고립국이론은 엄격한 가정에 근거한 이상적인 모형으로 볼 수 있다. 이러한 문제를 부분적으로 해결하고 보다 현실적인 토지이용모형을 제시하기 위해 튀넨은 자신의 가정을 완화하여 수정모형을 제시하였다.[3] 첫째, 고립국 내부에 가상 하천이 있어 우마차

---

2 Bradford and Kent(1977, p. 28~34).

3 이희연, 경제지리학, 제10장 1절 Thünen의 농업입지이론. 법문사, 2005.

보다 저렴하게 중심부에 있는 소비시장에 접근할 수 있을 경우이다. 이때 하천을 중심으로 토지이용의 종류에 따라 교통비용이 달라지기 때문에 토지이용의 변화가 생기게 된다. 둘째, 고립국 내부에 다른 도시가 있을 경우 또는 고립국 외부에 동일한 규모의 도시가 있을 경우이다. 이 경우 도시의 규모에 따라 두 도시 간의 영향이 중복되는 부분은 경쟁을 통해 경계가 만들어질 수 있다. 셋째, 고립국의 자연조건이 이질적인 경우이다. 예를 들어 토지의 비옥도가 고립국 내부에 다를 경우 농업적 토지이용 패턴은 기존의 농업작물에 따른 일관성 있는 동심원적 구조가 아니라 비옥도에 따라 달라진다. 넷째, 중심부에 있는 소비시장에 접근하기 위해 교통축을 고려할 경우이다. 이때는 동심원 모양이 아니라 교통축을 따라 토지이용의 패턴이 달라진다.

다소 비현실적인 가정에도 불구하고 튀넨의 농업입지이론은 지대가 소비시장으로부터의 거리에 따라 달라진다는 현대적 입지이론의 기초를 제공한 최초의 연구라는 점에서 그 의의가 있다. 그리고 근대적인 도시경제학적 공간구조모형을 도출하는 데 큰 영향을 미쳤다고 볼 수 있다.

2) 도시경제학적 공간구조모형

도시경제학적 공간구조모형은 도시공간의 형성을 토지이용의 경제학적 관점에서 설명한다.[4] 토지이용 행위자들은 교통비용과 임대료 간의 상호교환(trade-off)으로 입지비용을 최소화하려는 경향을 가지고 있다. 예를 들어 주거와 상업용도의 입지경쟁은 입찰지대(bid-rent) 곡선에 의해 결정된다. 도심부와 가까울수록 주거용도보다는 상업용도의 이용자가 더 높은 지대를 지불할 수 있다. 결국, 토지이용은 도시 중심부로 갈수록 더 높은 지대를 지불할 수 있는 능력에 따라 이루어진다. 따라서 〈그림 3-2〉와 같이 중심부로부터 거리에 따라 상업, 경공업, 주거, 공업, 농업 용도로 기울기가 결정된다. 이는 각 용도의 지대곡선이 교차하는 지점을 경계로 평면적인 도시의 토지이용구조가 결정되는 것을 말한다. 그리고 수직적인 밀도의 경우에도 도시 중심부와 가까울수록 높은 지대로 인해 밀도는 높아지고 도심부에서 멀어질수록 밀도가 하락하는 단핵도심모형(monocentric model)이 형성된다.

4 도시경제학적 이론을 토대로 하는 상호교환(trade-off)모형은 Alonso(1964), Muth(1969), 그리고 Mills(1972)에 의해 체계적으로 제시되었다.

그림 3-2 도시 토지이용 모형

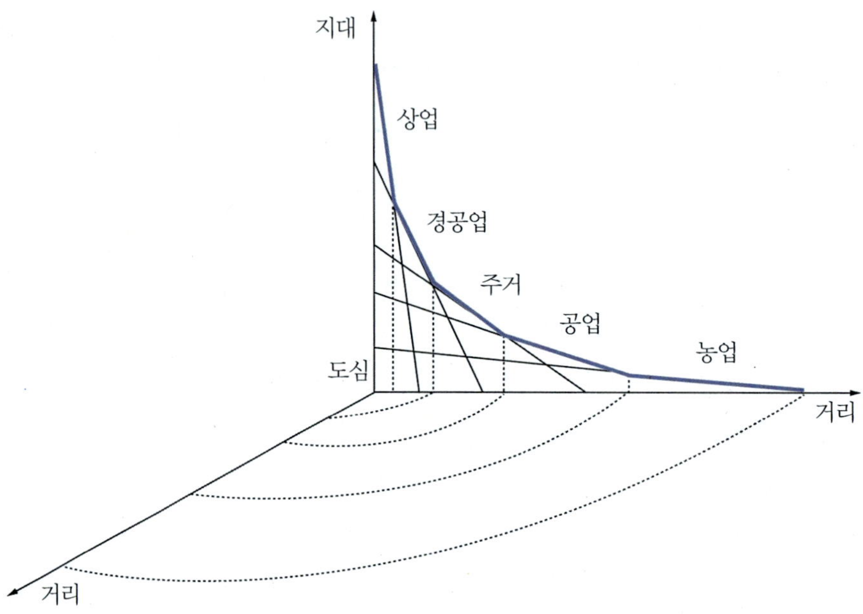

그렇다면 단핵도심모형에서 도시중심부에 밀도가 증가하고 오피스와 상업용도의 고용이 집중하는 이유는 무엇인가? 단핵도심모형에서 도시중심지는 가장 높은 접근성을 가지고 있어 교통비용을 최소화할 수 있는 지역이다. 따라서 도시중심지는 도시의 모든 지역에서 접근성이 가장 좋기 때문에 이곳에 상업시설의 입지가 이루어진다. 그리고 오피스시설 또한 다른 용도보다 지대 경쟁에서 우위를 차지하여 상업시설과 함께 중심부에 입지하게 된다. 이와 같이 도시중심지에 대한 선호 때문에 중심부의 지대는 올라가고, 지대의 상승은 토지의 효율적 사용을 위해 밀도를 증가시키게 된다.

지금까지 도시 중심부에 고용이 집중하고 있는 단핵도심모형을 토대로 도시공간구조의 형성과정을 설명하였다. 이러한 단핵도심모형은 산업혁명 이후 1900년대 초반까지 서구의 도시공간구조를 설명하는 효과적인 모형이었다. 그러나 2차세계대전 이후부터 주거와 고용의 교외화(suburbanization)가 빠르게 진행되면서 도시의 공간구조는 단핵도심에서 다핵도심으로 변화하였다. 도심 외곽의 고속도로가 만나는 결절점이나 접근성이 좋은 지

그림 3-3 다핵도시 토지이용모형

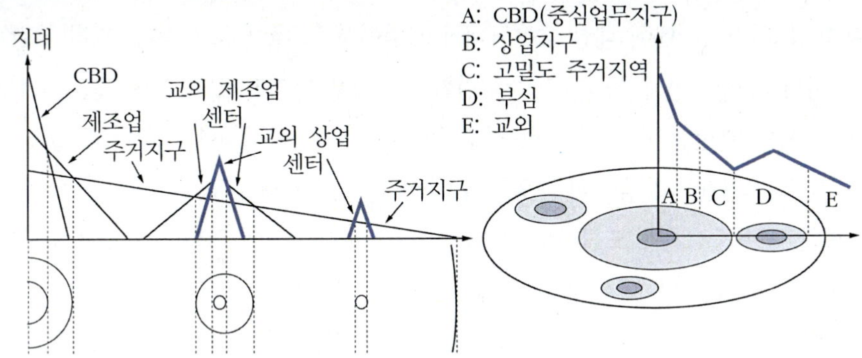

자료: 이희연(경제지리학, p. 559).
자료: De Souza(1990, p. 226); Stutz and Warf(2007, p. 335).

역에서 새로운 고용중심지인 부도심(subcenter)이 나타났다.

〈그림 3-3〉은 다핵도심모형을 개념적으로 표현한 그래프이다. 중심상업지역(CBD)이 도시 가운데 위치하고 일반상업이나 경공업과 같은 도시형 제조업이 주변에 입지하게 된다. 그 다음으로 주거지역이 넓게 분포하고 지가는 중심부에서 멀어질수록 떨어진다. 도시가 확장되고 성장하게 되면 교외지역에 새로운 고용중심지가 생겨나 부도심을 형성하고, 부도심 쪽으로 갈수록 지가는 다시 올라가게 된다. 도시의 규모가 일정수준 이상의 대도시권을 형성할 때 도시공간구조는 대부분 다핵구조를 형성하게 된다.

3) 도시교통비용과 입지이론

■ 주거입지이론

단핵도심모형에서 주거입지이론은 알론소(Alonso, 1964)와 무스(Muth, 1969)에 의해 체계적으로 제시되었다. 그들은 단핵도심모형의 가정을 토대로 개인이 주거입지를 선택할 때 주어진 소득의 범위 내에서 주택의 규모와 가격 그리고 직장과의 교통비용을 고려하여 효용이 최대가 되는 지점을 선택한다고 보았다. 단핵도심모형에서 고용중심지로부터 거리가 멀어지면 교통비용은 증가하지만, 단위면적당 주택가격은 떨어진다. 따라서 주거입지는 개인의 주어진 소득을 기반으로 교통비용과 주택가격의 상호관계에 의해 결정된다.

알론소와 무스의 단핵도심모형을 근거한 주거입지이론은 개인의 주거입지 선택을 교통비용과 소득대비 주택에 대한 효용극대화 관점에서 잘 설명하고 있다. 그러나 단핵도심모형은 여러 가지 비현실적인 가정으로 인한 한계점을 가지고 있다. 첫째, 단핵도심모형의 가정이 가지는 비현실성이다. 단핵도심모형에서 고용은 중심지에 위치하고 있고 도시는 모든 방향으로 평탄하고 등질적인 공간을 가정하고 있어 현실과는 상당한 차이를 가지고 있다. 또한, 고용중심지가 도심 중심부뿐만 아니라 교외지역에 있거나 고용이 도시에 분산되는 경우도 많다. 둘째, 단핵도심모형에서 주택의 수요와 공급은 완전한 시장경쟁을 바탕으로 이루어지며 개인들은 시장에 대한 완전한 정보와 지식을 가지고 있다는 것을 전제로 하고 있다. 그러나 현실적으로 개인들은 시장에 대해 제한된 정보와 지식을 가지고 있고 주택의 소비시장은 국지적인 하부시장(sub-market)을 가지고 있어 완전한 시장경쟁이 가능하지 않다. 셋째, 단핵도심모형에서 주거입지는 전통적으로 가구의 1인이 직장을 가지고 있는 것을 전제로 하고 있다. 그러나 현실적으로 도시의 고용중심지가 하나 이상이고 한 가구에 2인 이상의 직장인들이 있는 경우에 단핵도심모형의 주거입지이론을 적용하기 어렵다. 넷째, 가구의 주거입지 선택에서 주택재화와 교통비용에 대한 모든 가구의 동일한 선호를 가정하고 있다. 그러나 가구마다 비슷한 사회경제적인 지위를 가지고 있다 하더라도 교통비용과 주거환경에 대해 선호도가 다르다고 할 수 있다. 나아가 주거입지의 결정에 있어 교통비용뿐만 아니라 교육환경, 사회적 환경 등 가구에 따라 다양한 요인이 영향을 미칠 수 있다.

알론소와 무스의 단핵도심모형에서 주거입지이론은 가구의 주거입지 선택에 대한 현실적인 요인을 지나치게 단순화하였으며 개인과 가구의 다양한 주거입지 선택요인을 설명하는 데 한계를 가지고 있다. 그러나 단핵도심 이론은 도시경제학적 관점에서 주거입지와 교통비용 간의 상쇄효과를 통해 주거용도의 입지, 규모, 밀도 등을 이론화하였다는 점에서 학문적인 의의가 크다. 또한, 도시생태학자들이 체계화한 도시 토지이용모형의 경제학적 이론의 근거를 제시하였고, 나아가 가족의 생애주기와 연계한 주거입지의 변화를 설명할 수 있는 이론적 근거를 제시하였다는 점에서도 큰 의미를 가지고 있다.[5]

5 가족의 생애주기와 연계한 주거입지이론은 가족의 구성과 가구의 규모에 따라 주거입지선택이 달라지는 것을 말한다(O'Sullivan, 2009, p. 67). 예를 들어 아이가 있는 전통적인 3~4인 가구의 경우 넓은 주거공간이 필요하기 때문에 보다 저렴한 비용으로 넓은 주거공간을 확보할 수 있는 도시 외곽으로 이동하는 경향을 가지고 있다. 반면, 자녀가 성장하여 독립하면 가구의 규모가 축소되어 교통비용을 절감하고 각종 서비스시설과 편의시설에 대한 접근

■ 상업입지이론

상업시설의 입지는 상업시설의 특성과 규모, 경쟁업종과의 거리, 그리고 소비자와의 접근성 등을 고려하여 매출을 최대화할 수 있는 장소에 결정된다. 상업시설의 입지와 시장지역을 설정하는 상권분석모형에 공헌한 초기 연구는 1930년대 라일리(Reilly, 1931)의 소매인력법칙(law of retail gravitation)이다. 라일리는 자연과학에서 사용하는 만류인력법칙의 개념을 활용하여 서로 다른 두 개의 상업중심지 영향권이 상업시설의 규모에 비례하고 거리의 제곱에 반비례한다고 보았다. 예를 들어 상업중심지를 가지고 있는 도시 A와 도시 B 사이에 작은 마을 C가 위치하고 있을 때 C지점에서 A와 B 상권이 균등화되는 지점은 $\frac{P_a}{P_b}(\frac{D_b}{D_a})^2 = 1$ 식이 성립하여야 한다. 그리고 A와 B 사이의 거리를 $D = D_a + D_b$라고 정의하면 다음과 같은 상권분할 방정식을 얻을 수 있다.[6]

$$\left(\frac{P_a P_c}{D_a^2}\right) / \left(\frac{P_b P_c}{D_b^2}\right) = \frac{P_a}{P_b}(\frac{D_b}{D_a})^2 = 1, \quad D_a = \frac{D}{1 + \sqrt{\frac{P_b}{P_a}}}, \quad D_b = \frac{D}{1 + \sqrt{\frac{P_a}{P_b}}}$$

라일리의 소매인력의 법칙을 이용한 상권분석은 도시의 인구와 도시 사이의 거리를 기본적인 변수로 사용하고 있다. 도시의 규모가 상대적으로 큰 경우 상권의 경계는 규모가 큰 도시 쪽으로 범위가 확대된다. 이는 도시의 규모가 클수록 인력이 더 강하게 작용하여 상권의 경계가 더 확장되는 것을 의미한다. 라일리의 모형을 수정한 후속 연구에서는 도시규모의 지표로 중심지의 기능을 대변할 수 있는 점포의 매장면적 같은 변수를 개발하여 사용하였다. 그리고 반비례 관계를 가지고 있는 마찰계수인 거리의 제곱 대신 지역의 특성에 따라 거리의 1.5승 또는 3승으로 수정하여 사용하였다.

상업입지와 상권분석에 대한 새로운 접근방법으로 허프(Huff, 1963)모형이 있다. 허프모형은 대도시 내부에 다수의 구매중심지가 존재할 경우 소비자의 구매 행동은 확률이론에 근거하는 중력모형으로 설명할 수 있음을 보여주었다. 대도시에서 소비자의 주변에는 동일한 재화를 제공하는 비슷한 규모의 구매중심지나 시설이 다수 존재할 수 있다. 이러한 구매중심지나 상업시설을 소비자는 선택적으로 그리고 확률적으로 이용하게 된다. 예

성이 좋은 도시지역으로 다시 이주하는 경향이 나타난다.

6 한주성, 경제지리학의 이해, 2006, p. 378.

를 들어, 일반적인 소비자는 가장 가까운 위치에서 필요한 상품을 구매하려는 경향을 보인다. 그러나 적당한 거리 내에서 쇼핑센터와 같은 중심성이 큰 시설이 있는 경우 가까운데 있는 작은 시설(예, 슈퍼마켓)은 지나치는 경향이 있다. 허프의 중력이론은 대도시에서 소비자의 쇼핑패턴을 결정하는 확률모형으로 쇼핑센터의 규모, 경쟁쇼핑시설의 숫자와 규모, 거리, 교통의 편리성, 소비자의 기호 등을 모형에 고려할 수 있는 장점을 가지고 있다.

■ 공업입지이론

공업에 대한 고전적 입지이론은 독일의 경제학자인 알프레드 베버(Weber, 1909)에 의해 제시되었다. 베버는 공업입지를 설명하기 위해 최소비용모형(least cost model)을 체계화시켰다. 베버는 이윤을 극대화하기 위해 생산비용이 최소가 되는 지점에서 공업의 입지가 이루어진다고 보았다. 이를 위해 복잡한 현실 세계를 다음과 같은 기본가정으로 단순화하여 이론을 전개하였다.[7] 첫째, 원료와 시장은 특정한 장소에 편재되어 있다. 둘째, 등질적 평면상에서 원자재나 상품의 수송비는 거리에 비례한다. 셋째, 생산자는 산업에 대한 모든 정보와 지식을 보유한 합리적 경제인으로 항상 이윤을 극대화한다. 넷째, 제품에 대한 시장가격은 고정되어 있지 않고 주어진 가격에서 수요는 무한하다. 다섯째, 생산기술 수준은 고정되어 있고 노동력은 주어진 임금 하에서 무한 공급된다.

그림 3-4 공업의 특성과 운송비와의 관계

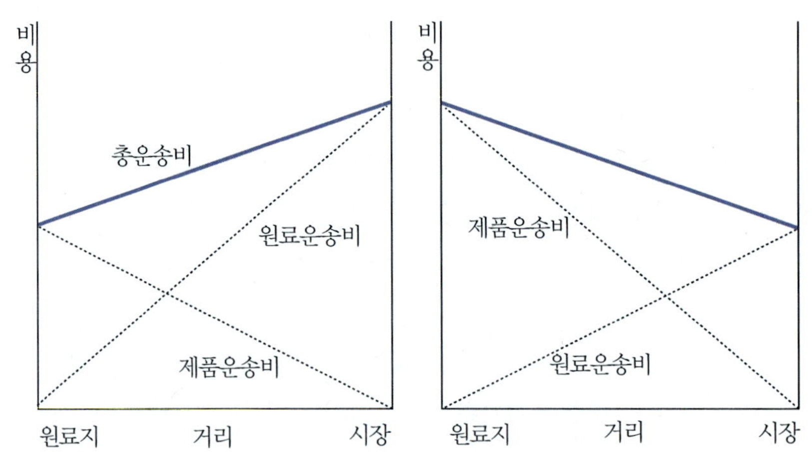

7 이희연, 경제지리학. 법문사, 2005, p. 350.

그림 3-5 공업입지의 최적지점

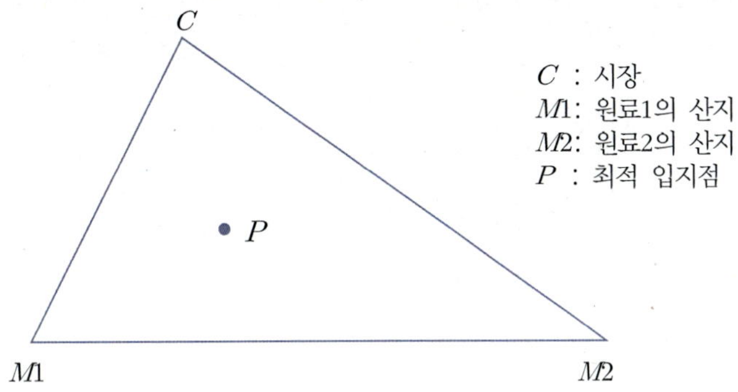

이러한 공업입지에 대한 기본적인 가정을 전제로 하여 원료비, 수송비, 임금, 지대, 세금, 집적수준 등과 같이 산업의 입지에 영향을 미치는 다양한 요인 중 '수송비 최소화'가 가장 중요한 조건이라고 보았다. 수송비는 원료지나 시장까지의 거리, 원료나 상품의 무게에 영향을 받으므로 최적의 입지는 원료지와 시장 사이의 어떤 지점에 놓이게 된다. 〈그림 3-4〉에서 공업의 특성상 원료 지향적일 경우 원료지 쪽으로 근접하여 입지하고 시장 지향 공업일 경우 시장 쪽으로 근접하여 입지하게 된다. 〈그림 3-5〉와 같이 원료산지가 두 군데일 경우 최적의 입지는 두 곳의 원료산지와 시장을 연결하는 삼각형은 중심에 위치하게 된다.

베버는 공업입지의 최소비용모형을 설명하면서 등비용곡선(isodapane) 개념을 도입하였다. 그림 3-6〉에서 두 곳의 원료지와 한 곳의 시장이 입지하고 있을 때 위치별로 수송비는 동심원으로 표현할 수 있다. 동심원상에서 비용은 동일하다. 따라서 세 지점을 연결한 삼각형 안의 지점에 대하여 각각의 수송비를 계산하여 합하면 총수송비를 계산할 수 있다. 최적의 입지는 총수송비를 최소화할 수 있는 지점에서 이루어지게 된다. 등비용곡선을 기초로 한 총수송비의 산출과정과 최적지점의 결정을 그림으로 나타내면 〈그림 3-6〉에서 오른쪽 하단에 있는 그래프와 같다.

베버는 총수송비 외에도 공업의 입지에 영향을 미치는 주요한 인자로 노동비의 차이를 고려하여 모형을 확장하였다. 총수송비는 최저가 된다고 할지라도 노동비의 차이가 존재하면 최적의 입지는 달라질 수 있기 때문이다. 그리고 기업이 한 곳에 집적함으로써 생산비용을 줄일 수 있는 집적경제도 고려하여 모형을 전개하였다.

그림 3-6 베버의 등비용곡선과 최적입지의 결정

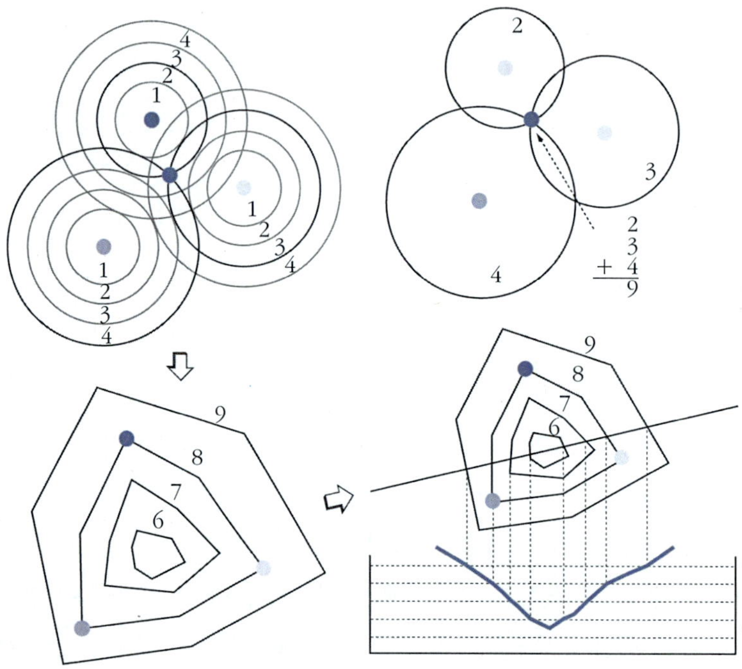

자료: 이희연(2005, p. 353).

베버의 공업입지이론은 가정에서 몇 가지 한계점을 가지고 있다. 첫째, 수송비가 거리에 정비례 한다는 가정은 비현실적이다. 또한, 다양한 운송수단을 고려하지 않았고 수송과정에서 운송수단의 변화 등도 모형에 고려하지 않았다. 나아가 순수한 수송비 외에도 원료를 수송하기 위한 비용을 고려하지 않았다. 둘째, 실제 공업의 입지에서 수송비는 총비용의 일부에 불과하고 다양한 생산비용을 모형에 고려하지 못하였다. 셋째, 베버의 입지이론은 생산비용에만 초점을 맞추고 있고 수요 측면을 간과하였다고 할 수 있다.[8] 넷째, 완전경쟁시장과 이윤극대화를 추구하는 합리적 경제인의 가정 또한 비현실적이라는 한계를 가지고 있다.

8 이러한 한계를 극복하기 위해 로쉬(Lösch)는 최대수요의 개념을 이용하여, 수요를 극대화시킬 수 있는 지점을 기업이 이윤을 극대화할 수 있는 최적지점으로 보았다. 베버의 최소비용이론과 로쉬의 최대수요이론을 통합하려는 시도가 Isard(1956), Smith(1966) 등의 학자들에 의해 이루어졌다.

공업이나 기업의 입지요인은 시대에 따라서 변화하고 있다. 인적 자원이 풍부하고 고용자를 위한 사회적 기반시설과 서비스시설의 공급수준 또한 중요한 요인으로 인식되고 있다. 교통수단의 발전으로 거리에 정비례하는 수송비용은 현실적이지 않으며 총수송비용 역시 산업의 입지에 더 이상 결정적인 요인이 아닐 수도 있다. 이러한 한계점에도 불구하고 공업입지에 대한 베버의 고전적 입지이론은 산업의 입지에 대한 과학적이고 체계적인 이론적인 틀을 제공하였으며 공업입지이론의 발전에 지대한 영향을 미쳤다고 볼 수 있다.

4) 도시생태학과 공간구조

도시생태학은 자연생태학에서 유기체들 사이의 경쟁, 상호의존, 공생, 균형과 같은 개념들을 인간사회에 적용하여 도시의 공간구조를 설명하는 이론이다. 도시생태학은 자연생태학의 기본적인 개념을 인간사회에 적용한 인간생태학으로부터 시작하였으며, 미국 시카고 일대를 중심으로 연구한 학자들에 의해 이론적·실증적으로 체계화되었다.[9]

자연에서 유기체들은 서로의 생존을 위해 경쟁하지만 적절한 수준에서 상호균형을 유지하게 된다. 그러나 새로운 침입자가 생기거나 외적 환경이 변화할 때 이러한 상호균형은 깨어지게 되고 새로운 환경에 대한 경쟁과정을 거쳐 다시 균형상태로 나아가게 된다. 도시에서도 마찬가지로 어떤 용도나 활동이 침입(invasion)하면 경쟁(competition)을 통해 우세한 용도가 그 지역을 차지하고 계승(succession)하게 된다. 이러한 계승은 그 공간을 지배(dominance)함으로써 공간의 분리(segregation)를 가져온다. 공간의 분리는 구조를 만들게 되고 장기적으로 도시공간구조를 형성하게 된다. 이와 같이 도시생태학자들은 도시의 공간구조가 도시에서 주거, 상업, 공업, 농업과 같은 용도 간의 경쟁과 상호의존성에 의해 형성되는 것으로 보았다. 자연생태계에서 우세종이 있는 것처럼 도시 토지이용의 용도에서도 우세종인 상업과 업무가 도시공간에서 가장 중요한 위치인 중심지역을 차지하게 된다. 그리고 상업주변지역으로 주거지역과 공업지역, 그리고 외곽으로 나아갈수록 농업지역이 분포하게 된다.

도시생태이론을 적용한 도시공간구조의 모형은 1900년도 초반 시카고대학의 사회학자들을 중심으로 체계화되었으며 크게 동심원이론(concentric zone theory), 선형이론(sector

9 미국 시카고지역을 중심으로 자연생태학의 개념을 인간과 도시에 적용하여 연구한 일련의 학자들을 시카고학파로 부른다. 인간사회와 도시공간을 생태학적 관점에서 체계적으로 분석한 연구는 Park(1915), Park et al.(1925), McKenzie(1924), Burgess(1925), Hoyt(1939), Harris and Ullman(1945) 등이 있다.

theory), 다핵심이론(multi-nuclei theory)으로 정리할 수 있다.

▦ 동심원이론(concentric zone theory)

버제스(Burgess, 1923)의 동심원이론은 침입-경쟁-계승-지배-분리로 이어지는 도시생태학적 개념을 시카고지역에 적용하여 도시공간구조를 동심원 형태를 이용하여 설명하였다. 1900년대 초기 시카고는 도심을 중심으로 역동적인 도시성장을 경험하고 있었다. 유럽으로부터 많은 이민자들이 시카고로 유입되었고 도시에서 일자리를 얻기 위해 농촌지역의 노동자들이 도시로 집중하였다. 가난한 이민자들과 저소득 노동자들은 일자리와 가까운 도심주변에 정착을 하게 되면서 소득계층과 인종에 따른 저소득층 주거지를 형성하였다. 반면, 중산층과 부유층은 도심의 혼잡비용 증가와 도심과 연접한 주거지역에 저소득계층의 유입으로 인해 도시 외곽으로 이동하게 되었다. 이는 자연계에서 생태학적 원리에 의해 일어나는 영역구분이 도시에도 동일하게 적용될 수 있음을 의미한다. 〈그림 3-7〉은 버제스의 동심원모형을 설명하고 있다.

도시는 중앙의 중심업무지구(central business district)를 중심으로 점이지대(zone in transition), 노동자 주거지대(zone of workingmen's homes), 중상류층 주거지대(residential

그림 3-7 버제스의 동심원 모형

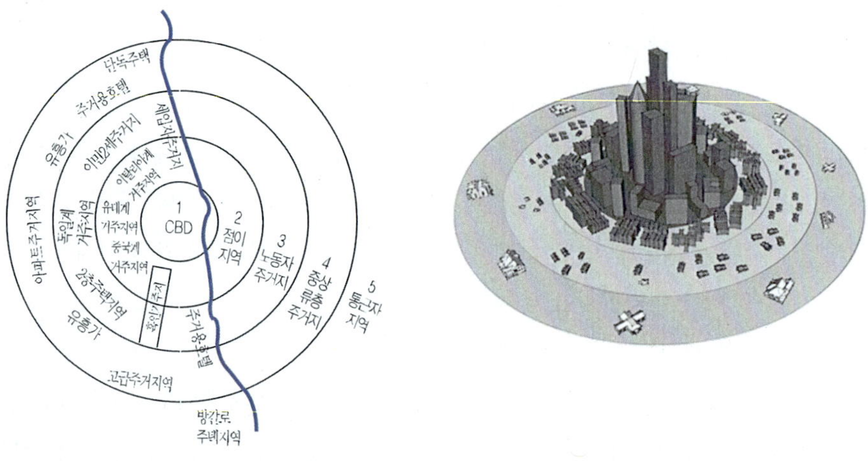

자료: Burgess(1923), 모형 재구성.

zone), 통근자지대(commuters zone)로 구성된다. 첫째, 중심업무지구는 도시의 중심지에 위치하고 있으며 고용활동의 중심지로 접근성이 가장 높은 지역이다. 따라서 이곳은 높은 임대료를 지불할 수 있는 상업시설과 업무시설이 입지하게 된다. 그리고 높은 지대는 토지이용의 효율을 위해 밀도를 증가시키게 되어 고층건물들이 입지하게 된다. 또한, 도시의 주요 공공시설인 시청, 관공서 등이 입지하며, 이에 따른 유동인구가 많으므로 호텔, 레스토랑, 카페, 극장, 미술관 등의 시설이 입지하게 된다.

둘째, 점이지대는 도심의 중심업무지구에 의존하는 경공업 지역이나 가난한 이민자들의 최초 정착지 역할을 하는 지역으로 도시의 성장에 의해 중심업무지구의 확장이 일어나는 지역이다. 점이지대는 주거환경이 열악하고 슬럼이 형성된다.

셋째, 노동자 주거지대(zone of workingmen's homes)는 점이지대 외곽에 형성된 저소득층 주거지역이다. 도심에 일자리를 가지고 있거나 도심과 연접한 점이지대에 있는 경공업이나 제조업에 기반을 둔 노동자들이 주로 거주하는 지역으로 볼 수 있다. 직장과 도보권의 거리에 있어 접근성이 좋은 지역이며 점이지대에서 빠져나온 저소득 노동자들의 정착지 역할을 하는 곳이다.

넷째, 중상류층 주거지대(residential zone)는 노동자 주거지역과는 분리되어 도시의 외곽에 입지하게 된다. 이 지역은 쾌적한 주거환경을 갖추고 있는 중상류층 주거지역으로 중심업무지구로 출퇴근은 주로 자동차를 통해 이루어진다.

다섯째, 통근자지대는 도시의 가장 외곽에 입지하게 되며 이곳은 넓은 부지의 개인 고급주택 건설이 가능하여 고소득층의 교외 주거지로 볼 수 있다. 중상류층 주거지대와 마찬가지로 거주자는 주로 자동차를 이용하여 통근통행을 한다.

버제스의 동심원이론은 도시공간구조를 명료하게 설명할 수 있는 장점을 가지고 있다. 그러나 교통축과 같이 토지이용에 큰 영향을 미치는 요인에 대한 고려가 전혀 이루어지지 않았으며, 교외지역에 형성되는 부도심 현상을 설명할 수 없는 한계를 가지고 있다.

■ 선형이론(sector theory)

도시 토지이용을 설명하기 위한 선형이론은 호이트(Hoyt, 1939)에 의해 제안되었다. 호이트는 버제스가 제안한 동심원 토지이용 모형에서 나아가 도시 중심지로 접근하기 위한 교통축이나 용도의 축을 따라 선형 부채꼴 모양의 지대가 형성될 수 있음을 보여주었다.[10]

호이트는 미국의 142개 도시를 대상으로 주택임대료 자료를 이용하여 소득계층별 주거지역의 분포를 실증적으로 분석하였다. 〈그림 3-8〉과 같이 도시 중심부에 있는 중심업무지구를 중심으로 고소득층은 오른쪽의 교통축을 따라 선형부채꼴 형태를 보이고 있다. 고소득층의 입지 방향은 경공업이나 저소득층이 분포하고 있는 방향과는 반대인 오른쪽으로 향하고 있고 대부분 중산층 거주지역과 인접하고 있다. 이러한 고급주택지의 개발은 도심으로의 접근성이 좋은 교통축을 따라 진행이 되거나, 홍수위험이 없는 고지대나 주변 환경이 좋은 방향을 따라 가는 경향이 있다. 반면, 저소득층은 고소득층과 중산층이 분포하고 있는 반대편으로 분포하게 된다. 철도나 간선도로의 교통축을 따라 경공업이나 도매업 지구가 형성이 되고 주변에는 저소득층 주거지가 형성된다.

도시공간구조를 설명하기 위한 호이트의 선형이론도 동심원이론과 마찬가지로 여러 가지 한계점을 가지고 있다. 도시가 성장함에 따라 교통축이나 주요한 성장축을 중심으로 선형형태의 섹터가 형성되기도 하지만 그렇지 않은 경우도 많이 존재하기 때문이다. 도시 중심부로부터 확장되어 나가는 고급주택지의 경우에 도심과 가까운 지역은 중상류층 가구들이 외곽으로 빠져나가고 저소득층이 점유하는 지역도 상당수 존재한다. 또한, 선형이론

그림 3-8 호이트의 선형모형

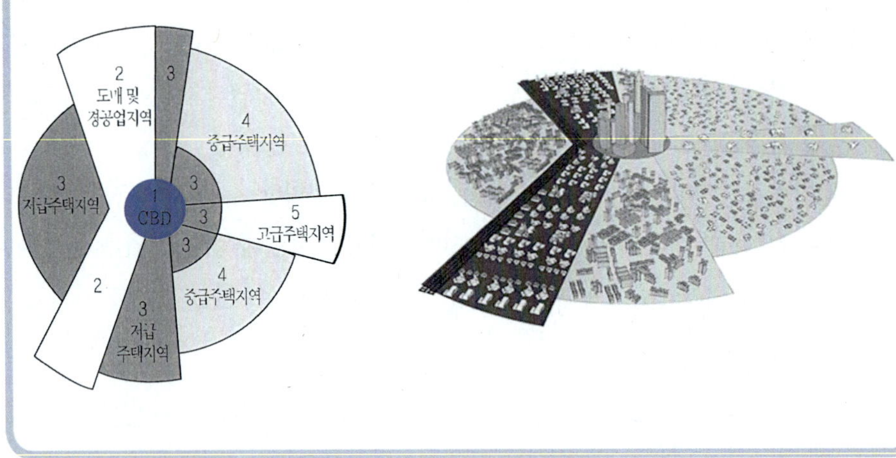

자료: Hoyt(1939), 모형 재구성.

10 호머 호이트(Homer Hoyt)는 1939년에 미국 142개 도시를 조사·분석하여 "미국 도시에 있어서 주택지구의 구조와 성장"이라는 논문을 통해 버제스의 동심원이론을 확장하여 토지이용의 선형이론을 전개하였다.

은 동심원이론과 마찬가지로 단핵도심을 전제로 설명할 수 있으며, 도시가 성장해가면서 도시외곽에 고용중심지가 생기는 다핵도심을 설명하는 데 한계점을 가지고 있다. 이러한 한계에도 불구하고, 토지이용에 대한 호이트의 선형이론은 동심원이론을 계승 발전시킨 이론이며 교통축이나 개발축을 중심으로 소득계층별 주거의 분리 문제와 외적 확장의 방향성을 설명하는 데 유용한 틀을 제공하였다.

■ 다핵심이론(multiple nuclei theory)

다핵심이론은 해리스와 울만(Harris & Ullman, 1945)이 발표한 "도시의 본질(the nature of cities)"이라는 논문에서 제안된 개념이다. 그들의 이론은 하나의 중심부를 기준으로 하는 단핵도시모형에서 벗어나 다핵도시의 모형을 제시하였다. 도시가 성장하고 규모가 커지면서 여러 가지 기능과 활동이 필요하게 되고 단핵구조는 이러한 역할을 수행하는 데 한계를 가지게 된다. 다핵심이론의 핵심은 도시의 외곽인 교외지역에 새로운 고용중심지인 부도심(subcenter)의 형성이다. 이러한 부도심은 교외지역 교통망의 주요 결절점이나 고용중심지를 바탕으로 형성되어 전체적으로 다핵심 공간구조를 형성하게 된다. 특히 미국 대도시의 경우 제2차 세계대전 이후 도시가 성장하면서 중상류층의 교외화 현상이 강하게 나타났다. 교외지역의 중상류층 주거지역과 인접하고 접근성이 좋은 교통의 결절점에서 새로운 부도심이 형성되었다. 해리스와 울만은 다핵심이론에서 〈그림 3-9〉와 같이 10개 지구로 구분하여 제시하였다.

다핵심모형의 가장 중앙에는 중심업무지구(CBD)가 위치하게 된다. 중심업무지역은 도시에서 가장 접근성이 높은 곳에 위치하게 되는데, 지형이나 기타조건에 의해 도시의 지리적 중심에 위치하지 않는 경우도 있다. 중심업무지구에서는 오피스와 중심상업시설이 집중하게 된다. 모형에서 중심업무지역의 왼쪽 옆으로 도매상업 및 경공업지구와 그 주변으로 저소득층 주거지가 입지하게 된다. 도매상업과 경공업 지역은 주로 중심지로 들어오는 철도역사와 중심상업지역과 인접하여 위치한다. 이는 가장 큰 시장인 중심상업지구와 가까우면서 교통 및 운송시설에 접근하기 좋은 위치이기 때문이다. 그리고 이러한 도매상업과 경공업지구 주변으로는 저소득층 주거지구가 형성된다. 저소득층 주거지는 저임금 노동력을 제공하는 도매상업과 경공업지구와 인접하기 때문이다.

〈그림 3-9〉에서 저소득층 주거지구과 반대편인 오른쪽으로 중산층 주거지와 상류층 주거지가 입지하게 된다. 중상류층 주거지는 일단 도매 상업이나 경공업지구 그리고

그림 3-9 다핵도시모형

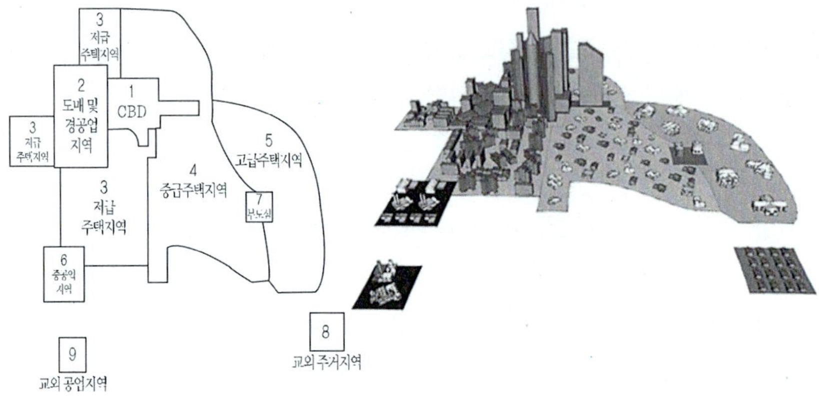

자료: Harris and Ullman(1945), 모형 재구성.

저소득층 주거지와 분리하여 입지하게 된다. 그리고 중상류층 주거지 인근에 새로운 상업·업무 중심지인 부도심이 형성된다. 저소득층 주거지의 외곽에는 중공업지구가 형성되고 중상류층 주거지역이 형성된 외곽에는 새롭게 개발되는 교외주거지역이 입지하게 된다. 교외주거지는 자족적인 지역이 아니고 중심도시에 경제활동을 의존하고 있는 교외주거단지로 볼 수 있다.

지금까지 도시생태학의 가장 핵심적인 3가지 모형인 동심원, 선형, 다핵심모형의 이론적 배경과 내용을 살펴보았다.[11] 도시생태학은 도시공간의 형성과 분화과정을 미시적 관점에서 설명하는 데 유용한 이론이다. 그러나 인간사회가 자연생태계와 다른 정치적이고 제도적인 요인들은 전혀 고려하지 못하는 이론적 한계를 가지고 있다. 인간은 자연적인 본능뿐만 아니라 의지적 결정권자로 행동하는 존재이다. 또한, 동식물계와 다른 사회경제, 정치, 문화, 제도적 환경을 기반으로 행동한다. 따라서 이러한 다양한 요인이 도시의 공간구조 변화에 미치는 영향을 설명하는 데 도시생태학은 적합하지 않을 수 있다. 특히,

11 시카고학파에 의한 고전적 도시생태학 모형이 발표된 이후 많은 연구자에 의해서 수정모형이 제시되었다. Mann(1965)은 동심원이론과 선형이론을 사용하여 영국의 중소도시에 대한 토지이용모형을 제시하였다. 이 외에도 Vance(1964)의 도시영역모형(urban realms model), Kearsley(1983)의 수정된 버제스 동심원모형, White(1987)의 21세기 도시 공간구조모형 등 다양한 수정모형들이 제시되었다.

도시의 공간구조는 정부의 토지이용규제나 사회간접자본의 투자 그리고 정부의 개발정책에 따라 영향을 많이 받는다. 이러한 한계점에도 불구하고 도시생태학적 접근방법은 도시공간구조를 설명하는 데 매우 유용한 이론적 기반과 분석의 틀을 제공하였다.

5) 사회지역형성이론과 공간구조

사회지역형성이론은 도시의 토지이용구조를 도시사회학이론과 연계하여 분석하는 사회지역분석(social area analysis)방법론에 기초하여 이론적으로 체계화되었다(Shevky & Williams,1949; Shevky & Bell, 1955). 도시는 성장해감으로써 다양한 계층과 기능의 분화가 일어나게 된다. 이러한 분화는 생활수준, 인종, 문화 등 다양한 요인에 의해 일어난다.

Murdie(1971)는 고전적 도시생태학적 토지이용모형들이 서로 상충하는 이론이 아니라 보완적인 관계를 맺고 있음을 강조하였다. 그는 인종, 사회, 경제, 물리적 차원에 따라

그림 3-10 사회지역형성이론과 공간구조

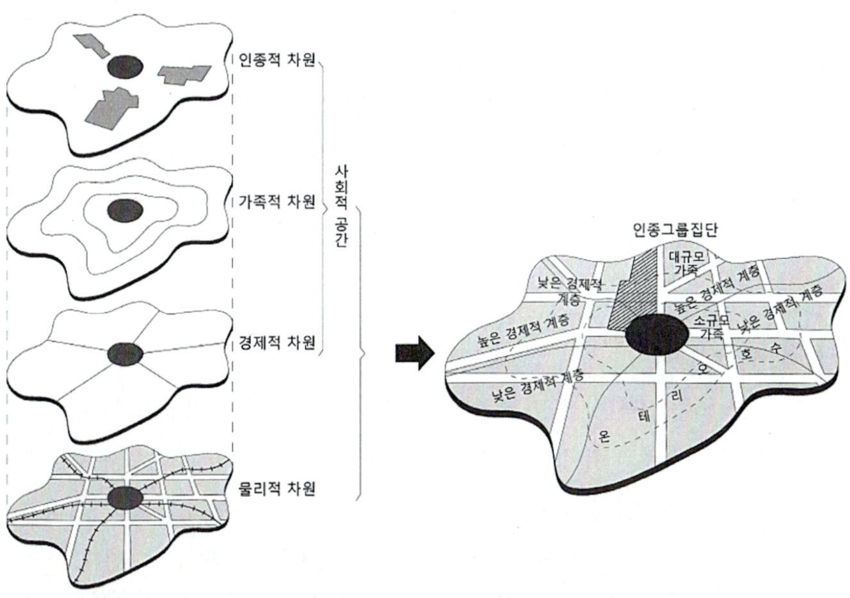

자료: 대한국토·도시계획학회(2008, p. 77).

서로 다른 입지특성을 가지고 있으며 이러한 다양한 차원이 하나로 결합한 구조를 사회지역으로 보았다. 〈그림 3-10〉은 사회적공간인 인종, 가족, 경제적 차원과 물리적 차원이 결합하여 사회지역을 형성하는 것을 보여주고 있다. 인종적 차원은 해리스와 울만이 제시한 다핵심이론과 같이 인종에 의해 산발적으로 군집하는 분포특성을 볼 수 있다. 가족이나 세대 차원에서 분포특성은 버제스의 동심원 형태를 보인다. 그리고 경제적인 차원은 호이트의 부채꼴 형태로 나타남을 볼 수 있다. 결론적으로 이러한 다양한 차원의 공간이 물리적인 공간과 결합하여 토지이용 구조와 사회지역을 형성한다고 보았다.

3.3 도시공간구조의 변화

1) 도시공간구조 변화의 배경

도시가 성장하고 발전하면서 도시의 공간구조는 다양한 요인에 의해 영향을 받을 수 있다. 미시적인 측면에서 도시경제학적 관점은 입지를 위한 지대경쟁을 통해 도시공간의 토지이용 용도가 결정되는 것을 설명한다. 반면 도시생태학적인 관점은 도시에서 토지의 용도가 자연생태학에서 일어나는 침입-지배-승계-분리와 같은 과정을 통해 분화되는 것을 설명하였다. 도시생태학적 접근이나 도시경제학적 관점이 인간사회의 정치, 경제, 문화, 제도적인 측면을 간과하였다는 한계가 있지만, 도시공간구조를 설명하는 데 유용한 분석의 틀을 제공하였다.

도시공간구조는 미시적 측면과 아울러 거시적 측면인 산업구조의 재구조화, 교통을 포함하는 사회간접자본의 투자, 국제화(globalization), 신도시와 같은 정부의 대규모 주택정책 등 다양한 외부요인에 의해 영향을 받는다. 또한, 도시계획과 정책 그리고 구체적인 토지이용계획 등 제도적인 요인이 도시의 공간구조 변화에 영향을 미친다.

그렇다면 도시공간구조의 변화에 영향을 미친 중요한 결정요소는 무엇인가? 미국 대도시의 변화와 발전을 연구한 도시역사학자인 Fishman(2000)은 제2차 세계대전 이후 50

년간 미국의 대도시 공간구조의 변화에 영향을 미친 가장 중요한 결정요소를 제시하였다. 첫째, 자동차의 대중화와 고속도로 시스템을 꼽았다. 이는 도시공간구조의 틀을 만들어가는 교통 시스템의 중요성을 강조한 것이다. 둘째, 연방정부의 주택정책이 대도시권 공간구조 변화에 큰 영향을 미쳤음을 주장하였다. 미국 연방정부의 주택정책은 제2차 세계대전 후 주택 물량의 부족문제를 해결하기 위해 단계적으로 개발되었다. 주택 소유율을 높이기 위해 저금리 장기주택담보대출 프로그램을 확대하여 교외지역의 단독주택에 대한 수요를 촉발하였다. 교외지역의 주택개발 정책은 고속도로 인프라의 지속적인 투자와 연계하여 인구와 고용의 빠른 교외화 현상을 촉발하였고 도시의 공간구조는 대도시권 지역으로 확장되었다. 셋째, 중심도시의 탈산업화(disindustrialization)와 경제 재구조화(economic re-structuring)이다. 세계 경제가 통합되는 세계화(globalization) 현상 하에서 경제 재구조화는 국가의 산업구조를 변화시키고 나아가 도시의 공간구조에 영향을 미치는 요인으로 작용한다. 넷째, 교외지역 주택개발의 대량생산 체계의 등장이다. 교외지역 주택개발에서 조립식을 도입한 주택의 대량생산체계는 교외지역의 확장과 더불어 도시의 공간적 확장에 큰 영향을 미치게 된다. 자동차를 위한 고속도로 인프라 투자와 함께 대규모 교외지역 주택개발의 증가는 도시의 무분별한 외연적 확장을 가져온 도시 스프롤(urban sprawl) 현상의 원인으로 지목되기도 한다.

이와 같이 미국 대도시들은 기존의 단핵도심에서 제2차 세계대전 이후 빠른 속도의 교외화에 의한 공간적 분산과 함께 교외지역에 부도심이 나타나면서 다핵구조를 가지게 된다. 이러한 변화는 정부의 교통인프라 및 주택정책뿐만 아니라 다양한 인구 및 사회경제적 요인에 따른 것이다. 백인 중상류층 가구들은 중심도시에서 교외지역으로 이동을 하였는데, 그 이유로는 동일한 조건으로 더 넓은 대지와 새로운 주택을 소유할 수 있는 교외지역의 매력, 도심 주거환경의 악화와 인종 간의 갈등 등을 들 수 있다.[12]

12 Mieszkowski and Mill(1993)에서 미국 대도시 교외화의 원인을 "자연적 진화이론(natural evolution theory)"과 "쇠퇴지역 탈출이론(flight from blight theory)"을 가지고 설명하였다. 자연적 진화이론은 가구의 소득이 증가하면서 주거환경이 양호한 교외지역으로 자연스럽게 이동하는 현상을 설명한 이론으로 주거환경에 대한 효용극대화로 설명할 수 있다. 반면, 쇠퇴지역 탈출이론은 중심도시의 세금증가, 주거환경악화, 유색인종의 증가로 인하여 상대적으로 세금이 저렴하고 유색인종이 적고 안전한 교외지역으로 백인 중상류층 가구들이 이동하는 현상을 설명하고 있다.

2) 도시공간구조의 변화와 결과

도시공간구조의 변화는 시대에 따라 다양한 결정요인에 의해 끊임없이 변화하는 동적인 개념이다. 도시공간구조의 변화에 영향을 미치는 요인 중에 교통은 도시공간구조와 밀접한 관련을 맺고 있다. 증기기관의 발명으로 철도교통이 사용되기 전 대부분의 도시는 단핵도심을 가지고 있는 공간구조를 가지고 있었다. Adam(1970, p. 56)은 도시공간구조의 변화를 〈그림 3-11〉과 같이 우마차 시대, 궤도전차 시대, 여가형 자동차 시대, 고속도로 시대 등 4가지로 구분하여 도시공간구조를 설명하였다.

그림 3-11 도시공간구조의 변화

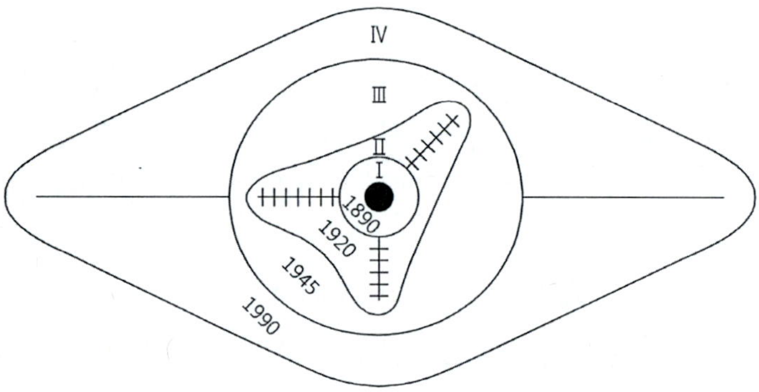

자료: Adam(1970, p. 56).

■ 우마차 시대(1800~1890)

산업혁명 이전에 육상교통의 경우 주요한 교통수단으로 도보나 우마차를 이용하였기 때문에 도시의 공간적인 규모는 상대적으로 작았다. 또한, 도시의 형태는 지형적인 제한이 없을 때 모든 방향에서 도보나 우마차로 접근할 수 있기 때문에 중심부를 중심으로 원형으로 형성되었다. 도시 중심부 주변으로 도보권의 범위 안에 대부분의 주거지가 형성되었고, 도시의 중심부는 상업활동의 중심지뿐만 아니라 정치, 문화, 종교의 중심지로서 역할을 수행하였다.

■ 궤도전차 시대(1890~1920)

증기기관의 발명과 산업혁명은 철도교통의 발전을 가져왔고 도심부의 궤도전차(street car)는 도심부 외곽까지 교통축을 따라 도시공간의 확장을 가져왔다. 따라서 도시공간구조는 철도 교통축을 따라 선형 또는 방사형으로 발전하였다. 이는 철도 교통축을 따라 주거지역의 개발이 이루어져 도시의 외연적인 확장과 공간구조의 변화를 의미한다.

■ 여가형 자동차 시대(1920~1945)

산업혁명 이후 자동차의 발명으로 철도노선 축을 중심으로 선형이나 방사형으로 확장된 도시공간구조는 고소득층을 중심으로 다시 원형으로 확장되었다. 자동차의 사용은 도심을 중심으로 전차노선이 가지는 접근성의 혜택을 사라지게 하였고, 물리적 환경의 제약이 없을 때 모든 방향으로 도시공간구조의 확장을 가져왔다. 처음에는 자동차를 소비할 수 있는 소득 상위 계층을 중심으로 복잡한 도심을 벗어나 교외지역으로 이동하였으며 점차 자동차가 대중화되기 시작하면서 모든 방향으로 도시의 외연적 확장이 일어나 도시의 공간구조는 원형구조를 가지게 되었다.

■ 고속도로 시대(1945~현재)

미국 대도시 공간구조의 변화는 제2차 세계대전 이전과 이후로 크게 나눌 수 있다. 제2차 세계대전 이후 냉전 시대의 국가방위와 자동차의 대중화로 급증하는 교통수요를 해결하기 위해 1956년부터 미국 전역을 연결하는 주간 고속도로(interstate highway)를 건설하였다. 이러한 고속도로 시스템은 자동차의 대중화, 전후 주택수요의 급증, 주택산업의 대량공급 시스템, 중산층 이상 계층의 교외화 현상과 맞물려 도시의 외연적 확장을 가져왔다.

이와 같이 도시공간구조는 도시교통의 발달과 밀접한 관련이 있다. 그러나 도시공간구조의 변화는 교통뿐만 아니라 정치, 사회, 경제, 문화, 기술발전, 환경 등 다양한 요인에 의해 일어난다. 미국 대도시권을 중심으로 공간구조의 형성과 대도시권 내부의 공간분화 과정(intra-metropolitan spatial differentiation)을 살펴보면 〈그림 3-12〉와 같이 나타낼 수 있다. 연안에 접해 있는 항구도시를 예를 들어 설명하면, 1820년대는 항구의 기능을 가지고 있다가 공업화가 진행되면서 중심업무지구가 형성되고 점이지역, 노동자 주거지역, 중

그림 3-12 대도시권 공간구조의 변화

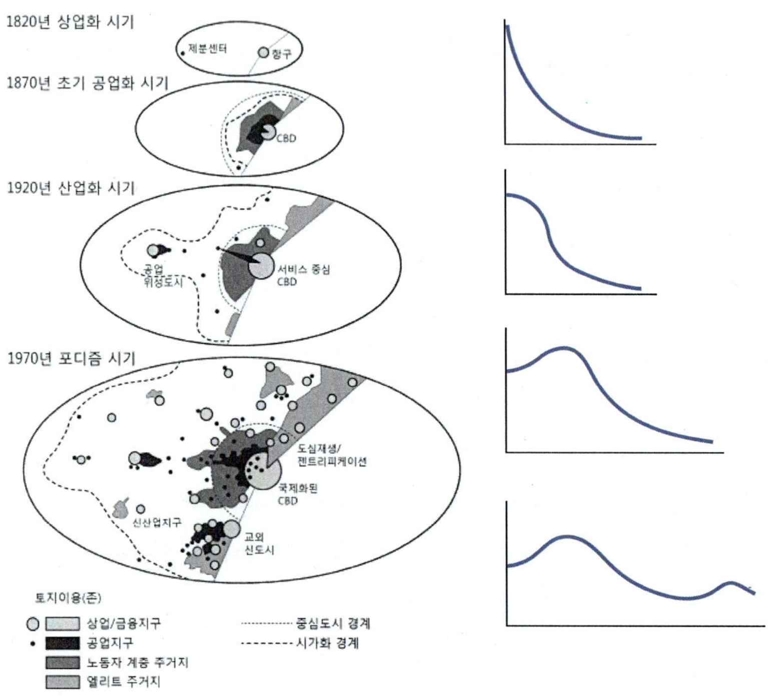

자료: 이희연(2005, p. 578); Knox, P. and McCarty, L.(2005, p. 157).

산층 주거지역이 동심원처럼 형성되었다. 1920년대 산업화의 시기로 접어들면서 대도시권은 외연적으로 확장하게 되고 교외지역에 고용중심지인 공업지구가 입지하였다. 2차세계대전 이후 1970년대 자동차의 대량생산이 이루어지는 포디즘의 시기에는 대도시권의 경계는 더욱 확장되고 교외지역에 기존에 형성된 공업지구뿐만 아니라 상업과 업무 중심의 새로운 중심지가 형성되어 다핵도시공간구조를 형성하게 된다. 새롭게 나타난 교외지역의 고용중심지는 도심의 전통적인 상업과 업무의 기능을 일부 대체할 수 있는 부도심(edge city)으로 성장하였다.

① 단핵도시모형(monocentric model)

<그림 3-13>에서 ①은 단핵도시모형으로 도시 중심부에 대부분의 고용이 집중하고 있고 주거지는 주변지역에 분포하고 있는 경우를 설명한다. 자동차가 대중화되기 이전에 도시의 규모는 상대적으로 작았고 주거지는 도심주변과 교통망을 따라 확장된 모형이다. 단핵도시모형에서 가장 큰 문제가 되는 것 중의 하나는 도시가 성장하면서 통행거리가 증가하고 교통체증으로 인해 통행시간이 증가하게 된 것이다. 또한, 도심부에 개발밀도가 매우 높고 경제활동의 집중으로 인해 혼잡비용이 증가한다. 도심의 혼잡비용의 증가는 주거, 교통, 환경, 공중보건 등 모든 영역에서 일어난다. 그리고 교외지역까지 원거리 교

그림 3-13 도시공간구조의 유형

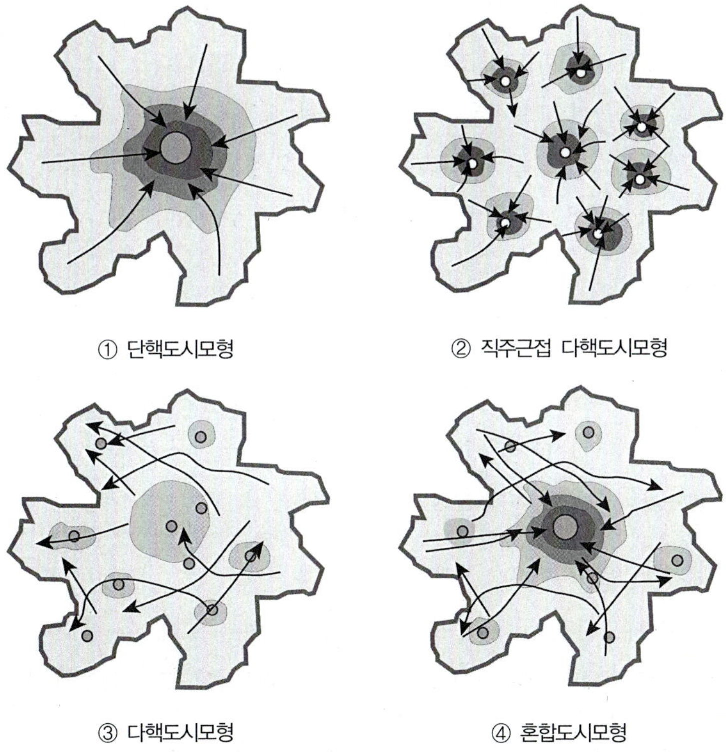

출처: Bertaud(2001, p. 4).

통과 주택비용을 감당할 수 없는 저소득 계층은 도심 주변부에 집중하면서 슬럼(slum)이 형성되기도 한다. 결론적으로 단핵도시모형은 도시의 규모가 작을 때 효율적으로 작용할 수 있지만 도시가 일정규모 이상으로 성장하게 되면 도시공간구조의 비효율성이 높아진다고 볼 수 있다.

② 직주근접 다핵도시모형(polycentric model: job-housing balanced)

<그림 3-13>에서 ②는 단핵도심의 도시가 성장하고 확장하면서 인구와 고용이 도심외곽으로 이동하게 되고 도심 외곽의 교통 결절점이나 접근성이 좋은 위치에 부도심(subcenter)이 형성된다. 교통비용이 주거입지의 중요한 인자라고 가정하면 사람들은 직장과 주거의 근접을 통해 통행비용을 최소화하려는 경향을 가지게 된다.[13] 따라서 도시공간구조는 다핵도시의 형태를 보이면서 부도심은 인근 주거지의 고용중심지가 되어 직주근접의 원리에 따라 도시공간구조가 효율적으로 기능을 할 수 있다. 이러한 공간구조를 어반빌리지(urban village)모형으로 부를 수 있다. 직주근접은 보행과 자전거를 이용하여 출퇴근이 가능하고 도시와 자연환경이 조화를 이룰 수 있는 모형이다. 그러나 이 모형은 주거입지를 결정하는 가구들이 교통비용을 줄이기 위해 직장 근처에 주거를 마련한다는 이상적인 가정을 전제로 하고 있다. 실제로 주거입지의 결정은 직장뿐만 아니라 인구, 사회, 경제, 주택, 문화 등 다양한 요인에 의해 복합적으로 이루어진다.

③ 다핵도시모형(polycentric model: random movement)

다핵도시모형은 대도시권에 지배적인 중심지가 존재하지 않고 비슷한 위계의 중심지가 흩어져 기능하는 경우를 보여준다. 이상적인 조건인 직주근접을 가정하지 않고 주거와 직장은 무차별적으로 입지하게 된다. 따라서 대도시권 공간구조 측면에서 볼 때 교차통행(cross commuting)으로 인한 비효율성이 증가하게 된다.

④ 혼합도시모형(polycentric model: composite)

혼합모형은 대도시권의 공간구조에 상당히 부합하는 모형으로 볼 수 있다. 이 모형은 기본적으로 다핵도시모형이며 도시중심부가 가장 지배적인 고용 중심가 존재하고 교외지

13 이러한 현상에 대하여 Gordon et al.(1991)은 "통근역설(commuting paradox)"이라는 용어를 사용하여 설명하였다. 통근역설은 대도시권에서 시간이 지날수록 교통체증은 증가하는데 통근거리와 시간은 어느 수준에서 안정된 상태를 말한다. 이러한 현상은 주거입지에서 이성적인 판단을 하는 행위자(rational locator)가 교통비용을 최소화하기 위해 직장과 가까운 위치에 주거를 결정하는 경향을 의미한다.

역에 부도심이 분포하고 있는 경우이다. 부도심은 고속도로의 건설과 자동차의 대중화로 접근성이 높은 고속도로의 결절점이나 교외지역의 고용중심지에서 형성된다. 혼합도시모형에서도 도시 중심부는 고용 중심지뿐만 아니라 정치·경제 그리고 역사·문화적인 장소로써 중요한 기능을 가지고 있다. 혼합모형은 직주근접 다핵도시모형의 이상적인 가정을 현실에 맞게 적용하였다는 점에서 차이가 있다. 이 모형에서는 직장과 주거의 근접을 통한 통행거리의 최소화가 일어나지 않고 다양한 요인으로 인해 교차통행이 많이 발생하는 모형이다.

3.4 요약 및 결론

도시공간구조와 입지이론은 토지라는 물리적인 공간 위에 인간의 다양한 활동이 일어나는 원리와 전체적인 도시공간구조의 형성을 설명하고 있다. 입지이론을 통해 주거, 상업, 공업, 공공서비스 등 다양한 용도들이 어떤 요인에 의해 결정되는지 살펴보았다. 이러한 인간의 다양한 활동은 도시의 공간구조를 형성하게 하고 형성된 공간구조는 다시 개별용도의 입지에 영향을 미치는 상호작용을 하고 있다. 도시공간구조를 설명하기 위한 도시토지이용모형은 크게 동심원이론, 선형이론, 다핵심이론이 있다. 이러한 모형에 영향을 미치는 요인들은 인종, 사회, 경제, 교통, 문화 등 매우 다양하다. 그리고 이들의 영향은 시간의 흐름에 따라 변화한다. 따라서 21세기 도시들은 정보통신의 혁명과 교통수단의 발전 그리고 인구, 사회, 경제, 문화적인 변화를 통해 새로운 도시공간구조와 입지이론이 필요하다.

참고문헌

- Adams, J. S., Residential structure of midwestern cities, Annals of the Association of American Geographers, 1970, 60(1): 37~62.
- Alonso, W., Location and Land Use: Toward a General Theory of Land Rent. Cambridge, Mass.: Harvard University Press, 1961.
- Bertaud, A., Metropolis: A measure of the spatial organization of 7 large cities, 2001, http://alainbertaud.com/wp-content/uploads/2013/06/AB_Metropolis_Spatial_Organization.pdf
- Bradford, M, G. and Kent, W. A., Human Geography, Oxford: Oxford Univ. Press, 1977.
- Burgess, E. W., The growth of the city: An introduction to a research project. Proceedings of the American Sociological Society, 1923, 18: 85~97.
- Burgess, E. W., The Growth of The City, in Robert E. Park, Ernest W. Burgess, and Roderick McKenzie, eds., The City. Chicago: University of Chicago Press, 1925.
- De Souza, A. R., A Geography of World Economy. Macmillan, 1990.
- Fishman, R., The American metropolis at century's end: Past and future influences. Housing Policy Debate, 2000, 11: 199~213.
- Gordon, P., Richardson, H. W., and Jun, M. J., The Commuting paradox: Evidence from the top twenty, 1991, 57(4): 416~20.
- Harris, C. D. and Ullman, E. S., The nature of cities. The Annals of the American Academy of Political and Social Science, 1945, 242: 7~17.
- Hoyt, H., The Structure and Growth of Residential Neighborhoods in American Cities, Washington, D.C.: U.S. Government Printing Office, 1939.
- Huff, D. L., A probabilistic analysis of shopping centre trade areas. Land Economics, 1963, 39: 81~90.
- Kearsley, G., Teaching urban geography: The Burgess model. New Zealand Journal of Geography, 1983, 12: 10~13.

- Knox, P. and McCarty, L., Urbanization: An introduction to urban geography, 2nd edition. Upper Saddle River, NJ: Prentice–Hall, 2005.
- Isard, W., Location and Space Economy. Cambridge: MIT Press, 1956.
- Mann, P., An Approach to Urban Sociology. London: Routledge, 1965.
- McKenzie, R. D., The ecological apporach to the study of the human community. The American Journal of Sociology, 1924, 30: 287~301
- Mills, E. S., Studies in the Structure of the Urban Economy. Johns Hopkins University press, 1972.
- Mieszkowski, P. and Mills, E. S., The causes of metropolitan suburbanization, Journal of Economic Perspectives, 1993, 7(3): 135~147.
- Murdie, R. A., The Social Geography of the City: Theoretical and empirical background. in Internal Structure of the City, ed. L. S. Bourne, New York: Oxford University Press, 1971, 279~290.
- Muth, R. F., Cities and Housing: The Spatial Pattern of Urban Residential Land Use. Chicago: University of Chicago Press, 1969.
- O'Sullivan, A., Urban Economics(Eighth Edition). Columbus, OH: McGraw–Hill, 2011.
- Pacione, M., Urban Geography: A Global Perspective (Third Edition). London: Routledge, 2009.
- Park, R. E., The city: suggestions for the investigation of behavior in the city environmen, American Journal of Sociology, 1915, 20: 579~83.
- Park, R. E., Burgess, E. and McKenzie, R., The City, University of Chicago Press, 1925.
- Reilly, W. J., The Law of Retail Gravitation. New York: Knickerbocker Press, 1931.
- Shevky, E. and Bell, W., Social Area Analysis. Stanford: Stanford University Press, 1955.
- Shevky, E. and Williams, M., The Social Areas of Los Angeles. Los Angeles: University of California Press, 1949.
- Smith, D. M., A theoretical framework for geographical studies of industrial location. Economic Geography, 1966, 42: 95~113
- Stutz, F. P. and Warf, B., The World Economy: Resources, Location, Trade and Development(5th ed.), 2007.
- Von Thunen, J. H., Der Isolierte Staat. In Beziehung auf Landwrirtschaft und Nationalekonomie, Hamburg, 1826.

- Vance, J., Geography and Urban Evolution in the San Francisco Bay Area. Berkeley, CA: Institute of Local Government Studies, 1964.
- Weber, A., Theory of the Location of Industries. University of Chicago Press, 1909(1929).
- White, M., American Neighborhoods and Residential Differentiation. New York: Russel Sage Foundation, 1987.
- 이희연, 경제지리학. 법문사, 2005.
- 한주성, 경제지리학의 이해. 한울아카데미, 2006

Regional
and
Urban Economics

제4장

도시정부와 거버넌스

제4장에서는 도시정부와 거버넌스에 대하여 살펴본다. 우선 도시정부의 체계와 통치구조를 설명하고 도시정부의 기능을 효율적 자원배분이라는 측면에서 논의한다. 특히 지방정부에서 제공되는 공공서비스를 통해 이루어지는 공적 영역에서의 자원배분이 지방자치와 분권화를 통해 어떻게 효율성을 달성할 수 있는지 Tiebout 모델을 이용하여 설명한다. 마지막으로 외부효과가 존재하는 공공서비스의 제공을 위해 요구되는 지역 간 협력을 위하여 어떤 요인이 필요한지에 대해 검토하기로 한다.

4.1 도시정부의 체계

지방정부의 행정체계는 크게 단층형 체계와 중층형 체계로 나눌 수 있다. 단층형 체계는 지역의 행정사무를 처리하는 지방자치단체가 중앙정부와 직접 연결된 경우를 의미하고, 중층형 체계는 최일선의 지방자치단체와 중앙정부 사이에 또 다른 지방자치단체가 서로 지리적 영역을 중첩되게 가지고 있는 경우를 의미한다(박병식, 이시경, 이창기, & 최준호, 2009). 우리나라의 경우 지역의 최일선에서 행정사무를 처리하는 기초자치단체와 중앙정부 사이에 여러 개의 기초자치단체를 아우르는 광역자치단체가 있어 기본적으로 중층형 체계를 가지고 있다. 다른 나라들의 경우를 보면 일반적으로 지방자치가 발달된 미국이나 유럽의 국가들에서는 단층형 체계보다는 중층형 체계를 가지고 있는 경우가 많다. 이는 다음 절에서 설명하게 될 도시정부 기능분화의 이유와 밀접하게 연관되는데 지역주민의 공공서비스에 대한 다양한 수요를 충족시키기 위해서는 공공서비스 제공의 주체가 되는 지방정부의 형태와 규모도 다양해질 수 밖에 없으며, 따라서 자연스럽게 지방자치의 발달과 함께 다소 복잡한 형태를 가진 2층제, 3층제의 중층형 지방정부 체계가 자리 잡게 되는 것이다.[1]

우리나라를 비롯하여 지방자치제도가 발달된 여러 나라에서 채택하고 있는 중층제 형태의 지방자치체계가 가지는 가장 큰 특징은 도로, 상하수도 서비스 등 규모의 경제가 작용하는 대규모 공공서비스를 좀 더 효율적으로 제공할 수 있게 된다는 점이다. 또한 기초자치단체와 중앙정부 간에 의견 대립이 있을 경우 광역자치단체의 중재를 통해 보다 원활한 의사소통을 기대할 수 있다. 반면에 여러 계층의 지방정부가 혼재함으로 해서 최일선의 지방행정조직과 중앙정부 간의 의사소통 속도가 느려질 수 있다는 점, 지방정부 간 행정영역의 중복으로 인해 자칫 낭비가 발생할 수 있다는 점, 서로 성격이 다른 기초자치단체의 특수성이 광역수준에서 다소 희석이 될 가능성이 있다는 점 등은 단점으로 지적되기도 한다(임승빈, 2005).

---

1 한 예로 미국의 경우 지방행정사무의 최일선이라고 할 수 있는 카운티와 중앙정부 사이에 시정부, 주정부, 특별구역(special district) 등 다양한 형태와 규모의 중첩된 지방자치단체가 존재하며, 이와 같이 복잡한 미국의 지방행정체계를 흔히 "marble cake"에 비유하기도 한다.

4.2 도시정부의 통치구조

도시정부의 통치구조에 대한 논의는 기본적으로 도시정부의 행정권을 책임지고 있는 시장과 입법권의 핵심인 시의회와의 관계에 대한 설명이다.[2] 시장과 시의회로 이루어진 도시정부의 기본적인 통치구조는 미국을 비롯한 많은 서구 국가들에서 발견된다. 다만 권한의 균형추가 행정부와 입법부 사이에서 어느 쪽에 좀 더 기울었느냐의 측면에서는 많은 차이가 있다.

미국의 경우 초기 건국의 배경이 전제적인 국가 권력으로부터의 도피이다 보니 건국 초기 도시정부 형성 과정에서도 강력한 행정권 혹은 행정가에 대한 거부감이 컸고, 그 결과 시장의 권한이 매우 약하고 시의회가 입법뿐 아니라 주요 정책결정권 및 공무원 인사권까지 가지는 통치구조가 등장하게 되었다. 이와 같은 약(弱)시장-시의회 형태의 통치구조 하에서는 시장 이외에 대부분 기관의 주요 직책이 선거 내지는 시의회를 통해 선출되었고, 따라서 도시정부의 수장으로서 시장의 리더십을 기대하기는 좀처럼 어려웠다.

약(弱)시장-시의회 형태의 통치구조는 19세기 이후 여러 도시들의 정치·경제적 상황 변화와 함께 큰 전환점을 맞이하게 된다. 19세기 이후 자본주의 경제가 활성화 되면서 도시가 급격하게 팽창하였고, 그 결과 도시정부가 해결해야 할 문제들이 점점 더 많아지고 복잡해졌다. 이러한 상황에서 기존의 약(弱)시장-시의회 구조는 리더십의 부재로 당면한 문제들을 효과적으로 해결하기엔 많은 한계점을 노출하였다. 그 결과 대안으로 등장한 통치구조가 선거로 선출된 시장에게 광범위한 행정 책임과 인사권을 부여하는 강(强)시장-시의회의 형태이다. 강(强)시장-시의회 구조 하에서 시장은 주요 정책의 의사결정뿐 아니라 시정부 공무원 및 주요 기관의 직책에 대한 인사권을 행사할 수 있었고 행정부의 수장으로서 리더십을 발휘하기가 훨씬 용이해졌다. 도시정부의 역할과 권한이 좀 더 명확해졌으며, 따라서 시장에게 더 큰 행정적·정치적 리더십이 요구되었다. 우리나라의 경우 대체로 강(强)시장-시의회 형태에 가까운 통치구조를 가지고 있다. 지방자치제도를 통해 행정의 민주성과 책임성이 어느 정도 확보되었으며, 이에 더하여 행정의 효율성과 효과성 제고라는 측면에서 민주적 선거를 통해 선출된 시장에게 주요 보직의 임명과 정책결정 과정에

2 도시정부의 통치구조에 대한 좀 더 자세한 논의는 박종화 외(2013) 참조.

서의 많은 권한이 허락되었다. 이러한 제도가 경쟁의 논리가 지배적인 지방자치단체 간 관계에 현실적으로 기본적인 대안이 되고 있기는 하지만, 자칫 선거과정에서의 공신에게 공직을 전리품으로 제공하던 엽관제적 성격과 폐단이 다시 등장할 수 있다는 가능성을 염두에 두고 제도 운영에 주의를 기울일 필요가 있다.

한편 시장-시의회 형태의 전형적인 구조의 변형으로 시정관리관(Chief Administrative Officer) 제도를 도입한 강(强)시장-시의회의 통치구조를 보이는 경우도 있다. 이는 행정적·정치적 리더십과 영향력이 시장에게 집중됨으로 해서 나타나는 문제점을 보완하기 위해 소개되었는데, 시장은 시정관리관을 통해 행정적 업무를 대행하고 정치적 리더십을 발휘해야 하는 분야에 집중하는 구조를 가지고 있다. 이러한 도시정부의 통치구조는 1930년대 샌프란시스코를 중심으로 처음 등장하였으며, 그 이후에 보스턴, 뉴욕, 로스앤젤레스, 클리블랜드 등 미국의 여러 대도시에 도입되어 오늘날에 이르고 있다. 우리나라의 경우 시장의 행정적 리더십과 정치적 리더십을 보조하기 위한 제도로서 행정부시장과 정무부시장을 분리하여 임명하는 제도를 운영하고 있는데(같은 맥락에서 도의 경우 행정부지사와 정무부지사를 두고 있음), 특히 행정부시장의 역할과 의미가 시정관리관과 유사하다고 볼 수 있다.

4.3 도시정부의 기능과 효율적 자원배분

공공경제학 이론은 정부의 기능을 1) 효율적 자원배분, 2) 공정한 소득분배, 3) 거시경제 안정의 세 가지로 흔히 정의한다(Musgrave, 1959). 이 중 재정 및 금융정책 등을 통한 거시경제 안정 기능과 조세정책을 통한 공정한 소득분배 기능은 주로 중앙정부에서 이루어진다. 국가 전체의 거시경제를 대상으로 하는 거시경제 안정 기능은 중앙정부가 담당하는 것이 당연하다고 볼 수 있는데, 소득분배 기능의 경우에도 사회적 형평성 제고를 위한 지방정부의 과세가 개인의 거주지 결정을 왜곡하여 비효율을 초래할 가능성이 있다는 점에서 흔히 중앙정부의 기능으로 분류하는 경우가 많다. 정부의 세 가지 기능 중 중앙과 지방이 공통적으로 담당하게 되는 부분은 바로 효율적 자원배분이다. 특히 도시정부의 기능이 어떻게 분화되는 것이(즉, 어떤 공공서비스를 얼마만큼 생산하여 공급해야 하는지의 문제) 효율적 자원배분에 기여할 것인지 이해하기 위해서는 도시정부의 공공서비스 공급 의사결정이 어떻게 이루어지는지에 대한 논의가 필요하다.

효율적 자원배분은 얼마만큼의 자원이 어느 분야의 재화와 용역의 생산에 사용되어야 하는지에 대한 의사결정이라고 할 수 있는데, 이러한 기능은 일반적으로 시장에 의해 이루어진다. 고전 경제이론에 의하면 가격이라는 보이지 않는 손의 작용은 어느 곳에 얼마만큼의 자원이 어떻게 사용되어야 하는지에 대한 최적의 해를 특정 경제주체의 의도적인 개입 없이 합리적인 기업과 개인의 이윤극대화 혹은 효용극대화 과정을 통해 찾을 수 있도록 해준다(Smith, 1776). 다만 이 경우의 전제조건은 생산과 소비의 대상이 되는 재화와 용역이 정확한 시장가격을 가지는 사적 재화(private good)라는 점이다. 시장에서 자원배분의 효율성이 극대화되는 것은 이와 같이 개인의 선호가 가격시스템에 반영되고 이것이 생산량과 소비량을 결정함으로 해서 가능해진다([보충 1] 참조).

[보충 1] 수요곡선과 소비 의사결정의 의미

수요곡선은 재화의 가격이 일정 수준일 때 얼마만큼의 수요가 시장에 존재하는지 보여준다. 합리적인 개인은 재화의 소비로 인해 얻는 효용 이상의 비용을 지불하지 않을 것이므로 수요곡선은 결국 주어진 가격수준에서 소비자가 시장에서 얻는 효용의 총합이라고도 말할 수 있다. 개인은 주어진 가격수준에서 소비 의사결정을 하는 과정에서 그 재화에 대한 자신의 선호를 그대로 드러내게 되는데, 이는 생산자가 얼마만큼의 재화를 생산해야 하는지 결정하는 데 중요한 정보가 된다. 수요곡선과 가격 사이의 영역을 소비자잉여라고 부르는 이유는 바로 이 부분이 주어진 가격수준에서 그 재화를 선택하는 개인이 얻는 총효용과 이를 위해 지불하는 실제비용의 차이를 나타내기 때문이다. 소비자잉여는 소비행위를 통해 개인이 실제로 지불하는 총비용 이상으로 얻게 되는 효용을 의미하는 것이다. 효율적 자원배분과 관련하여 공공재가 가지는 문제는 바로 공공재의 특징으로 인해 시장가격이 존재하지 않으므로 개인의 선호나 수요곡선을 알 수 없다는 점이다. 시장가격이 존재하지 않으므로 어느 만큼의 공공재가 공급되어야 사회적으로 효율적인지도 알 수 없게 된다.

대표적인 공공재인 도시정부의 공공서비스 공급에 있어서도 개인의 선호와 수요에 따라 정확히 세금(즉 가격)이 부과된다면 시장을 통한 사적 재화의 생산 및 공급과 마찬가지로 자원의 효율적인 배분이 가능해진다고 하는 것이 잘 알려진 린달의 균형(Lindahl's

Equilibrium)이다.[3] 그러나 문제는 공공재가 가지는 고유의 성격으로 인해 이러한 원리의 적용이 불가능해진다는 점이다. 공공재는 나의 소비가 타인의 소비를 침해하지 않는 소비의 비경합성(non-rivalry)과 소비에 대한 대가를 지불하지 않더라도 타인의 소비를 배제하지 못하는 비배제성(non-excludability)의 특징을 가지는데(치안, 소방, 쓰레기 수거 등의 서비스가 좋은 예임), 이로 인하여 개인은 자신의 선호를 최대한 숨기고 공공재 소비를 무임승차하려는 경향을 강하게 가진다. 소비가 비경합성과 비배제성을 가진다면, 굳이 자신의 선호를 현시함으로 해서 공공재 생산의 부담을 질 필요가 없기 때문이다. 따라서 공공재의 경우 개인의 선호를 현시하는 시장재의 가격과 같은 메커니즘이 없으며, 그 결과 무임승차와 같은 효율적 자원배분의 왜곡 현상이 심각하게 나타난다. 즉 개인들이 무임승차를 위하여 도시정부의 공공서비스에 대한 수요를 숨기게 되면, 실제로 공급되는 서비스의 양은 사회적으로 가장 효율적인 최적 수준보다 적은 수준이 될 가능성이 높다([보충 2] 참조).

[보충 2] 공공재란?

공공재란 사유재와 달리 소비가 집합적으로 이루어지는 재화나 서비스를 의미한다. 그렇다면 어떤 경우에 집합적 소비가 이루어질까? 공공재 이론은 다음의 두 가지 경우를 제시한다. 첫째로 소비의 비배제성이다. 햄버거와 같은 사유재는 내가 소비하면 다른 사람은 소비하지 못한다. 하지만 치안서비스와 같은 공공재는 나의 소비가 타인의 소비를 침해하지 않는다. 서울시에서 거주한다면 서울시에 제공하는 치안서비스를 동일하게 소비하게 되는데, 이와 같은 현상을 소비의 비제성이라고 한다. 둘째로, 소비의 비배타성이다. 다시 햄버거의 예로 돌아가서, 사유재인 햄버거는 값을 지불하지 않으면 소비할 수 없다. 하지만 공공재인 치안서비스는 값을 지불하지 않더라도 해당 지역에 거주하는 이상 제공되는 서비스의 소비를 막지 못한다. 이와 같이 소비의 비배제성과 비배타성을 가진 재화나 서비스는 개별적이 아닌 집합적인 소비의 대상이 된다. 한편 집합적인 소비는 재화나 서비스의 공급에도 중요한 함의를 가진다. 앞의 수요곡선의 의미에서도 설명한 바와 같이 개인은 시장에서의 거래를 통해 어떤 재화나 서비스에 대한 자신의 선호를 현시한다. 그리고 이러한 개인의 선호가 모여 수요곡선을 이루게 된다. 즉 개인 선호의 현시는 시장에서 공급을 결정하는 중요한 시그널이다. 그런데 집합적인 소비가 이루어지는 공공재의 경우 소비의 비배타성과 비배제성으로 인해 개인이 자신의 선호를 숨기고 다른 사람의 선호에 무임승차하려는 경향이 나타난다. 시장에서 공급을 결정하는 신호에 중대한 왜곡이 발생하는 것이다. 그리고 이러한 왜곡은 공공재가 시장에서 사회적으로 필요한 수준으로 충분히 공급되지 못하는 시장실패로 이어진다.

3 린달의 균형에 대한 좀 더 자세한 논의는 이만우(2004) 참조.

그림 4-1 중위투표자 정리

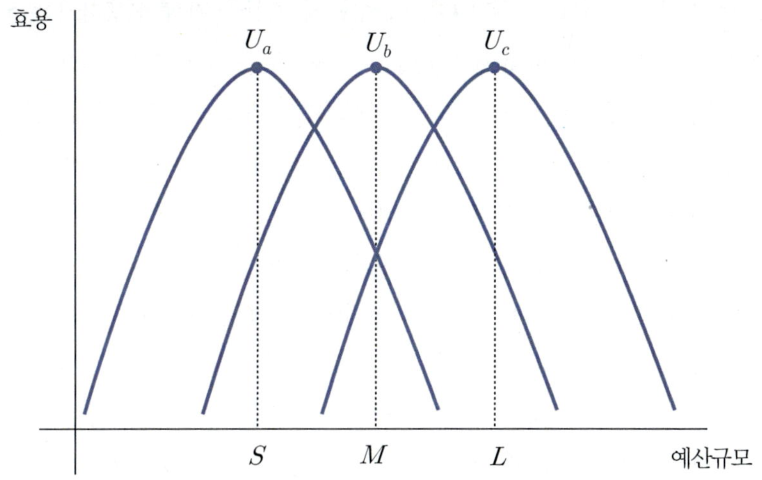

그렇다면 시장의 가격 메커니즘이 작동하지 않는 상황에서 도시정부가 얼마만큼의 공공서비스를 공급할 것인지에 대한 의사결정이 어떻게 이루어질까? 현대 민주주의국가에서 공공재 공급 메커니즘으로서 시장을 대신하는 것이 바로 선거와 같은 정치제도라고 할 수 있다. 정치제도가 어떻게 자원배분을 이루는지 이해하기 위해선 중위투표자 정리(median voter theorem)라는 공공선택이론의 개념을 소개할 필요가 있다. 중위투표자 정리는 현대 민주주의 국가의 다수결 선거제도가 유권자의 선호를 반영하여 자원배분을 이루는 메커니즘을 설명하는 이론이다. <그림 4-1>은 이 과정에서 어떻게 중위투표자의 선호가 최종선호로서 의사결정에 반영되는지 잘 보여준다.

세 명의 유권자 A, B, C로 구성된 도시가 있다고 하자. <그림 4-1>에서 U_a, U_b, U_c는 지역의 공립학교 지원을 위한 교육예산 수준에 따른 유권자 A, B, C의 효용을 의미한다. A는 은퇴자로서 학교에 보낼 자녀가 없으며 따라서 최소 수준의 교육예산(S)을 가장 선호한다. 따라서 예산규모가 S보다 크거나 작을 경우 효용수준이 점차 감소하게 된다. C는 초중학교 자녀가 있는 유권자로서 최대 수준의 지역학교 예산(L)을 가장 선호한다. B는 중위투표자로서 A보다는 많고 C보다는 적은 중간 수준의 교육예산(M)을 가장 선호한다. 마찬가지로 유권자 C와 B도 교육예산 수준이 가장 선호하는 L과 M보다 많아지거나 적어지면 효용이 감소하게 된다. 이 경우 두 가지 대안을 짝으로 놓고 투표를 통해 지역 공립학교의 예산규모를 결정한다면, 유권자 A는 S 수준의 예산을 가장 선호하지만 L보다는 M을 선호하고 유권자 C는 L 수준의 예산을 가장 선호하지만 S보다는 M을 선호하므로 중간선호를 가진 유권자 B(중위투표자)의 선호가 결과적으로 선택 받게 된다. S와 M의 대안에 대한 투표에서는 S가 한 표, M이 두표를 M과 L의 대안에 대한 투표에서도 마찬가지로 M이 두 표, L이 한 표를 얻게 되어 결론적으로 예산수준 M이 투표를 통해 선택되는 것이다. 즉 여러 가지 선호를 가진 유권자들이 복수의 대안을 선택하기 위해 투표를 할 경우 중간 선호를 가진 중위투표자의 선호가 최종적으로 선택된다는 것이 중위투표자 정리이다. 이 과정에서 눈여겨보아야 할 부분이 개인의 투표행위가 하는 역할인데 개인은 투표를 통해 자신이 가장 선호하는 공공서비스 수준을 현시하게 되며, 이를 통해 무임승차 문제와 비효율적 자원배분의 문제를 어느 정도 해결하는 것이 가능해진다. 최선이라고 할 수 있는 시장시스템이 작동하지 않는 공공재의 경우(공공재에 대한 개인의 선호가 시장의 가격 시스템을 통해 현시되지 않으므로) 차선으로서 정치 시스템을 통해 보다 효율적인 자원배분을 꾀할 수 있게 된다.

그렇다면 투표 혹은 선거를 핵심으로 하는 민주적인 정치시스템의 도입이 시장의 부재 상황에서 도시정부가 어떤 종류의 공공서비스를 얼마만큼 공급해야 하는지의 문제를 가장 효과적으로 풀 수 있는 최선의 대안이라고 할 수 있을까? 현대의 대의정치 시스템은 투표행위를 통해 개인의 선호를 끌어낸다는 점에서 공공재 공급의 무임승차와 그로 인한 비효율의 가능성을 많이 줄인 것이 사실이다. 그러나 정치 시스템을 통한 선호의 현시는 시장의 가격 시스템을 통한 선호의 현시만큼 완전하지 않으므로 정치 시스템을 통해 자원배분의 효율성을 복원하는 것은 한계가 있을 수밖에 없다. 특히 정치 시스템을 통한 자원배분 의사결정은 다음과 같은 두 가지 측면에서 여전히 비효율의 가능성을 가진다.

첫째, 투표를 통해 공공서비스의 공급량이 결정되는 경우 정치적 균형점(political equilibrium)과 경제적 최적점(economic optimum)이 반드시 일치하는 것은 아니다. <그림 4-2>는 세 사람의 시민으로 구성된 도시의 공원서비스에 대한 주민의 수요와 그에 따른 정치적 균형점과 경제적 최적점의 차이를 잘 보여준다. 경제적 최적점은 개인의 한계효용의 합인 한계사회편익(marginal social benefit)과 한계사회비용(marginal social cost)에 의해 결정되는데, 〈그림 4-2〉에서는 e가 바로 경제적 최적점이 된다. 이 경우 공원서비스의 최적규모는 16만평이고 그 비용은 60만원이며, 이를 세 명의 주민이 똑같이 부담하게 되면 1인당 세 부담은 20만원이 된다. 바로 이점이 사회적으로 가장 효율적인 공원서비스 규모가 되는데, 만약 현재의 공원서비스 규모가 이보다 작다면 시민들은 더 많은 공원서비스를 원할 것이고(왜냐하면 한계편익이 한계비용보다 크므로) 반대로 현재의 공원서비스 규모가 이보다 크다면 시민들은 공원서비스의 규모를 줄이길 원할 것이다(왜냐하면 한계비용이 한계편익보다 크므로). 한편 개인수준에서 본다면 20만원의 세금이 부과되는 경우 선호하는 공원서비스의 규모가 개인의 수요곡선에 따라 달라지는데 A는 6만평, B는 12만평, C는 28만평의 공원서비스를 각각 원한다. 공원서비스에 대한 부담으로 개인들에게 부과되는 20만원의 세금은 시장에서의 가격과 유사한 기능을 하는데, 이 금액은 시장재와 달리 공공재에 대한 개인의 선호를 알 수 없으므로 동일하게 개인들에게 부과된다. 이때 도시정부가 공원서비스의 규모를 투표를 통해 결정한다면 중위투표자인 B가 선호하는 12만평이(m) 공원서비스의 최종공급량이 되고 이를 정치적 균형점이라고 부른다.

그림 4-2 공공서비스의 정치적 균형점과 경제적 최적점

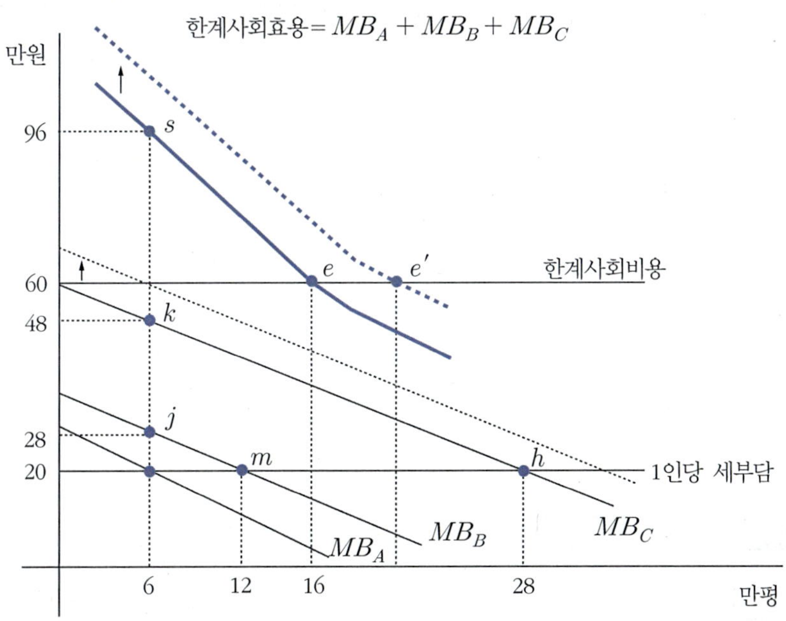

자료: O'Sullivan(2007) 15장.

〈그림 4-2〉에서 특히 주의 깊게 살펴야 할 부분이 경제적 최적점인 e와 정치적 균형점인 m의 차이이다. 사회적으로 가장 효율적인 공원서비스의 최적규모는 16만평이지만 투표를 통해 공원서비스의 공급규모를 결정할 경우 12만평만 공급되는 것이다. 이와 같은 차이가 나타나는 이유는 1인 1표를 원칙으로 하는 민주주의 정치시스템에서 개인이 가지는 선호의 강도의 차이를 반영하는 것이 불가능하기 때문이다. 만약 공원서비스에 대한 C의 선호가 더욱 커져서 한계편익이 증가한다면 사회 전체적으로 한계사회편익도 증가하게 되므로(이는 한계사회편익곡선의 우상향 이동으로 나타남) 경제적 최적점도 16만평보다 높은 수준인 e'에서 결정된다. 그러나 투표를 통해서 공원서비스의 규모를 결정할 경우 선호가 커진 C도 A, B와 동일하게 한 표를 행사하므로 선호의 변화가 공원서비스 수준의 결정에 반영되지 않으며, 이는 경제적 최적점의 차이와 정치적 균형점의 차이로 나타나게 된다. 그리고 이러한 차이로 인해 발생하는 비효율을 정치적 외부효과(political externalities)라고 부른다.

둘째, 공공재의 공급에 있어 자원배분의 수단으로서 시장의 대안으로 고려되는 정치시스템이 가지는 또 다른 문제점은 불안전성이다. 시장의 가격 시스템과는 달리 투표를 통해 선택되는 대안이 경우에 따라 달라질 수 있기 때문이다. 이와 같은 정치 시스템의 문제점을 사이클링(cycling)이라고 부른다. 투표의 사이클링 현상은 〈표 4-1〉의 예에 잘 드러난다.

세 명의 시민 A, B, C로 구성된 도시에서 1년에 몇 회의 축제를 개최할 것인지를 결정하기 위해 투표를 하기로 하였다. 1회, 2회, 3회의 세 가지 대안에 대하여 유권자 A, B, C는 서로 다른 선호를 가지고 있다. 〈표 4-1〉의 숫자는 선호의 순서를 의미하는데, 우선 A는 3회를 가장 선호하고 1회를 가장 덜 선호하였다. B는 1회를 가장 선호하고 2회를 가장 덜 선호하였다. 한편 C는 2회를 가장 선호하고 3회를 가장 덜 선호하였다. 이러한 상황에서 만약 1회와 2회를 대안으로 투표를 하면 A는 2회를 선호하고, B는 1회를 선호하

표 4-1 다수결 투표와 사이클링

Voter	1회	2회	3회
A	3	2	1
B	1	3	2
C	2	1	3

며, C는 2회를 선호할 것이므로 2회가 선택될 것이다. 한편 2회와 3회를 대안으로 투표를 하면 A와 B는 3회를 선호하고, C는 2회를 선호할 것이므로 3회가 선택될 것이다. 이 두 가지 투표결과만을 가지고 1회와 3회 대안 중 어느 것이 더 선호될 것인지 유추하면, 1회보다는 2회가 선호되고 2회보다는 3회가 선호되므로 만약 1회와 3회를 대안으로 투표가 이루어진다면 3회가 선택된다고 예측할 수 있다. 그러나 〈표 4－1〉에 나타난 선호도에 따르면 A는 3회를 B와 C는 1회를 선호하여 투표에서는 1회가 선택될 것이다. 즉 〈표 4－1〉에 나타난 선호체계에서는 1회보다는 2회를 2회보다는 3회를 선호하므로 1회와 3회를 비교했을 때 3회가 선호되는 선호의 이행성 가정이 위배됨을 알 수 있고 이를 투표의 사이클링(선호의 순서가 1회 → 2회 → 3회 → 1회로 루프를 형성하므로) 현상이라고 부른다.

감춰진 선호를 현시하는 시스템으로서의 정치시스템이 가지는 사이클링의 문제점은 대안의 평가에 복수의 가치 기준이 활용되는 경우 발생한다. 위의 예에서 3개의 대안을 평가하는데, 어떤 유권자는 단순히 축제의 횟수만을 평가의 기준으로 삼는 데 반하여 어떤 유권자는 축제의 질을 평가의 기준으로 삼을 수도 있으며, 또 어떤 유권자는 두 가지 기준을 혼합하여 사용하기도 한다. 예를 들어 B는 횟수는 적어도 최고의 축제를 가장 선호하는 질적 기준을 적용하여 1회를 가장 선호한다고 했으나, 축제의 질을 다소 희생한다면 애매하게 2회에 머무느니보다는 횟수를 늘려 3회를 다음으로 선호하는 양적 기준을 평가에 적용하고 있는 것으로 보인다. 즉 질적 기준과 양적 기준이라는 복수의 가치기준이 대안의 평가에 동시에 적용됨으로 해서 선호의 이행성이 사라지고 투표의 비일관성이 관찰되는 것이다.

한편 이와 같은 사이클링 현상의 문제점은 쉽게 이해할 수 있다. 투표과정에서 어떤 대안이 선택지에 올려지는지의 순서에 따라 최종 선택지가 달라지게 된다. 즉 앞에서 살펴 본 바와 같은 이론적인 정치적 균형점이 존재하지 않는 것이다. 예를 들어 1회와 2회에 대하여 먼저 투표하고 여기서 선택된 대안과 3회를 놓고 다시 투표한다면 최종적으로 3회가 선택되지만 2회와 3회를 놓고 먼저 투표하고 여기서 선택된 대안과 1회를 놓고 다시 투표한다면 최종 대안은 1회가 된다. 물론 현실에서는 대안의 선택이 꼭 이런 과정을 통해 이루어지는 것은 아니지만 ＜표 4－1＞의 예는 정치과정에서 어떤 이슈를 먼저 다루느냐는 아젠다 세팅(agenda setting)을 통해 정치과정의 결과물이 달라질 수 있음을 잘 보여준다. 투표를 통해 선호를 현시하는 정치시스템이 그만큼 불안정하고 효율성을 확보하는데도 한계가 있다는 것이다.

위의 두 가지 문제점을 미루어 볼 때 선호의 현시 메커니즘으로서 시장시스템이 작동하지 않는 공공재의 공급 결정이 정치시스템을 통해 이루어지는 것은 어디까지나 차선책이라고 볼 수 있다. 그렇다면 이보다 더 나은 대안은 정말 없는 것일까? 이 물음에 대한 해답을 찾기 위해 Tiebout는 먼저 정치시스템이 제공하는 가치가 무엇인지에 대해 고민한다(Tiebout, 1956). 앞에서도 여러 번 언급했던 것처럼 투표를 통한 정치시스템은 개인의 선호 현시 메커니즘으로서 의미를 가진다. 특히 자원배분의 효율성을 극대화하기 위하여 가장 이상적인 상황은 1) 유권자가 자신의 선호를 현시하도록 하고, 2) 현시된 선호를 시장에서와 동일한 수준으로 만족시켜 주며, 3) 개인의 선호에 따라 차별화된 과세를 하는 것이다. 이 과정은 린달 균형의 내용과도 일치한다. 즉 개인의 선호에 따른 차별화된 과세가 마치 시장의 가격과 같은 기능을 하는 것이다.

그렇다면 이러한 과정이 유사하게나마 실현될 수 있는 대안적인 사회제도는 없는 것일까? 만약 그러한 제도가 존재한다면 자원배분 메커니즘으로서 정치시스템이 가지는 문제점과 비효율을 어느 정도 극복하는 것이 가능해질 것이다. 이 물음에 대한 해답은 생각보다 가까운 곳에서 찾을 수 있다. 현대의 지방자치제도가 바로 그것인데, 도시정부와 같은 지방자치단체 수준에서 공공재의 공급이 이루어지는 과정을 살펴보면 그 이유를 쉽게 이해할 수 있다. 만약 도시정부가 어떤 종류의 공공서비스를 얼마만큼 공급해야 할지에 대한 의사결정을 독립적으로 할 수 있다면, 제공되는 공공서비스의 종류와 양이 도시마다 다르게 나타날 수 있다. 이와 같이 지역수준에서 제공되는 공공서비스의 다양성이 확보되는 경우, 개인은 자신의 선호와 가장 가까운 수준의 공공서비스를 제공하는 지역에 거주함으로써 자신의 선호를 현시하게 되며 지방자치단체는 이와 같이 현시된 선호에 따라 과세함으로 해서 린달 균형과 유사한 자원배분의 효율성을 달성할 수 있게 된다. Tiebout는 이러한 과정을 발로 하는 투표(voting with feet)라고 설명하였으며, 이는 지방자치제도가 어떻게 공공재 공급에 있어 자원배분의 효율성을 제고할 수 있는지 설명해 주는 중요한 이론적 기반이 된다.

한편 Tiebout의 설명대로 지방자치제도가 공공재 공급에 있어 효율적인 자원배분 메커니즘으로 작동하기 위해서는 다음과 같은 몇 가지 가정이 충족되어야 한다.

1) 도시정부 수준에서 제공되는 공공서비스의 다양성이 개인이 가진 서로 다른 다양

성을 충분히 충족시킬 수 있어야 한다.

2) 개인은 자신의 선호와 가장 유사한 지역을 자유롭게 거주지로 선택하고 이주할 수 있어야 한다.

3) 고용상태와 관련된 제약조건은 거주지 의사결정에 왜곡을 초래할 수 있으므로 고려하지 않는다.

4) 도시정부를 통해 제공되는 공공서비스에서 외부효과가 발생하지 말아야 한다.

Tiebout의 발로 하는 투표 모델이 작동하기 위한 위의 가정 중 특히 눈여겨보아야 할 부분은 첫 번째와 두 번째이다. 개인이 자신의 선호와 가장 유사한 공공서비스를 제공하는 지역을 선택하는 과정이 의미를 가지기 위해선 개인의 다양한 선호를 반영할 수 있을 만큼 도시정부의 공공서비스도 다양성을 확보하고 있어야 하며, 이를 위해선 규모는 작아도 많은 수의 지방자치단체가 존재하는 것이 유리하다. 이는 최근에 지방자치단의 서비스 효율성 제고를 위해 소개되고 있는 광역행정 논의와는 다소 상충되는 부분인데, 좀 더 자세한 내용은 다음 절에서 논의하기로 한다.

개인이 얼마나 자유롭게 이주할 수 있는지에 관한 두 번째 가정은 Tiebout 이론의 핵심 가정이자 가장 비판을 많이 받는 부분이기도 하다. 개인의 선호 현시는 자신의 선호와 유사한 서비스를 제공하는 지역을 거주지로 자유롭게 선택하는 과정에서 이루어지는데, 만약 어떤 이유에서든 거주지 선택을 자유롭게 하지 못한다면 개인 선호의 현시가 이루어질 수 없고, 결과적으로 이를 통한 자원배분 효율성의 확보도 불가능해진다. 즉 이론 전체의 내적 타당성이 무너져 버리는 치명적인 결론으로 이어지는 것이다. 문제는 이처럼 중요한 두 번째 가정이 현실과는 상당히 동떨어져 있다는 점이다. 자유로운 이주를 위해선 우선 두 가지가 충족되어야 한다. 첫째, 이전하려는 지역에 대한 완전한 정보가 있어야 한다. 즉 이전 대상이 되는 지역의 공공서비스가 자신의 선호와 얼마나 유사한지 판단하기 위해선 모든 지역의 공공서비스에 대한 완전한 정보를 가지고 있어야 하는데, 이는 합리적 의사결정 모형에 대한 비판에서도 이미 많은 논의가 되었듯이 현실적으로 기대하기 어려운 가정이다.[4] 둘째, 거주지 이전의 비용이 0에 가깝거나 아주 낮은 수준이어야 한다.

4 Simon(1957)에 의하면 인간은 인지능력의 한계를 가지고 있고 지식과 정보는 항상 불완전하다. 이렇게 불확실한 상황 하에서는 모든 대안에 대한 완전 정보를 가지고 최적의 의사결정을 하는 것은 불가능하며, 주어진 제한된 대안들 중 가장 만족스런 수준을 고르는 것이 최선이 된다. 이와 같은 접근을 Simon은 의사결정의 만족모형(satisfying model)이라고 불렀다.

만약 거주지 이전으로 인해 감당하기 어려운 수준의 비용이 발생한다면, 발로 하는 투표를 통해 개인의 선호가 현시되는 것이 불가능해지며 따라서 이론 자체가 아예 성립하기 어려워진다. 그러나 여러 가지 이유에서 이와 같은 비용 가정은 현실과는 상당히 괴리가 있으며, 이는 Tiebout의 이론을 비판하는 중요한 이유가 된다. 예를 들어 선호하는 직장이나 학교의 지리적 위치라던가 혹은 지역별 부동산 가격의 차이 등은 개인이 자유롭게 거주지 이전 의사결정을 하지 못하는 결정적인 이유가 된다.

4.4 Tiebout 모델과 지방자치

Tiebout의 모델이 지방자치와 지역수준에서의 공공서비스 공급에 있어 가지는 의미는 매우 크다. Tiebout의 이론적 틀 안에서 도시정부의 공공서비스 공급 의사결정이나 좀 더 폭넓게 지방자치의 문제는 단순히 정치 행정적 차원의 문제가 아니라 효율적 자원배분과 같은 경제적 차원의 문제이기도 하기 때문이다. 지방자치와 지역 수준에서의 다양화된 공공서비스 공급은 제대로 디자인만 된다면 공공재의 자원배분 메커니즘으로서 정치제도 이상으로 효율성을 담보해 주는 대안이 될 수 있다. 따라서 지방자치나 분권화와 같은 도시정부의 거버넌스에 대한 문제를 논의할 때 이를 단순히 정치·행정적 성격의 논의로 지나치게 단순화하는 것은 상당한 오류이다.

지방자치와 관련하여 Tiebout 모델이 주는 또 하나의 시사점은 어떤 성격의 공공서비스를 지역적으로 어느 수준에서 공급하는 것이 가장 효율적인지에 대한 논의에서 찾을 수 있다. 중앙정부의 서비스 공급이 더 효율적인지 아니면 지방정부의 서비스 공급이 더 효율적인지, 그리고 지방정부에 의해 서비스가 공급된다면 어느 수준에서(기초 혹은 광역) 이루어지는 것이 더 바람직한지 등의 문제는 공공서비스가 가지는 다음의 세 가지 성격에 따라 그 답이 달라질 수 있다(Oates, 1972).

1) 수요의 다양성

공공서비스의 수요가 얼마나 다양한지에 따라 공급의 다양성도 달라질 수 있다. 만약 수요가 다양하지 않다면 도시정부 수준에서의 다양한 서비스 공급이 큰 의미를 가지지 않으며, 따라서 중앙정부에서 일괄적으로 서비스를 제공하는 것이 오히려 규모의 경제를 통한 효율성 확보라는 측면에서 더 바람직할 수 있다. 반대로 지역수준에서 공공서비스에 대한 수요가 다양하다면 이러한 수요를 반영하기 위해 공공서비스의 공급도 다양해져야 한다. 여기에 발로 하는 투표를 통해 지역 주민의 선호 현시가 더해진다면 Tiebout 모델이 예상한 효율적 자원배분효과를 기대할 수 있다.

2) 외부효과

공공서비스의 외부효과가 존재하는 경우 지역주민들의 서비스 공급의사 결정시 이웃 지역의 외부편익을 고려하지 않을 것이므로 사회적으로 최적 수준의 서비스 수준보다 적은 수준의 서비스가 공급될 수 있다. 또한 외부효과의 존재는 무임승차의 가능성을 열어주는데, 예를 들어 A지역의 치안 서비스가 이에 인접한 B지역의 범죄율을 낮추는 데 기여한다면 치안서비스에 대한 선호가 크다 하더라도 굳이 A지역으로 이주하여 비용을 지불하기보다 B지역으로 이주해서 치안서비스에 무임승차할 수 있게 된다. 이 경우 발로 하는 투표를 통해 선호 현시가 제대로 이루어질 수 없기 때문에, Tiebout 모델이 예상한 효율적 자원배분효과를 기대할 수 없다([보충 3] 참조).

[보충 3] 외부효과란?

외부효과는 공공부문의 시장개입의 근거가 되는 대표적인 시장실패 분야이다. 시장의 가격은 재화와 용역을 소비하는 소비자의 효용을 반영하여 형성되는데, 외부효과가 있는 경우 재화나 용역의 직접 소비자가 아닌 주변 사람들도 재화와 용역의 소비로 인하여 혜택을 입는다. 예를 들어 내가 독감 예방주사를 맞아서 독감에 걸리지 않으면 나 혼자 그 혜택을 보는 것이 아니라 내 주변의 사람들도 독감에 걸릴 가능성이 낮아지므로 간접적인 수혜자가 된다. 이 경우 사회적인 총효용은 '나'뿐 아닌 내 주변 사람의 효용을 모두 합한 수준이 되는데, 이와 같이 소비의 주체인 내가 인지하지 못하는 추가적인 효용 혹은 비용을 외부효과라고 한다. 외부효과가 존재할 경우에 생기는 문제점은 소비의사결정의 주체인 개인이 이와 같은 추가적인 효용이나 비용을 고려하지 않음으로 해서, 외부효과를 만드는 재화나 용역은 사회적인 최적수준(즉 가장 효율적인 수준)보다 지나치게 적거나(긍정적인 외부효과의 경우) 혹은 많이(부정적인 외부효과의 경우) 생산된다는 점이다.

3) 규모의 경제

규모의 경제가 존재하게 되면 공공서비스의 공급을 상대적으로 작은 지역(예를 들면 기초자치단체) 단위에서 할 경우 비효율이 발생할 수 있다. 이러한 상황은 Tiebout가 상정한 발로 하는 투표를 통한 선호 현시 시스템과 배치된다. 즉 Tiebout 모델이 효율적 자원배분효과를 가져오기 위해선 다양한 수요에 대응할 수 있도록 공급도 소규모로 다양하게 이루어져야 하는데, 작은 지역수준에서 이루어지는 이와 같은 소규모 생산활동은 규모의 경제가 존재할 경우 오히려 비효율적일 수 있다.

지금까지의 논의를 종합하면, Tiebout 모델은 지방자치와 공공서비스의 지역수준에서의 공급에 대한 중요한 경제적 논거를 제시해 주지만, 이를 모든 종류의 공공서비스에 적용할 수 있는 것은 아니다. 즉 공공서비스의 성격에 따라 어떤 종류의 서비스는 기초단체 수준에서, 어떤 종류의 서비스는 광역단체 수준에서, 또 어떤 종류의 서비스는 중앙정부 수준에서 공급하는 것이 그렇지 않은 경우보다 더 효율적일 수 있다. 즉 수요의 다양성이 높을수록, 혹은 외부효과와 규모의 경제가 없거나 미미할수록 Tiebout 모델을 통한 지역수준에서의 공공서비스 공급이 자원배분의 효율성을 증대시킬 가능성은 더 커진다.

기존 연구에 따르면 상하수도 서비스는 상대적으로 높은 수준의 규모의 경제가, 소방·교육 서비스는 상대적으로 낮은 수준의 규모의 경제가 작용하는 것으로 알려져 있다. 따라서 규모가 작은 도시정부에서 경찰·소방·교육 서비스를 직접 제공하는 것은 효율성이라는 측면에서 도움이 될 수 있으나, 상하수도 서비스의 경우엔 오히려 효율성을 저해할 수 있다. 이 경우엔 정부 간 계약이나 공동사업 등의 형태로 서비스를 제공함으로써 규모의 경제를 살린다면 오히려 효율성 제고에 도움이 될 수 있다.

한편 외부효과를 크게 가지는 대표적인 공공서비스로는 경찰서비스를 들 수 있다. 앞에서도 설명한 바와 같이 외부효과가 있는 경우 가장 큰 문제가 사회적으로 필요한 최적수준의 서비스보다 적은 양의 서비스가 제공된다는 점인데, 이 경우 크게 두 가지 방법을 통해 효율성 문제를 해결한다. 첫째, 외부효과를 가져오는 특정 서비스에 대한 지원을 위해 상위 정부에서 보조금을 지급한다. 이렇게 되면 서비스 공급 비용이 낮아지므로 서비스 공급량이 사회적 최적수준에 가깝게 증가하게 된다. 둘째, 외부효과를 내재화할 수 있는 상위정부에 해당 서비스의 공급과 관련된 관할권을 부여한다. 우리나라에서 지방정부를 통해 제공되는 소방서비스와는 달리 경찰서비스가 중앙정부를 통해 제공되는 이유도(소방공무원은 지방직인 데 비하여 경찰공무원은 국가직 공무원임) 이러한 맥락에서 이해될 수 있다.

현실적인 측면에서 볼 때 도로·상하수도 서비스와 같이 많은 공공서비스가 규모의 경제를 가진다. 또한 공공재 자체의 성격상 외부효과의 영향을 배제하기도 어렵다. 심지어 많은 학자들이 공공재 문제를 외부효과의 한 사례로 해석하는 경향도 존재한다. 따라서 이 두 가지 사실만으로도 Tiebout 모델을 현실에 그대로 적용하기란 거의 불가능하다고 볼 수 있다. 또한 지금까지의 논의는 규모의 경제와 외부효과가 존재하는 현실세계에서는 특히 자원배분의 효율성 제고를 위해 정부간 협력이 매우 중요하다는 점을 시사해 준다.

4.5 도시정부 간 관계와 협력적 거버넌스[5]

지금까지 우리는 도시정부의 가장 중요한 기능으로서 자원배분 기능을 공공서비스 공급이라는 관점에서 살펴보았다. 특히 Tiebout 모델을 통하여 지역수준에서의 공공서비스 공급이 지방자치나 분권화와 같은 정치적·행정적 측면의 중요성뿐 아니라 효율성과 같은 경제적 측면의 중요성도 가진다는 점에 주목하였다. 지역수준에서의 공공서비스 공급을 통해 효율성 제고를 꾀하기 위해선 서비스의 성격에 따라 공급 주체의 지역적 수준이 달라져야 하며 공공재가 가지는 현실적 성격을 고려할 때 도시정부 간의 협력이 매우 중요한 요인으로 작용한다.

도시정부 혹은 좀 더 일반적으로 정부 간 협력을 논의할 때 빼놓을 수 없는 개념이

5 본 절은 저자의 논문 구교준 외(2013)의 내용 일부를 수정·보완하여 구성함.

협력적 거버넌스 개념이다. 우선 거버넌스는 기존의 정부보다 광의로 해석되는데 법, 제도, 시민사회 등과 같이 집단적 의사결정 과정에서 중요한 역할을 하는 요인들을 모두 포괄하는 개념이다(Lynn, Heinrich, & Hill, 2001). 거버넌스는 의사결정에 참여하는 주체들 간의 관계에 따라 갈등적 거버넌스와 협력적 거버넌스로 나뉘는데, 전자는 의사결정 참여주체들이 서로 경쟁적이고 배타적인 상황을, 후자는 이들의 이해관계가 상당부분 일치하여 광범위한 협력이 이루어지는 상황을 의미한다. 협력적 거버넌스의 의미를 좀 더 구체화하는 과정에서 그 범위를 조직 간 협력이라고 봐야 하는지 혹은 좀 더 밀접한 관계와 의사소통 체계를 가진 일종의 공공관리 네트워크로 봐야 하는지 등에 대한 이견이 존재한다. 하지만 보다 일반적인 접근은 둘 이상의 공공기관이 공공문제 해결을 위하여 네트워크를 형성하고 이를 통해 집합적인 의사결정과 집행이 이루어지며, 그 과정에서 민간부문 이해당사자들이 네트워크에 참여하는 과정을 협력적 거버넌스라고 이해한다(Ansell & Gash, 2007).

협력적 거버넌스를 통해 지방정부 간 협력이 이루어질 때 어떠한 협력 메커니즘에 기반하고 있느냐에 따라 협력의 유형이 달라진다(이달곤, 2004). 대표적인 양극단의 예가 시장과 통합인데, 우선 시장은 통합성이 가장 낮은 메커니즘으로서 지방정부들이 필요에 의해 광역적 행정기구를 따로 만들지 않고 시장 메커니즘에 바탕을 둔 자발적 거래를 통해 공공서비스를 제공하는 것이다. 이 경우, 보다 다양한 공공서비스의 공급이 가능해지고 자원배분의 효율성을 강조한 Tiebout 모델과 어느 정도 유사한 형태를 갖게 된다. 이와 정반대의 경우로 지역 간 행정구역의 통합을 생각해 볼 수 있는데, 이는 두 개 이상의 지역이 법적·행정적·재정적 관할권을 하나로 합치는 것을 의미한다. 현실에서는 이 두 협력의 형식 사이에 통합의 수준에 따라 연합, 협의회, 특별구, 협정 등의 다양한 모델이 존재한다.

협력적 거버넌스의 다양한 형태 중 어떤 형태로 협력이 진행되는 것이 바람직한지는 앞에서도 언급한 바와 같이 규모의 경제와 외부효과를 고려해야 한다. 도시정부 간 협력의 배경에는 대부분 규모의 경제와 외부효과가 존재하는데, 정(+)의 외부효과의 경우엔 혜택을 극대화하고 부(−)의 외부효과의 경우엔 피해를 최소화하기 위한 노력이 요구된다. 한편 규모의 경제나 외부효과가 존재하지 않는 경우라면 정부 간 협력의 필요성이 사라진다. 협력을 통해 추가적인 이익을 얻거나 비용을 절감하는 등의 인센티브가 없다면 굳이 협력비용을 감수하면서 지방정부 간 협력을 모색할 이유가 없기 때문이다.

외부효과의 성격에 따라 지역 간 협력의 유형과 수준을 구분할 수 있는데, 이를 위하여 외부효과를 편익이 발생하는 경우와 비용이 발생하는 경우로 나누어 다음과 같이 구분할 수 있다(구교준, 김태은, & 조광래, 2011).

1유형: A와 B 지역 모두에 비용이 발생하는 경우
2유형: A와 B 지역 모두에 편익이 발생하는 경우
3유형: A와 B 중 한 지역에는 편익이 다른 한 지역에는 비용이 발생하는 경우

첫 번째 경우와 같이 두 지역 모두에서 비용이 발생하는 경우엔 지방정부 수준에서의 협력을 기대하기 쉽지 않다. 화장장, 쓰레기 소각장, 원자력 폐기물 시설과 같은 혐오시설의 입지문제에서 항상 갈등이 야기되는 것이 그 좋은 예이다. 이 경우 지역 간의 자발적인 협력이 거의 이루어지지 않으므로 상위정부를 통한 강제적 조정(광역행정)이 요구된다. 예를 들면 행정적 통합을 통해 외부효과를 내재화시키는 과정을 통해 보다 효율적인 자원배분이 가능해진다. 그러나 현실적으로 이러한 대안은 정치적·행정적 비용으로 쉽게 집행되지 않으며, 미국뿐 아니라 우리나라에서도 대도시와 주변지역을 엮는 합병시도가 성공한 사례가 그리 많지 않다.

반대로 두 번째 경우와 같이 양쪽 지역 모두에 편익이 발생한다면 자발적 협력을 어느 정도 기대할 수 있다. 실제로 최근 통계에 의하면 전체 지역 간 협력사업의 70% 이상이 자원관리나 지역개발 등 상호 이익을 중심으로 이루어졌다(한국지방행정연구원, 2008). 다만 이 경우 외부효과로서의 공동 편익을 생산하기 위해선 두 지방정부의 자발적 협력이라는 집합행동이 요구되므로, 이를 저해하는 요인으로서 거래비용을 최소화하려는 제도적 노력이 필요하다([보충 4] 참조).

[보충 4] 집합행동으로서의 협력과 거래비용

만약 어떤 집단에 속한 구성원들이 상당한 수준의 이익을 공유하고 있다면, 이를 위해 공동의 노력을 기울일 유인이 생긴다. 이와 같이 공동의 이익을 실현하기 위한 공동의 노력을 집합행동이라고 한다. Olsen(1965)은 집합행동에 참여하는 개인들의 행태를 분석하여 집합행동을 통한 협력이 집단의 크기가 커질수록 왜 어려워지는지 설명하였다. 많은 수의 구성원을 가지고 있는 집단의 경우 모

든 구성원들의 의사를 모아 실제로 행동에 옮기기까지는 많은 시간과 노력이 소비된다. 이러한 비용을 거래비용이라고 부르는데, 집단의 규모가 커질수록 거래비용은 높아지고 집합행동을 통해 개인에게 돌아가는 편익은 적어지므로 개인들이 집합행동에 참여하게 될 유인도 더불어 줄어들게 된다. 이렇게 되면 결과적으로 집합행동에 적극적으로 기여하기보다는 무임승차하려는 현상이 발생하는데, Olsen은 이와 같은 경향으로 인해 대규모 집단에서 자발적 협력을 통한 집합행동이 이루어지기 어렵다고 설명한다. 지방정부 간의 협력 문제는 협력 당사자가 둘 혹은 셋 정도이므로 Olsen이 제기한 무임승차의 문제로부터 어느 정도는 자유롭다고 볼 수 있다. 그러나 각 지역의 의사를 모으고 이를 통해 이해관계를 조정하는 과정에서는 높은 수준의 거래비용이 발생할 수 있다.

세 번째의 경우와 같이 한쪽에는 편익이 그러나 다른 한쪽에는 비용이 발생하는 경우엔 자발적 협력을 기대하기 쉽지 않다. 그러나 비용을 뛰어 넘는 수준의 편익이 발생한다면 협력의 필요조건은 어느 정도 충족된다. 이 경우 가장 중요한 과제는 어떻게 한 쪽의 편익을 비용을 부담하는 쪽과 나눌 것인가이다. 편익의 규모가 비용보다 크고 편익이 발생한 쪽에서 피해를 입은 지역의 비용을 어느 정도 나눌 수 있다면 비용과 편익의 적절한 거래를 통하여 지역 간 협력을 이끌어내는 것이 가능할 수도 있다. 다만 이러한 형태의 협력이 이루어지기 위해선 비용과 편익의 자발적 거래가 이루어질 수 있는 거시적 제도기반이 우선 마련되어야 한다. 지금까지 논의한 외부효과의 성격에 따른 도시정부 간 협력의 성격은 아래 〈표 4-2〉와 같이 정리할 수 있다.

표 4-2 외부효과의 성격에 따른 사업구분과 지역 간 협력의 성격

		지자체 A	
		비용(부정적 외부효과)	편익(긍정적 외부효과)
지자체 B	비용	1유형: 광역행정(통합) 중앙정부나 상위지자체 주도로 법적 권한에 기초하여 문제해결	3유형: 준광역행정(연합체, 협의회) 광역차원에서 거시적 제도(규칙) 마련, 미시적 차원에서 자발적 협력을 통한 세부 규칙 마련
	편익	3유형: 준광역행정(연합체, 협의회) 광역차원에서 거시적 제도(규칙) 마련, 미시적 차원에서 자발적 협력을 통한 세부 규칙 마련	2유형: 자발적 협력(협의회, 연합체, 특별구, 협정) 지자체 주도로 자발적 협력촉진을 위한 제도 마련, 예를 들면 거래비용 줄이기 위한 제도 마련 등

자료: 구교준 외(2011)를 수정함.

4.6 협력적 거버넌스의 성립조건

도시정부 혹은 지방정부 간 협력문제의 핵심은 어떻게 외부효과를 최소화하여 집합행동을 이끌어내느냐의 문제이다. 특히 지방자치단체들이 직면하고 있는 외부효과를 넘어 자발적 협력으로 이어질 수 있는 인센티브 구조를 어떻게 만드는가는 지방정부 간 협력적 거버넌스 구축의 핵심 이슈이다. 협력적 거버넌스에 대한 기존 연구들은 지역 간 협력 형성의 결정요인으로 다음과 같은 세 가지 필요조건을 제시하고 있다.

① 관계요인

지역 간 협력의 가장 중요한 결정요인 중 하나는 지역을 대표하는 지방정부들 간에 어떤 관계가 형성되어 있느냐의 문제이다. 기존 연구들이 특히 강조하는 부분은 협력 형성의 초기 조건으로서 협력 당사자들의 영향력과 가용자원에 큰 차이가 있는지 혹은 과거 협력과정에서 부정적인 경험이 있었는지 등의 문제이다. 예를 들어 Grey(1989)와 Warner(2006)는 자원이나 영향력의 불균형이 상호 간의 오해와 불신의 소지가 될 수 있으며, 이는 당사자 간의 협력을 이끌어내는 데 많은 지장을 초래할 수 있다고 강조한다. 이와 같은 초기조건의 문제는 지방정부 간 협력을 위한 공식적 거버넌스 구조가 존재하지 않을 때 특히 심각한 협력의 장애물로 작용하는데, 이러한 점은 여러 지역을 아우르는 광역수준의 협력을 위한 거버넌스가 존재하지 않는 우리나라의 경우 중요한 시사점을 가진다. 한편 협력의 초기조건과 아울러 과정도 중요한 요인으로 흔히 지적된다. 그 중에서도 특히 강조되는 부분은 이해관계자들의 지속적인 대면상호작용을 통한 신뢰형성과 공동이익에 대한 인식 공유이다. 이러한 과정을 통해 작은 규모일지라도 일단 실질적 협력의 성과가 쌓이게 되면 지역 간 협력은 비로소 협력이 더 큰 협력을 도모하는 선순환관계로 접어들게 된다(Huxham, 2000; Imperial, 2005).

② 조직요인

협력적 거버넌스를 위해 강조되는 두 번째 요인은 제도와 리더십과 같은 조직요인이다(Gunton & Day, 2003). 협력과정에서 공개되고 포괄적 참여를 담보할 수 있는 제도적 장치는 이해관계자들의 참여를 독려한다는 측면에서 협력의 형성에 중요한 역할을 한다. 또한 이해관계자들을 협력을 논의하는 테이블에 불러 앉히는 협력적 리더십도 중요한 협력 촉진 요인이다. 협력적 리더십은 이해관계자의 참여를 독려하고, 상호이익의 가능성을 탐구하며, 실질적 자원의 투자를 통해 협력이 이루어질 수 있도록 하는 촉매역할을 한다 (Heikkila & Gerlak, 2005; Imperial, 2005). 마지막으로 빼놓을 수 없는 협력의 성공요인은 협력업무를 담당하는 독립적인 조직과 예산이다. 독립적인 조직과 예산이 없는 경우 지방정부에서 협력 업무의 우선순위는 뒤로 밀리기 마련이며, 특히 이해관계가 상충되는 경우 앞장서서 이를 조정하고 협력을 이끌어내는 추진체제의 부재로 지역 간 협력은 요원한 일이 되는 경우가 허다하다.

③ 상황요인

미국에서 지역 간 경제개발협력 담당자들을 대상으로 한 최근 연구는 상호이익이 클수록 그리고 거래비용이 적을수록 지역 간 협력의 가능성이 높아질 것이라는 가정 하에 어떤 요인들이 지방정부들의 협력사업 참여 의사결정에 영향을 크게 미치는지 분석하였다 (Feiock, 2009). 연구결과에 의하면 상호이익이 클수록, 이익분할비용(상호이익을 어떻게 나눌 것인지의 문제로서 지역 간 동질성이 높을수록 비용은 적어짐), 기관비용(지방정부 간 협상과정이 얼마나 용이한지의 문제로서 지역이 동질적이고 상호접촉이 빈번하여 상호이해의 정도가 높을수록 비용은 적어짐), 정보비용(협력대상을 얼마나 알고 있는지의 문제로서 상호접촉이 빈번할수록 비용은 적어짐)이 적을수록 지역 간 협력사업 참여의 가능성은 높아진다. 따라서 지역 간 협력 촉진을 위한 거버넌스로서 상호이익을 어떻게 나눌지에 대한 협상비용을 줄여줄 수 있는 제도적 장치가 필요하다.

④ 지역 간 협력적 거버넌스의 성공사례

지역 간 협력의 대표적인 성공 사례로는 미국 노스캐롤라이나 주의 Triangle J Council of Government(TJCOG)를 들 수 있다. TJCOG는 노스캐롤라이나 주를 구성하는 17개 지역연합회 중의 하나로서 1959년 이래로 현재까지 지역의 토지 이용 및 인프라에 대한 장기계획, 오염물질에 대한 예방, 수자원 관리, 경제발전 등의 계획을 둘러싼 다양한 내용의 종합적인 개발 전략을 만들어내고 있다. TJCOG는 우리나라에 비유하자면 기초자치단체의 연합이라고 볼 수 있으며, 따라서 지방정부간 자원이나 영향력의 차이가 크지 않아서 횡적 협력에 유리한 관계구조를 가지고 있다. 또한 참여 지역 간의 신뢰형성을 위해 적어도 매월 1회 대의원위원회와 집행위원회를 번갈아 개최하고 있으며 기관에서는 뉴

스레터, 보도자료, 연간보고서 및 기타 간행물을 제작 발간하고 있다. TJCOG에서 시행하는 사업이 실질적인 협력사업으로서 기능할 수 있도록 해주는 또 다른 중요한 요인은 독립조직과 예산에서 찾을 수 있다. TJCOG는 중요한 의사결정을 하는 지역대표위원회(Board of Delegates)와 실제 프로그램을 집행하는 독립조직으로 구성된다. TJCOG의 행정적 책임은 executive director가 가지며, 매년 예결산과 성과보고를 지역대표위원회에 한다. 즉 TJCOG는 참여 지역의 지방자치단체들로 구성된 독립된 지역 행정기관이라고 볼 수 있다. 참여 지자체들의 고유기능은 유지하면서 집합적인 행동이 필요한 지역계획과 같은 분야의 업무를 담당하는 지역 조직에 해당하며, 이를 통해 이해관계자 간의 거래비용 해소에 기여한다. TJCOG의 독립적인 성격은 예산을 통해서도 잘 드러나는데, 지역수준의 협력 사업을 위한 상당한 수준의 독립예산을 확보하고 있다. 마지막으로 눈여겨보아야 할 TJCOG의 특징은 협력사업의 분야가 상대적으로 외부효과가 큰 지역계획 서비스 분야에 초점이 맞추어져 있다는 점이다. 특히 인프라 개발, 에너지 및 환경, 수자원 관리 등의 분야에서 지역의 발전을 위한 협력자, 조정자, 관리자의 역할을 수행하면서 다양한 협력사업을 추진해 나가고 있다(TJCOG, 2011). 이는 협력사업의 성격이 기존 지방정부의 업무영역과 겹치지 않는 행정적인 경계를 넘어서는 외부효과가 존재하는 부분에 집중되어 있음을 잘 보여준다.

그림 4-3 협력적 거버넌스 형성의 결정요인

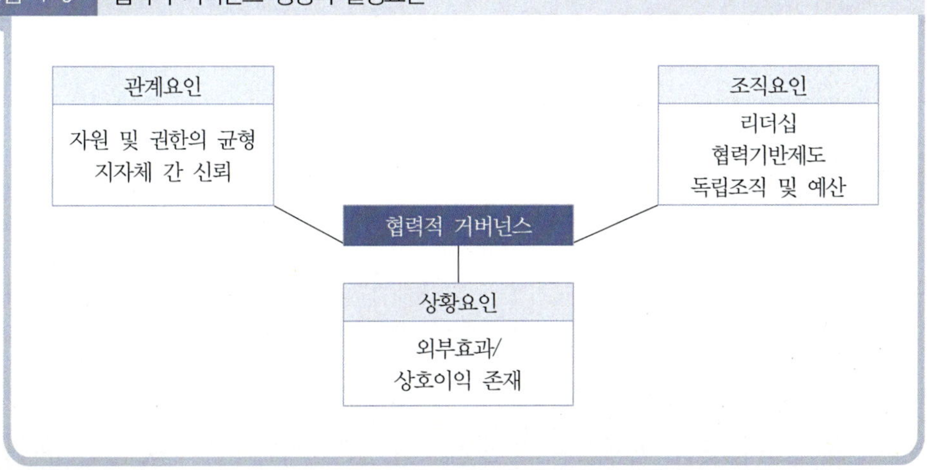

자료: 구교준 외(2011).

지금까지의 논의를 종합하면 지방정부 간 협력적 거버넌스의 형성을 위한 조건은 <그림 4-3>과 같이 요약될 수 있다. 우선 지방정부 간 관계요인의 측면에서 협력사업을 시도하는 지자체 간에 높은 상호신뢰가 형성되어야 하고 자원 및 권한에 균형이 있어야 한다. 둘째, 조직요인의 측면에서는 협력사업을 추진하는 지자체장의 리더십과 이를 바탕으로 협력기반 제도의 확립, 독립된 조직 및 예산의 확보 등이 요구된다. 마지막으로 상황요인의 측면에서 협력사업이 외부효과를 통해 상호이익을 가져올 수 있어야 한다.

참고문헌

- Ansell, C., & Gash, A., Collaborative governance in theory and practice. Journal of Public Administration Research and Theory, 2007, 13, 1~29.
- Feiock, R., Metropolitan governance and institutional collective action. Urban Affairs Review, 2009, 44, 356~377.
- Gray, B., Collaborating: Finding Common Ground for Multi－Party Problems. San Francisco: Josey－Bass, 1989.
- Gunton, T. I., & Day, J. C., The theory and practice of collaborative planning in resource and environmental management. Environments, 2003, 31, 5~19.
- Heikkila, T., & Gerlak, A.. K., The formationof large scale collaboration resource management institutons: Clarifying the roles of stakeholders, science, and institutions Policy Studies Journal, 2005, 33, 583~612.
- Huxham, C., The challenge of collaborative governance. Public Management, 2000, 2, 337~357.
- Imperial, M., Using collaboration as a governance strategy: Lessons from six watershed management programs. Administration and Society, 2005, 37, 281~320.
- Lynn, L. E., Heinrich, C. J., & Hill, C. J., Improving Governance: A New Logic for Empirical Research. Washington, D.C.: Georgetown University Press, 2001.
- Musgrave, R. A., The Theory of Public Finance: A Study in Public Economy. New York: McGraw－Hill, 1959.
- O'Sullivan, A., Urban Economics. New York: McGraw Hill, 2007.
- Oates, W. E., Fiscal Federalism. New York: Harcourt Brace Jovanovich, 1972.
- Olson, M., The Logic of Collective Action: Public Goods and the Theory of Groups. Cambridge, MA: Harvard University Press, 1965.
- Simon, H. A., Administrative Behavior. New York: Free Press, 1957.
- Smith, A., An Inquiry into the Nature and Causes of the Wealth of Nations. London: W. Strahan and T. Cadell, 1776.

- Tiebout, C. M., A pure theory of public expenditures. Journal of Political Economy, 1956, 64, 416~424.
- TJCOG, Charting toe Course for the NExt Fifty Years: 2011 Annual Report. Research Triangle Park: Triangle J Council of Government, 2011.
- Warner, J. F., Participatory management, popular knowledge, and community empowerment: The case of sea urchin harvesting in the Vieux-Fort area of St. Lucia. Human Ecology, 2006, 25, 29~46.
- 구교준, 김성배, & 기정훈, 협력적 거버넌스 모형을 통한 지역 간 협력 사례 분석: 대전 대도시권 협력사업을 중심으로. 지방정부연구, 2013, 17(3), 23~46.
- 구교준, 김태은, & 조광래, 도시권 육성을 위한 지역 간 협력 추진시스템 연구. 서울: 한국지역학회, 2011.
- 박병식, 이시경, 이창기, & 최준호, 현대도시와 행정. 서울: 대영문화사, 2009.
- 박종화, 윤대식, & 이종열, 도시행정론: 이론과 정책. 서울: 대영문화사, 2013.
- 이달곤, 지방정부론. 서울: 박영사, 2004.
- 이만우, 공공경제학. 서울: 율곡출판사, 2004.
- 임승빈, 지방자치론. 서울: 박영사, 2005.
- 한국지방행정연구원, 지방자치단체간 협력사업 활성화 방안. 서울: 한국지방행정연구원, 2008.

Regional
and
Urban Economics

제5장

도시주택시장: 이론과 정책

주택은 한 가구의 소득 중 가장 많은 투입이 이루어지는 가장 중요한 자산이며 쾌적한 생활의 중심이 되는 재화이다. 주택은 거주자의 지위와 신분을 표출하고 소득계층 간의 불평등을 현시적으로 보여주는 매개체이기도 하다. 또한 총체적인 주택관련 자본저량과 주택경기가 국가의 거시경제에서 차지하는 비중이 막중할 뿐만 아니라 국민의 주거안정과 주거수준의 향상은 국가 정책목표이기 때문에 중앙정부에서 지방자치단체에 이르기까지 주택에 관련된 다양한 정부의 시장개입이 이루어지기도 한다. 이러한 주택의 중요성에도 불구하고 다른 재화와는 구별되는 주택의 특성 때문에 주택시장을 하나의 모형으로 분석하는 것은 불가능하다. 그러므로 주택시장은 어떤 특정 특성을 중심으로 분석이 이루어질 수도 있겠지만 본 장에서는 주택과 관련된 다양한 특성과 개념들을 가능한 범위 내에서 일반화하여 주택경제학을 처음 접하는 학생들도 어렵지 않게 주택시장의 분석에 적용할 수 있는 이론적 틀과 실증분석 결과를 제시하고자 한다.

제1절에서는 이질성, 공간적 고정성, 내구성, 정부개입 등과 같은 주택이 가진 특성을 설명하고 주택저량, 주거서비스, 사용자비용 등과 같은 주택시장 분석에 필요한 개념과 자가가구와 임차가구 등 주택점유형태 선택행위의 이론적 근거를 제시한다. 제2절에서는 전통적 주택수요함수를 도출하여 가격탄력성과 소득탄력성을 추정하는 방법과 주택을 구성하는 다양한 속성의 개별가치와 이러한 속성가치에 영향을 주는 요인을 분석하는 특성가격 주택수요함수의 도출과 추정에 관하여 논의한다. 제3절에서는 주택의 공급함수의 성격과 가격탄력성의 추정방법 그리고 공급과 수요의 변화에 따른 주택시장의 균형형성 등에 관하여 기술한다. 제4절에서는 주거입지와 관련된 다양한 입지이론과 개별가구들 간의 주택선택 및 주거입지 선택행위의 차이점에 대하여 논의한다. 제5절에서는 정부의 주택시장개입의 정당성에 대하여 논의하고 금융정책, 세금정책, 분양가상한제, 임대료규제, 주택보조금 등 다양한 형태의 주택관련 정책이 주택시장에 미치는 효과를 기술한다.

5.1 주택시장이론

1) 주택 및 주택시장의 특성

주택(dwelling unit)은 주택시장의 수요와 공급에 의해 가격이 결정되고 거래되는 재화인 것은 사실이지만 보통의 시장에서 거래되는 일반 재화와는 다른 다양한 특성을 가지고 있다. 일반 재화와 구분되는 대표적인 주택의 특성은 이질성(heterogeneity), 공간적 고정성(spatial fixity; immobility), 내구성(durability), 그리고 정부의 광범위한 주택시장 개입(extensive involvement of governments in housing markets) 등이다.[1] 다른 재화들도 이러한 특성을 일부 보유하기는 하지만 상기한 모든 특성을 가진 재화는 주택 외에는 없다고 해도 과언이 아니다. 이에 따라 주택시장도 일반 재화의 거래시장과 다른 특성을 가지게 되며, 주택시장을 분석하기 위해서는 이러한 주택의 특성을 이해할 필요가 있다. 다만 주택

1 주택의 특성에 대한 보다 심도 있는 연구를 위해서는 Smith et al.(1988), O'Sullivan(2009), 김경환·서승환(2013)을 참조하시오.

시장 분석에 있어서 이러한 주택의 특성을 하나의 모형에 모두 포괄하여 설명하기는 어렵다는 것도 전제되어야 한다.

첫째, 주택은 이질적(heterogenous)이다. 주택은 규모(대지 및 건평, 공동주택의 전용면적 등), 형태(단독주택, 연립주택, 아파트 등), 건축년도, 부대시설(방, 화장실, 욕실, 부엌, 거실 등)의 개수 및 형태 등의 물리적 속성뿐만 아니라 각급 학교, 관공서, 시장, 백화점, 버스정류장, 지하철역, 공원 등의 공공시설 및 기반시설과의 접근성(accessibility), 소음 및 대기질 등 주변 환경을 포함하는 소위 거주지 어메니티(residential amenities) 측면에서도 매우 다양하다.[2] 그러므로 주택은 이처럼 다양한 이질적 속성들의 집합체이다.

둘째, 주택은 공간적으로 이동할 수 없다.[3] 이러한 주택의 공간적 고정성, 즉 입지 때문에 주택구입자 또는 세입자는 물리적인 주택 그 자체뿐만 아니라 주택이 입지한 부지의 특성까지 한 묶음(a bundle)으로 구매 또는 임대하는 것이다. 주택의 입지(공간적 고정성)와 관련된 주요한 특성은 이질성에서 언급한 입지적 요소인 각종 주요시설과의 접근성과 환경의 질, 그리고 이웃(neighborhood)과 관련된 각종 외부효과(externality), 주택이 입지한 지방정부의 조세 등 각종 정책과 연관된다. 이러한 입지적 요소 때문에 물리적으로 유사한 주택의 가격이 입지에 따라 달라질 수 있으며, 국지적인 하위주택시장(local housing sub-markets)이 형성될 수도 있다.[4]

셋째, 주택은 일단 건축되면 오랫동안 존속되는 자본재이다. 연간 신규주택 건축물량(housing start)이 기존주택(existing housing stock) 물량의 2~4% 수준인 것을 감안하면[5] 주택의 내구성이 의미하는 것은 신규주택 공급에 비하여 기존주택이 주택시장에서 차지하는 비중이 매우 크고 중요하다는 것과 단기적으로는 주택 재고와 신규공급이 모두 비탄력적이라는 것이다. 또한 주택 수요의 변화에 따라 기존주택 소유자들은 보수와 적절한 관리를 통하여 기존주택의 물리적 노후화의 속도를 조절할 뿐만 아니라 개·증축을 통하

2 접근성과 어메니티는 외부효과를 발생시키는 주택의 공간적 고정성(입지)과도 관련되어 있으며, 주택의 공간적 고정성은 입지적 측면에서 주택의 공간적 이질성으로 간주될 수도 있다(Smith et al. 1988). O'Sullivan(2003) 5판에서는 주택의 이질성과 공간적 고정성을 각각 주택의 물리적 요소와 부지(입지)적 요소로 구분하였으나, O'Sullivan(2009) 7판에서는 공간적 고정성을 입지적 측면에서 이질성의 한 요소로 포함시키고 있다.

3 이동식 주택(mobile home)이 가능하기는 하지만 아직까지 일반적인 현상은 아니다.

4 하위주택시장은 주택의 특성인 고정성, 이질성, 내구성 등으로 인하여 주택시장 내에서도 동질적인 성격을 가진 여러 개의 지역하위시장을 형성하며, 각각의 하위시장 내에서는 높은 대체성을 가진 주택으로 구성된 지역 또는 공간단위로 정의될 수 있다(박천규 외, 2012)

5 우리나라의 경우 주택건설 통계가 완공기준이 아닌 건축허가기준이기 때문에 정확한 계산은 어렵지만 2010년 2.2%, 2011년 3.0%, 2012년 3.2% 수준인 것으로 나타나고 있다(연도별 주택인허가실적, 국토교통부 주택토지실 등).

여 주거서비스의 양과 질을 증가시킬 수도 있다. 한편 주택의 내구성으로 인하여 도시의 주거지역 형태는 적어도 일정기간 내에서는 크게 변하지 않으며 입지의 고정성과 함께 장기적으로는 인종 또는 소득에 의한 주거지 분리 현상이나 주택여과현상의 요인으로 나타나게 된다.

넷째, 주택시장에는 다른 재화시장에서보다 기초지방자치단체에서 중앙정부에 이르기까지 다양한 형태의 더 많은 정부 개입이 이루어진다. 왜냐하면 주택부문이 국가경제에서 차지하는 비중이 매우 높고 저소득층 주거문제가 사회적으로 중요하기 때문이다. 정부는 금융정책과 조세정책 등을 통하여 간접적으로 주택시장에 영향을 미칠 수 있을 뿐만 아니라 주택가격과 주택금융에 대한 보조금 지원 등을 통하여 직접적으로 주택시장에 관여하기도 한다. 주택부문의 정부 개입은 크게 효율성과 형평성 두 가지 측면에서 정당화될 수 있다. 먼저 효율성 측면에서 주택은 생산과 소비를 장려하는 것이 바람직한 가치재(merit good)이기 때문에 사회적으로 바람직한 수준의 생산과 소비를 진작시키기 위한 정부의 보조가 필요하며 또한 주택의 내구성과 공간적 고정성 때문에 발생하는 외부효과에 의한 시장실패를 시정하기 위해서도 정부개입이 요구된다. 다음으로 형평성 측면에서 살펴보면, 자력으로 최저주거수준을 달성할 수 없는 저소득층의 주거안정과 주거수준을 향상시키기 위해서 다양한 수준의 정부 보조가 필요하다. 이를 위하여 기초자치단체부터 중앙정부에 이르기까지 정부차원에서 다양한 형태의 시장개입이 이루어지고 있다. 정부의 대표적 주택시장 개입정책으로는 공급 측면에서는 공공(임대)주택 공급정책, 분양가 상한제 등, 수요측면에서는 저소득층 임대료 보조금, 임대료 규제 등을 들 수 있다.

2) 주택저량과 주거서비스

주택시장은 실제로 단일시장이 아니라 입지, 건물유형, 소유형태, 건축년수, 주택의 질적 상태, 주택대출형태 등에 따라 차별화되는 일련의 중첩된 하위시장으로 구성되어 있다. 대표적인 예로는 소비재인 주거서비스(housing service)가 거래되는 임차주택(rental housing) 시장과 자본재인 주택저량(housing stock)[6]이 거래되는 자가주택(home ownership)

6 주택저량(housing stock)은 주택공급 부문에서는 시장에 존재하는 재고주택의 총량을 의미한다. 그러나 여기서는 집 한 채(a housing stock) 또는 한 단위의 주택이라는 의미로 파악하는 것이 적절한 것으로 판단된다.

시장으로 구분될 수 있다. 또한 단독주택과 공동주택, 기존주택 매매시장과 신규주택 분양시장 등 다양한 형태의 주택시장이 존재하고 있으며, 동일유형의 주택도 지역에 따라 수요와 공급은 다르게 형성된다. 그러나 이러한 다양한 주택시장의 존재에도 불구하고 전통적인 주택경제학에서는 관찰할 수는 없지만 일반 재화와 같은 동일한 제품(homogeneous commodity)이라 할 수 있는 주거서비스의 개념이 존재하며, 한 단위의 동일한 주택저량은 단위 시간당 한 단위의 동일한 주거서비스를 창출한다고 가정한다. 이러한 가정 하에서는 주택서비스와 주택저량은 구별 없이 사용될 수 있고, 가구는 자가와 차가 구분 없이 주거서비스를 구매할 수 있다고 본다.[7]

그러나 사실 주택저량과 주거서비스는 구별되는 개념이다. 한 단위의 주택저량은 토지, 노동, 자재를 이용하여 생산되며, 유지, 관리, 보수 등을 통하여 기존 주택저량이 증가될 수 있다. 주거서비스는 주택저량에 노동, 조명, 난방, 가구, 가전제품 등의 서비스가 더해져서 생산된다. 즉 효용을 증가시키기 위하여 가구가 수요하는 것은 주거서비스이지 주택저량 그 자체가 아니다. 이에 따라 주택저량 시장과 주거서비스 시장이 구분되어야 하며, 이러한 두 종류의 주택시장은 주거서비스 최종 사용자의 주거소유형태에 따라 두 가지로 구분된다. 즉, 주택저량 시장은 자가 주택시장과 임차 주택시장으로 나누어지며, 주거서비스 시장은 자신으로부터 주거서비스를 구매하는 (또는 자신에게 임대료를 지불하는) 자가 시장과 임차인이 건물주에게 주거서비스를 구매하는 (또는 임차인이 건물주에게 임대료를 지불하는) 임차시장으로 나누어질 수 있다.

3) 사용자비용과 귀속임대료

사용자비용(user cost)은 주거서비스를 소비하기 위하여 주택을 소유하는 데 사용되는 비용으로 임차주택의 임대료에 대응한다. 사용자비용은 자가주택과 임차주택 간의 주거비용을 비교하여 자가주택과 임차주택의 상대적 가격을 도출함으로써 자가와 임차의 점유형태 선택행위를 분석하기 위한 이론적 기반을 제공한다. 우리나라에서는 임차주택의 경우에도 서구에서 일반적인 월세와는 달리 전세, 보증부 월세 등의 형태가 여전히 높은 비중을 차지하고 있기 때문에 자가 가구와의 상대가격을 비교하기 위해서는 임차가구의 경우에도 사용자비용의 개념이 적용된다.

7 Smith et al.(1988)을 참조하시오.

주택을 소유하는 데 드는 비용은 주택 구입 자금에 대한 이자비용, 주택의 취득·보유·처분에 따른 실효세금, 주택의 관리 및 감가상각비, 주택가격 상승(또는 하락)에 따른 자본이득(또는 손실) 등에 의해서 결정된다. 주택가격[8] V_H, 주택가격에 대한 평균 이자율 r^*, 이자소득세율 t_r, 실효 취득·등록세율 t_a, 실효 재산세율 t_p, 유지관리 및 감가상각률 m, 연평균 주택가격상승률 g, 실효 양도세율 t_g를 고려하면 자가주택의 연간 사용자비용 P_O는 식 (5.1)과 같다.[9] 한편 전세나 보증부월세의 경우에도 사용자비용의 개념이 적용될 수 있는데 임차주택의 사용자비용 P_R은 전세자금 또는 보증금 V_R에 대한 이자비용과 연간 월세액 R[10]의 합이며 식 (5.2)와 같다.

$$P_O = [(1-t_r)r^* + t_a + t_p + m - (1-t_g)g] \cdot V_H \tag{5.1}$$

$$P_R = (1-t_r)r^* \cdot V_R + R \tag{5.2}$$

식 (5.1)과 식 (5.2)에서 평균이자율 r^*은 주택자금 대출금리 r과 수신금리 r'를 융자비율 θ로 가중평균하여 $r^* = r\theta + r'(1-\theta)$의 식으로 구할 수 있다. 만일 자가주택과 임대주택에 동일한 세금이 부과된다면 자가주택의 사용자비용 P_O는 자가보유자가 자신 스스로에게 지불하는 임대료인 귀속임대료(imputed rent)라고 할 수 있다. 또한 전세나 보증부월세의 경우에도 월세형태의 사용자비용을 도출할 수 있기 때문에 사용자비용의 개념은 주택저량을 주거서비스의 개념으로 전환할 수 있는 유용한 도구라고 할 수 있다.

4) 주택점유형태

주거서비스의 소비자는 자가와 임차 간의 사용자비용의 비교를 통해 주택을 소유할 것인가 임차할 것인가를 결정한다. 이처럼 자가와 임차의 선택행위를 주택점유형태 선택행위(tenure choice)라고 하다. 상기 식 (5.1)과 식 (5.2)에서 임대료의 균형조건은 $P_R = P_O$에서 형성된다. 그러므로 개별 가구가 직면하는 P_R과 P_O의 비교에 의해서

---

8 대체로 매매가격을 의미한다.

9 이 부분은 최막중 외(2002)를 기준으로 하였다.

10 전세가구의 경우 월임대료가 0원이며 월세의 경우 V_R이 0이다.

낮은 주택점유형태를 선택하게 되는 것이다. 그러나 자가 가구의 경우 P_O만큼의 귀속 임대료를 수령함에도 불구하고 소득세를 내지 않기 때문에 실제로는 귀속임대료의 소득세만큼 자가가구가 유리하다. 그러나 주택을 임대하는 임대주의 경우 임대소득은 소득세를 지불해야 하므로 주택을 구매하여 임대를 할 것인가의 결정은 소득세 λ를 감안한 임대주 수입 $(1-\lambda)P_R$이 자가의 사용자비용과 동일하여야 한다. 이때의 시장균형조건은 $(1-\lambda)P_R-[(1-t_r)r^*+t_a+t_p+m-(1-t_g)g]V_H=0$가 된다.

그러므로 $P_R=[(1-t_r)r^*+t_a+t_p+m-(1-t_g)g]V_H/(1-\lambda)$이고 임대료는 다른 조건이 일정할 때 임대소득세가 높아질수록, 각종 재산관련 세율과 시장이자율이 높아질수록 상승하며, 이자소득세율이 상승하면 임대료는 낮아진다.[11]

그러나 자가와 임차의 사용자비용분석에서 누락된 많은 요소들이 주택점유형태의 선택에 영향을 미친다. 첫째, 자가 가구의 경우 생애주기, 직장이동 등 여러 가지 이유로 인하여 이사를 해야 할 경우 적지 않은 이사비용을 지불한다.[12] 이러한 이유 때문에 빈번한 이사가 필요한 젊은 세대나 직장이동이 많은 가구, 조만간 이사해야 할 가구 등의 경우 자가보다 임차가 유리할 수 있다. 둘째, 자가 소유를 통한 안정감, 자신감 등 심리적인 만족도는 자가의 사용자비용을 낮추는 역할을 함으로써 자가 소유를 선호하게 하는 주요한 요인으로 작용한다. 셋째, 주택금융의 규모와 이자는 자가와 임차의 결정에 중요한 역할을 한다. LTV(loan to value) 비율은 담보대출 인정비율을 의미하는데, 저금리로 LTV가 높을 경우 자가 취득에 유리하다, 그러나 대출할 때보다 금리가 오를 경우 자가 가구는 소득에서 차지하는 부채 상환비율이 높아지게 되며 궁극적으로 주택가격이 하락하면 부채상환이 불가능해질 수도 있다. DTI(debt to income) 비율은 소득 대비 연간 지출되는 부채상환액의 비율을 의미하며 LTV와 유사한 형태로 주택점유형태 특히 자가 소유비율에 많은 영향을 미친다.

선진국의 경우 주택점유형태 중 임차가구는 대부분이 월세 또는 보증부 월세이지만 우리나라의 전세, 보증부 월세, 월세, 사글세 등 다양한 형태가 존재하며 이러한 임차형태는 대체로 전세－보증부 월세－월세－사글세의 순으로 소득위계적인 성격을 보여 왔다. 그러나 최근 금리하락 등과 더불어 임대주택시장에서는 전세에서 보증부 월세로의 전환이

11 보다 자세한 분석을 위해서는 Brueckner(2011, pp. 124~130)를 참고하시오.

12 이사비용에는 주택의 판매와 구매 시에 발생하는 중개수수료, 양도소득세, 취득·등록세, 운반비, 이사교통비 등의 직접비용과 근린사회자본 손실과 새로운 주거환경 적응과정 등 계량화하기 어려운 간접비용이 포함된다.

표 5-1 우리나라 주택점유형태의 변화(2005~2010년) (단위: 천가구)

구분	일반가구	자가	전세	보증부월세	월세	사글세	무상
2005년	15,887 (100.0)	8,828 (55.6)	3,567 (22.5)	2,395 (14.8)	333 (2.1)	284 (1.8)	490 (3.1)
2010년	17,339 (100.0)	9,390 (54.2)	3,766 (21.7)	3,148 (18.2)	342 (2.0)	230 (1.3)	464 (2.7)
증감율(%)	9.1	6.4	5.9	31.5	2.5	-19.1	-5.5

자료: 김리영·황은정(2012, p. 16), <표 Ⅲ-1> 재편집.

급등하고 있다.

〈표 5-1〉에서 보는 것처럼 2005년부터 2010년 사이에 일반가구는 9.1% 증가하였으나 자가와 전세 가구는 각각 6.4%와 5.9% 증가하여 전체 가구증가율보다 낮은 반면 보증부 월세는 31.5%가 증가하여 다른 주택점유형태보다 증가율이 현격하게 높게 나타나고 있다. 또한 2010년에는 자가와 전세 비율이 2005년에 비하여 낮아진 반면 보증부 월세의 비율은 동기간 중 3.4%포인트 증가하였다. 한편 사글세의 급격한 감소는 점유형태 기준의 주거 취약층이 절대적으로 감소한 것을 의미한다. 그러나 상기 표에서는 제시되지 않았지만 동기간 중 60세 이상 가구주의 사글세 가구수가 증가한 것은 고령층의 주거문제가 여전히 취약하다는 것을 시사한다.

5.2 주택수요함수

1) 전통적 주택수요함수

전통적 주택수요 함수는 가구의 효용극대화 이론을 적용하여 도출한다. 가구 효용 U는 식 (5.3)처럼 주거서비스의 소비량 Q와 그 외의 재화소비량 X에 의존한다.

$$U = U(Q, X) \tag{5.3}$$

가구는 $Y = PQ + X$라는 예산제약 하에서 효용 U를 극대화한다. 여기서 Y는 가구 소득, P는 주거서비스의 단위가격, X는 단위가격을 1로 가정한 다른 재화의 소비량을 의미한다. 그러므로 효용극대화를 전제로 한 가구의 주택수요함수는 다음의 식 (5.4)와 같이 표현된다.

$$Q = h(P, Y) \tag{5.4}$$

식 (5.2)를 Cobb-Douglas 생산함수형태로 표현하면 식 (5.5)로 나타난다.

$$Q = AP^{\alpha} Y^{\beta} \tag{5.5}$$

식 (5.3)에서 α는 가격탄력성, β는 소득탄력성을 의미한다. 신규 분양아파트의 경우 1㎡의 가격은 단위가격, 총면적은 주거서비스 소비량으로 할 경우 P와 Q는 식별이 가능하지만 동일한 면적이더라도 노후아파트와 신규아파트의 주거서비스 소비량이 동일하다고 할 수는 없다. 그러므로 주택시장에서 P와 Q를 분리해서 식별하기는 매우 어렵다. 주택수요함수 추정의 목적이 가격탄력성과 소득탄력성의 크기를 구하는 것이라면 자가시장에서는 주택의 시장가격, 차가시장에서는 총임대료로 나타나는 PQ를 이용하는 것이 보다 적절하다. 즉 식 (5.5)의 양변에 P를 곱해주고 PQ를 E(주거비 지출액: housing expenditure)라고 두면 다음의 식 (5.6)과 같다.

$$PQ = E = AP^{1+\alpha} Y^{\beta} \tag{5.6}$$

식 (5.4)의 양변에 자연로그를 취하면 식 (5.7)과 같다.

$$\ln E = \ln A + (1+\alpha)\ln P + \beta \ln Y \tag{5.7}$$

식 (5.7)은 식 (5.4) 및 식 (5.5)와는 달리 주거비 지출액(housing expenditure)을 가격

P와 소득 Y의 함수로 표현하였으나 주택수요함수의 중요한 목적인 가격탄력성과 소득탄력성을 추정하는 데 문제가 없을 뿐만 아니라 추상적인 개념인 주거서비스의 소비량 Q를 어떤 방식으로 측정할 것인가에 대한 고민이 필요가 없다는 점에서 경험적 연구의 계량분석에 적절한 방법이라고 할 수 있다.

그러나 주거서비스의 단위가격 P의 측정은 여전히 필요하다, 전국적 주택수요함수 추정에서는 개별 도시수준의 주택가격지수(a city-level housing price index)를 단위가격으로 이용하는 것이 일반적이다(Brueckner, 2011, pp. 116~117). 그러나 한 도시의 주택수요함수를 추정할 경우 도시 내 지역별 주택가격지수가 구축되어 있지 않을 경우에는 지역별 더미변수를 이용한 헤도닉 가격함수(hedonic price function)를 추정하여 헤도닉 가격지수를 산정하거나 단위면적당 사용자 비용(user cost)을 이용하는 것이 일반적이다. 한편 주거서

표 5-2 주택수요의 가격탄력성 추정 사례

연구자	가격탄력성		추정모형	추정방법	가격산정방법
	자가	차가			
Rosen(1979)	-0.97		양대수	2SLS	BLS housing index report
Goodman(1988)	-0.45	-0.09	선형	2SLS	hedonic price index
	-0.50			2SML	
Horioka(1988)	-0.80		양대수	2SLS	production function index
	-0.80			OLS	
Henderson & Ioannides (1989)	-0.49	-0.56	선형	2SML	BLS housing index report
	-0.58	-0.49		OLS	
최막중 · 지규현 · 조정래 (2002)	-0.50	-0.45	양대수	OLS	사용자 비용
정의철 · 조성진(2005)	-0.20		선형	OLS	사용자 비용
이상일 · 이창무(2006)		-0.11~ -0.36	양대수	2SLS	임대료
최성호 · 이창무(2010)*	-0.14~ -0.29	-0.14~ -0.34	선형, 비선형	OLS, NLS	사용자 비용
김주원 · 정의철(2011)*	-0.11~ -0.16	-0.12~ -0.25	선형	2SLS	사용자 비용

자료: Kim(2005, p. 212)과 김경환 · 서승환(2013, p. 205)에서 발췌인용 재정리 및 저자 추가(*).

비스의 단위가격 측정의 어려움 때문에 주택수요함수에서 가격변수를 누락시키기도 하는데 이 경우 선진국에서는 소득탄력성의 하방 편의(downward bias), 개발도상국에서는 상향 편의(upward bias)가 나타날 수 있기 때문에 가격변수를 누락할 경우 소득탄력성의 편의추정을 초래할 가능성이 높다.[13] 〈표 5-2〉는 국내외 주택수요의 가격탄력성 추정치를 요약한 것이다. 미국의 경우 가격탄력성은 가격산정방법, 추정모형과 방법에 따라 다소 차이는 나지만 자가의 경우 -0.49에서 -0.97 정도의 범위인 것으로 추정되었고 우리나라의 경우 2000년대 이후 가격탄력성이 낮아지는 추세를 보이며 그 범위는 대체로 −0.11에서 −0.45 수준인 것으로 추정되고 있다.

내구재인 주택의 경우 장기간에 걸친 안정된 소비가 필요하며 한편으로는 장기 투자이기 때문에 주택수요함수에서는 단기적인 최근 소득(current income)보다는 장기적인 항

표 5-3 주택수요의 소득탄력성 추정 사례

연구자	소득탄력성		추정모형	추정방법	소득산정방법
	자가	차가			
Rosen(1979)	0.76		양대수	2SLS	3년 소득평균
Goodman(1988)	0.21	0.13	선형	2SLS	도구변수 (instrument variable)
	0.31			2SML	
Horioka(1988)	1.40		양대수	2SLS	도구변수 (instrument variable)
	1.40			OLS	
Henderson & Ioannides (1989)	0.44	0.54	선형	2SML	자산추정치 (predicted wealth)
	0.37	0.42		OLS	
최막중·지규현·조정래 (2002)	0.52	0.70	양대수	OLS	도구변수 (instrument variable)
정의철·조성진(2005)	0.75		선형	OLS	도구변수
이상일·이창무(2006)		0.38~0.70	양대수	2SLS	도구변수
최성호·이창무 (2010)*	0.71~0.77	0.48~0.63	선형, 비선형	OLS, NLS	도구변수
김주원·정의철 (2011)*		0.24~0.37	선형	2SLS	도구변수

자료: Kim(2005, p212)과 김경환·서승환(2013, p. 205)에서 발췌인용 재정리 및 저자 추가(*)

13 이에 대한 논의는 Polinsky(1977). Grootaert & Dubois(1988), Kim(2005)을 참조하시오.

상소득(permanent income)이 적절한 소득변수로 사용된다. 이론적으로나 경험적으로 최근 소득을 이용할 경우 소득탄력성의 하방 편의(downward bias)가 나타나기 때문에 항상소득을 사용하는 것이 적절하지만 개별가구의 항상소득은 자료의 한계 때문에 측정이 쉽지 않다. 국내외 선행연구에서는 항상소득 측정을 위하여 지난 몇 년간 가구소득의 가중평균, 소득계층 집단의 중위수 소득, 가구의 소비 지출액, 가구의 최근 소득 또는 자산 회귀식의 추정치인 도구변수(instrument variable) 등을 사용한다.[14] 국내 연구의 경우 대부분이 가구의 최근 소득 회귀식의 추정치를 항상소득의 도구변수로 사용하고 있으며, 〈표 5-3〉에서 보는 것처럼 주택점유형태나 연구자에 따라 다소 차이는 나지만 소득탄력성은 0.24~0.75의 범위인 것으로 추정되고 있다. 우리나라의 경우 가격탄력성과 소득탄력성 모두 비탄력적인 것으로 추정되고 있으나 소득탄력성이 가격탄력성의 절대값보다 다소 큰 것으로 나타나고 있다. 또한 가구의 생애주기와 주택점유 형태에 따라 소득탄력성과 가격탄력성의 차이가 큰 것으로 나타나고 있으며 이러한 연구결과는 주택수요예측과 공급정책에 반영될 필요가 있다.[15]

2) 특성가격 주택수요함수

전통적 주택수요함수는 주어진 예산 제약 하에서 가구의 효용을 극대화하는 주거서비스의 소비량을 선택하는 것이다. 그러나 주거서비스는 주택을 구성하는 다양한 속성들이 집합적으로 산출하는 일반화된 동일재화의 개념이기 때문에 실제로는 그 측정이 쉽지 않다. 또한 가구는 동일한 주거서비스를 제공하는 다양한 속성의 조합으로 구성된 주택 중에서 가구가 원하는 최상의 조합을 제공하는 주택을 선택하게 된다.

특성가격(hedonic price) 주택수요함수에서는 전통적 주택수요함수에서 기술되었던 가구의 효용함수 $U(Q, X)$는 $U(Z_1, Z_2, \cdots, Z_n, X)$로 기술되는데, Z_i는 i번째 주택속성의 수준을 의미한다. 이것은 개별 가구의 주택수요가 동일재화인 주거서비스라기보다는 주택의 구성요소인 개별 주택속성의 조합으로 이루어졌다는 것을 의미한다.[16] 특성가격 주택수요함수를 추정하기 위해서는 먼저 특성가격함수를 도출해야 한다. 특성

14 항상소득의 측정에 관해서는 Mayo(1981), Harmon(1988), Kim(2005)를 참고하시오.

15 최성호·이창무(2010)를 참고하시오.

16 Brueckner(2011, p. 117)를 참조하시오.

가격함수를 근거로 하여 주택가격을 형성하는 다양한 개별 주택속성의 잠재가격(implicit price)을 파악할 수 있기 때문이다. 즉 $P(Z) = \alpha + \beta_1 Z_1 + \beta_2 Z_2 + \cdots + \beta_n + \epsilon$에서 $P(Z)$를 주택가격이라 가정하면 β_i는 주택속성 Z_i의 잠재가격이다. 특성가격함수의 추정형태는 선형(linear), 반대수(semi-log), 양대수(double-log) 등이 일반적이지만 함수의 형태에 대한 사전적 정보가 없을 경우 Box-Cox 모형을 사용하기도 한다.

〈표 5-4〉는 13년 1월 1일부터 11월 30일까지 거래된 우리나라 아파트 29,753가구를 대상으로 반대수 형태의 특성가격함수를 추정한 김진희(2014)의 추정결과를 요약한 것이다. 김진희의 연구는 분위회귀분석(quantile regressiion analysis)을 통하여 십분위별 아파트 거래가격의 잠재가격의 차이를 분석하는 것이 목적이지만 〈표 5-4〉에 제시된 추정결과는 전체 표본에 대한 특성가격함수를 OLS로 추정한 결과이다. 대부분의 회귀계수가 통계적으로 유의한 것으로 추정되었으며, 표본의 평균거래가격에서 추정된 한계효과는 전용면적 1㎡ 증가에 아파트 가격은 179만원, 1층 높을 경우 214만원, 주변에 지하철(전철)이 있을 경우 1,436만원 증가하는 것으로 나타나고 있어 일반적인 예측과 일치하고 있다.

특성가격함수의 추정회귀계수가 개별 주택속성의 선호구조를 보여주는 충분조건이라고 가정하면 특정 속성에 대한 한계지불의사(marginal willingness to pay)는 그 속성에 관한 특성함수 회귀식의 일차 도함수로 해석된다. 그러나 특성가격함수에서 도출된 한계지불의사는 어떤 특정 가구의 주택속성 한 단위 추가에 대한 지불의사를 측정하는 것이 아니라 전체 시장의 수요와 공급에 의하여 결정된 가치인 것이다. 환언하면 특성가격함수를 추정한 표본 가구의 사회경제적 특성이 동일하다면 특성가격 회귀식에서 추정된 한계지불의사는 모든 표본 가구에서 동일하다. 그러나 표본 가구의 사회경제적 특성이 동일하지 않기 때문에 지불의사 측정을 위하여 효용함수의 매개변수(parameter) 또는 보상수요곡선(compensated demand curve)을 추정하기 위해서는 2단계 특성가격함수의 추정이 필요하다(Rosen, 1974). 1단계 특성가격함수의 추정모형이 선형일 경우 각 속성의 잠재가격이 상수이기 때문에 각 속성의 잠재가격을 종속변수로 하는 2단계 특성가격함수의 추정은 불가능하다. 그러나 특성가격함수를 선형이 아닌 반대수, 양대수, Box-Cox 등이 형태로 지정할 경우 추정된 잠재가격이 상수가 아니기 때문에 2단계 추정이 가능해진다. 2단계 추정에서는 각 속성의 잠재가격을 종속변수로 하고 다른 속성 벡터와 소득, 가구원수 등 가구특성변수를 독립변수로 하는 회귀식을 추정하게 된다. 여기서 추정된 회귀계수는 가구의 속성선택에 대한 가격 민감성(price responsiveness)을 보여준다(Brueckner, 2011, p. 118). 2단

표 5-4 전국 아파트 매매가격 특성가격함수 추정결과

변 수	회귀계수	한계효과 (만원)
전용면적(㎡)	0.00766***	179
방수(개)	0.04701***	1,099
욕실수(개)	0.08496***	1,987
현관구조 계단	0.06229***	1,456
계단+복도	0.02100	491
계단+중앙코어	0.55664***	13,019
중앙코어	0.02581**	603
기타	-0.06143	-1,436
총세대수(가구)	-0.00006***	-1
총층수(층수)	0.00916***	214
총동수(개)	0.00995***	232
브랜드 건설회사(=1)	0.04038***	944
건축년수(년)	-0.01028***	-240
지하철(전철) 유(=1)	0.06143***	1,436
주변 교육시설 개수(개)	0.00194*	27
주변 편의시설 개수(개)	0.00378***	88
가구당 주차대수(대)	0.05597***	1,309
난방방식 지역	0.18510***	4,329
중앙	0.06035***	1,411
기타	0.23726***	5.549
난방연료 열병합	-0.01317*	-308
기름	-0.13595***	-3,179
LPG	-0.21150**	-4,936
기타	0.04334***	-1,013
지역더미(225개)	0.913	
R-sq	0.913	
F value	1,613	
N	29,753	

주: * p<0.1, ** p<0.05, *** p<0.01

자료: 김진희(2014, pp. 181~184), <표 2>, <표 4>, <표 5> 발췌 수정인용.

계 특성가격함수를 사용할 경우 특정 속성별 소득탄력성과 가격탄력성을 도출할 수 있고 다른 속성가치와의 교환관계를 파악할 수 있다. Follain and Jimenez(1985, p. 95)는 다양한 형태의 2단계 특성가격함수에서 도출된 속성별 소득탄력성과 가격탄력성을 보여주고 있다. 속성 그룹별 소득탄력성은 주거공간규모에서는 비탄력적이고, 구조물의 질(structural quality)에서는 탄력적이며, 치안과 같은 동네의 주거환경은 매우 탄력적인 것으로 나타나 소득이 증가할 때 주거공간규모의 증가율은 소득증가율보다 낮지만 구조물의 질과 주거환경에 대한 수요는 소득증가율보다 높게 나타난다는 것을 보여준다. 이러한 특성가격함수의 추정결과는 가구의 주거입지선택과도 밀접한 관련이 있다.

5.3 주택공급과 시장균형

1) 주택공급함수

주택시장에서 주택공급은 저량(stock)인 재고주택과 유량(flow)인 신규주택으로 구성되지만 기존 재고주택의 증개축 등을 통한 저량의 조정(adaptive adjustment)이 이루어질 수 있다. 시장에 공급되는 재고주택은 판매의도가 있는 주택만 포함되겠지만 모든 주택은 적절한 가격이 제시될 경우 판매가 가능한 경제재(economic good)라고 가정하면, 주택저량(housing stock)은 특정 시점에 분석 대상 지역에 존재하는 재고주택의 총량을 의미한다. 신규주택의 공급이나 기존주택의 멸실(또는 철거)에는 시간이 걸리기 때문에 주택공급은 단기적으로는 주택의 자산가격에 관계없이 고정되어 있다. 〈그림 5-1〉에서 보는 것처럼 주택의 단기공급곡선(S_0)은 기존 주택저량(Q_0)에서 수직이다. 그러나 시간이 지남에 따라 신규주택이 공급되기도 하고 기존 재고주택의 보수, 증축, 철거 등으로 인하여 주택저량이 증가하거나 감소할 수 있다. 가구와 소득이 증가하여 주택수요가 상승하면 주택저량은 증가하게 되며 단기공급곡선은 오른쪽으로 이동하여 S_1이 된다. 그러나 신규주택 공급곡선은 주택건설이 확대될 때 택지가격, 건축자재가격, 임금 등 생산비용이 증가하기 때문

그림 5-1 수요 증가시의 주택시장 균형

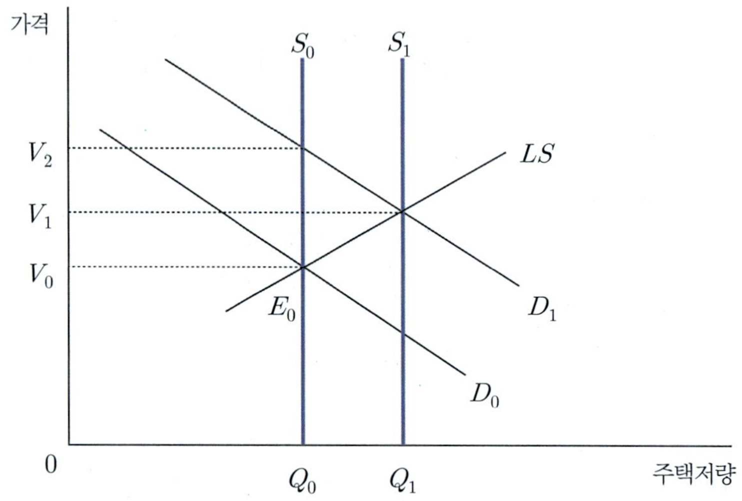

에 우상향의 기울기를 가지는 것이 일반적이다. 이에 따라 장기적으로는 주택매매가격이 상승함에 따라 신규공급이 증가하게 되기 때문에 장기주택 공급곡선(LS)은 우상향의 기울기를 가진다. 단기적으로 주택수요가 증가하면 매매가격은 V_0에서 V_2로 상승하지만 장기적으로 공급이 확대되면서 매매가격은 V_1에서 균형가격을 형성하며 이때의 공급곡선은 Q_1에서 수직이 된다. 이에 따라 주택공급(HS)은 식 (5.8)처럼 일정기간 동안의 주택수 변화량(ΔH)과 가구수 변화량(ΔHH), 그리고 주택매매가격(V), 토지가격(V_p), 건축자재가격(M_p)의 함수로 표현된다.

$$HS = f(\Delta H, \Delta HH, V, L_p, M_p) \tag{5.8}$$

식 (5.8)에서 주택수 변화량은 신규주택 공급량, 재고주택의 멸실수 및 공가수의 합을 의미하며, 주택가격은 시장에서의 매매가격으로 나타난다. 그러나 식 (5.8)에 포함된 요인들 외에도 주택공급에 영향을 미치는 요인으로는 주택과 경쟁관계에 있는 비주거용 건물(예, 비주거용 오피스텔)의 가격 등과 같은 시장적 요인과 주택금융제도, 주택관련세제,

주택건설에 따른 인허가, 주택건설에 따른 규제 등과 같은 제도적 요인이 있다. 식 (5.8)과 같은 주택함수를 통하여 주택공급에 영향을 주는 변수의 영향력과 또한 공급이 주택가격, 생산요소, 대체재가격 등에 따라 얼마나 영향을 받는지를 파악할 수 있다. 그러나 주택공급에 관한 실증연구는 주택수요 연구보다 양적으로 부족하고 추정된 가격탄력성은 국가에 따라 한 국가에서는 지역에 따라 그 편차가 심한 편이다. 또한 저량공급(stock supply)과 유량(flow supply: 신규주택)공급의 탄력성은 현격한 차이를 보인다.[17]

미국의 경우 1967년 자료를 이용하여 추정한 단기공급 가격탄력성은 0.2로 나타났으나(Struyk & Ozanne, 1977), 장기공급 가격탄력성은 Poterba(1984)의 추정에서는 0.5~2.3, DiPasquale & Wheaton(1994)의 저량조정모형에서는 1.0~1.2, 1889년~1994년까지의 시계열자료를 이용한 Melepezzi & MacLennan(2001)의 분석에서는 1.6~3.0, 1979년~1996년 동안 미국 대도시의 신규 건축량을 대상으로 한 연구의 가격탄력성은 0~20까지로 추정되었다.

우리나라의 경우 주택공급의 가격탄력성은 〈표 5-5〉에서 보는 것처럼 송병락·김사헌(1980) 외에는 전반적으로 비탄력적인 것으로 추정되었으나 최근자료를 이용한 배영균(2012)의 연구결과, 추정모형에 따라 가격탄력성은 매우 다르게 추정되는 것으로 나타났다. 즉 주택공급의 가격탄력성은 저량모형(stock model)에서는 매우 비탄력적인 반면 유

표 5-5 우리나라의 주택공급 가격탄력성 추정결과

연구자	시계열 자료	권역	주택공급의 가격탄력성
Mills & Song(1979)	1962년~1975년	전국	0.28
송병락·김사헌(1980)	1962년~1975년	전국	1.16
김관영(1988)	1970년~1986년	전국	0.79
김경환(1991)	1970년~1988년	전국	0.36
김형석(2008)	1987년~2006년	수도권	0.353(아파트: 0.034)
		비수도권	0.735(아파트: 0.145)
배영균(2012)	1989년~2010년	수도권	0.08~0.9(저량조정모형: 0.3)
		비수도권	0.08~9.7(저량조정모형: 3.6)

자료: 김형석(2008, p. 16), 김형석(2008, p. 62), 배영균(2012, pp. 79~82).

17 배영균(2012)과 김형석(2008)을 참고하시오.

량모형(flow model)에서는 비수도권의 경우 9.7에 이를 정도로 탄력적이며 저량조정모형(stock adjustment model)에서도 비수도권의 경우 3.6으로 탄력적인 것으로 추정되었다. 그러나 수도권에서는 모든 모형에서 가격탄력성은 비탄력적인 것으로 나타나고 비수도권의 가격탄력성이 수도권보다 현격하게 높다는 것을 보여준다. 이러한 결과는 대체로 규제가 심하고 인구밀도가 높을수록 공급의 가격탄력성이 낮으며, 교외지역이 도심보다 더 탄력적이라는 미국의 결과(Goodman & Thibodeau, 2008)와 유사한 것으로 판단된다.

2) 주택시장균형

일반적인 경쟁시장의 수요−공급이론을 현실적 주택시장에 적용시키는 데는 어려움이 있다. 〈그림 5−2 (a)〉와 같은 주택시장의 균형모형은 주택의 특성과 주택시장의 복잡하고 이질적인 특성이 완전히 고려되지 않고 있기 때문에 현실적인 주택시장과는 다소 차이가 있다. 증권시장과 같은 완전경쟁시장과 주택시장 간의 중요한 차이점의 하나가 판매할 매물에 대한 가격을 판매자도 구매자도 정확히 알 수 없고 단지 추측할 뿐이라는 것이다. 또 다른 중요한 차이점은 어느 특정시점이든지 주택시장에는 수많은 판매자와 구매자가 존재하지만 실제로 특정 매물에 대한 판매자와 구매자는 소수에 불과하다는 것이다. 그러므로 주택시장과 같은 부동산시장에서 소수의 행위자가 가격에 영향을 줄 수 있는 가능성이 높을 뿐만 아니라 실제로 거래가 성사된 후에야 특정 매물의 가격을 알 수 있다. 그러므로 판매자와 구매자의 관점에서는 특정지역 주택시장에서 특정 매물군의 균형가격은 정확하게 얼마라는 단일가격으로 표시되기보다는 가격대의 범위로 표현되는 것이 일반적이다. 이처럼 현실적인 주택시장의 공급과 수요곡선은 〈그림 5−2 (b)〉처럼 균형가격이 명확한 단일가격이 아니라 불확실한 범위의 형태로 주어진다고 할 수 있다.[18] 그러나 주택시장의 경제적 분석을 위해서 퍼지모형을 적용할 경우, 분석의 틀이 매우 복잡해지고 불확실성의 범위 내에서는 일반적인 수요−공급의 원리가 적용되지 않는 문제점이 있다. 이에 따라 수요와 공급의 불확실성을 반영하지 않는 일반적인 경쟁시장을 대상으로 하는 단순 시장균형모형을 이용하여 수급의 변화에 따른 주택시장의 균형을 분석하도록 한다.

18 이러한 공급과 수요곡선을 퍼지 공급과 수요곡선(fuzzy supply and demand curves)이라 부른다. 이에 대해서는 Blair(1991, p. 395)를 참고하시오.

그림 5-2 두 가지 유형의 주택시장 균형모형

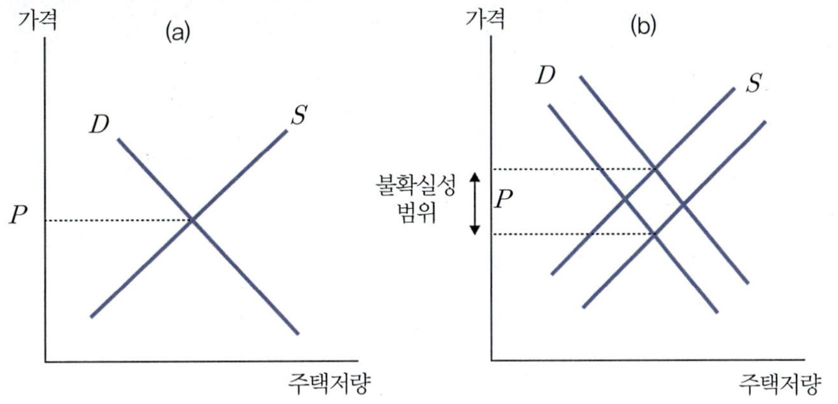

자료: Blair(1991, p. 395).

주택시장의 공급은 상기 〈그림 5-1〉에서 보는 것처럼 단기적으로는 완전 비탄력적이기 때문에 단기주택공급곡선(S_0)은 특정 시점에서의 주택공급량 Q_0에서 수직이지만 장기적으로는 주택가격이 높아질수록 신규공급이 많아지므로 장기주택공급곡선(LS_0)은 우상향하게 된다. 최초의 균형점 E_0에서 주택시장의 수급변화가 일어나면 균형가격과 주택공급량이 변하게 된다. 먼저 소득이나 가구수가 증가하게 되면 주택수요가 증가하게 되고 이에 따라 주택수요곡선이 D_0에서 D_1으로 이동하게 된다. 이 경우 단기적으로는 수요에 상응하는 주택공급이 이루어지지 않기 때문에 공급량의 증가 없이 가격만 V_0에서 V_1로 상승한다. 주택가격이 상승하면 장기적으로는 주택공급이 증가하여 장기공급곡선 LS_0을 따라 주택저량이 $\Delta Q(=Q_1-Q_0)$만큼 늘어난다. 이에 따라 V_2에서 장기균형가격이 형성되며 이 시점에서의 균형 주택저량은 Q_1가 되고 이때의 단기공급곡선은 Q_1에서 수직인 S_1이 된다.[19]

두 번째로 생산요소가격이 상승하여 신규주택 생산비용이 증가할 경우 주택의 균형가격은 어떻게 변하는가 알아보자. 단기적으로는 신규주택 생산비용이 증가하더라도 공급과 수요에 영향을 미치지 않기 때문에 균형 주택가격과 주택저량에는 변화가 없다. 그러나 장기적으로는 생산비용이 증가하지 않을 때에 비해 주택저량의 증가폭(즉, 신규주택 공급량)이

19 김경환·서승환(2013, pp. 210~211)을 참고하시오.

그림 5-3 공공임대주택 공급이 민간주택시장의 균형변화에 미치는 효과

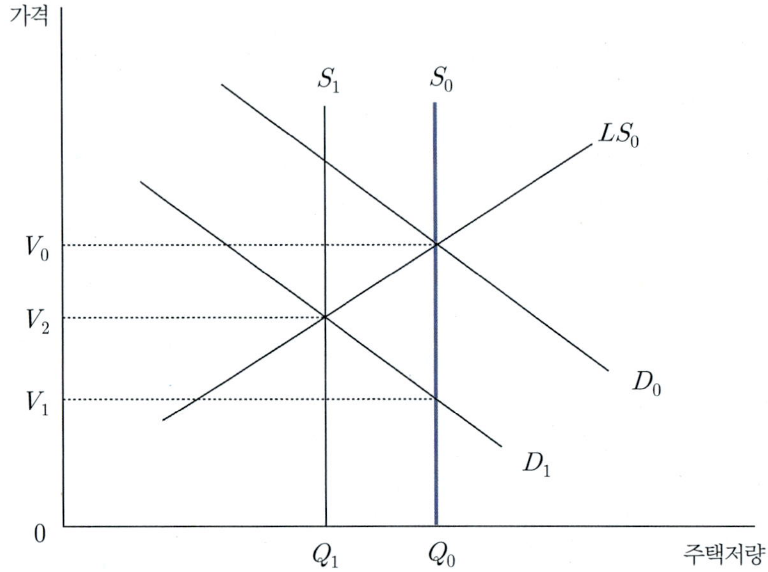

줄어들기 때문에 공급부족으로 인하여 주택가격은 상승하게 된다. 특히 가수요를 포함하여 수요가 증가할 경우 주거용 토지의 제약으로 인한 토지가격의 상승은 주택 생산비용 증가로 이어지며 궁극적으로 주택가격 폭증의 원인이 될 수 있다.

마지막으로 저소득층을 위한 공공임대주택 공급이 민간주택시장에서의 균형가격에 어떠한 영향을 미치는지 살펴보자. 〈그림 5-3〉에서 보는 것처럼 민간주택시장의 단기주택공급곡선 S_0과 수요곡선 D_0에서 균형가격은 V_0으로 나타난다. 그러나 공공임대주택의 공급으로 민간주택시장에서의 수요는 D_0에서 D_1으로 감소하여 단기적으로 주택가격은 V_1으로 하락하게 되지만 장기적으로는 장기공급곡선 LS_0와 수요곡선 D_1이 만나는 V_2에서 장기균형이 형성되며 이 시점에서의 공급곡선은 주택저량 Q_1에서 수직이 된다.

5.4 주거입지

1) 주거입지이론

주거입지이론은 도시공간의 주거입지행태를 분석하는 연구의 틀이다. 주거입지행태에 따라 개별 가구가 선택하는 주택과 주택의 입지가 달라지기 때문에 개별가구의 주거입지선택의 결과로 도시권의 공간구조가 변하기도 하고 인구구조와 소득수준 등이 다른 지역사회(community) 또는 근린지역(neighborhood)을 형성하기도 한다. 주거입지이론은 미시경제학적 분석에 기반을 둔 시장접근법과 주거입지의 사회적 지위(housing status)를 강조하는 비시장적접근법으로 대별될 수 있다.

① 시장접근법: 접근도/주거공간 교환이론

시장접근법은 민간부문 주거입지를 설명하기 위하여 교통비용 최소화, 교통비용/주택비용 상쇄(travel cost/housing cost trade－off), 최대 주거비 지출 등의 이론이 활용된다.[20] 그 중에서 교통/주택비용 교환이론은 Alonso(1964)의 임대료 경매이론(bid－rent theory) 이후 접근도/주거공간 교환이론(access/space trade－off theory)으로 도시공간구조 분석과 주거경제학의 대표적 이론으로 자리 잡고 있으며, Fugita(1989)에 의하여 도시공간의 경제학적 분석의 표준이론으로 정립되었다.

접근도/주거공간 교환이론으로 대표되는 시장접근법에서는 단일도심 도시를 전제로 개별가구의 주거입지선택은 주거공간규모와 도심과의 접근도에 의해서 결정된다고 설명한다. 〈그림 5－4〉에서 두 가구의 소득은 동일하나 무차별곡선(U_1, U_2)은 다르다고 가정할 때 두 가구의 최적 주택 선택은 각각 예산선(B_1, B_2)와 무차별곡선(U_1, U_2)이 접하는 E_1과 E_2가 될 것이다.[21] 이에 따라 가구 H_1은 접근도가 A_1인 지역과 Q_1의 주택규모를 선택하게 될 것이고, 가구 H_2는 접근도가 낮은 A_2지역에서 Q_2의 주택규모를 선택하게 될 것이다.

---

20 Balchin et al.(1995)을 참고하시오.

21 예산선이 B_1인 가구(H_1)는 예산선이 B_2인 가구(H_2)에 비해 교통비(또는 교통시간)를 주택규모보다 중요시한다는 것을 의미한다.

그림 5-4 접근도와 주택규모의 조합

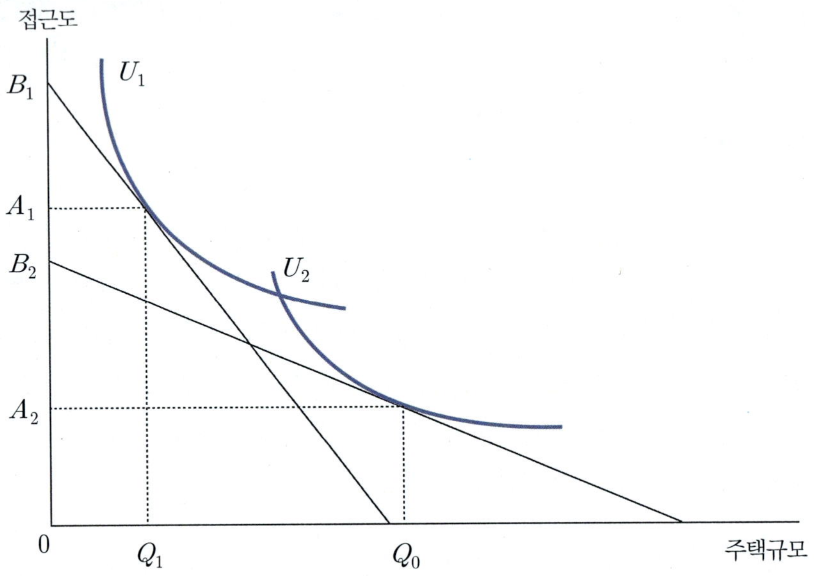

시장접근법에 의하면 주택소비탄력성이 교통비용탄력성보다 높으면 외곽지역에서 규모가 큰 주택을 선호하게 되고 그 반대이면 도심지역에서 규모가 작은 주택을 선호

그림 5-5 지대와 주거입지

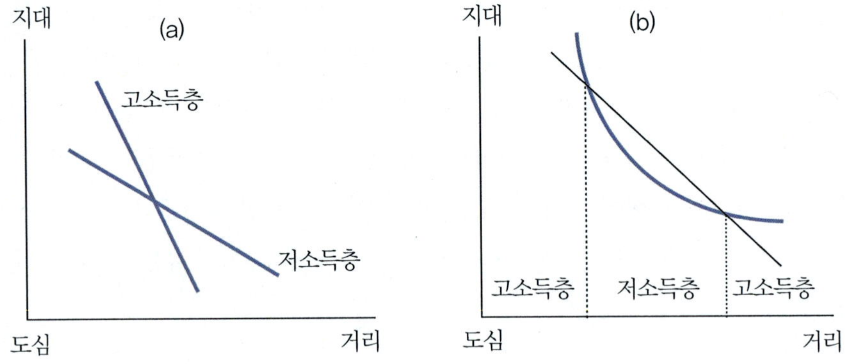

하게 된다. 그러나 지대지불곡선에 따라 주거입지행태는 달라진다. 교외지역의 교통시설과 주거지 개발이 미약한 개발도상국의 도시의 경우 고소득층이 시간가치를 높게 부여함으로써 〈그림 5－5 (a)〉처럼 지대지불의사가 저소득층보다 가파르게 된다. 이러한 경우에는 고소득층이 도심 근처에 저소득층이 도시 외곽지역에 입지하게 된다. 선진국 도시의 경우 고소득층의 지대지불의사가 〈그림 5－5 (b)〉처럼 시간가치가 높은 고소득층은 도심 주변의 주거환경이 양호한 입지를 선호하고, 어메니티와 넓은 공간을 선호하는 고소득층은 교외지역에 입지하는 경향이 있다.[22]

② 비시장접근법: 주택수준과 주거지위의 교환이론

비시장접근법은 주거입지와 도시공간구조는 도시거주자의 사회적 계층의 특성에 의하여 결정된다는 플라톤과 아리스토텔레스의 이론에서부터 시작되었으며(Roll, 1990), 근래에는 개별가구의 선호와 기호를 반영한 교육여건, 경관, 주변환경(대기질, 소음, 공원) 등 어메니티 속성에 대한 높은 교환가치, 슬럼지역의 고급주택화(gentrification) 등 시장접근법에 의한 이용가치(use value)로는 설명할 수 없는 주택시장 여건을 고려하기 위해서 접근도/주거공간 교환이론에 대한 대체이론으로서 그 중요성이 부각되고 있다. 비시장접근법의 대표적 이론적 준거틀은 Phe and Wakely(2000)의 주택의 물리적 수준(dwelling quality: DQ)과 주거입지의 사회적 지위(housing status: HS)의 교환이론이다. Phe and Wakely (2000)는 교통과 통신의 발달에 의한 물리적 거리의 중요성 감소와 핵가족화로 인한 주거공간 수요의 변화 등에 의하여 주거입지선택행위에 대한 전통적 접근도/공간 교환이론의 설명력이 낮아지고 있는 반면, 사회계층에 따른 역사적, 문화적, 환경적 요인을 반영하는 주거입지의 사회적 지위의 상대적 중요성이 강조되고 있는 상황을 주택의 물리적 주택상태(DQ)와 주거지위(HS)의 교환관계로 도식화하고 있다.

<그림 5－6>에서 보는 것처럼 동일한 주택수준을 가진 *PQ*상의 주택 A는 주거지위는 낮지만 “바람직한 지역(desirable zone)”에 입지하는 반면 주택 B는 주거지위는 높지만 “바람직하지 않은 지역(undesirable zone)”에 입지하고 있다. 주택 B 거주자는 바람직한 지역에 거주하기 위해서는 주거지위를 낮추면서 동일한 주택수준을 가진 주택 A로 이동하든지 보다 많은 주거비를 지출하고 동일한 주거지위를 가진 바람직한 지역의 주택 R을 선택할 수 있다. 이러한 주거입지의 선택은 주거지위와 주택수준이 개별 가구에 미치는

22 홍기용(1995, pp. 241~243)을 참고하시오.

그림 5-6 지대와 주거입지

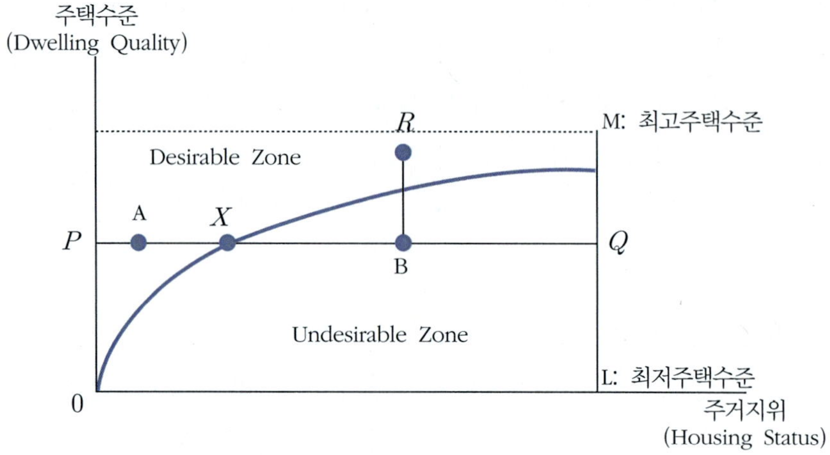

한계효용의 크기에 따라 다양하게 나타날 수 있다.[23]

2) 주택선택과 주거입지선택

개별가구의 주택선택행위는 주택 자체의 물리적 속성과 입지적 속성 등 다양한 속성들의 복합적 함수에 의하여 결정된다. 주택과 관련된 이러한 속성들의 상대적 중요성은 개별가구의 유형에 따라 다양하게 나타나며, 이러한 주택 관련 속성의 상대적 중요성의 차이에 기인하는 개별 가구의 주거입지선택의 이질성은 도시 내부의 공간구조를 변화시킨다. 그러므로 주거입지선택행위와 관련된 주거 속성의 상대적 중요성의 분석은 도시주택정책, 교통계획, 토지이용계획과 관련하여 매우 중요한 의미를 가진다.

다른 모든 조건은 동일하면서 주택규모와 쾌적성에서만 차이가 나는 주택시장을 예로 들어보자. <그림 5-7>은 고소득 H, 중소득 M_1과 M_2 세 가구의 주택선택 행태의 차이를 보여준다. <그림 5-7>에서 AB는 중소득 가구인 M_1과 M_2의 예산선(budget line)이며, CD는 고소득 가구인 H의 예산선이다. 예산선과 무차별곡선이 접하는 점들은 주어진 예산으로 가구에게 최대의 효용을 주는 주택의 규모와 쾌적성의 조합을 나타낸다.

23 Phe & Wakely(2000)를 참고하시오.

그림 5-7 소득수준별 다양한 쾌적함과 주택규모 조합의 주택선택

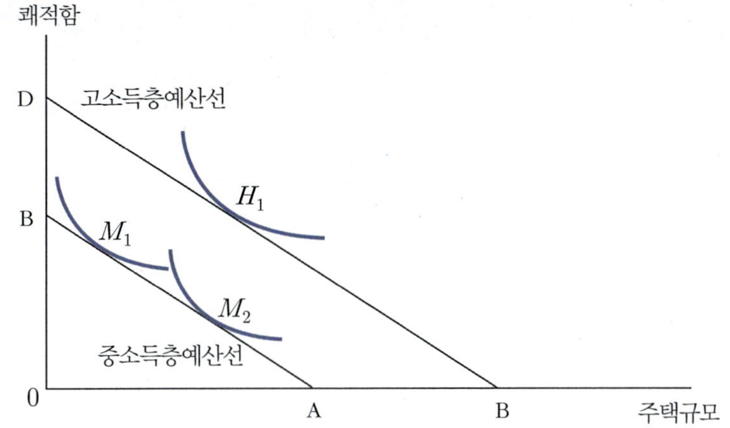

자료: 이번송(2004, p. 423).

예산선의 기울기는 규모와 쾌적성의 암묵적 가격에 의해 결정되며 규모의 가격에 대비한 쾌적성의 상대가격이 높을수록 예산선은 평평해진다.[24] 동일한 소득과 주택예산을 가지고 있는 M_1과 M_2을 상정하자. M_1은 규모는 작지만 쾌적한 주거환경을 선호하는 반면 M_2는 쾌적함보다는 규모가 큰 주택을 선호한다. 두 가구는 동일한 비용으로 서로 다른 속성 조합의 주택을 선택할 수 있다. 고소득 가구 H도 규모와 쾌적함의 조합 선택에 직면하게 되지만 H는 주택예산이 M_1이나 M_2보다 많기 때문에 상대적으로 규모와 쾌적함 모두를 동시에 만족시키는 지출을 할 수 있다. 이처럼 개별 가구들이 상이한 주택을 선택하는 것은 소득의 차이와 상이한 주택속성에 대한 선호도의 차이를 반영한다. 이러한 주택속성에 대한 선호도의 차이는 개별 가구의 주거입지선택의 결정요인이며 속성가치의 상대적 차이를 반영하는 것이다.

〈표 5-6〉은 명시선호 실험자료(stated preference experiment data)를 이용한 소득계층별 주거입지선택에 대한 이산선택모형(discrete choice model) 추정결과에서 도출된 주택속성의 한계지불의사를 정리한 것이다. 〈표 5-6〉에서 보는 것처럼 자가 가구 전체의 주택가격에 내재된 속성별 한계지불의사는 가족통근시간(TTIME) 1분 감소당 148.9만원, 교통비용(TCOST) 100원 감소당 162.6만원, 소음(NOISE) 1dB 감소당 138.8만원,

24 이번송(2004, pp. 422~425)을 참고하시오.

표 5-6 속성변수의 한계지불의사(marginal willingness-to-pay)

속성변수(단위)	전체 자가가구	고소득 자가가구	중소득 자가가구	저소득 자가가구
TTIME(백만원/분)	1.489(6.527)**	4.118(2.822)**	1.081(3.784)**	0.848(3.659)**
TCOST(만원/원)	1.626(5.526)**	3.921(2.578)**	1.322(4.125)**	0.871(3.490)**
NOISE(백만원/dB)	1.388(8.828)**	4.978(3.236)**	0.981(5.334)**	0.545(3.936)**
PARK(백만원/분)	1.532(5.687)**	8.066(2.226)*	1.161(3.346)**	0.442(3.911)**
SHOP(백만원/분)	3.259(6.534)**	7.421(2.050)*	2.611(4.056)**	1.700(3.467)**
SIZE(백만원/평)	6.978(6.988)**	16.24(2.294)*	6.107(4.666)**	3.139(3.304)**
SCHOOL(백만원/분)	1.532(5.743)**	6.579(2.510)*	1.389(3.871)**	0.290(2.095)*

주: * $p<0.05$, ** $p<0.01$, ( ) t값.
자료: 김재홍(2006, p. 18), 〈표 7〉 발췌 인용.

공원접근시간(PARK) 1분 감소당 153.2만원, 백화점접근도(SHOP) 1분 감소당 325.9만원, 주택연건평(SIZE) 1평 증가당 697.8만원, 학교학원접근도(SCHOOL) 1분 감소당 153.2만원으로 추정되었다. 그러나 속성별 한계지불의사는 소득계층별로 큰 차이를 보이고 있다. 주택규모(SIZE)와 교통 관련변수(TTIME, TCOST, SHOP) 등 전통적 주거입지 속성변수의 경우에는 고소득계층의 한계지불의사는 저소득계층의 4~5배 정도이지만 어메니티 관련 변수인 소음(NOISE), 공원접근시간(PARK), 학교학원접근도(SCHOOL)에 대한 한계지불의사는 고소득계층의 한계가치가 저소득계층의 9~22배 정도로 큰 차이를 보이고 있다.

이러한 연구결과는 소득이 상승할수록 주거입지 선택과정에서 어메니티 가치의 중요성을 높게 평가한다는 것을 입증한다. 특히 교육관련 변수인 SCHOOL의 한계지불의사는 저소득계층에 비하여 중소득계층은 4.8배, 고소득계층은 22.7배로 나타나고 있는데 이러한 결과는 교육관련 변수가 주거입지 선택에서 가장 중요한 변수 중의 하나라는 국내외 연구결과와 우리나라의 현실을 고려할 때 매우 타당하며, 서울 강남지역을 포함한 대도시 일부지역의 높은 주택가격을 설명할 수 있는 중요한 단서가 된다. 즉, 이러한 현상을 주택투기에 기인하는 것으로 치부하기보다는 적절한 주거입지 환경을 구비한 특정지역의 희소성에 기인한 교환가치의 상승 때문인 것으로 해석할 수 있다. 그러나 주택가격이 현저히 높은 일부지역에 대한 선호도는 이용가치(use value)보다는 교환가치(exchange value)에 보다 큰 관심을 가진 특정 사회적 계층에 한정되어 있으며, 일반적인 중산층 이하의 가구는 접근도/주거공간 교환이 여전히 유효한 것으로 판단된다. 그러므로 시장접근법과 비시장

접근법을 적절하게 결합하면 사회계층별로 주거입지 선택행위에서 나타나는 주거입지의 속성가치의 차이를 규명할 수 있을 것으로 판단된다.[25] 어메니티가 높은 주거지역에는 어메니티에 대한 지불의사 수준이 높은 고소득 주거지역이 형성되고 이에 따라 소득계층별 주거지역의 분리현상이 나타나게 될 가능성이 있다. 또한 대도시 주택시장은 단일의 균형시장이 아니라 소득계층 등 소비자의 사회적 성층(social stratification)에 따라 다양한 하위시장을 형성할 수 있음을 시사한다.

5.5 주택정책

1) 정부의 주택시장 개입의 논거

어느 나라에서나 프로그램이나 수준의 차이는 있지만 주택시장에는 다양한 형태의 정부개입이 이루어진다. 이러한 정부개입은 "쾌적한 주거생활에 필요한 주택의 건설·공급·관리와 이를 위한 자금의 조달·운용 등에 관한 사항을 정함으로써 국민의 주거안정과 주거수준의 향상에 이바지함을 목적으로 한다"라는 우리나라 주택법 제1조에 명시된 내용처럼 국민의 주거안정과 주거수준의 향상을 위하여 다양한 정책수단을 제공한다는 점에서 규범적 정당성을 가진다. 또한 정부입장에서 주택시장 개입은 주택부문이 국가에서 차지하는 비중이 매우 높을 뿐만 아니라 저소득층 주거문제의 사회적 중요성과 사회적 형평성 확보를 위하여 필요하기 때문이기도 하다. 그러나 경제학적 측면에서는 과연 정부 개입이 거시경제의 안정화, 소득 재배분, 그리고 사회적 형평성 증진을 위한 효율적이고 공평한 수단인가는 여전히 논쟁거리이다.

정부는 금융정책과 조세정책 등을 통하여 간접적으로 주택시장에 영향을 미칠 수 있을 뿐만 아니라 주택가격과 주택금융에 대한 보조금 지원 등을 통하여 직접적으로 주택시장에 관여하기도 한다. 주택시장에 영향을 주는 금융정책으로는 총부채상환비율(DTI: debt

25 김재홍(2006)을 참고하시오.

to income ratio)와 (주택)담보인정비율(LTV: loan to value ratio), 주택담보대출금리 등에 대한 규제를 들 수 있으며, 조세정책으로는 재산세, 양도소득세, 주택자금 소득공제, 종합부동산세 등의 대상과 실효세율 조정이 일반적이다. 정부의 대표적 주택시장 개입정책으로는 공급 측면에서는 공공(임대)주택 공급정책, 분양가 상한제, 주택재개발 및 도시재생사업 등을 들 수 있으며, 수요 측면에서는 임차보조금, 주택수당 등 다양한 형태의 주거급여, 임대료 규제(rent control) 등을 들 수 있다.

2) DTI와 LTV 규제완화의 효과

총부채상환비율(DTI) 규제는 개별 가구당 총부채의 연간상환액이 연간소득의 일정 부분을 초과하지 않도록 부채상한액을 조정하는 것을 의미하며, 주택담보인정비율(LTV) 규제는 주택가격 대비 담보대출의 비율을 제한하는 것을 의미한다. DTI와 LTV 규제가 강화되면 주택담보대출이 어려워져 주택수요가 줄어들게 되고 주택가격이 하락하게 되며, 완화하면 그 반대의 현상이 나타나게 된다. 따라서 주택가격 상승시기에는 규제를 강화하고 하락시기에는 주택시장 활성화를 위해 완화하는 것이 일반적이다.

우리나라에서는 주택가격 안정화 정책의 일환으로 주택가격 폭등을 막기 위하여 2002년 9월에 LTV, 2005년 8월에 DTI 규제를 도입했다가 2014년 8월부터 주택시장 활성화를 위해 규제를 다소 완화하게 되었으며 규제 우회 대출을 막기 위해서 은행권에 적용되었던 규제를 전체 금융권으로 확대하게 되었다.[26] 그러면 LTV와 DTI 규제가 주택시장에 미치는 경제적 효과를 분석해 보자. LTV와 DTI 규제가 완화되면 주택담보대출금리가 하락한다. 금리가 하락하면 〈그림 5-8〉에서 보는 것처럼 주어진 매매가격에서 주택수요는 증가하고 주택수요곡선은 D_0에서 D_1으로 우상향 이동한다. 단기적으로는 주택공급이 Q_0에서 고정되어 있으므로 주택매매가격은 V_0에서 V_1으로 상승하지만 장기적으로는 매매가격이 상승하면 신규 주택공급이 Q_1으로 증가하기 때문에 장기균형 매매가격 V_2는 V_1보다는 낮지만 V_0보다는 높아진다.

<그림 5-8>에서 보는 것처럼 DTI와 LTV 규제완화는 주택수요 증가와 주택가격

---

26 2014년 8월부터 LTV(주택담보인정비율)는 은행·보험 업종은 서울 50%, 경기·인천은 60%에서 지역에 관계없이 70%로 완화되고, DTI(총부채상환비율) 역시 서울 50%, 경기·인천은 60%에서 60%로 통일된다. 한편 이전에는 은행권과 비은행권 간에 LTV와 DTI 비율이 달랐지만 2014년 8월부터는 전체 금융권에 상기 비율이 공통적으로 적용된다.

그림 5-8 RTV와 DTI 규제완화가 주택시장에 미치는 영향

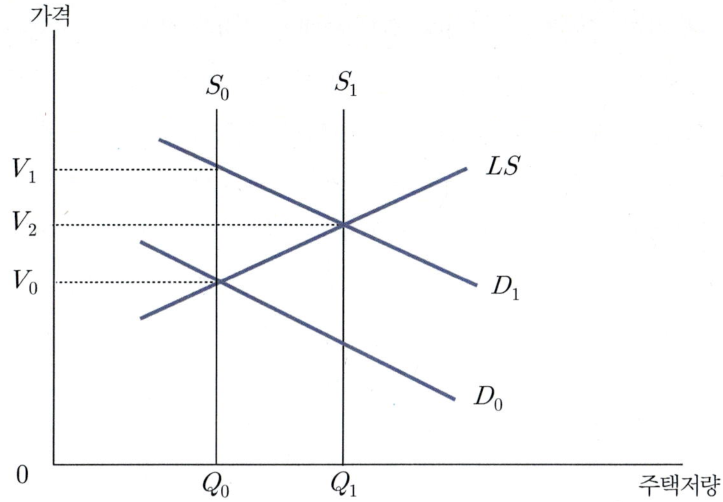

상승을 유도한다. 이에 따라 가계 측면에서는 주택보유 자산가치가 높아지면서 가계소비와 내수확대를 유발하게 되고 산업 측면에서는 건설업 경기회복과 고용창출에 기여하게 된다. 그러나 DTI와 LTV 규제완화는 가계부채를 증가시키기 때문에 지속적인 가계소득 증가가 이루어지지 않으면 국가적으로 부채 디플레이션(debt deflation)과 같은 거시경제적 위험이 발생할 수 있고, 부동산가격 거품현상(bubble)이 발생할 경우 주택 미보유세대와 보유세대간 자산격차가 커지게 되며, 금융위기나 주택가격이 하락할 경우 부채상환 능력이 낮은 저소득층의 피해가 더 크게 나타나는 문제점도 있다.[27]

3) 주택자금 소득공제의 효과

주택자금 소득공제는 근로소득자의 주거생활 안정 및 주택취득을 돕기 위해 일정요건을 갖춘 주택임차차입금 원리금상환액 및 주택 월세액과 장기주택저당차입금 이자상환액에 대하여 일정금액을 한도로 근로소득금액에서 공제하는 제도이다. 주택자금 소득공제의 대상은 주택법에 따른 국민주택규모의 주택으로 세대당 주거전용면적이 85㎡(수도권을

27 서현덕(2014)을 참고하시오.

제외한 도시지역이 아닌 읍 또는 면 지역은 100m²) 이하인 상시 주거용 주택 거주자(세대주)로 제한된다. 우리나라에서 납세자의 소득세는 누진세이기 때문에 주택자금 소득공제의 세금 혜택은 소득에 따라 증가한다. 그러나 주택에 대한 수요는 소득이 높을수록 증가하므로 주택자금 소득공제 대상의 범위 내에서는 자가가구와 임차가구 모두 소득이 높은 가구의 주택자금 소득공제효과가 크다. 예를 들면, 주택임차차입금 원리금상환액에 대한 소득공제를 받는 가구는 (공제액×소득세율)만큼의 소득 증대효과가 있고 이러한 소득증대는 주택임차차입금(원리금상환액)의 크기에 비례하기 때문에 궁극적으로는 주택소비를 확대하게 된다. 연간 원리금상환액이 100만원이고 이 가구의 소득세율이 12%라고 가정하면 이 가구의 실질 상환액은 88만원이 된다, 이 가구의 사회적 한계비용은 100만원인 반면 사적 한계비용은 88만원이기 때문에 이 가구는 〈그림 5－9〉에서 보는 것처럼 주택소비를 Q_0에서 Q_1으로 증가시킨다. 이 경우 주택소비 증가의 편익이 주택소비의 기회비용보다 작기 때문에 사회적 비효율이 발생한다.[28] 즉 정부가 12%의 원리금상환액을 대신 지불해 주기 때문에 가구는 비효율적 선택을 하게 되는 것이다. 그러나 이러한 사회적 비효율은

그림 5-9 주택자금 소득공제가 주택소비에 미치는 영향

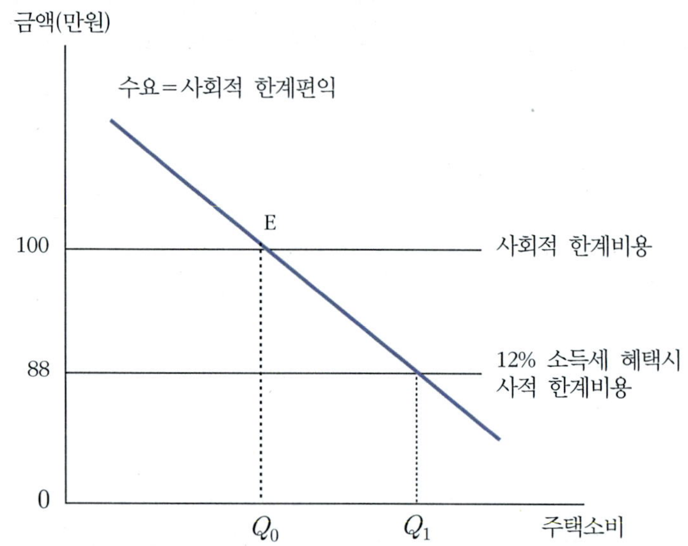

28 이번송(2004, pp. 442~444)을 참고하시오.

주택자금공제 대상자가 사회적 보호를 받아야 할 수준일 경우에는 소득재분배와 사회적 형평성의 증진 차원에서 적절한 정책일 수도 있다.

4) 신축아파트 분양가상한제의 효과

주택시장은 신규주택시장과 재고주택시장으로 구분되며 두 주택시장은 서로 영향을 주면서 시장균형가격을 형성한다. 그러나 외부적인 요인에 의해 어느 한쪽 시장의 균형이 깨지면 다른 주택시장의 수급에도 영향을 주게 된다. 우리나라 신규주택의 대부분은 신축아파트 건축에 의해서 공급되며 정부에서는 아파트가격의 상승을 막기 위하여 신축아파트 분양가상한제를 실시해 왔다. 그러면 여기서 신축아파트 분양가상한제가 주택시장에 미치는 경제적 효과를 분석해 보자. 〈그림 5－10〉에서 보는 것처럼 정부가 분양가상한선을 시장의 균형가격 V_n^*보다 낮은 V_n^1로 설정하면 신축아파트의 공급량은 균형공급량인 Q_n^*에서 Q_n^1으로 감소할 뿐만 아니라 시장가격보다 낮은 가격 때문에 $(Q_n^2 - Q_n^*)$만큼의 초과수요가 발생한다. 분양가가 균형가격보다 낮아지면 재고아파트시장에서도 $(Q_o^*$

그림 5-10 신축아파트 분양가 상한제가 주택시장에 미치는 영향

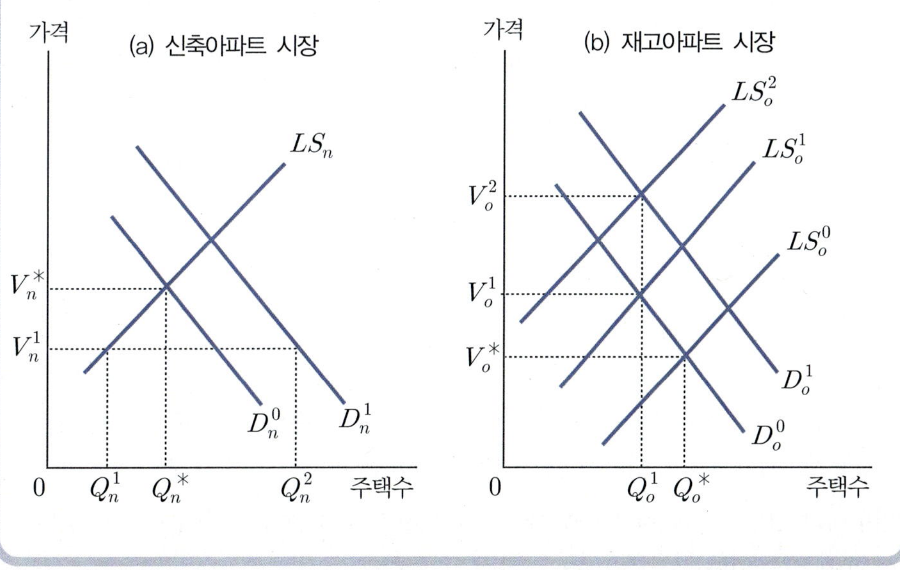

주: 아래첨가 n은 신축시장, o는 재고시장을 의미함.

$-Q_o^1$)만큼 매물이 감소하기 때문에 재고아파트시장의 공급곡선이 S_o^0에서 S_o^1로 좌측으로 이동하게 되고 가격은 V_o^*에서 V_o^1으로 상승한다. 그러므로 신축아파트에는 (V_o^1 $-V_n^1$)만큼의 프리미엄이 붙게 되고 이에 따라 투기적 수요가 발생하여 신축아파트의 수요곡선은 D_n^0에서 D_n^1으로 이동한다. 그러면 신축아파트에 대한 초과수요는 (Q_n^2- Q_n^1)로 증가하게 되며 이러한 초과수요의 영향으로 재고아파트시장에서는 공급이 감소하고 수요곡선은 D_o^0에서 D_o^1으로 이동하게 되어 궁극적으로 재고아파트시장의 장기균형가격은 V_o^2로 상승하게 된다. 결국 시장가격보다 낮은 분양가에 신축아파트를 분양받은 가구는 프리미엄만큼의 이익을 얻은 반면 재고아파트시장에서는 분양가상한제가 실시되지 않았을 때의 균형가격보다 높은 매매가격이 형성되고 매매물량은 균형가격에서보다 줄어들게 된다.[29]

5) 임대료 규제의 효과

임대료 규제(rent control)는 저소득층의 주거안정을 위하여 명목 임대료를 동결하는 방식과 물가상승률과 연동 또는 적정수준의 상승률을 감안하는 수준으로 임대료를 조정하는 방식으로 구분될 수 있으나, 현재 전자의 경우는 시장에서의 비효율성 때문에 거의 사용되지 않는다. 그러나 전자의 경우가 임대료 규제의 경제적 효과를 분석하는 데 편리하다. 전자를 대상으로 한 이론적 논의는 상승된 임대료가 시장가격보다 낮을 경우 다소 규모의 차이는 있지만 후자에도 동일하게 적용될 수 있다.

〈그림 5-11〉에서 보는 것처럼 임대료 규제가 없을 경우의 시장균형 임대료가 R_*인데 R_c에서 임대료를 규제하게 되면 단기적으로는 공급이 Q_*에 고정되어 있기 때문에 임대료 하락에 기인하여 (Q_H-Q_*)만큼의 초과수요가 발생한다. 그러나 임대료가 동결되면 장기적으로는 임대수입 하락에 따라 임대주택의 공급이 감소하게 되어 수요곡선이 고정되어 있을 경우에도 초과수요는 (Q_H-Q_L)로 확대된다. 만일 장기적으로 임대주택의 수요가 증가하게 되어 수요곡선이 오른쪽으로 이동하게 되면 초과수요량은 더 커지게 된다. 즉 시장에서는 임대료 하락에 따라 임대주택 공급이 하락할 뿐만 아니라 기존 임대주택의 경우에도 유지 및 보수를 위한 투자가 감소되기 때문에 다양한 형태의 비효율이 발생하게 된다.

29 홍기용(2002)을 참고하시오.

그림 5-11 임대료 규제가 주택시장에 미치는 영향

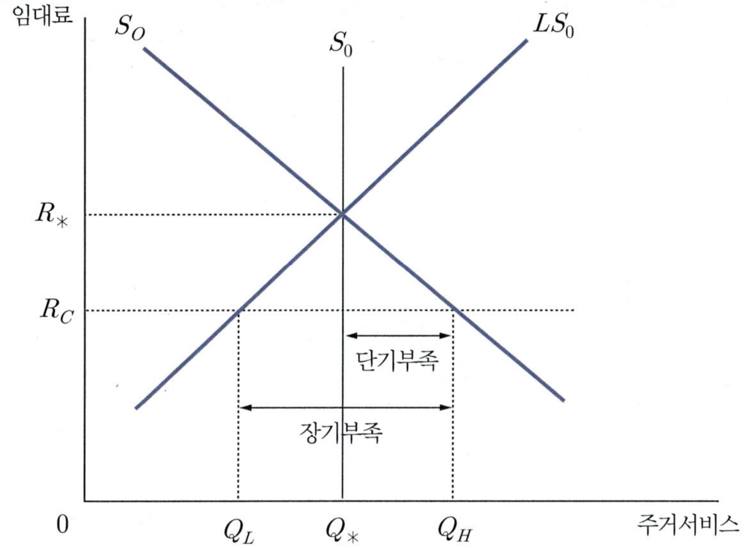

6) 주택보조금의 효과

저소득층의 주거비 부담을 낮추기 위하여 다양한 형태의 주택보조금이 제공된다. 수요 측면에서는 국가에 따라 주거수당(housing allowance), 주거급여(housing benefit), 임대료 할인(rent rebate), 주택바우처(housing voucher) 등의 형태로 임대인에게 직접 집세를 지불하는 집세보조(rent subsidy)와 임차인에게 현금으로 지불하는 소득보조(income subsidy) 또는 양자의 혼합형태 등으로 제공되며, 공급 측면에서는 공공임대주택 외에도 민간주택 생산자에게 저금리의 건설자금 지원, 세제혜택 등 다양한 형태의 보조금을 지급하여 민간 임대주택을 공급하도록 장려한다.[30]

먼저 수요 측면의 보조형태에서 집세보조는 지원대상 저소득 가구의 주거서비스를 직접 증가시켜 주는 역할을 하는 반면 소득보조는 수혜자가 자신에게 적합한 주거서비스를 선택할 수 있도록 하는 방식이다. 〈그림 5-12〉에서 보는 것처럼 기본적으로 소득보조가 효율성 측면에서는 집세보조보다 효율적이지만 주택보조금 원래의 목적이 저소

30 국내외 주택보조금제도에 대해서는 봉인식 외(2014)를 참고하시오.

그림 5-12 집세보조와 소득보조의 주거서비스 소비량 증가효과 비교

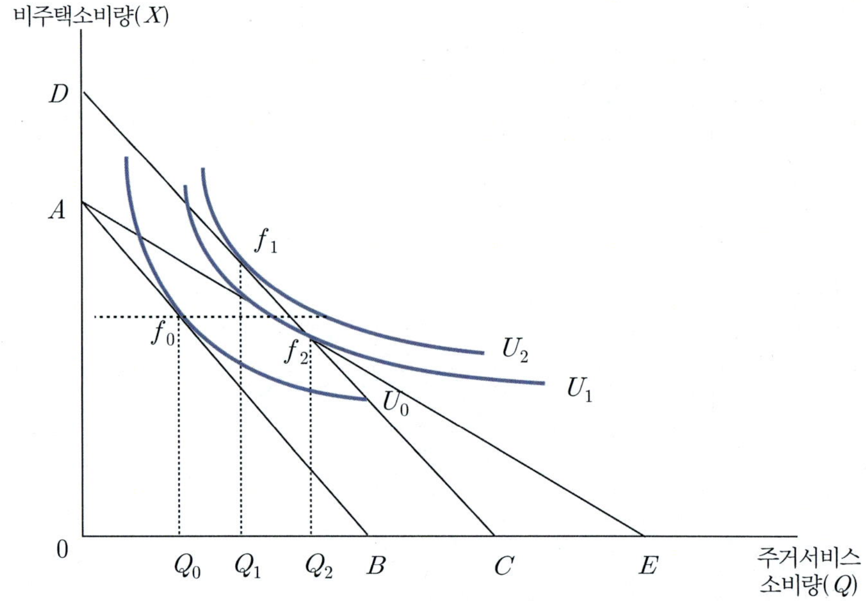

득가구의 주거서비스 수준을 향상시키는 것이기 때문에 정부에서는 집세보조를 선호하는 경향이 있다. 집세보조가 없을 경우의 예산선은 AB이며, 이때 가구의 효용을 최대로 하는 주거서비스 소비량은 Q_0이다. 그러나 집세보조를 받게 되면 예산선은 AE가 되며 이러한 예산제약에서 효용이 극대화되는 f_2에서의 주거서비스 소비량은 Q_2로 증가한다. 즉 집세보조로 인하여 $(Q_2 - Q_0)$만큼의 주거소비량이 증가하는 것이다. 집세보조 대신 소득보조를 받는 경우 예산선은 DC가 되고 이 경우 개별가구의 효용을 극대화하는 f_1에서의 주거서비스 소비량은 Q_1이 된다. 소득보조의 경우 개별가구의 효용곡선은 U_2이고 집세보조의 경우 효용곡선은 U_1이기 때문에 소득보조가 집세보조보다 개별가구의 효용을 더 많이 증가시키지만 주거서비스 소비량은 집세보조의 경우보다 낮은 것을 알 수 있다. 그러므로 집세보조가 소득보조보다 개별가구의 효용증진 측면에서는 비효율적이지만 저소득층의 주거서비스의 확충이라는 목적달성을 위해서는 보다 더 적절한 수단이라고 할 수 있다.

〈그림 5-13〉에서 보는 것처럼 시장균형 임대료가 R_0일 때 집세보조금 S를 지급

그림 5-13 집세보조가 주택시장의 균형에 미치는 효과

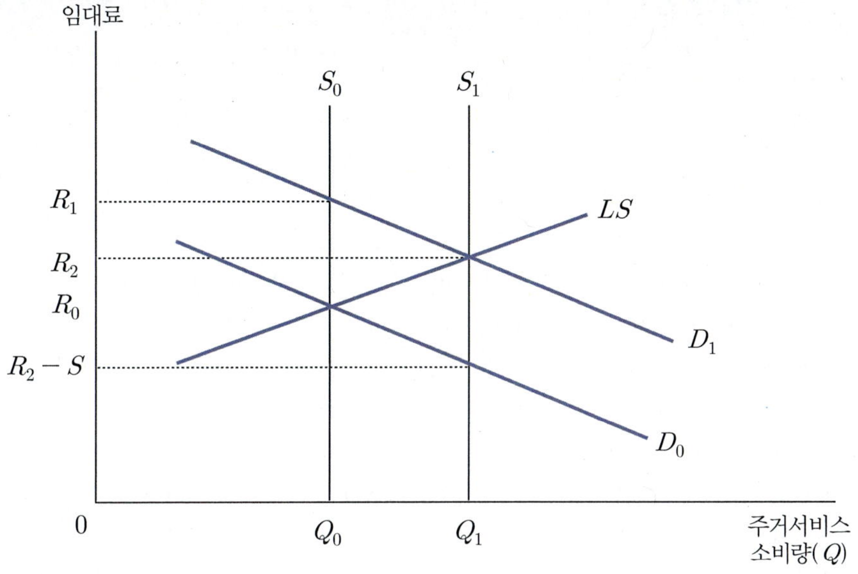

하면 수요는 D_0에서 D_1으로 증가하지만 공급(S_0)은 단기적으로 고정되어 있으므로 주거서비스 소비량은 Q_0에서 변함없이 임대료는 $R_1(=R_0+S)$으로 상승하여 집세보조의 수혜는 임대주택 공급자에게 귀속된다. 그러나 장기적으로는 임대수입의 상승으로 임대주택공급이 확대되어 균형가격은 R_1에서 R_2로 하락하며, 이때 집세보조를 받는 임차인은 (R_2-S)만큼의 임대료를 지불하면서 주거서비스는 Q_1으로 증가하게 되어 임차인과 임대인 모두 집세보조의 수혜를 받게 된다. 장기공급곡선이 완전탄력적일 경우에는 $R_2=R_0$가 되어 집세보조의 수혜는 완전히 임차인에게 돌아간다. 한편 주택생산자에게 보조금을 지급하는 경우에는 단기적으로는 공급이 고정되어 있고 수요곡선에 변화를 주지 않으므로 시장균형에는 영향을 주지 않으나 장기적으로는 공급이 확대됨에 따라 임대료가 하락하고 임차인의 주거서비스 소비량은 증가하게 된다. 이러한 집세보조정책은 궁극적으로 대상 집단인 저소득층의 주거수준을 향상시키는 것 외에도 도시 내 주거불량지구와 관련된 부정적 외부효과를 감소시키는 것을 중요한 목표로 한다.[31]

---

31 Brueckner(2011, pp. 145~146)를 참고하시오.

참고문헌

- Alonso, W., Location and Land Use. MA: Harvard University Press, 1964.
- Blair, J. P., Urban and Regional Economics. MA: Irwin, 1991.
- Balchin, P., Kieve, J., and Bull, G., Urban Land Economics. London: MacMillan, 1995.
- Brueckner, J. K., Lectures on Urban Economics. MA: MIT Press, 2011.
- Dipasquale, D. and Wheaton, W. C., Urban Economics and Real Estate Markets. NJ: Prentice Hall, Inc, 1994.
- Follain, J. R. and Jimenez, E., Estimating the Demand for Housing Characteristics: A Survey and Critique. Regional Science and Urban Economics, 1985, 15: 77~107.
- Fugita, M., Urban Economic Theory, Land Use and City Size. Cambridge: Cambridge University Press, 1989.
- Goodman, A. C., An Econometric Model of Housing Price, Permanent Income, Tenure Choice, and Housing Demand. Journal of Urban Economics, 1988, 23: 327~353.
- Goodman, A. C. and Thibodeau, T. G., Where Are the Speculative Bubbles in US Housing Markets? Journal of Housing Economics, 2008, 17: 117~137.
- Grootaert, C. and Dubois, J.-L., Tenancy Choice and the Demand for Rental Housing in the Cities of the Ivory Coast. Journal of Urban Economics, 1988, 24: 44~63.
- Harmon, O. R., The Income Elasticity of Demand for Single-Family Owner-Occupied Housing: An Empirical Reconciliation. Journal of Urban Economics, 1988, 24: 173~185.
- Henderson, J. V. and Ioannides, Y. M., Dynamic Aspects of Consumer Decisions in Housing Markets. Journal of Urban Economics, 1989, 26: 212~230.
- Horioka, C. Y., Tenure Choice and Housing Demand in Japan. Journal of Urban

Economics, 1988, 24: 113~128.

- Kim, J. H., Pagliara, F. and Preston, J., The Intention to Move and Residential Location Choice Behaviour, Urban Studies, 2005, 42(9): 1621~1636.
- Kim, J. H., Residential Location Choice, Mobility, and Housing Demand, Ulsan: UOU Press, 2005.
- Malpezzi, S. and MacLennan, D., The Long－run Price Elasticity of Supply of new Residential Construction in the United States and the United Kingdom, Journal of Housing Economics, 2001, 10: 278~306.
- Mayo, S. K., Theory and estimation in Economics of Housing Demand. Journal of Urban Economics, 1981, 10: 95~116.
- Mills, E. and Song, B.－N., Urbanization and Urban Problems, MA: Harvard University Press, 1979.
- O'Sullivan, A., Urban Economics, 5th ed. NY: McGraw－Hill, 2003. 이번송 역, 「오설리번의 도시경제학」, 서울: 박영사, 2004.
- O'Sullivan, A., Urban Economics. 7th ed. NY: McGraw－Hill, 2009.
- Phe, H. H. and Wakely, P., Status, Quality and the Other Trade－Off: Towards a New Theory of Urban Residential Location, Urban Studies, 2000, 37(1): 7~35.
- Polinsky, A. M., The Demand for Housing: A Study in Specification and Grouping, Econometrica, 1977, 45: 447~461.
- Poterba, J. M., Tax Subsidies to Owner Occupied Housing: An Asset Market Approach, Quarterly Journal of Economics, 1984, 99(4): 729~752.
- Roll, E., History of Economic Thoughts, London: Farbe and Farbe, 1990.
- Rosen, H. S., Hedonic Prices and Implicit Markets: Product Differentiation in Pure Competition. Journal of Political Economy, 1974, 82: 34~55.
- Rosen, H. S., Housing Decisions and the U.S. Income Tax - An Econometric Analysis. Journal of Public Economics, 1979 16: 259~271.
- Smith, L. B., Rosen, K. T. and G. Fallis, Recent Development in Economic Models of Housing Markets, Journal of Economic Literature, 1988, Vol. XXVI: 29~64.
- 김경환, 우리나라 주택수급에 관한 실증분석, 「서강경제논집」, 1991, 19: 1~24.
- 김경환·서승환, 「도시경제(제4판)」, 서울: 홍문사, 2013.
- 김관영, 한국의 주택수급 및 주택금융부문의 결정요인, 「주택금융」, 1988.4.
- 김리영·황은정, 「주택점유형태 전환 특성 분석」, 주산연 2012~04, 주택산업연구원, 2012.
- 김재홍, 명시선호실험을 이용한 소득계층별 주거입지 속성가치의 격차 분석, 「지역

연구」, 2006, 22(2): 3~26.

- 김주원·정의철, 소형가구 연령대별 주택수요 특성 분석, 「주택연구」, 2011, 19(2): 123~150.
- 김진희, 우리나라 아파트의 특성과 아파트 가격: 분위회귀분석, 「산업경제연구」, 2014, 27(1): 173~195.
- 김형석, 「우리나라 신규 주탁공급의 장기 가격탄력성 연구: 1980년대 후반 이후의 신규주택공급을 중심으로」, 서울대학교 환경대학원 석사학위논문, 2008.
- 박천규 외, 「지역별 부동산시장의 분석 및 정책방안(Ⅱ)」, 국토연구원, 2012.
- 배영균, 주택공급의 가격탄력성과 주택가격 변동성, 「대한부동산학회지」, 2012, 34: 67~84.
- 봉인식 외, 「경기도 주거급여 추진방안 연구」, 정책연구 2014-02, 경기개발연구원, 2014.
- 서현덕, LTV·DTI 규제의 경제적 효과, 자본시장 Weekly, 2014-28호: 1~4.
- 송병락·김사헌, 우리나라 주택수급모형 및 그 추계, 「한국개발연구」, 1980.
- 이번송 역, 「오설리번의 도시경제학」, 서울: 박영사, 2004.
- 이상일·이창무, 전세와 보증부월세간 선택요인과 주거수요 편차, 「주택연구」, 2006, 14(1): 139~163.
- 정건섭·이상엽, 주택하위시장 구분방법과 정책적 시사점, 「정책분석편가학회보」, 2007, 17(1): 193~216.
- 정의철·조성진, 인구구조 변화에 따른 장기주택수요 전망에 관한 연구, 「국토계획」, 2005, 40(3): 37~46.
- 최막중·지규현·조정래, 주택금융 제약이 주택소비규모와 점유형태 선택에 미치는 영향에 관한 실증분석, 「주택연구」, 2002, 10(1): 33~47.
- 최성호·이창무, 비선형 Mankiw-Weil 주택수요 모형-수도권 지역을 대상으로-, 「부동산학연구」, 2010, 16(1): 117~130.
- 홍기용, 「지역경제론」, 서울: 박영사, 2002.

Regional
and
Urban Economics

제6장

교통기반시설 투자의 경제적 효과

도로, 철도, 수운, 항공 등의 교통기반시설 투자는 기업의 생산성을 제고하는 데 효과가 있을까? 기반시설의 투자는 지역경제의 성장과 어떠한 관계를 가질까? 본 장에서는 기반시설 투자와 경제성장 간의 관계에 관한 기존의 논의들을 정리한다. 먼저, 본 장에서는 교통기반시설 투자의 공간경제적 효과를 이해하는 데 필요한 기본적 개념들을 검토한다. 둘째로, 기반시설 투자와 생산성과의 관계를 밝히기 위한 생산함수접근법과, 기반시설 투자의 편익을 경제적 가치로 환산하는 비용편익접근법을 소개한다. 마지막으로는 교통기반시설 투자의 편익을 경제적 가치로 변환하는 실례를 검토한다.

6.1 교통기반시설 투자와 경제발전

도로, 철도, 수운, 항공 등의 교통기반시설은 하나의 공간과 또 다른 공간을 연결하는 중요한 수단이다. 이러한 교통기반시설은 서로 다른 시장을 연결하거나 통합할 뿐만 아니라 서로 다른 경제주체들 간의 교류를 활성화시킴으로써 경제성장을 유발하는 필수적인 요소로 인식되어져 왔다. 기반시설의 투자는 건설업의 활성화와 유지관리의 기회를 통해 고용을 확대할 뿐만 아니라, 해당되는 지역의 접근성을 제고시켜 지역경제를 활성화할 수 있다. 하지만, 교통기반시설의 투자와 경제발전의 상관성에 관한 많은 연구들이 동일한 결과를 보여준 것은 아니다. 대부분의 연구들은 기반시설의 투자가 해당지역의 경제에 긍정적인 영향을 미침을 실증하고 있지만, 일부 연구들은 이러한 영향이 그다지 크지 않거나 심지어는 부정적인 영향도 있음을 보여주고 있다. 기반시설 투자와 지역경제의 상관성에 대해 기술하는 본 장에서는 먼저 기존 문헌에서 사용된 교통기반시설의 정의에 대해 검토하고, 이러한 교통기반시설이 가지는 공간경제적 효과의 몇 가지 유형을 살펴보고자 한다. 그 다음으로는 기반시설 투자의 경제적 효과를 측정하는 기법을 크게 두 가지로 나누어 살펴보고자 한다.

1) 교통기반시설의 정의 및 특징

본 장에서 논의하는 기반시설은, 기간시설(基幹施設), 인프라스트럭쳐(infrastructure), SOC(Social Overhead Capital), 공공시설, 도시·군계획시설[1] 등의 다양한 용어로 불리고 있다. 기반시설에 대한 이름만큼이나 정의 또한 기존 문헌에서 다양하게 나타나고 있다.[2] 기반시설은 '생산능력의 제고에 도움이 되는 기초적인 서비스임과 동시에 거대하고 비용이 많이 드는 설비'로 정의되기도 하고, '공공서비스를 제공하기 위한 자본'이라고 일컬어지기도 한다. 또한 어떤 학자들은 '경제활동을 위한 집단적(collective)이고 통합적(integrative)인 기초를 제공하는 것'이라고 정의하기도 하였다.

1 도시·군관리계획에 의해 사업을 시행하기로 결정된 기반시설을 도시·군계획시설이라고 한다.
2 Rietveld & Bruinsma(1998)를 참조하시오.

기존 문헌에서 언급된 기반시설의 큰 특징들 중에는 공공성(publicness)이 흔히 언급되고 있다. 기반시설의 공공성은 몇몇 경제주체에만 국한된 것이 아닌 여러 사람들이 동시에 이용하는 재화의 성격을 가지고 있다는 뜻으로 해석할 수 있다. 흔히 공공재는 비경합성(non－rivalness)과 비배제성(non－excludability)의 특성을 보인다고 알려져 있다. 이중에서 비경합성이란 재화나 서비스를 둘러싸고 소비자끼리 경쟁하지 않음을 의미한다. 경쟁관계에 있지 않다는 의미는 어떤 사람이 특정 재화의 혜택을 누린다고 해서, 다른 사람의 혜택을 감소시키지 않는다는 뜻이다. 반면에, 공공재의 비배제성은 어떤 사람이 비용을 내지 않는다고 해서, 그를 소비에서 제외시킬 수 없다는 것을 의미한다. 이러한 두 가지 특성 때문에 공공재는 민간에 의해 제공되기 어려운 점이 있고, 정부는 공공재를 제공하는 데 큰 관심을 기울이고 있다. 기반시설을 '시장에 의해 공급되지 않거나, 공급된다 하더라도 효율성이 매우 떨어지기에 정부에 의해 공급되는 투자시설'로 정의하기도 하지만, 이 또한 기반시설에 대한 매우 좁은 해석이 될 수 있다. 경우에 따라서는 배제성(excludability)과 경합성(rivalness)의 성질을 띠는 기반시설도 존재하기 때문이다. 전기통신이나 철도 서비스, 공항 서비스가 대표적인 예이다. 이들 시설에서는 비용을 지불하지 않는 소비자들을 배제할 수 있다. 국도의 경우도 마찬가지다. 붐비는 도로에서는 한 사람의 참여가 다른 이들에게 영향을 미치는 경합적인 성질을 갖고 있다.

본 장에서 사용하는 기반시설의 개념은 '공공성을 매우 강하게 띠고 있으면서 경제활동에 도움을 주는 사회적 자본'으로 넓게 정의하고자 한다. 이러한 사회적 자본을 교통부문에 한정하여 살펴본다면 도로, 철도(레일과 철도역을 포함), 수로, 항공, 전기통신 등이 대표적으로 꼽힐 수 있다. 기반시설과 경제성장의 관계를 논의함에 있어, 교통기반시설이 다른 종류의 기반시설과 다른 점은 이동비용(교통비용)의 감소를 통한 복지향상(welfare gains) 효과가 있다는 점이다.[3] 또한 감소된 교통비용으로 기업활동이 증가한다는 점[4]과 높아진 접근성으로 인해 기업은 더 큰 집적효과(agglomeration economies)를 누릴 수 있다는 점[5]도 교통기반시설이 갖는 차별적 특징이라고 할 수 있다.

3 Crafts(2009)를 참조하시오.

4 Frankel and Romer(1999)를 참조하시오.

5 Combes et al.(2008)을 참조하시오.

2) 교통기반시설 투자의 공간경제적 효과

기반시설의 투자가 지역경제에 미치는 영향은 크게 공급 측면(supply side)과 수요 측면(demand side)으로 나누어 살펴볼 수 있다. 먼저 공급 측면에서는 교통기반시설 자체를 공급하는 과정에서 나타나는 경제적 영향력을 고려해 볼 수 있다. 공급을 위한 시설의 투자는 건설업의 활성화뿐만 아니라 이 부문의 고용을 증진시키는 경제적 효과를 갖는다. 하지만 이러한 시설투자효과는 투자기간에만 국한되는 한시적인 성격을 갖고 있다는 점에서 지역경제에 미치는 영향력이 제한적일 수 있다. 또한 투자자금의 마련을 위해 정부가 세금을 증가한다든지, 아니면 정부차입(government borrowing)으로 인해 이자율이 올라가게 되면, 시장경기가 침체되는 구축효과(crowding out effects)가 생길 수도 있다. 공급 측면은 이러한 단기적 영향과 더불어 장기적 영향도 가지고 있다. 장기적 영향의 대표적인 경우로는, 기반시설을 운영하고, 유지 및 관리함으로써 발생되는 경제적 효과를 들 수 있다. 하지만 이러한 경제적 효과는 운영과 유지를 위한 인력이 다른 곳(혹은 다른 분야)에서부터 이전되어 오지 않았을 때 발생할 수 있다. 이러한 이유로, 교통인프라의 공급 측면에서는 지역의 경제성장을 진작하기에는 한계가 있을 수 있다는 주장이 종종 제기되고 있다.[6]

수요 측면에서 교통기반시설의 효과는 대부분 장기적인 영향과 관련이 있다. 교통기반시설이 구축되고 난 후에 발생하는 이 효과는 크게 기업의 입장에서는 생산성 증진효과로 나타나며, 개인에게는 복지의 증진효과로 나타난다. 하지만, 이 두 효과가 상호 배타적인 관계를 갖는 것은 아니다. 예를 들어, 새롭게 제공되는 교통기반시설은 개인들의 통행시간을 단축하는 효과를 갖는데, 이렇게 절감된 시간이 기업의 생산활동을 위해 사용된다면 기업의 생산성은 높아지기 때문이다. 이러한 이유로 인해 생산성 제고효과는 '자본화된

표 6-1 교통기반시설 투자의 효과

	공급 측면	수요 측면
단기적 영향	건설업 효과	-
장기적 영향	운영 및 유지로 인한 효과	기업의 생산성 증가 효과 개인의 효용 증진 효과

출처: Rietveld & Bruinsma(1998, p. 46).

6 Rietveld & Bruinsma(1998, p. 46)를 참조하시오.

단축통행시간(capitalized travel time savings)'으로 종종 표현되고 있다.

교통기반시설 투자의 경제적 효과는 기반시설의 크기 및 규모에 따라 공간상에서 나타나는 경제적 효과와 차이를 보일 수 있다. 또한 시설의 투자로 인해 직접적으로 영향을 받는 지역들이 있는 반면, 간접적인 영향을 받는 지역도 있다. 공간적으로 너무 멀리 떨어져 있어 있는 경우에는 전혀 영향을 받지 못할 수도 있다. 전 국토의 연결성을 고려한 교통기반시설인지 아니면 일부 지역에서만 사용되는 교통기반시설인지에 따라서도 공간경제적 효과는 매우 다르게 나타난다. 그래서 교통기반시설 투자의 공간경제적 영향을 크게 국가적 수준, 지역적 수준, 국지적 수준으로 나누어 살펴보기도 한다.[7]

실제로 교통기반시설의 투자효과를 살펴봄에 있어, 이러한 공간적 영향력을 측정하는 모형과 변수들은 차이가 있다. 먼저, 국가적 수준에서는 전세계적 시장에서의 경쟁에 걸맞은 교통기반시설을 구축하는 것이 주요한 과제일 수 있기 때문에 국가 전반에 걸친 기반시설의 재고량과 GDP와의 관계가 관심의 대상이 되기도 한다. 또한 국가들 간의 무역장벽이 감소하고 인적 교류가 증감함에 따라, 교통기반시설 투자는 전국적 수준의 접근성을 향상시키는 데 큰 중점을 두고 있다.

둘째로, 지역적 수준에서는 국가적 수준에서보다 지역민들이 더욱 체감할 수 있는 투자효과가 발생한다. 지역적 수준에서 경제적 효과의 측정은 특히 교통기반시설에 대한 투자로 인한 지역 접근성의 변화가 주는 효과에 집중한다. 사실, 넓은 의미의 교통 접근성은

표 6-2 공간적 수준에 따른 경제적 효과의 측정

변 수	공간적 수준		
	국가적 수준	지역적 수준	국지적 수준
경제발전의 측정	생산성의 발전	접근성의 변화/소매업, 주택, 고용의 변화	고용수준/시간배분/노동생산성
모형의 결과	연간 GDP 증가	공간적 이동/경쟁우위/산업클러스터	직장의 증가/복지개선효과/집적효과
교통기반시설 투자 종류 및 크기	교통기반시설의 재고량	고속전철 및 도로네트워크/지역터미널/공항/항구/수로	도시 내 도로와 시설/철도시설/지하철시설/교통센터

출처: Banister and Berechman(2001).

7 Banister and Berechman(2001)을 참조하시오.

도로 및 교통 네트워크뿐만 아니라, 이를 보조할 수 있는 또 다른 부수적인 교통시설들과 숙련된 노동력(skilled labour)의 확보, 좋은 입지(good-quality locations)까지도 포함하는 개념이다. 지역에 철도나 도로시설을 투자한다고 해서 무조건 접근성이 높아지는 것은 아니라는 의미이다. 교통기반시설의 투자효과는 한 지역과 또 다른 지역들과의 연계성의 필요가 있었던 지역에서 더욱 큰 효과를 갖는다. 반대로, 숙련된 노동인력이 적은 고립된 지역(isolated region)에서 교통시설 공급이 갖는 경제적 효과는 매우 제한적으로 나타날 수 있다.

마지막으로 국지적 수준에서의 교통기반시설은 도시 내 도로와 교통시설, 지하철시설 등의 지역교통시설의 하부단위이다. 이러한 국지적 수준에서는 도시수준에서의 고용효과나 GRDP 증대효과가 중요한 변수가 되기도 하지만, 기반시설을 이용하는 사람들이 얻는 직·간접적 혜택이 주요 관심대상이 될 수 있다. 국지적 수준에서의 미시적인 분석은 교통기반시설의 투자가 개인들에게 미치는 영향을 보여줄 수 있다는 점에서 보다 구체적인 정책설립에 도움을 줄 수 있다는 장점이 있다.

6.2 교통기반시설 투자의 경제적 효과

1) 생산함수를 통한 접근

교통기반시설의 투자는 공간과 또 다른 공간을 더욱 빠른 시간에 연결하게 하고, 연료비를 절감하게 하는 효과를 갖는다. 교통기반시설은 금전적 비용뿐만 아니라 비금전적 비용을 모두 포함하는 일반화 교통비용(generalized transport costs)을 변화시킨다. 일반화 교통비용의 감소는 다른 기업들과의 기업들에게 생산성을 증가시킬 수 있는 좋은 기회를 제공한다. 기반시설이 생산성에 미치는 이 같은 영향력은 다음과 같은 생산함수(production function)로 표현될 수 있다.

$$Q_{ir} = f(L_{ir}, K_{ir}; IA_r, \cdots, IN_r)$$

Q_{ir} : r지역 i부문에서의 부가가치

L_{ir} : r지역 i부문에서 고용

K_{ir} : r지역 i부문에서 자본

IA_r, … , IN_r: 다양한 종류의 기반시설

교통기반시설의 투자가 기업의 생산성(productivity)에 미치는 영향은 다음과 같다.[8] 먼저, 교통기반시설의 투자는 물류관련 비용을 절감시킬 뿐만 아니라 물류시스템 전체를 효율적으로 재구성하는 역할을 한다. 둘째로, 교통비용의 감소는 기업들 간의 접근성을 제고시켜 더 높은 수준의 집적경제(agglomeration economies)를 발생시킨다. 동종기업이나 유관기업들과의 긴밀한 연계와 시장의 공유 등은 기업생산성을 높이는 역할을 할 수 있다. 셋째로, 교통시설의 투자는 시장을 더욱 효율적으로 작동하게 하는 기능을 한다. 예를 들어, 접근성이 제한됨으로 인해 형성되었던 독점적 시장구조를 개선할 수 있을 뿐만 아니라, 노동시장에서의 수요와 공급을 더욱 원활하게 일치시키는 효과가 있다.

대다수의 연구들은 교통기반시설의 투자가 생산성의 제고에 긍정적 효과를 미치고 있다는 점을 인정하고 있다.[9] 하지만, 일부의 연구들은 교통기반시설의 투자가 발생시키는 생산성 증대효과가 기반시설 공급을 위해 증가된 세금이 가지는 부(−)의 효과보다 커야만 경제성장이 이루어질 수 있음을 역설하고 있다.[10] 또한, '교통기반시설의 투자→생산성'의 인과관계가 항상 한쪽 방향으로만 흐르는 것은 아니라는 주장도 있다. Munnell(1992)과 Gramlich(1994)는 경제력이 높은 지역에서 기반시설의 투자가 더 활발하게 진행될 수 있는 역인과(reverse causality)적 관계가 존재할 수 있음을 강조하였다. 실제로 이런 역인과성이 존재하기 때문에 앞서 살펴보았던 생산함수가 기반시설의 경제적 효과를 다소 부풀리는 상향편의(upward bias)를 발생시킨다는 주장도 있다.[11]

생산함수접근법은 다음의 그래프를 통해서 보다 쉽게 이해될 수 있다. 먼저, 교통기반시설의 투자는 노동(L)과 자본(K)의 최적배분점을 변화시킨다. 하나의 시나리오로, 접근성의 제고를 통해 생산비용이 절감된 상태에서, 생산량이 일정하게 유지되어야 한다면,

8 Rietveld & Bruinsma(1998)을 참조하시오.

9 Munnell(1990), Crafts(2009)을 참조하시오.

10 이를 역설한 대표적인 학자가 Barro(1990)이다.

11 이에 대해서는 Romp&de Haan(2007)을 참고하시오.

그림 6-1 교통기반시설 투자 전후의 노동과 자본의 배분효과

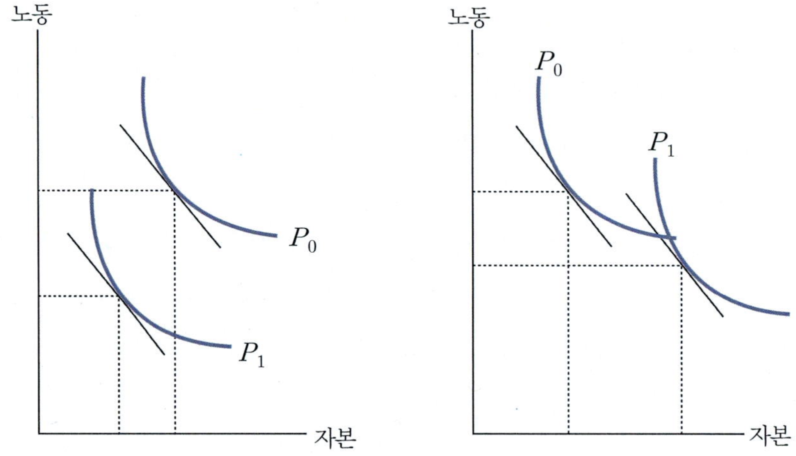

출처: Rietveld & Bruinsma (1998, p. 53).

참고: 왼쪽 그림은 필요한 노동과 자본의 양 모두가 줄어드는 상황이고, 오른쪽 그림은 노동은 감소하지만 자본의 양은 증가하는 상황이다.

필요한 노동과 자본의 양은 예전보다 더 줄어들게 된다(<그림 6-1>의 왼쪽 그래프 참조). 또 다른 시나리오로, 노동은 감소하지만 자본은 증가하는 상황을 생각해 볼 수 있다(<그림 6-1>의 오른쪽 그래프 참조). 하지만 기업 생산요소비용의 감소가 반드시 자본이나 노동의 양을 줄이기만 하는 것은 아니다. 〈그림 6-1〉의 상황과는 반대로, 생산비용의 감소를 체감한 기업들이 자본이나 노동의 양을 오히려 늘리거나 예전의 수준으로 유지할 수도 있다. 만일 기업이 자본과 노동의 양을 줄이지 않는다면, 생산량은 더욱 늘어나는 효과를 갖게 될 것이다.

지금까지 살펴보았던 바와 같이, 교통기반시설의 투자는 부가가치의 증가와 관련되는 기업의 생산성 제고를 통해 지역의 경제활동과 지역총생산(GRDP)에 영향을 줄 수 있다. 이와는 별도로, 교통기반시설 투자는 기업뿐만 아니라 이를 사용하는 개인들에게도 긍정적인 효과를 줄 수 있다. 앞서 언급하였지만 교통기반시설의 투자효과는 그 시설을 사용하는 개인적 관점에서는 복지의 증진효과와 관련된다. 하지만 기업의 생산성과 개인의 복지증진이 완전히 동떨어진 개념은 아니다. 기업이 누리는 생산비 절감효과는 개인의 접근

성 제고로 인한 복지의 증진과 맞물려 있기 때문이다. 다음 절에서는 개인 혹은 사용자의 관점에서 살펴본 교통기반시설의 투자효과에 대해 살펴보고자 한다.

2) 비용편익분석을 통한 접근

앞의 내용은 생산자 중심으로 바라본 교통기반시설의 투자효과이다. 생산함수접근법은 기반시설 투자와 생산성의 관계를 검증하는 데 매우 유용한 수단이기는 하지만, 투자된 교통기반시설을 이용하는 사용자에게 미치는 영향에 대해서는 분석을 할 수 없다는 한계를 갖고 있다. 흥미로운 사실은 기업에 미치는 교통기반시설 투자의 긍정적 효과가 개인에게는 반대로 나타날 수도 있다는 점이다. 이러한 예로는, 생산성 향상효과를 본 기업들이 고용을 감축하는 경우를 들 수 있다. 물론 기반시설의 투자효과가 고용에 미치는 영향은 그리 단순하지는 않다. 생산성 제고의 덕을 본 기업들이 더 많은 제품의 생산을 위해 고용을 증가시킬 수도 있기 때문이다. 실제로 기반시설의 투자의 고용 대체효과(substitution effects)가 클지 아니면 보완효과(complementary effects)가 클지에 따라 고용효과의 크기가 매우 다르게 나타날 수 있다. 이러한 이유로, 만일 투자의 경제적 효과를 '생산성' 아닌 '고용'의 관점에서 측정하고자 한다면, 기반시설의 투자효과가 경제적 효과를 감소시키는 방향으로 나타날 수 있음[12]에 유의해야 한다.

생산함수접근법 이외에 교통기반시설의 투자효과를 측정하는 데 유용하게 사용되고 있는 또 다른 방법은 비용편익분석기법(cost-benefit analysis)이다. 기반시설 투자효과에 어떠한 항목을 포함해야 하는지에 대해서는 학자들마다 의견이 분분하다. 하지만, 투자로 인해 직접적으로 영향을 받는 시간절감 및 금전적 비용절감의 편익을 포함해야 한다는 데는 큰 이견이 없는 것으로 알려져 있다. 비용편익분석에서 편익의 산정시 염두에 둘 점은, 시간절감 및 금전적 비용절감 편익과 더불어 지역경제의 활성화 효과를 추가적으로 고려하면 안 된다는 점이다. 이는 지역경제의 성장효과가 개인의 통행비용절감효과를 자본화(capitalized travel costs savings)한 형태로 나타난 것이기 때문이다.[13] 예를 들어, 보다 좋아진 기반시설을 이용하는 개인들이 자신들이 절감한 시간 및 비용을 다른 생산적인 활동에 사용할 가능성이 크기 때문이다. 이러한 경우에 절감된 시간편익과 지역경제효과를 동시

12 Banister & Berechman(2000, p. 163)을 참조하시오.

13 Banister & Berechman(2000)을 참조하시오.

에 고려하게 되면 이중계산(double counting)의 문제가 발생한다.

교통기반시설의 투자효과가 유발하는 외부효과(externalities)를 경제적 편익에 포함할 수 있는지에 대한 논의는 Banister & Berechman(2000)에 자세히 담겨 있다. 이들은 외부효과를 크게 금전적 외부효과(pecuniary externalities)와 배분적 외부효과(allocative externalities)로 나누어 살펴보고 있다. 먼저, 교통기반시설 투자로 인한 금전적 외부효과는 특정 지역에서의 교통비용 감소가 다른 시장에도 영향을 주는 상황에서 발생한다. 일부 학자들은 시장이 충분히 경쟁적인 경우, 이러한 효과를 비용편익분석에 포함하는 것은 그다지 바람직하지 않다고 지적한다. 왜냐하면 한 시장에서의 가격상승은 또 다른 시장에서의 가격하락으로 상쇄되는 효과가 있기 때문이다. 교통기반시설의 투자로 인한 토지가격의 변화는 상쇄효과의 좋은 사례가 될 수 있다. 예를 들어, 기반시설 투자로 인해 특정 지역의 접근성이 높아진 후 기업들이나 개인들이 그 지역에 몰려들었다고 치자. 이로 인해 해당 지역의 지가는 높아지게 될 것이다. 하지만 한 지역의 지가상승은 다른 지역의 지가하락과 긴밀한 연관이 있기도 하다. 만일 몰려든 기업들이나 개인들이 다른 지역에서 이동할 경우, 이들이 빠진 지역에서는 토지수요의 감소와 지가의 하락현상이 나타날 수 있기 때문이다.

배분적 외부효과는 경제적 편익을 계산하는 데 있어 금전적 외부효과에 비해 조금 더 중요하게 다루어질 필요가 있다. 이러한 외부효과는 교통기반시설의 투자로 인한 개인(혹은 다른 기업)의 비용감소효과가 다른 개인의 소비(혹은 다른 기업의 생산)에 영향을 주는 상황에서 발생한다. Banister & Berechman(2000)은 교통기반시설의 투자가 미치는 배분적 외부효과를 크게 네 가지 종류로 제시하면서, 이러한 외부효과가 경제성장과 긴밀한 관련이 있다고 주장하였다. 먼저 집적경제(agglomeration economies)의 증가다. 기업이 누리는 집적의 이익은 여러 기업들이 가까운 곳에 모여 있음으로 인해 단위당 생산비가 줄어드는 현상과 관련이 있다. 기업들이 서로 가깝게 위치하면 서로 분업을 하거나 시설의 공유를 통해 투자의 효율이 높아지기도 한다. 교통기반시설의 투자는 여러 지역들 간의 접근성을 제고시켜 기업들을 더욱 가깝게 엮는 효과가 있기 때문에 집적의 이익을 가져다 줄 수 있다.

둘째로 논의될 수 있는 배분적 효과로 노동시장의 불완전성(labor market imperfections)이 감소되는 현상을 들 수 있다. 공간적 거리가 멀어질수록 노동시장에서의 공급은 더욱 제약 받을 수밖에 없다. 실제로 개인들은 자신들이 거주하고 있는 지역에서 멀리 떨어져 있는 곳보다 가까운 곳의 취업정보나 고용기회에 보다 익숙한 경향이 있다. 교통기반시설의 투자는 이러한 공간적 제약의 정도를 완화해 개인들의 직업선택권을 넓힐 뿐만 아니라, 기업들이 더욱 원활히 노동력을 공급받을 수 있게 한다. 이처럼 기업과 개인의 연계가 더욱 활성화되면 지역경제의 발전에 도움을 줄 수 있다.

셋째는, 네트워크 경제(network economies)이다. 한 지역과 또 다른 지역 사이를 잇는 도로나 철도시설의 투자는 두 지역 간의 문제로만 끝나지 않는 성질이 있다. 실제로 두 지역 간의 접근성을 높이게 되면, 이 두 지역과 연결된 또 다른 지역이 영향을 받게 되고, 이렇게 영향을 받은 지역은 또 다른 지역에 영향을 주는 효과를 갖는다. 교통 네트워크는 단절적인 구조를 가지지 않기 때문에 특정 지역에 투자된 교통기반시설이 가지는 경제적 효과는 그 지역에만 국한되지 않는다. 개발도상국을 대상으로 한 최근의 연구[14]에서는, 일정수준 이상의 네트워크가 갖추어진 상태에서는 기반시설 투자의 한계효과가 매우 높게 나타나는 경향이 있음을 밝히고 있다.

마지막으로 환경적 효과(environmental effects)이다. 넓게 정의한 환경적 효과에는 교통사고로 인한 효과, 소음공해효과, CO2 발생의 기후변화효과, 대기오염효과 등이 포함될 수 있다. 교통기반시설의 신규 투자는 교통사고를 줄이고, 소음과 대기오염을 감소시키는 방향으로 진행되곤 한다. 교통기반시설의 투자가 이렇게 부(−)의 외부효과를 줄이는 방향으로 진행되면, 이는 시장에서 자원의 효율적 배분을 증진시키는 데 도움을 주게 된다.

〈그림 6−2〉는 교통시설의 투자가 어떠한 경로로 지역경제에 효과를 미치는지에 대해 보여주고 있다. 특히 이 그림은 교통기반시설 투자로 인한 주요효과(primary effect)로부터 또 다시 파생되는 배분적 외부효과가 지역의 경제발전에 이바지하고 있음을 역설하고 있다.

실제로 교통기반시설 투자의 경제성을 판단하기 위한 비용편익분석에서는 통행시간의 절감으로 인한 편익뿐만 아니라, 이로 인해 발생하는 다양한 외부성을 반영하여야 한다. 다시 한 번 강조하지만, 비용편익분석에서의 통행시간 절감효과는 자본화 과정을 통해 지역경제에 영향을 미치는 것으로 간주된다. 또한 자본화된 통행시간 절감효과에 포함되지 않는 다양한 외부효과들도 지역경제에 영향을 줄 수 있기 때문에, 가능한 한 이들을 비용편익분석에 고려해 주는 것이 필요하다.

14 Candelon et al.(2013)을 참조하시오.

그림 6-2　교통기반시설 투자의 경제적 효과

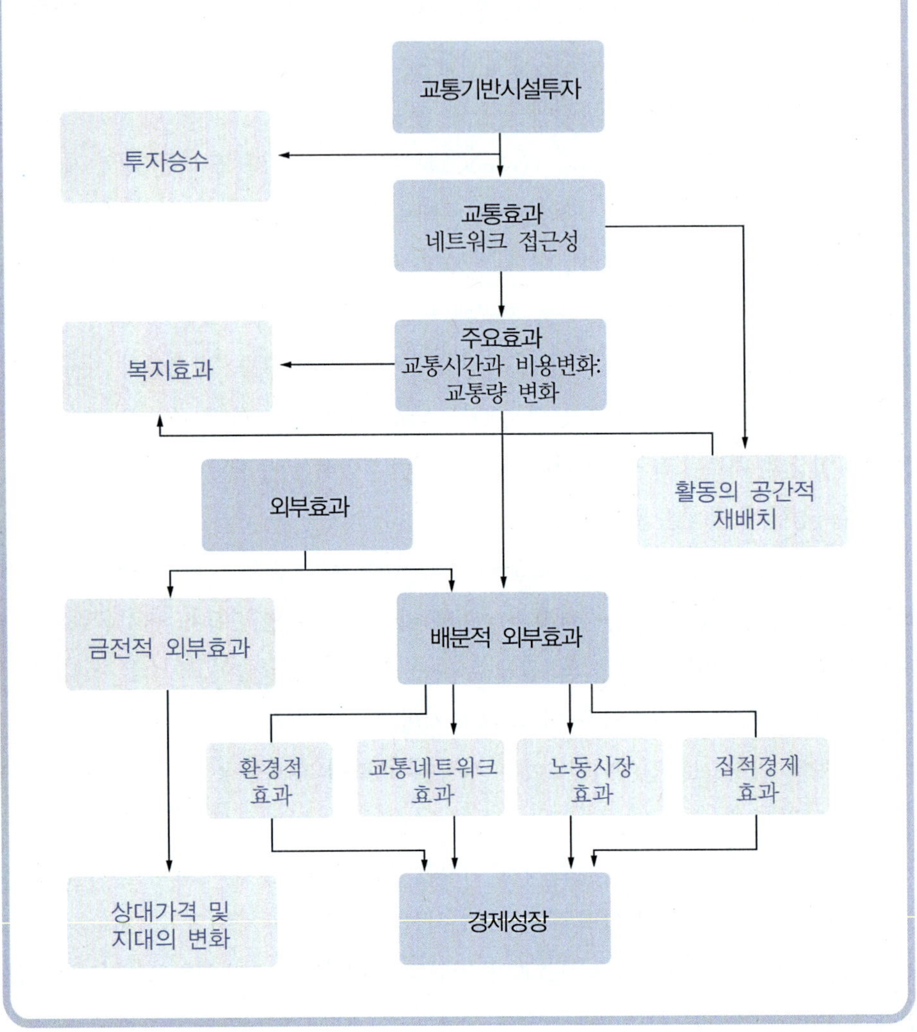

출처: Banister & Berechman(2001, p. 215).

6.3 비용편익분석을 통한 교통기반시설 투자의 경제적 효과의 측정

1) 교통기반시설 투자의 경제적 편익 및 비용

우리나라 국토교통부에서 제공하는 5차 개정 『교통시설 투자평가지침』(2017. 6)은 교통기반시설 투자로 발생하는 편익을 크게 직접편익과 간접편익으로 나누고 있다. 직접 편익에는 통행비용 감소(통행시간과 차량운행비 감소)효과뿐만 아니라, 교통사고비용, 대기오염, 온실가스, 차량소음 감소효과 등이 포함되어 있다. 반면, 간접편익은 계산상의 어려움과 직접편익과의 중복계산의 위험이 있어 투자의 경제적 효과로 고려되고 있지 않다.

표 6-3 도로 투자사업에 따른 편익분석 항목

구 분	편익분석 항목	비 고
직접편익	· 통행시간 감소 · 차량운행비 감소 · 교통사고비용 감소 · 대기오염 발생량 감소 · 온실가스 발생량 감소 · 차량소음 발생량 감소	편익분석 반영
간접편익	· 지역개발 효과 · 시장권의 확대 · 지역 산업구조의 개편 등	편익분석 미반영

출처: 국토교통부(2017, p. 181).

〈표 6−3〉의 직접 편익항목을 보다 자세히 설명하면 다음과 같다. 먼저, 통행비용 감소로 인해 사용자가 얻게 되는 편익의 총량은 <그림 6−3>을 통해 쉽게 이해할 수 있다. 공급이 q^B만큼 있었을 때의 소비자잉여(consumer surplus)는 수요곡선의 아래쪽으로부터 P^bB까지만 해당이 되지만, 공급이 q^A로 증가했을 경우 소비자잉여는 $P^A C$까지가 된다. 결국 교통기반시설의 투자로 인한 소비자잉여의 증가분은 P^BBCP^A의 면적이 되

그림 6-3 통행비용 감소로 인한 편익 산정의 개념도

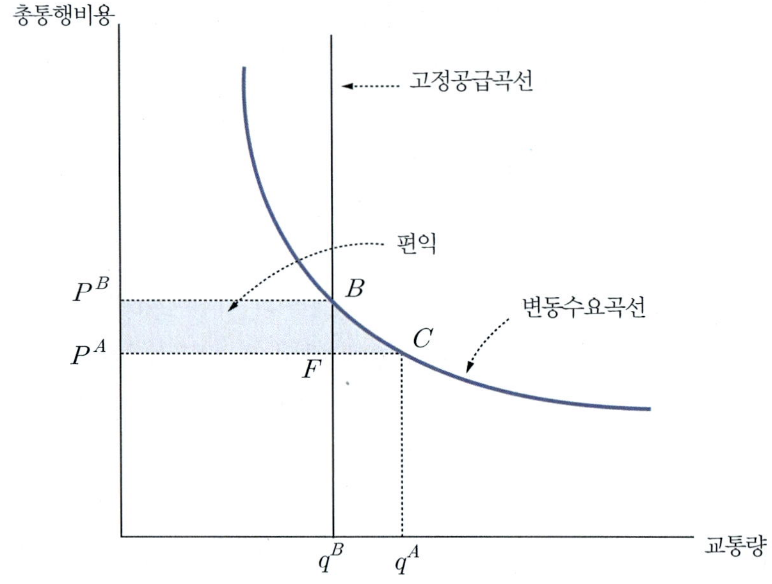

출처: 국토교통부(2013, p. 172).

는데, 이 면적은 기반시설의 공급으로 인해 사용자가 얻는 편익의 총량과 일치한다.

〈그림 6-3〉에서 P^BBCP^A는 교통시간의 감소로 인한 편익과 교통비용(차량운행비) 감소로 인한 편익 모두를 포함한다. 교통시간 감소로 인한 편익은, 이 시간을 다른 경제적 활동(예를 들어, 생산활동)에 투입했을 때 얻게 되는 생산품의 가치를 계산하는 방법으로 구할 수 있다. 이것이 앞에서 설명한 자본화된 교통시간 절감효과이다. 교통비용의 감소편익은 교통기반시설의 투자로 인해 사용자의 주머니에서 나갔던 돈의 일부가 절약되는 비용으로 계산한다. 이렇게 절약된 비용 또한 다른 경제적 활동에 투입될 여지를 갖기 때문에 경제적 효과를 갖는다고 가정할 수 있다.

둘째로, 이러한 교통비용의 감소편익은, 해당 사업구간을 이용하는 사람들뿐만 아니라 도로네트워크를 이용하는 전체 사람들을 대상으로 하는 것이 원칙이다. 특정 지역에 공급되는 교통기반시설은 그 지역에만 국한되지 않고, 전체지역에 영향을 주는 경향이 있기 때문이다. 네트워크 상에 나타나는 전체효과를 측정하기 위해서는 기반시설 투자의 영향이 예상되는 공간적 범위 내에 포함된 전체 네트워크를 대상으로 교통수요를 추정해야 한다. 이러한 이유로, 교통비용 감소로 인한 편익에는 Banister & Berechman(2001)에서 언급된 네 가지 외부효과 중 네트워크 경제를 어느 정도 포함하고 있다고 볼 수 있다.

셋째로, 〈표 6-3〉에서 절감되는 교통비용 이외에 고려되는 나머지 편익 항목들(교통사고비용, 대기오염, 온실가스, 차량소음 감소편익)은 Banister & Berechman(2001)을 통해 설명된 네 가지의 배분적 외부효과 중 환경적 효과에 관한 것들이다. 교통기반시설의 신규 투자로 줄어드는 교통사고, 대기오염, 온실가스, 차량소음은 실제로 이러한 부정적 효과를 줄이기 위해 투입되어야 했던 경제적 자원들이 다른 경제적 분야에 사용될 수 있는 여지를 갖게 한다는 점에서 편익으로 계산될 수 있다.

이상의 논의에서 알 수 있듯이, 우리나라의 국토교통부의 『교통시설 투자평가지침』에는 지역경제의 성장에 도움을 주는 네 가지 배분적 외부효과 중 기업이 누리는 집적의 외부효과와 노동시장의 불완전성을 감소시키는 외부효과가 고려되지 않고 있다. 다만, 〈표 6-3〉에서 간접편익 항목으로 포함되어 있는 시장권의 확대 및 지역산업구조의 개편 등이 이러한 편익들과 연관이 있을 것으로 짐작할 수도 있다. 우리나라에서도 교통기반시설 투자에 이러한 편익들을 포함해야 할지에 대한 논의가 계속되어야 할 것으로 보인다.

2) 교통기반시설 투자의 경제적 효과

교통기반시설은 도로, 철도, 공항, 항만 등 그 종류가 다양하다. 본 절에서는 설명의 편의를 위해 도로만을 대상으로 투자의 경제적 효과를 측정하는 방법[15]에 대해 설명하도록 한다.

① 통행시간 절감의 경제적 효과

새로운 도로의 공급은 통행수요 및 통행속도를 변화시킨다. 일반적으로 신규 도로시설의 투자는 지역 간 통행시간을 단축시키는 경향이 있다. 만일 시설투자 후 통행속도의 감소로 인해 통행시간이 늘어나는 예외적인 경우가 발생한다면 이를 부(-)의 편익으로 계량화하여야 한다. 통행시간의 감소편익은 사업의 시행으로 인해 감소되는 통행시간에 시간의 가치를 곱하여 계산될 수 있다. 시간의 가치는 여객통행과 화물통행으로 구분해서

15 도로시설 투자사업으로 인한 경제적 편익의 산정방법은 국토교통부에서 제공하는 5차 개정 『교통시설 투자평가지침』(2013. 11)을 참고하였다.

살펴볼 수 있는데, 여객의 경우는 업무통행과 비업무통행으로 구분하여 시간의 가치를 계산하지만 화물의 경우는 업무통행만 고려한다.

기본적으로 통행시간 절감의 편익(VOTS; Value of Time Savings)은 '통행량×통행시간×통행시간가치'로 계산되는데, 여기서 통행량과 통행시간은 교통수요분석을 통해 산출한다. 사업의 시행으로 절감된 통행시간 비용의 편익은 다음의 식[16]을 통해 구해질 수 있다.

$$VOTS = VOT_{\text{사업미시행}} - VOT_{\text{사업시행}}$$

여기서, $VOT = \left\{ \sum_{l} \sum_{k=1}^{3} (T_{kl} \times P_k \times Q_{kl}) \right\} \times 365$

T_{kl} = 링크 l 의 차종별 통행시간

P_k = 차종별 시간가치

Q_{kl} = 링크 l 의 차종별 통행량

k = 차종(1 : 승용차, 2 : 버스, 3 : 화물차)

위 식에서 업무통행의 경우, 절감된 통행시간이 생산활동에 추가적으로 투입될 수 있다는 가정을 바탕으로 하기에 통행자의 단위업무시간당 한계임금(marginal wage)[17]을 근거로 시간의 가치를 환산한다. 업무통행의 경우, 승용차 이용자와 버스 운전자, 화물차 운전자의 2011년 기준 시간가치는 1인 1시간당 각각 20,718원, 15,076, 15,636원 정도로 나타나고 있다.[18] 비업무통행의 경우에는 승용차 이용자와 버스 이용자만을 대상으로 하는데, 2011년 기준 시간가치는 1인 1시간당 각각 6,746원, 2,880원을 적용하고 있다.

16 국토교통부(2013, p. 177)를 참조하시오.

17 한계임금은 근로자가 단위시간을 더 일했을 때 받게 되는 임금을 의미한다. 이에 대한 계산은, 근로자의 시간당 임금에 오버헤드비율(=(퇴직급여+복리후생비+보험료)/급여)을 고려하는 방법이 가장 많이 이용되고 있다. 예를 들어, 승용차 이용자의 경우 시간당 임금이 16,131원인데, 여기에 오버헤드비율 28.4%를 고려한다면 1인당 1시간의 시간가치는 20,718원으로 계산된다.

18 우리나라의 경우 한국교통연구원에서 제공한 2007년 기준 승용차 한 대당 업무 통행 1시간의 가치는 약 7,500원 정도이며, 비업무 통행 1시간의 가치는 약 7,000원 정도이다.

② 통행 차량운행 및 유지비용(vehicle operating costs) 절감의 경제적 효과

새로운 도로가 공급될 경우 유류비, 엔진오일비, 타이어비 등을 감소시킬 수 있을 뿐만 아니라 유지관리비와 감가상각비도 낮출 수 있다. 즉, 새로운 도로의 공급으로 인해 사용자들은 자신들의 호주머니에서 나갔던 차량운행 및 유지비용의 일부를 절감할 수 있는 것이다. 도로시설 투자로 인한 차량운행비용의 변화분을 살피기 위해서는 교통모형을 통해 '차량의 종류'와 '차종별 속도'를 추정해야 한다. 유류의 경우 차량별 속도에 따라 소모량이 달라지는데, 우리나라의 경우 다음과 같은 식[19]에 의해서 유류 소모량을 계산[20]할 수 있다.

승용차 $L_c = -0.00325338\,V^2 + 0.47782761\,V + 2.28593762$

소형버스 $L_{sb} = -0.00250760\,V^2 + 0.36443089\,V + 1.54330901$

대형버스 $L_{lb} = -0.00073162\,V^2 + 0.10371089\,V + 1.06854641$

소형트럭 $L_{st} = -0.00205073\,V^2 + 0.25711696\,V + 2.90910340$

중형트럭 $L_{mt} = -0.00136819\,V^2 + 0.16318950\,V + 1.06722744$

대형트럭 $L_{lt} = -0.00042379\,V^2 + 0.05886221\,V + 0.88966832$

(단, V= 주행속도)

엔진오일 소모량, 타이어 마모율, 유지정비비 비율, 감가상각비 비율도 자동차의 속도와 차종에 따라 모두 다르게 나타난다. 교통시설 투자로 인한 자동차 속도의 변화와 이러한 변화로 인한 편익과 비용의 변화를 계산하는 것이 경제적 효과측정의 주요한 부분이 된다.

최종적으로, 차종별 총운행비용은 이상에서 살펴본 다양한 비용항목들을 모두 더하여 계산한다. 물론, 교통시설의 투자효과는 사업미시행시와 사업시행시의 총운행비용의 비교를 통해 계산할 수 있다. 차량운행의 절감편익(VOCS; Value of Cost Savings)은 다음의 식[21]으로 나타낼 수 있다.

---

19 국토교통부(2013, p. 178)를 참조하시오.

20 차종별 속도와 유류소비량의 관계는 '교통안전공단 자동차성능연구소'의 시험결과를 반영하고 있다.

21 국토교통부(2013, p. 182)를 참조하시오.

$$VOCS = VOC_{사업미시행} - VOC_{사업시행}$$

$$여기서,\ VOC = \sum_{l}\sum_{k=1}^{3}(D_{kl} \times VT_k \times 365)$$

$$D_{kl} = 링크 l \text{ 의 차종별 대} \cdot \text{km}$$

$$VT_k = \text{해당속도에 따른 차종별 차량운행비용}$$

$$k = \text{차종(1 : 승용차, 2 : 버스, 3 : 화물차)}$$

③ 교통사고 감소에 따른 경제적 효과

교통시설의 투자는 교통사고비용의 변화를 유발할 수 있다. 일반적으로 더 좋은 교통시설의 공급은 교통사고 수의 감소로 이어지는데, 이때 감소되는 교통사고비용을 화폐가치화한 것이 편익항목으로 포함될 수 있다. 교통사고비용은 기본적으로 '사고발생 수×사고비용 원단위×도로이용차량 수'로 계산한다.

도로에서 발생하는 교통사고비용은 물리적 비용과 심리적 비용으로 나누어 살펴볼 수 있는데, 물리적 비용은 인적 피해비용(예를 들어, 사망, 부상[22] 등), 물적 피해비용(예를 들어, 차량손해, 대물피해[23] 등), 사회기관비용(예를 들어, 경찰행정비용, 보험행정비용 등)으로 세분화될 수 있다. 사망(혹은 부상)으로 인한 인적 피해비용의 경우에는 전체 사망자 수(혹은 부상자 수)를 사망(혹은 부상)과 관련된 총사고비용으로 나누어서 1인당 사고비용의 원단위를 구한다. 물적 피해비용과 사회기관비용 또한 이와 유사한 방법으로 1인당 비용의 원단위를 구할 수 있다. 2011년을 기준으로 인적 피해비용은 사망의 경우 1인당 약 4억 2,000만원, 부상의 경우는 약 340만원 정도로 추산되고 있다. 또한, 물적 피해비용의 경우 차량손해는 1건당 약 120만원, 대물피해의 경우는 140만원으로 추산되고 있다. 심리적 비용은 교통사고로 인해 당사자가 받는 심리적 고통을 화폐가치화한 것이다. 사망의 경우에는 2011년 기준으로 1인당 약 1억 2,000만원이, 부상의 경우에는 약 1,500만원이 적용되고 있다.

교통사고의 감소에 따르는 편익의 화폐가치화는 도로망의 통행배정결과를 이용하여, 아래의 식[24]에서와 같이 교통시설 투자가 있었을 때와 없었을 때의 차이를 계산하는 방법

22 부상에는 중상(3주 이상의 치료를 요함), 경상(5일 이상 3주 미만의 치료를 요함), 부상신고(5일 미만의 치료를 요함)를 포함한다.

23 여기서 차량손해는 사고 유발자의 차량에 발생한 물적 피해를 의미하고, 대물피해는 사고 피해자의 차량에 발생한 물적 피해를 의미한다.

을 취한다.

$$VICS = VIC_{사업미시행} - VIC_{사업시행}$$

여기서, $VIC = \sum_{t=1}^{3}\left[\sum_{s=1}^{2}(A_{ts} \times P_s \times VL_t) + \sum_{a=1}^{2}(M_{ta} \times P_a \times VL_t)\right]$

A_{ts} = 도로유형별 • 사고유형별 1억대 · km당 교통사고 사상자수

M_{ta} = 도로유형별 • 사고유형별 1억대 · km당 교통사고 물적 피해건수

P_s = 인적 사고유형별 사고비용

P_a = 물적 사고유형별 사고비용

VL_t = 연간 도로유형별 억대 · km

s = 인적 사고유형(1 : 사망, 2 : 부상)

a = 물적 사고유형(1 : 차량피해, 2 : 대물피해)

t = 도로유형(1 : 고속도로, 2 : 국도, 3 : 지방도)

④ 기타 사용자편익의 경제적 효과

교통시설 투자로 인해 발생하는 경제적 편익에는 대기오염의 감소로 인한 편익과 온실가스 절감편익, 소음의 감소로 인한 편익 등도 포함될 수 있다. 먼저 대기오염으로 발생되는 비용은 일산화탄소(CO), 탄화수소(HC), 질소산화물(NO_x), 미세먼지(PM) 등으로부터 발생하는 피해로 볼 수 있는데, 도로여건의 개선으로 인해 줄어드는 피해의 양을 편익으로 계산할 수 있는 것이다. 물론 대기오염의 비용은 차종별, 차량의 속도별, 대기오염물질별로 다르게 나타나기에 이를 고려하여 비용을 계산한다.

둘째로, 온실가스의 절감편익을 계산하기 위해서는 교통수단별 이산화탄소(CO_2)의 배출량을 알아내는 것이 중요하다. 이산화탄소의 배출량을 계산하는 가장 일반적인 방법은 차량의 종류와 속도별로 교통량을 파악하고 이로부터 발생되는 이산화탄소의 양을 추정하는 것이다. 배출되는 이산화탄소가 어느 정도 절감되는지에 대해서는 어렵지 않게 추정할 수 있으나, 이러한 절감분을 화폐화하는 작업은 그리 쉽지 않다. 그래서 해외에서는 이산화탄소의 잠재가격을 산정하여 지구온난화의 부정적 영향을 막는 편익을 산정하고 있다. 국토교통부의 투자평가지침에서는 해외에서 추정한 잠재가격 평균치를 사용하고 있는데, 2011년 현재 이산화탄소의 1톤의 경제적 가치는 약 170,000원 정도이다.

24 국토교통부(2013, p. 190)를 참조하시오.

마지막으로, 교통시설의 투자로 인해 줄어드는 소음량을 화폐가치화할 수 있다. 일반적으로 소음량 1dB당 필요한 유지관리비용(방음벽 등)의 원단위를 소음량 저감으로 인한 편익으로 가정하곤 한다. 소음저감으로 인한 편익도 교통량, 도로의 종류, 그리고 속도에 따라 다른 특징이 있기에 이들을 고려하여 총편익을 산정한다.

6.4 교통기반시설 투자의 경제성 분석

사업의 시행 여부를 결정하는 경제적 타당성 분석은 기준시점을 정하고, 미래에 발생하는 모든 편익과 비용을 계산하여 이 둘의 크기를 비교하는 방법을 취한다. 이 분석에서는 화폐가치로 계량화된 편익의 크기가 비용의 크기보다 클 때 경제성이 있다고 판단한다. 교통기반시설 투자의 경제적 타당성 분석은 지금까지 검토된 총편익을 시설투자에 소요되는 총비용들과 비교되는 과정을 거친다. 여기서 언급하는 비용은 교통기반시설의 투자에 소요되는 총사업비로서, 크게 시설의 공사비와 보상비를 포함하는 건설비와 건설이 완료된 후 소요되는 유지관리비로 나누어진다(<표 6-4> 참조).

편익과 비용의 비교를 위해서는 미래의 시점에서 발생되는 편익과 비용을 현재의 가치로 환산할 필요가 있다. 현재에 발생되는 편익(혹은 비용)의 명목적 수치는 미래의 편익(혹은 비용) 수치에 비해 작기 때문에 반드시 할인(discount)의 과정을 거쳐야 한다. 올해의 10,000원과 10년 후의 10,000원이 동일한 가치를 가지지 않는다는 사실을 기억하면 할인의 이유를 쉽게 이해할 수 있다. 일반적으로 경제성 분석에 이용되는 사회적 할인율은 5.5%를 적용하는 경우가 많다. 또한 경제적 타당성을 분석하는 기간은 주로 30년으로 하는 게 일반적이다.

편익과 비용을 비교하는 방법으로는 비용-편익비(B/C ratio), 순현재가치(Net Present Value, NPV), 내부수익률(Internal Rate of Return, IRR)의 세 가지 방법이 주로 사용된다. 먼저, 비용-편익비는 편익의 현재가치의 총합을 비용의 현재가치의 총합으로 나누어주는 방법으로 구할 수 있다.

표 6-4 교통투자사업의 사업비 내용

<table>
<tr><th colspan="4">사업비 항목</th><th>사업비 내용</th></tr>
<tr><td rowspan="10">총사업비</td><td rowspan="8">건설비</td><td rowspan="4">직접공사비</td><td>토 목</td><td>- 교통시설의 기초 토목공사 및 구조물</td></tr>
<tr><td>건 축</td><td>- 정거장, 휴게소, 영업소등 교통관련 건축시설</td></tr>
<tr><td>시설, 설비</td><td>- 부문별 교통시설의 설비 구입 및 설치비</td></tr>
<tr><td>시스템</td><td>- 교통시설 운영 및 관리를 위한 시스템</td></tr>
<tr><td colspan="2" rowspan="2">간접공사비</td><td>- 설계비, 감리비, 조사비, 측량비</td></tr>
<tr><td>- 간접노무비 및 보험료, 예비비</td></tr>
<tr><td rowspan="2">보상비</td><td>용지매입비</td><td>- 사업구간 용지매입에 소요되는 비용</td></tr>
<tr><td>주요보상비</td><td>- 지장물 보상비, 지하보상비, 어업보상비, 기타 관계법령에 의한 보상항목</td></tr>
<tr><td rowspan="2">유지관리비</td><td colspan="2">시설운영비</td><td>- 시설운영 인건비 및 경비
- 운영시설(차량, 시스템) 대체비</td></tr>
<tr><td colspan="2">유지보수비</td><td>- 관련시설 유지보수비 및 개량비
- 시스템 보수 및 교체비</td></tr>
</table>

출처: 국토교통부(2017, p. 291).

$$\text{비용}-\text{편익비}(\text{B/C비율}) = \sum_{n}^{N} BPV_n \Big/ \sum_{m}^{M} CPV_m = \sum_{n}^{N}\sum_{t=0}^{T}\frac{B_{nt}}{(1+r)^t} \Big/ \sum_{m}^{M}\sum_{t=0}^{T}\frac{C_{mt}}{(1+r)^t}$$

여기서, BPV_n: n항목 편익의 현재가치

CPV_m : m항목 비용의 현재가치

n, N: 편익항목의 종류

m, M: 비용항목의 종류

T: 기준연차로부터 평가대상기간 최종 연차까지의 연수

t : 기준연차를 0으로 하는 연차

r : 사회적 할인율

비용-편익비는 보다 쉽게 설명하면, 비용의 현재가치에 대한 편익의 현재가치의 비율을 의미한다. 후자가 전자보다 크다면 비용-편익비는 1보다 큰 값을 갖게 되며, 이는 투자사업이 타당성이 있음을 의미한다.

둘째로, 순현재가치는 할인율로 할인된 현재시점의 총편익에서 총비용을 뺀 값을 의미한다. 이 방법에서는 순현재가치가 양의 값을 가지는($NPV > 0$ 경우) 투자사업은 받아들여질 수 있는 것으로 간주된다. 사업의 대안이 여러 개일 때는 순현재가치는 클수록 경제적 타당성이 높다고 판단하며, 이러한 순현재가치를 극대화(maximization)하는 대안이 바람직하다고 간주한다.

$$\text{순현재가치(NPV)} = \sum_{t=0}^{T} \frac{\sum_{i=n}^{N} B_{it} - \sum_{j=m}^{M} C_{jt}}{(1+r)^t}$$

여기서, B_{it} : i항목의 t연도 편익
C_{jt} : j항목의 t연도 비용
n, N: 편익항목의 종류
m, M: 비용항목의 종류
T: 기준연차로부터 평가대상기간 최종 연차까지의 연수
t : 기준연차를 0으로 하는 연차

마지막으로 내부수익률은 현재가치화된 비용의 총합과 편익의 총합을 같게 만들어주는 할인율을 뜻한다. 실제로 높은 내부수익률을 갖는다는 의미는, 미래의 편익을 낮게 계산함에도 불구하고 사업의 효과가 있다는 것을 의미한다. 그러므로 높은 내부수익률을 보일수록 더 좋은 사업이라고 할 수 있다. 정책을 결정하는 사람은 바람직하다고 생각하는 최저 한계선으로의 한계수익률을 정해놓고 계산된 내부수익률이 한계수익률보다 큰 사업을 바람직하다고 판단하곤 한다.

$$\text{내부수익률(IRR)} = \sum_{t=0}^{T} \frac{\sum_{i=n}^{N} B_{it} - \sum_{j=m}^{M} C_{jt}}{(1+ir)^t} = 0$$

여기서, B_{it} : i항목의 t연도 편익

C_{jt} : j항목의 t연도 비용

n, N : 편익항목의 종류

m, M : 비용항목의 종류

T : 기준연차로부터 평가대상기간 최종 연차까지의 연수

t : 기준연차를 0으로 하는 연차

ir : 내부수익률

이상의 경제성 분석을 마친 후에는 민감도 분석(sensitivity analysis)이라는 추가적 분석을 하는 경우가 많다. 민감도 분석은 미래에 예측하지 못하는 비용이나 편익의 변화에 따라 어떻게 경제적 타당성의 평가가 바뀔 수 있는지에 대한 시나리오 분석이라 할 수 있다. 이는 외부의 경제적 여건이 급격히 변동하는 데 따른 위험을 미리 예측하게 함으로써, 여러 가지 시나리오에 따른 해결방안을 마련하기 위함이다. 예를 들어, 민감도 분석은 비용이 증가하는 상황과 편익이 감소하는 상황에서의 경제성을 평가하여 최악의 경우를 대비하게 할 수 있다. 또한 할인율의 변동에 따른 경제성을 판단함으로써 환율이 나 금리의 급격한 변동에 대비할 수 있게 한다.

6.5 요약 및 결론

본 장에서는 교통기반시설 투자가 지역경제에 미치는 효과를 측정하는 방법에 대해 살펴보았다. 먼저, 기존연구들은 시설투자가 갖는 지역경제효과를 공급 측면이 아닌 수요 측면에서 측정하고 있음을 지적하였다. 수요 측면에서는 기업들에겐 생산성 제고효과를, 개인에게는 교통비용 절감을 통한 복지증진효과를 강조하고 있다. 전자에 초점을 맞춘 연구들은 생산함수를 통한 경제적 효과측정에 주력하는 반면, 후자에 초점을 맞춘 연구들은 사용자의 관점에서 교통비용의 절감효과를 밝히는 데 역점을 두고 있다. 둘째로 본 장에

서는 시설투자의 비용편익분석을 위한 편익의 측정시 어떠한 항목들이 고려되어야 하는지에 대해 추가적으로 논의하였다. 특히, 사용자의 교통비용 절감과 이로 인해 발생하는 외부효과에 대해 자세히 기술하였다. 본 장에서 기술된 경제적 편익에 대한 논의는 우리나라 국토교통부의 『교통시설 투자평가지침』에 반영된 편익항목들에 대한 독자들의 이해도를 높이는 데 도움을 줄 것으로 기대한다.

참고문헌

- Banister, D. & Berechman, J., Transport Investment and Economic Development, London: UCL Press, 2000.
- Banister, D. & Berechman, J., Transport Investment and the Promotion of Economic Growth, Journal of Transport Geography, 2001, Vol. 9, pp. 209~218.
- Barro, R. J., Government Spending in a Simple Model of Endogenous Growth, Journal of Political Economy, 1990, Vo. 98., No. 5, pp. S103~S125.
- Candelon, B., Colletaz, G., & Hurlin, C., Network Effects and Infrastructure Productivity in Developing Countries, Oxford Bulletin of Economics and Statistics, 2013, Vol. 75, No 6, pp. 887~913.
- Combes, P., Mayer, T., & Thisse, J., Economic Geography: The Integration of Regions and Nations, Princeton, NJ, Princeton University Press, 2008.
- Crafts, N., Transport Infrastructure Investment: Implications for Growth and Productivity, Oxford Review of Economic Policy, 2009, Vol. 25, No. 3, pp. 327~343.
- Frankel, J. and Romer, D., Does Trade Cause Growth?, American Economic Review, 1999, Vol. 89, pp. 379~399.
- Gramlich, E. M., Infrastructure Investment: A Review Essay, Journal of Economic Literature, 1994, Vol. 32, No. 3, pp. 1176~1196.
- Munnell, A. H., How Does Public Infrastructure Affect Regional Economic Performance?, Federal Reserve Bank, 1990, pp. 69~194.
- Munnell, A. H., Policy Watch: Infrastructure Investment and Economic Growth, The Journal of Economic Perspectives, 1992, Vol. 6, No. 4, pp. 189~198.
- Rietveld, P & Bruinsma, F., Is Transport Infrastructure Effective?: Transport Infrastructure and Accessibility: Impacts on the Space Economy, Springer, 1998.
- Romp, W. & de Haan, J., Public Capital and Economic Growth: A Critical Survey, Perspektiven der Wirtschaftspolitick, 2007, Vol. 8, pp. 6~52.
- 국토교통부, 교통시설 투자평가지침, 2017. 6.

제 2 부

Regional and Urban Economics

지역 및 공간경제

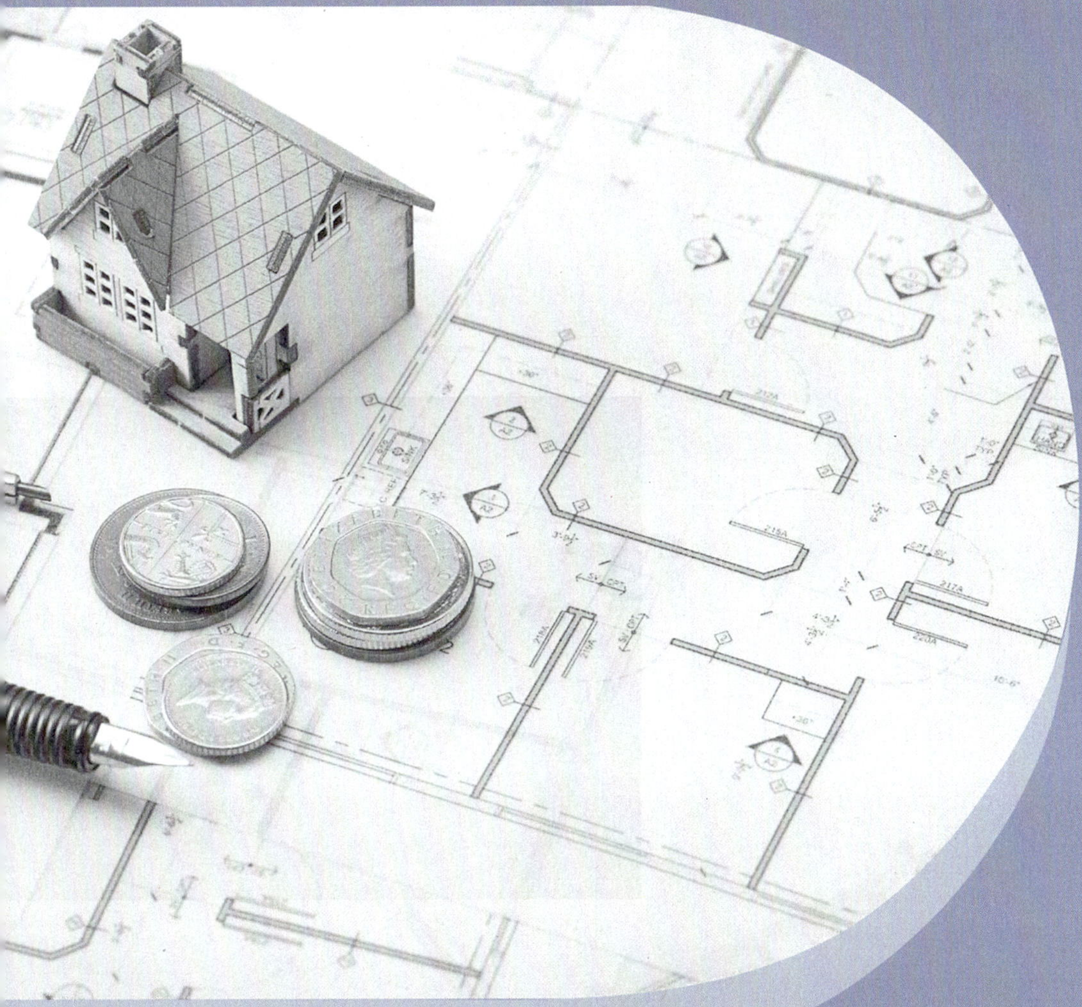

Regional
and
Urban Economics

제7장

지역경제성장과 지역격차

제7장에서는 지역경제 성장과 불균형과의 관계를 그 이론적 배경을 토대로 살펴보도록 한다. 지역경제성장에서 균형성장이론은 지역경제의 성장을 위해 다양한 산업을 동시에 성장시켜 상호보완적 수요를 창출하여 시장을 확대하는 전략을 의미하며, 공간적으로는 균형적인 성장을 추구하는 전략이다. 반면, 불균형성장이론은 주어진 자원과 재화의 효율적인 사용을 위해 성장 가능성이 높은 위치에 특정 산업을 집중적으로 육성하여 성장의 효과를 후방지역으로 확산하는 전략으로 볼 수 있다. 본 장에서는 지역경제성장 및 지역격차의 개념과 측정지표를 정의하고 실증연구 사례를 통해 두 지표 사이의 관계를 살펴보도록 한다.

7.1 지역경제성장의 이론적 배경

일반적으로 지역의 발전 정도는 지역의 경제적 규모와 성장수준으로 나타낼 수 있다. 그리고 지역경제의 성장은 지역 내 자본과 노동의 투입으로 생기는 생산량의 증가 또는 부가가치의 증가를 의미한다. 따라서 지역경제의 성장은 고용창출을 통해 지역주민의 소득향상에 기여하여 지역발전으로 이어질 수 있다.

지역경제성장에 관한 이론은 크게 수요 측면과 공급 측면으로 나누어 볼 수 있다. 수요 측면에서의 지역경제의 성장은 지역에서 생산하는 재화나 서비스에 대한 수요의 증가가 지역경제의 성장을 가져오는 것을 의미한다. 반면 공급 측면에서의 지역경제의 성장은 노동과 자본 그리고 기술 등 생산요소의 공급에 의해 이루어지는 것을 말한다. 공급 측면에서 접근하는 지역경제성장은 신고전학파 경제이론을 바탕으로 하고 있다. 이는 생산요소에 대한 한계비용이 높은 곳에서 낮은 곳으로 이동하고, 노동자는 임금이 낮은 곳에서 높은 곳으로 이동하기 때문에 장기적으로 지역의 공간적 균형성장이 가능하다는 이론이다. 지역경제의 성장이론은 다음과 같이 크게 균형성장이론과 불균형성장이론으로 구분할 수 있다.

1) 균형성장이론

균형성장이론(balanced growth theory)은 1950년대 저개발국가의 경제성장을 위한 모형으로 제시되었다. 저개발국가에서는 자본의 부족으로 유효수요가 창출되지 못하고, 유효수요의 부족은 소득감소와 자본의 부족으로 이어져 "빈곤의 악순환"(vicious cycle of poverty)이 지속되는 현상이 일어나게 된다. 균형성장이론은 이와 같은 빈곤의 악순환을 벗어나기 위해 저개발국가에서 상호 보완적 관계를 가지는 경제부문들에 일정규모 이상의 투자를 동시다발적으로 진행하여 지역균형성장을 유도할 수 있음을 제시하였다(Rosenstein-Rodan, 1943; Nurkse, 1952). 이는 저개발국가의 경제성장에 있어 특정 산업에 집중하여 경제성장을 추구하기보다 농업, 공업, 서비스업 등의 모든 산업을 동시에 성장시켜 어느 정도 수준에 도달할 수 있도록 상당한 규모의 투자가 필요함을 의미한다. Rosenstein−Rodan(1943)은 이러한 경제성장모형을 빅푸쉬(big push)모형으로 이론화하였으며 빅푸쉬를 통해 산업부문 간 상호 보완적인 유효수요를 창출하여 균형성장을 유도하는 전략이라 할 수 있다. 그러나 균형성장이론은 제한된 자원을 산업의 각 부문에 균형적으로 투자하는 데 있어 현실성이 떨어지며 어떤 산업에 얼마만큼 투자를 해야 하는지 기준이 모호하다는 한계를 가지고 있다(김용웅 외 2009).

국가수준에서 논의되었던 균형성장이론을 지역에 적용하면 지역의 균형성장이론을 제시할 수 있다. 균형성장이론은 개념적으로 고전적 공간균형이론(classical spatial equilibrium theory)과 맥락을 같이하고 있다. 전통적인 신고전주의적 경제성장 관점에서 지역경제의 성장은 시장에서 자본의 축적과 투자로 산업의 영역이 확대되고 노동생산성이 향상하여 생산량의 규모가 증가하는 것을 말한다. 이러한 신고전주의적 지역경제성장이론은 생산요소인 자본과 노동이 한계수확(marginal return)을 찾아 자유롭게 이동할 수 있으며 이러한 이동은 생산요소의 가격 차이에 의해 발생한다고 보았다. 따라서 노동의 경우 임금수준이 낮은 곳에서 높은 곳으로 이동하고 자본은 수익률이 낮은 곳에서 높은 곳으로 이동하며, 시간이 지나면 시장의 힘으로 지역 간 성장격차는 감소하여 균형성장 상태에 도달한다는 것이 핵심이다.

대표적인 신고전 지역성장모형은 콥−더글라스(Cobb−Douglass) 생산함수를 들 수 있다. 콥−더글라스 생산함수 $Y=AL^{\alpha}K^{\beta}$는 총 생산량(Y), 노동(L), 자본(K) 그리고 기술의 발전에 따라 달라지는 비례상수(A)로 구성되어 있으며 규모에 대한 보수불변(constant returns to scale)을 가정할 경우 지수의 합($\alpha+\beta$)이 1이 된다. 신고전 지역성장이론은 모형이 논리적으로 간결하여 적용이 용이하고 지역 내 성장구조와 지역 간 관계를 동시에 규명할 수 있다는 장점이 있으나 완전경쟁, 생산요소인 노동과 자본의 자유로운 이동, 규모에 따른 불변성의 생산함수 등의 비현실적인 가정과 집적경제, 도시화 및 수송비용 등을 고려할 수 없는 제약을 가지고 있다(김용웅 외 2009).

2) 불균형성장이론

① 성장거점이론

성장거점이론은 경제성장을 위해서 성장의 잠재력이 가장 높은 거점을 설정하여 집중적인 투자와 개발로 성장의 효과를 주변지역으로 파급시키고자 하는 이론이다. 성장거점이론은 1950년대 프랑스의 경제학자인 페로우(Perroux, 1955)의 성장극이론(growth pole theory)에 의해 발전되었다. 페로우가 제시한 성장극의 원래적 개념은 지리적인 실체이기보다 전체산업에서 성장을 견인하는 핵심산업(core industries) 또는 핵심기업(core business)을 의미한다. 따라서 페로우의 성장극이론은 비공간적 실체인 경제공간에서 원심력과 구심력의 중심이 되는 핵심산업을 의미한다. 경제공간에서 성장극은 다른 산업에 비하여 성장속도가 빠르고, 다른 산업과 연계가 높아 파급효과가 크며, 지역경제 전체를 선도할 수 있는 규모를 가진 산업이다. 따라서 성장극을 형성하고 있는 산업의 성장은 성장극산업과 연계된 다양한 산업으로 파급되어 지역경제가 성장하게 된다.

페로우에 의해 제시된 성장극이론은 보드빌(Boudeville, 1966)에 의해 지리적인 실체인 성장중심지(growth center) 개념으로 확장되었다. 보드빌은 경제적 개념인 성장극을 공간에 적용하여 지역을 동질지역, 분극지역, 계획지역으로 분류하여 분석한 결과, 분극지역에서 성장이 가장 높게 나타나는 것을 확인하였다. 따라서 성장극이론에 따르면 지역의 경제성장은 성장극산업을 성장잠재력이 높은 공간에 집적하여 성장을 촉발할 때 성장이 배후지역으로 파급될 수 있는 가능성을 가지게 된다. 이러한 성장극이론은 성장거점이론으로 체계화되었다.

성장거점이론은 기존의 성장극이론에 공간을 결합하여 현실적인 관점에서 지역성장이 모든 공간에서 균등하게 일어나지 않고 성장잠재력이 큰 공간에서 선택적으로 일어나는 것을 전제하고 있다. 따라서 성장거점이론은 기본적으로 불균형성장이론이라고 할 수 있다. 성장거점이론의 체계화는 뮈르달(Myrdal, 1957)과 허쉬만(Hirschman, 1958)에 의해 이루어졌으며 공간지리학적 측면에서 지역성장의 설명을 가능하게 하였다. 불균형성장이론은 저개발국이나 개발도상국에서 관찰되는 “저성장의 악순환”을 극복하기 위한 수단으로서 균형성장이론의 비현실성을 지적하였다. 따라서 지역경제의 성장을 위해서는 성장잠재력이 높은 성장거점을 중심으로 집중적인 투자와 산업의 육성을 통해 성장의 효과를 확산하는 것이 필요하다고 주장하였다.

② 뮈르달의 불균형성장이론

Myrdal(1957)은 성장거점이론으로 누적적 인과모형(cumulative causation model)을 제시하였다. 누적성장이론의 핵심개념은 성장거점을 중심으로 일어나는 역류효과(backwash effect)와 확산효과(spread effect)로 구분할 수 있다. 역류효과는 성장거점이 성장할 때 주변의 자본과 노동을 흡수하여 성장거점과 배후지 사이에 불균형성장이 일어나는 현상을 말한다. 반면 확산효과는 성장거점에 누적된 성장이 주변 배후지로 확산하는 현상을 의미한다.

뮈르달의 누적적 인과모형은 허쉬만의 불균형성장이론과 매우 비슷하지만 역류효과와 확산효과의 관계에 대한 설명에서 결정적인 차이를 가지고 있다. 뮈르달은 성장거점으로 향하는 역류효과가 배후지로 향하는 확산효과보다 항상 더 강하게 작용하기 때문에 불균형성장은 지속될 수밖에 없다고 보았다. 이러한 역류효과로 인해 성장은 성장거점으로 더 집중하게 되고 배후지역의 자본과 노동이 성장거점으로 이동하여 불균형이 더 심화하는 것을 의미한다.

뮈르달의 누적적 인과모형은 신고전적 경제성장이론에서 주장하는 장기적인 공간경제 균형상태와는 반대되는 결론으로 볼 수 있다. 뮈르달은 누적적 인과모형을 통해 경제성장으로 인한 지역격차가 심화할 것이기 때문에 지역격차를 해소하기 위해서는 공공의 개입과 정책이 필요함을 강조하고 있다.

③ 허쉬만의 불균형성장이론

Hirschman(1958)은 뮈르달과 비슷한 시기에 불균형성장이론을 제시하였다. 허쉬만은 뮈르달이 제시한 역류효과와 확산효과를 비슷한 개념인 분극효과(polarization effect)와 파급효과(trickling-down effect)로 나누어 설명하였다. 허쉬만의 불균형성장이론에 따르면 경제발전의 초기에는 성장거점을 중심으로 배후지의 노동과 자원을 흡수하는 분극효과가 나타나 공간적 불균형은 심화되지만 성장이 어느 정도 이루어지면 파급효과를 통해 성장의 효과가 주변지역으로 확산하게 된다. 따라서 성장거점으로 집중되는 분극효과는 공간적 입지가 가지고 있는 인적, 물적, 기타 다양한 환경적 차이나 정책의 결과로 나타나며 장기적으로 성장의 파급효과가 주변지역으로 확산하여 지역균형성장을 유도할 수 있음을 의미한다.

〈그림 7-1〉에서 분극효과는 t_1에서 빠르게 증가하기 시작하여 t_2에서 정점에 이르게 된다. 반면 확산효과는 t_1에서 점차 증가하기 시작하여 t_2에서 빠르게 증가하기 시작한다. 결국, 확산효과는 분극효과와 t_3에서 교차하게 되고 t_3 시점을 지나면 확산효과가 분극효과를 넘어서 성장의 효과가 주변지역으로 파급되어 공간적 균형성장이 가능하게 된다.

그림 7-1 분극효과와 확산효과의 상호작용

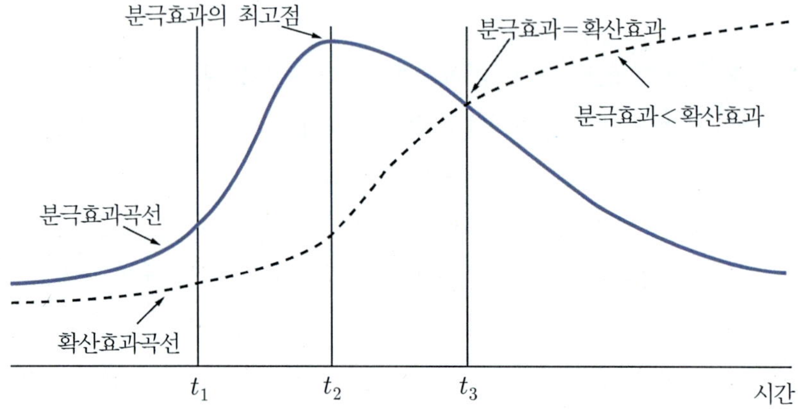

자료: Kipnis(2009).

뮈르달과 허쉬만의 불균형성장이론을 산업발전과 경제성장정책에 적용하면 국가는 성장극에 해당하는 핵심산업을 전략적으로 잠재력이 높은 성장거점지역에 집중적으로 육성함으로써 성장의 파급효과를 후방지역으로 확산할 수 있다. 그러나 불균형성장이론은 성장거점에 집중하는 분극효과가 어느 정도 누적되었을 때 파급효과의 확산이 일어나는지 과정과 경로에 대해서는 구체적인 결과를 제시하지 못하는 한계점을 가지고 있다.

④ 중심-주변부 모형

Freidmann(1966)은 중심－주변부 모형(core－periphery model)을 통해 개발도상국의 경제발전과정을 제시하였다. 그는 뮈르달(1957)과 허쉬만(1958)의 불균형성장이론과 Christaller(1933)와 Lösch(1938)가 발전시킨 중심지이론(central place theory)을 토대로 중심－주변부 모형을 〈그림 7－2〉와 같이 단계별로 체계화하였다. 중심－주변부 모형은 앞에서 설명한 불균형 성장이론과 동일하게 경제성장이 모든 지역에서 동시에 일어나지 않고 성장잠재력이 높은 지역 중심지의 극화발전(polarization development)을 통해 이루어지며 확산효과는 주변부의 특정 지점에 집중되는 것으로 설명하였다. 마찬가지로 중심부의 성장은 주변부의 노동과 자원 활용을 통해 이루어진다는 가정을 가지고 있다.

중심부는 공간에서 주변지역과 상호작용의 중심이 되는 지역을 의미하고 주변부 지

그림 7-2 Friedmann's 4단계 공간발전모형

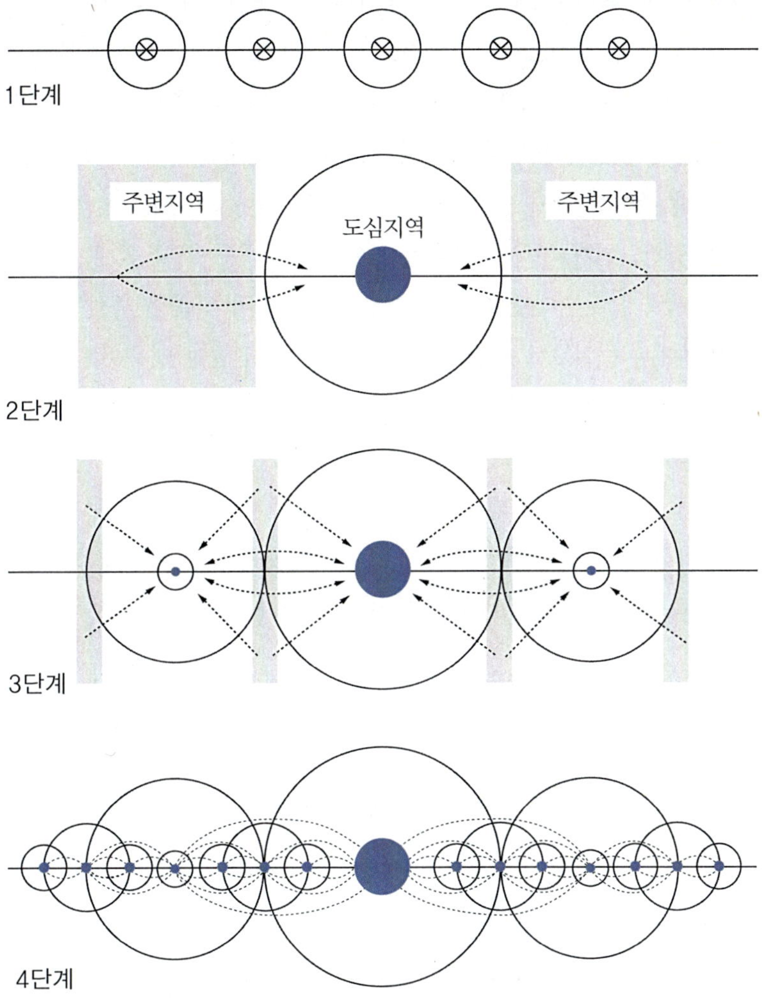

자료: Friedmann(1966).

역은 중심부에 의존하고 있는 지역이라고 할 수 있다. 중심부는 공간적으로는 지역중심에 위치하고 있고 높은 성장잠재력을 가진 지역이며 혁신(innovation)을 위한 인구, 사회, 경제적 그리고 제도적 요건을 갖춘 지역을 의미한다. 그리고 주변부는 중심부에 의존하여 중심부에 필요한 자원과 노동을 제공하는 역할을 하게 된다. 중심부에서 혁신을 통한 발전과 성장이 이루어지게 되고 이러한 성장은 주변부의 주요 지역으로 확산하여 중심부와 주변부는 유기적으로 연계된 하나의 경제성장체계로 통합된다.

프리드만의 4단계 모형을 더 구체적으로 살펴보면 아래 〈표 7-1〉과 같이 정리할 수 있다. 1단계는 산업화의 전 단계로서 1차 산업 위주의 경제상태이다. 이 단계에서는 경제성장을 위한 중심은 존재하지 않으며 배후지역에 필요한 서비스를 담당하는 중심만 존재한다. 중심과 주변부 간에 인구이동이나 재화와 서비스의 이동은 적고 전체적으로 소규모 자족적인 공간단위가 분산된 형태를 보이게 된다. 두 번째 단계는 산업화 초기단계로 경제성장 잠재력이 매우 높은 중심지에 산업의 성장과 자본의 축적이 일어난다. 이 단계에서는 주변부에서 중심부로 생산요소와 고용인구의 집중이 매우 빠르게 진행되고 중심부와 주변부 간의 발전격차는 계속 증가하게 된다. 세 번째 단계는 산업화 성숙단계로 중심부의 경제성장이 확산하여 주변부로 흘러들어가는 상태를 말한다. 이러한 확산효과는 주변부의 공간에 균형적으로 진행되지 않고 중심부에 비해 상대적으로 규모가 작은 새로운 성장지점들이 주변부에 형성된다. 그리고 이러한 현상은 중심부의 집중으로 인한 혼잡과 한계비용의 증가 때문에 일어난다고 볼 수 있다. 마지막으로 네 번째 단계는 중심부와

표 7-1 프리드만의 중심-주변부 모형의 단계별 특징

단 계		특 징
1단계	전산업화 시기	• 소규모 자족적 분산형 구조로 농업 등 1차 산업 중심 • 중심지와 주변부 인구와 재화의 이동이 제한적
2단계	산업화 초기	• 성장역량을 갖춘 중심지에 산업화 진행 • 중심지에 수출기반 산업의 형성 • 중심지로 인구의 이동이 급격하게 진행 • 주변부로 재화와 서비스 공급
3단계	산업화 성숙기 (전환단계)	• 산업화의 성숙단계 • 중심지의 기업 입지비용과 집중으로 인한 혼잡증가 • 기술혁신이 일어나고 주변부로 성장 확장 • 주변부에 규모가 상대적으로 적은 성장 중심지 형성
4단계	탈산업화 (공간조직의 통합)	• 중심지와 주변부의 기능적 위계 형성 • 공간경제체계의 상호의존적 균형상태 도달

자료: Friedmann(1966) 4단계 모형의 주요 내용을 정리.

주변부의 공간적 통합단계를 의미한다. 이 단계에서 중심부와 주변부의 소규모 중심 및 배후지역은 기능적으로 연계된 하나의 유기적 통합지역으로 안정되어 있는 상태이다.

⑤ 내생적 지역성장모형

신고전 경제성장이론에서 성장은 자본과 노동, 그리고 기술 등 생산요소의 투입에 대한 함수로 정의되고 있다. 따라서 국가 또는 지역 간 격차는 자본, 노동, 그리고 기술수준의 격차 때문에 발생하는 외생적 경제성장론을 의미한다. 외생적 경제성장론에 의하면 생산요소인 노동과 자본의 투입으로 인한 한계생산물은 수확체감의 특성을 가지고 있다. 이러한 수확체감의 특성과 완전경쟁시장에서 생산요소의 자유로운 이동 때문에 국가 또는 지역 간의 경제성장 격차는 장기적으로 볼 때 해소될 수 있으며, 외생적으로 주어지는 기술의 지속적인 발전이 경제성장에 중요한 요인이 될 수 있다(Solow, 1956).

그러나 이러한 가설은 그동안 선진국과 후진국 간 경제성장 격차가 해소되지 않는 현상 등을 일관성 있게 설명할 수 없는 한계를 가졌다. 또한, 외생적 경제성장 모형에 따르면 경제성장의 혜택이 지역주민에게 돌아가는 것이 아니라 외부의 자본으로 흘러들어가 지역은 외부자본의 생산을 위한 수단으로 전락할 수 있고, 개발로 인한 환경훼손의 문제점이 있으며 지역의 경제성장을 위한 자율성과 자생적 발전을 위한 잠재력 저하 등이 야기된다는 점에서 비판을 받았다(이성근 외, 2013).

반면 내생적 성장모형(endogenous growth model)은 경제의 지속적인 성장이 외생적으로 주어지는 기술의 진보 없이도 지식(knowledge)과 인적자본(human capital)의 축적과 같은 내생적 요인에 의해 일어날 수 있음을 제시하고 있다(Aghion and Howitt, 1998; Romer, 1986, 1994; Lucas, 1988). 특히, 내생적 성장모형에서는 인적자본과 이로 말미암아 축적된 지식에 집중하고 있다. 이러한 인적자본과 지식은 누구나 사용할 수 있는 비배타성과 언제 어디서든 사용할 수 있는 비경쟁적인 특성을 지닌 공공재(public goods)의 성격을 가지고 있다. 따라서 내생적 성장모형에 의한 경제성장은 외생요인인 기술의 발전 없이도 한계수확체증의 특성을 가지는 내생적인 인적자본과 축적된 지식의 확산효과(spill over effect)에 의해 이루어질 수 있음을 의미한다. 내생적 성장이론을 지역경제성장에 적용할 때 지역의 고유한 특성에 기반한 지식산업과 인적자본의 중요성, 그리고 이들 부문에 대한 장기적인 투자 등이 지역균형성장을 위한 중요한 요인이라고 할 수 있다.

3) 소 결

우리나라는 1970년대부터 지역 균형발전을 위해 성장거점전략을 채택하여 실행해 왔다. 수도권에 비해 상대적으로 낙후된 지방 대도시의 성장을 위해 지역 내 발전 잠재력이 높은 성장거점을 선정하여 집중적으로 투자하였다. 그럼에도 불구하고 우리나라 성장거점 전략은 수도권지역으로의 과도한 집중을 초래하는 결과를 가져왔으며 수도권과 비수도권의 지역격차가 증가하였다. 이러한 결과는 뮈르달의 주장과 같이 경제성장이 주변지역으로 확산하는 확산효과(spread effect)보다는 역류효과(backwash effect)가 항상 강하기 때문에 불균형성장이 지속될 수밖에 없는 구조적인 한계 때문으로 볼 수 있다. 또한, 성장거점의 성장효과가 주변지역으로 확산되지 못한 가장 큰 이유는 지역의 전통적인 산업과 연계된 자생력 있는 산업구조로 유도하는 데 한계가 있었으며, 지역에 산업단지, 도로, 전력 및 용수 등 물리적인 사회간접자본에 치중하여 생활환경인 보건·교육·복지·주택 등 사회적 하부구조와 연계하지 못했기 때문으로 볼 수 있다(김용웅 외 2009).

성장거점에 대한 직접적인 투자와 정책적 지원은 성장과 투자의 누적적 인과관계를 반복하게 되고 성장의 확산효과보다는 주변지역의 자원과 성장잠재력까지 흡수하게 되어 성장과 지역격차의 증가 사이에 악순환을 되풀이할 수 있다. 이 경우 주변지역은 고립되고 사회·경제적으로 침체할 것이며 성장거점만 경제성장을 유지할 수 있게 된다. 이러한 측면에서 불균형성장전략은 경제성장의 과정에서 증가하는 지역격차를 해소하기 위한 정책적인 방안이 함께 제시되어야 한다.

7.2 지역경제성장과 지역격차

1) 이론적 배경

경제발전과 소득 불균형과의 관계는 그동안 국가단위에서 다양한 분석이 이루어졌다.

대표적으로 쿠르네츠(Kuznets, 1955)는 경제발전의 초기단계에서 지역 간 소득 불균형은 심화하지만 시간이 지나면서 경제가 성숙한 단계로 나아가면 불균형은 완화된다는 역U자형 가설(inverted U-shaped hypothesis)을 주장하였다. 이러한 주장에 대한 실증연구로 윌리엄슨(Williamson, 1965)은 국제 비교분석으로 24개국을 선택하여 경제성장과 지역격차와의 관계를 분석하였다. 경제발전의 초기단계에서는 전체지역이 지역격차가 없는 저성장 상태를 유지하게 된다. 그러나 경제발전의 초기단계에서 발전이 이루어지면서 소득이 올라가면 지역격차가 증가하다가 일정한 수준이 지나면 지역격차가 줄어드는 역U자형 형태가 되는 것을 실증적으로 보여주었다.

〈그림 7-3〉은 쿠르네츠와 윌리엄슨의 역U자형 곡선으로 경제성장으로 인한 소득의 증가가 y_{01}에서 y_{02}로 증가하면 지역격차는 d_0에서 d_1으로 증가하게 되는 것을 보여준다. 반면에 산업화 후기 경제성장의 성숙기에서는 성장으로 인한 y_{11}에서 y_{12}로 소득 증가가 d_1에서 d_0로 소득격차의 감소를 가져오게 된다.

경제성장과 지역격차에 대한 쿠르네츠와 윌리엄슨의 역U자형 패턴에 대하여 Richardson(1975)은 시간이 지나면서 확산효과가 역류효과를 넘어서 결과적으로 순확산효과가 증가하는 것으로 설명하였다. <그림 7-4>에서 그래프 (1)은 확산효과의 진행과정

그림 7-3 쿠르네츠와 윌리엄슨의 역U자형 그래프

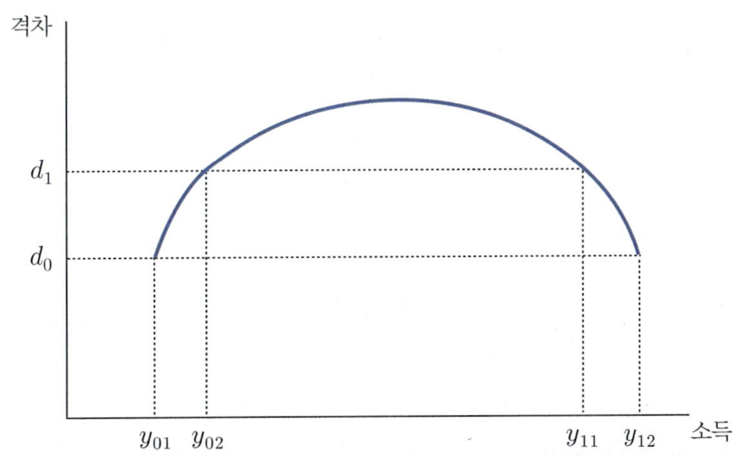

자료: Davies and Hallet(2002, p. 5).

그림 7-4 시간의 경과에 따른 확산효과와 역류효과의 관계

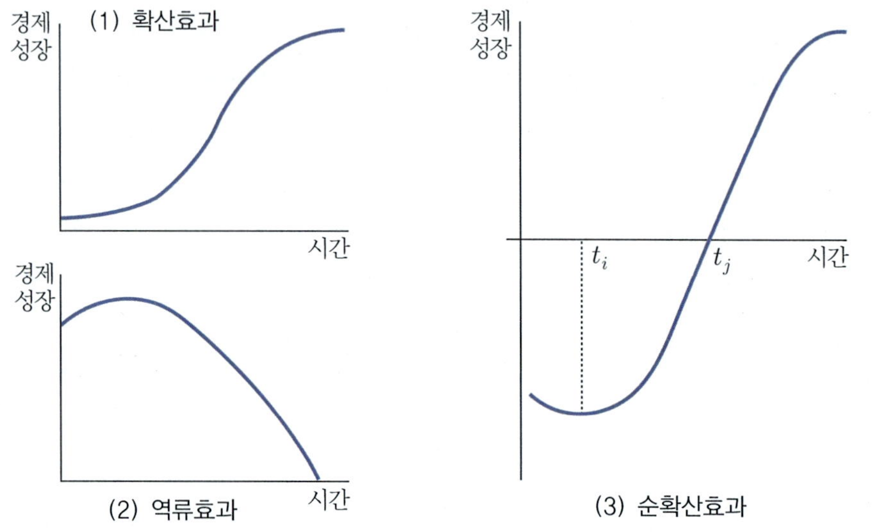

자료: Richardson(1975, p. s29).

이고, (2)는 역류효과를 나타내고 있다. 이 두 그래프를 통합하면 (3)과 같이 나타낼 수 있으며 t_i에서 역류효과 즉 극화가 가장 크지만 시간이 t_j에 오면서 순확산효과는 증가할 것으로 보았다. 따라서 지역격차는 확산효과의 증가로 자연스럽게 해소된다.

지역경제성장과 지역격차에 대한 쿠르네츠-윌리엄슨의 역U자형 가설은 경제발전의 초기에 발생하는 지역격차가 완전경쟁상태의 시장경제체제 하에서 노동과 자본의 자유로운 이동에 의해 균형상태에 이르는 신고전주의적 경제이론을 바탕으로 하고 있다. 지역경제가 성장하면서 장기적으로 지역 간 격차가 해소될 수 있다는 낙관론적인 주장은 생산요소의 자유로운 이동이 가능하고 규모에 따른 수익불변과 완전경쟁시장을 가정으로 하고 있기 때문이다. 그러나 국가나 지역수준에서 이러한 가정은 현실성이 떨어진다는 한계를 가지고 있기 때문에 역U자형 이론에 대한 다양한 비판이 제기되었다.

이러한 맥락에서 미국을 비롯한 선진국을 대상으로 한 후속연구에서 역U자형과는 다르게 경제성장에 의한 지역격차가 다시 증가하는 현상을 발견하였다(Amos, 1988; Braun, 1991). <그림 7-5>에서 Amos(1988)는 선진국을 대상으로 장기간 동안 지역경제성장

그림 7-5 아모스의 역U자형 그래프

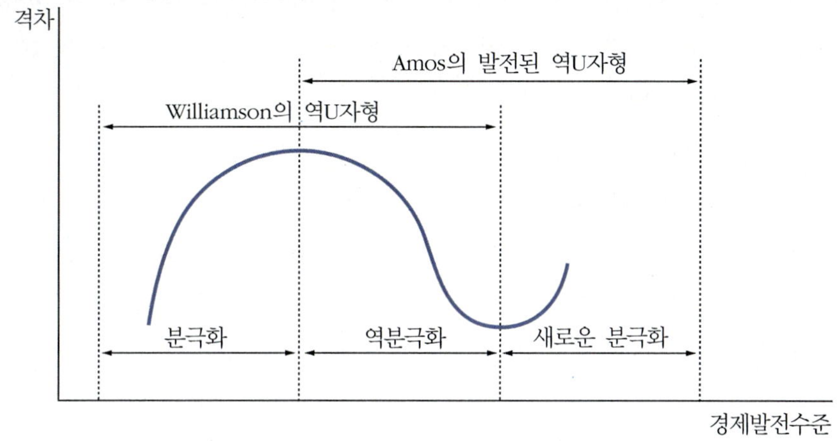

자료: Amos(1988, p. 553)의 그래프를 재구성.

과 지역격차를 분석하여 역U자형의 끝 지점에서 다시 지역격차가 증가하는 현상을 보고하였다. 그는 미국 50개 주를 대상으로 1929년부터 1985년까지 경제성장과 지역격차와의 관계를 분석한 결과 31개 주가 역U자형의 끝에서 경제성장으로 인한 지역격차가 다시 증가하는 발전된 역U자형을 보이고 있는 것을 실증적으로 보여주었다. 선진국의 이러한 현상은 산업구조의 새로운 변화와 더불어 기술의 발전에 의한 혁신이 그동안 성장이 집적된 공간을 중심으로 일어나 새로운 중심부–주변부 형태의 공간구조를 가지는 것으로 볼 수 있다. 이는 산업이 성숙기에 접어든 선진국의 경우에도 기술의 발전과 혁신이 끊임없이 이루어지기 때문에 혁신이 일어나는 지역과 주변지역 간의 지역격차는 다시 증가할 수 있음을 의미한다.

2) 지역격차의 측정지표

지역격차는 불평등(inequality)을 측정하는 지표를 통해 나타낼 수 있다. 단순한 형태의 불평등 측정지수로는 범위(range), 상대적 평균차(relative mean deviation), 변이계수(coefficient of variation), 십분위 분배율(decile distribution ratio) 등이 있다. 단순한 불평등지수보다 조금 더 발전된 불평등 측정지표로는 지니계수(GINI coefficient), 타일지수(Theil index), 엔트로피지수(entropy index) 등이 있다. 이러한 불평등지수들은 국가나 지역 간의 경제성장 격차 또는 소득의 불평등 정도를 측정하는 중요한 지표로 사용되고 있다. 그리고 불평등을 측정하기 위해 이들 다양한 지수들은 연구의 목적, 자료의 종류와 분포에 따라 불평등의 다양한 측면들을 설명할 수 있다.

일반적으로 객관적인 불평등 측정지수가 되기 위해서는 익명성(anonymity), 소득규모에 대한 독립성(scale independence), 인구규모에 대한 독립성(population independence), 그리고 피구-달톤의 이전원칙(Pigou-Dalton Transfer Principle) 등의 네 가지 원칙을 만족해야 한다(Cowell, 1995). 첫째, 익명성은 소득의 분포만 중요하고 누가 어떤 소득을 가졌는지는 전혀 문제가 되지 않음을 의미한다. 둘째, 소득규모에 대한 독립성은 각각의 소득에 일정한 소득을 곱하거나 더해도 불평등지수에는 아무런 영향이 없음을 말한다. 셋째, 인구규모에 대한 독립성은 인구의 크기에 따라 불평등지수가 영향을 받지 않아야 함을 의미한다. 즉, 불평등지수가 인구규모에 영향을 받을 경우 인구규모가 서로 다른 지역이나 도시의 비교가 어렵게 된다. 마지막으로 피구-달톤의 이전원칙은 고소득자가 자신의 소득을 저소득자에게 이전시키면 불평등도가 작아져야 하는 원리를 말한다.

① 범위(Range)

불평등의 정도를 가장 단순한 형태로 측정할 수 있는 방법은 최댓값과 최솟값의 차이(maximum-minimum)를 평균(mean)으로 나누어 주는 방법이다. 만약 모든 지역의 평균 소득이 동일하다면 범위를 이용한 불평등도는 0 값이 될 것이다. 만약 n개의 전체 지역에서 특정한 한 지역이 모든 소득을 가지고 있다면 불평등도는 n이 될 것이다.

$$R = (y_{\max} - y_{\min})/\mu$$

범위를 이용한 불평등도는 계산이 매우 간단하지만 최댓값과 최솟값의 차이를 가지고 평가하여 두 값 사이의 분포에 대한 특성을 알 수 없다는 문제점을 가지고 있다. 또한. 최댓값과 최솟값의 이상치에 의해 왜곡될 수 있는 한계점을 가지고 있다.

② 상대적 평균차(Relative Mean Deviation)

상대적 평균차는 개념적으로 어떤 자료의 분포에서 각 측정값이 평균으로부터 상대적으로 얼마나 떨어져 있는지 측정하는 지표라고 볼 수 있다. 따라서 완전히 균등할 경우 상대적 평균차 M은 0이 된다. 반면 한 사람에게 모든 소득이 편향될 경우 상대적 평균차는 $M=2(n-1)/n$이 된다.

$$M=\frac{1}{n\mu}\sum_{i=1}^{n}|y_i-\mu|$$

상대적 평균차는 절댓값을 사용하고 있기 때문에 피구-달톤의 이전원칙을 충족시키지 못한다. 절댓값으로 인하여 부유한 사람의 소득을 가난한 사람에게 이전하여도 불평등도는 동일하게 유지되어 이전의 원칙이 충족되지 않는다는 문제를 가지고 있다.

③ 변이계수(Coefficient of Variation)

변이계수는 불균형이나 소득격차를 측정하는 간단한 방법으로 많이 사용되고 있는 지표이다. 변이계수는 표준편차를 평균(μ)으로 나누어주어 지역 간 상대비교를 가능하도록 만든 불균형 측정지표로 볼 수 있다. 이 경우에는 피구-달톤의 이전원칙을 충족시킨다. 그러나 분산과 표준편차는 분석자료의 단위에 따라서 값이 상대적으로 달라지기 때문에 지역 간 비교에는 한계를 가지고 있다.

$$CV=\frac{\sqrt{variance}}{\mu}=\frac{1}{\mu}\sqrt{\frac{1}{n}\sum_{i=1}^{n}(y_i-\mu)^2}$$

④ 십분위분배율

십분위분배율(decile distribution ratio)은 지역격차를 측정하기 위한 수단으로 우선 분석대상 지역을 소득의 크기에 따라 순서대로 정렬한 다음 10등분하여 소득이 높은 상위 십분위계층 소득합계를 소득이 낮은 하위 십분위계층의 소득합계로 나누어준 값이다. 예를 들어 십분위분배율은 "최하위 40% 소득계층의 점유율/최상위 20% 소득계층의 점유율"로 계산하는 방식이다. 가장 평등한 지역이라면 하위 40%가 받는 소득은 전체의 40%가 되고 상위 20%가 받는 소득은 전체의 20%가 되기 때문에 최댓값이 2가 된다. 가장 불평등한 분배는 최상위 20%가 모든 소득을 가지고 있는 경우로 십분위분배율은 0이 된다. 이와 같이 십분위분배율은 P90/P10, P90/P50, P75/P25, P50/P10 등으로 응용해서 적용 가능하며 소득이나 지역격차의 양극화를 측정할 때 매우 유용한 지표로 볼 수 있다.

⑤ 지니계수

지니계수는 소득분포의 불평등도를 측정하기 위해 미국의 통계학자 M. Lorenz가 고안한 로렌츠곡선을 통해 계산할 수 있다. <그림 7-6>에서 제시된 로렌츠곡선에서 X축은 누적가구 또는 인구의 백분율(%)이고, Y축은 누적소득의 백분율(%)이다. 그리고 가운데 대각선은 소득격차가 없는 완전히 균등한 상태를 나타낸다. 지니계수는 <그림 7-6>에서 대각선으로부터 로렌츠곡선 사이의 면적비율을 뜻하는 것으로 $A/(A+B)$로 나타낼 수 있다. 지니계수는 다양한 형태로 변형시킬 수 있으나 일반적인 수학식은 다음과 같다(Gini, 1912).

$$Gini = 1 + \left(\frac{1}{n}\right) - \left[\frac{2}{n^2\mu}\sum_{i=1}^{n}(n+1-i)y_i\right]$$

그림 7-6 로렌츠곡선과 지니계수

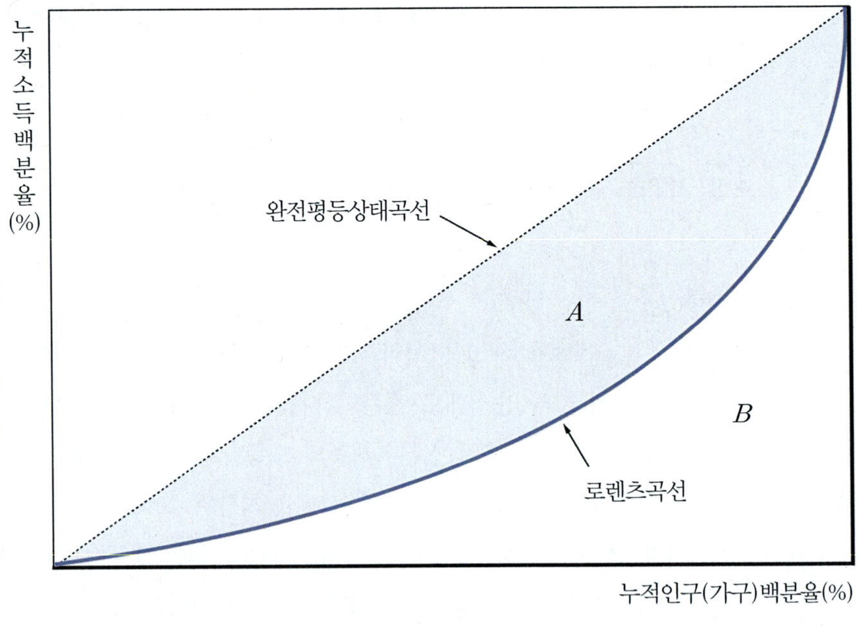

여기서 $A=0$이 될 경우 로렌츠곡선은 완전균등선과 동일함으로 격차가 없는 상태를 의미한다. A의 면적이 증가하면 증가할수록 격차는 증가한다고 할 수 있으며 B의 면적이 0이 될 때 지니계수는 1이 되어 가장 극단적인 격차를 가진 상태가 된다.

그러나 지니계수는 단위지역의 구체적인 소득분포의 특성을 정확하게 설명하는 데 한계를 가지고 있다. 이는 상호 교차하는 로렌츠곡선의 경우 소득분포의 내용이 다르지만 지니계수 값은 동일하게 나올 수 있음을 의미한다.

⑥ 타일지수(Theil Index)

Theil(1967)은 Shannon의 정보이론(information theory)에 사용하였던 엔트로피(entropy) 개념을 가지고 불평등지수를 개발하였다. 엔트로피법칙은 물리학에서 열역학 제2법칙으로 불리며 엔트로피가 증가한다는 뜻은 무질서의 정도가 증가하여 균질적인 상태로 나아가는 것을 말한다. 따라서 타일지수가 높아지는 것은 불평등의 정도가 완화되는 것을 말한다.

$$Theil=\left(\frac{1}{n}\right)\sum_{i=1}^{n}\left(\frac{y_i}{\mu_t}\right)\log\left(\frac{y_i}{\mu_t}\right)$$

타일지수는 변동계수와 지니계수의 한계점을 극복할 수 있는 불평등지수로써 전술한 불평등지수가 가져야 할 4가지 원칙을 만족할 뿐만 아니라 요인분해(decomposition)를 통해 지역의 그룹 간(between group), 그리고 그룹 내(within group) 지수로 요인분해하여 분석할 수 있는 장점을 가지고 있다.

3) 경제성장과 지역격차의 실증연구

OECD 주요 국가를 대상으로 소득에 대한 지니계수의 추이를 살펴보면 <표 7-2>와 같다. 전체적으로 2008년 금융위기 이전까지 경제의 성장기 동안 소득의 불평등 정도는 국가마다 약간의 차이는 있지만 증가한 것을 볼 수 있다. 특히 우리나라의 소득분포에 대한 지니계수는 2006년 0.306에서 2008년 0.314로 증가하였으며, 2008년 세계 금융위기를 정점으로 감소하기 시작하여 2015년에 0.295로 떨어져 주요선진국과 비교할 때 높지 않은 상황이다.

표 7-2 소득에 대한 지니계수의 추이 (2000-2015)

	2000	2005	2010	2011	2012	2013	2014	2015
핀란드	0.255	0.265	0.264	0.264	0.260	0.262	0.257	0.260
프랑스	0.287	0.288	0.303	0.309	0.305	0.291	0.293	0.295
독일	0.264	0.297	0.286	0.291	0.289	0.292	0.289	0.293
한국	-	0.306*	0.310	0.311	0.307	0.302	0.302	0.295
일본	0.337	-	-	-	0.330	-	-	-
영국	0.352	0.359	0.351	0.354	0.351	0.358	0.356	0.360
캐나다	0.315	0.315	0.316	0.313	0.317	0.320	0.313	0.318
미국	0.357	0.380	0.380	0.389	0.389	0.396	0.394	0.390

*2006년도 한국의 소득에 대한 지니계수임

자료: 가처분소득에 대한 지니 계수, OECD.StatExtracts. http://stats.oecd.org/Index.aspx?DatasetCode=IDD

그림 7-7 상위 1% 소득집중도 국제비교(단위 %)

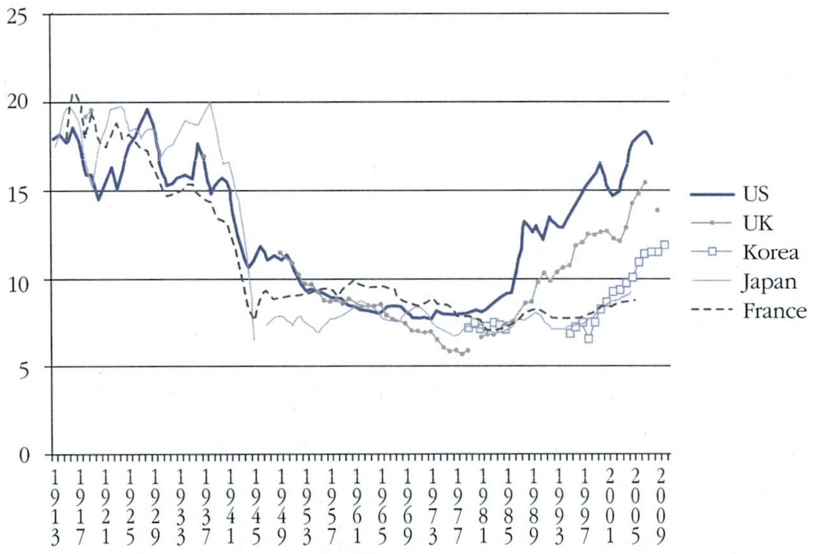

자료: 김낙년(2012, p. 28).

국가별로 살펴보면 영국을 제외한 유럽 국가의 경우 소득불평등이 전반적으로 우리나라 보다는 낮은 것을 알 수 있고 영국, 미국, 캐나다의 경우 우리나라보다 소득불평등이 높은 것을 알 수 있다. 2015년 기준으로 소득 불평등이 가장 높은 나라는 미국으로 나타났다.

김낙년(2012)은 최근 OECD 주요 국가를 중심으로 소득 불평등 정도를 나타내는 상위 1% 그룹의 소득집중도를 1913년부터 2009년까지 시계열적으로 분석하였다. 〈그림 7－7〉에서 나타나는 것과 같이 1945년 2차 세계대전 이전까지 소득의 양극화가 매우 높았으며 상위 1%가 전체 소득의 15~20%를 차지하였던 것을 알 수 있다. 이러한 극심한 소득 양극화 현상은 2차 대전 이후 그 지수가 절반 이하로 떨어졌다가 1970년대까지 비교적 안정적으로 유지되었다. 그러나 1980년대부터 미국과 영국을 중심으로 빠르게 증가하기 시작하였다. 이러한 현상은 경제가 성숙단계에 이른 선진국에서 쿠르네츠(1955)가 주장한 역U자형 곡선과는 다르게 경제발전에 의한 소득불평등이 개선되지 못하였음을 보여주는 것이다.

우리나라의 경우 고도 경제성장기인 1970~1980년대까지 소득불평등 정도가 낮았으나 1997년 외환위기 이후 소득의 양극화가 빠르게 증가하는 것으로 나타났다. 그리고 이러한 현상은 영국과 미국의 현상과 매우 유사하게 진행되고 있는 것으로 나타났다.

지금까지 국가적인 수준에서 경제성장과 불평등의 관계를 살펴보았다. 이러한 관계를 우리나라 지역경제성장과 지역격차에 적용해 볼 수 있다. 지역경제의 성장이 일시적인 소득불균형을 완화하여 장기적으로 균형발전을 가져올 수 있는 것일까? 그렇지 않으면 지역경제성장이 지역 간 소득불균형을 심화시키는가? 허문구·안기돈(2008)의 연구는 우리나라의 경제성장과 지역격차를 1965년부터 2005년까지의 시계열자료를 구축하여 분석하였다. 그들의 연구에 따르면 우리나라의 경우 1965년부터 1990년까지 1인당 지역 내 총생산을 통해 살펴본 지역 간 소득격차는 경제가 성장하면서 완화되었다가 1990년 이후로 다시 빠르게 확대되고 있는 것으로 나타났다. 이는 Amos(1988)가 제시한 모형과 매우 유사하다고 볼 수 있다. 1990년대 이후 우리나라의 산업화가 성숙단계로 접어들었으며 지식기반산업의 확산과 기술발전으로 산업구조가 바뀌면서 기존의 성장지역과 주변부의 지역경제 성장격차가 새롭게 증가하였다. 특히 수도권의 경우 이미 형성되어 있는 기업들의 집적효과와 상대적으로 풍부한 인적자본을 수급하기 위해 기업들이 더 집중하게 되어 지역 간 격차는 더욱 증가하게 되었다고 볼 수 있다.

허문구·안기돈(2008)의 연구는 우리나라의 경제성장기를 1965~1990년 그리고 1991~2005년으로 나누어 전자를 경제성장에 따른 지역격차가 완화한 시기로, 후자를 지역격차가 다시 증가한 시기로 구분하였다. 재미있는 사실은 전자의 경우 인과관계가 성립하지만, 후자인 1991~2005년의 경우 경제성장과 지역격차 사이에 인과관계는 없는 것으로 보고한 점이다. 이는 2차 산업 중심의 산업화가 성숙단계를 넘어서게 되면 지역격차는 경제성장외 다른 여러 요인에 의해 영향을 받기 때문인 것으로 볼 수 있다.

동일한 주제에 대하여 전해정(2014)은 1990년부터 2012년까지 우리나라를 전국, 수도권, 6대 광역시로 나누어 경제성장과 소득불균형과의 관계를 분석하였다. 분석결과, 우리나라의 경제성장과 소득불균형은 지역별로 약간의 차이는 있지만, 일관적으로 경제성장이 소득불균형을 심화시키는 것으로 보고하였고 소득재분배 정책의 중요성을 주장하였다.

7.3 요약 및 결론

경제성장과 지역격차의 관계를 이론적 배경과 실증연구 사례를 통해 국가 차원과 지역 차원에서 살펴보았다. 지역경제성장과 불균형발전에 대한 연구는 국가나 지역 등 분석의 공간단위 그리고 분석시점의 범위에 따라서 서로 다른 결과를 제시하고 있는 것을 볼 수 있다. 이는 공간경제의 성장과 발전이 시간의 흐름에 따라 끊임없이 변화하며 지역뿐만 아니라 거시경제와 같은 국제적 외부환경의 영향도 많이 받고 있는 것으로 볼 수 있다. 그럼에도 불구하고 지역경제성장의 이론적 배경에서 비현실적인 가정을 기반으로 하는 균형성장이론보다는 불균형성장이론이 현실적으로 더 타당한 것을 알 수 있다. 또한, 실증연구 사례들은 지역경제의 성장이 지역격차를 완화하기도 하지만 산업의 재구조화 속에서 지역격차를 새롭게 증가시키는 현상도 함께 보고하고 있다. 이러한 결론은 지역경제성장으로 인한 지역격차를 완화하기 위해서 균형성장전략과 이를 실현할 수 있는 공공정책의 중요성을 시사한다고 할 수 있다.

참고문헌

- Aghion, P. and Howitt, P., Endogenous Growth Theory, Cambridge, MA: MIT Press, 1998.
- Amos, O. M. Jr., Unbalanced regional growth and income inequality in the latter stages of development, Regional Science and Urban Economics, 1988, 18: 549~566.
- Boudeville, J. R., Problems of Regional Economic Planning, Edinburg: Edinburg Uni. Press, 1966.
- Braun, D., Income inequality and economic development: Geographic divergence, Social Science Quarterly, 1991, 72: 520~536.
- Christaller, W., Die Zentralen Orte in Süddeutschland, Gustav Fischer, Jena, Germany, 1933.
- Cowell, F. A., Measuring Inequality, London: Prentice Hall/Harvester Wheatsheaf, 1995.
- Dalton H., The measurement of inequality of incomes, Economic Journal, 1920, 30(119): 348~361.
- Pigou A. C., Wealth and Welfare, MacMillan, London, UK, 1912.
- Davies, S. and Hallet, M., Interaction between national and regional development, Hamburg Institute of International Economics, HWWA Discussion Paper 207, 2002. http://ageconsearch.umn.edu/bitstream/26187/1/dp020207.pdf
- Friedmann, J., Regional Development Policy, Boston: MIT Press, 1966.
- Gini, C., Variabilità e mutabilità contributo allo studio delle distribuzioni e delle relazioni statistiche [Variability and mutability: Contribution to the study of statistical distributions and relations], Cuppini, Bologna, 1912.
- Hirschman, A. O., The Strategy of Economic Development: New Haven, CT: Yale University Press, 1958.
- Kipnis, B. A., Polarization, spread and upgrading of urban functions: From a

smiting 'first city' to a 'network of cities' structure, Bulletin #302, www.lboro.ac.uk/GaWC, 2009.

- Kuznets, Simon, Economic growth and income inequality, American Economic Review, 1955, 45 (March): 1~28.
- Lösch, A., Die räumliche ordnung der wirtschaft, Germany, 1938.
- Lucas, R. E. On the mechanics of economic development, Journal of Monetary Economics 22: 3~42.
- Myrdal, G., Economic Theory and Underdeveloped Region, London: Gerald Duchworth, 1957.
- Nurkse, R., Growth in underdeveloped countries. Some international aspects of the problem of economic development, American Economic Review. Papers and Proceedings, 1952a, 62(May), 571~583.
- Perroux, F., "Note Sur La Notion de pole de Croissance", 1955. (translated by L. Gates and A. Mcdermott) in D. L. Mckee, et al. eds., Regional Economics, New York: The free press, 1970.
- Richardson, H. W.. Growth pole spillovers: The dynamics of backwash and spread. Regional Studies, 1975, 10: 1~9.
- Romer, P. M., Increasing returns and long-run growth, Journal of Political Economy 94, 1986.
- Romer, P. M., The origins of endogenous growth, The Journal of Economic Perspectives, 1994, 8(1): 3~22
- Rosenstein-Rodan, P. N., Problems of industrialization of Eastern and South-Eastern Europe", Economic Journal, 1943, 53(210/211): 202~211.
- Solow, R. M., A contribution to the theory of economic growth, Quarterly Journal of Economics, 1956, 70(1): 65~94.
- Theil, H., Economics and Information Ttheory, Amsterdam: North Holland, 1967.
- Williamson, J. G., Regional inequality and the process of national development: A description of pattern, Economic Development and Cultural Change, 1965, 13(4), s. 3~45.

- 김낙년, 한국의 소득집중도 추이와 국제비교, 1976~2010: 소득세 자료에 의한 접근, 경제분석, 2012, 18(3): 75~114.
- 김용웅·차미숙·강현수, 신지역발전론, 한울 아카데미, 2009.
- 이성근·이관률·서경규·김상곤·안성조·김태구·김종수·심상운·고수정, 최신 지역

개발론, 집현재, 2013.

- 전해정, 경제성장과 소득 불균형 간의 관계에 관한 연구, 서울도시연구, 2014, 15(2): 95~111.
- 허문구, 안기돈, 한국의 경제성장과 지역소득격차 간 인과관계 분석, 한국지역개발학회지, 2008, 20(2): 233~256.

Regional
and
Urban Economics

제8장

인적자본과 지역노동시장

제8장에서는 우선 지역노동시장의 개념과 함께 노동풀링과 노동매칭에 대하여 살펴본다. 다음으로 지역노동시장에서 인적자본은 어떠한 의미를 가지고 있는지 알아보고 인적자본의 개념과 측정을 둘러싼 최근의 쟁점을 살펴본다. 또한 인적자본 외부효과의 개념과 함께 생산성 확산 등 사적 편익과 구분되는 인적자본 외부효과로 인한 사회적 편익과 인적자본 외부효과의 주요 메커니즘에 대해 알아본다. 마지막으로, 인적자본 및 인적자본 외부효과에 대한 그 동안의 실증분석 사례를 살펴보기로 한다.

8.1 지역노동시장

1) 지역노동시장의 개념

지역노동시장에 대한 개념은 지역노동시장을 바라보는 관점에 따라 다양하게 정의되고 있다. 노동의 공급 및 수요의 측면에서의 지역노동시장은 노동 공급자(가계)와 노동 수요자(기업) 간 노동 서비스에 대한 거래가 이루어지는 지역 단위의 공간을 의미한다. 일반적으로 지역노동시장의 범위를 의미하는 지역노동시장권(Local Labor Market Areas: LLMA)은 노동 공급과 노동 수요 사이에서 상호작용이 발생하는 지리적 공간으로 정의될 수 있다. 지역노동시장에 대한 개념은 1950년대 미국에서 대도시권(Standard Metropolitan Areas: SMAs)의 설정에 있어서 통근권의 개념을 활용하면서 보다 체계화되기 시작했다.

미국 노동부(Department of Labor)의 노동통계청(Bureau of Labor Statistics)에서 정의하고 있는 지역노동시장은 경제적으로 통합된 지리적 공간으로서 사람들이 이주하지 않고서도 그들이 수용할 수 있는 이동범위 내에서 일자리를 얻을 수 있는 공간을 뜻한다. 지역노동시장을 다루고 있는 대부분의 연구에서 볼 수 있듯이, 사람들이 원하는 일자리가 그들이 수용할 수 있는 범위, 즉 원하는 직업을 탐색하고 기꺼이 통근할 의향이 있는 정도(willingness to commute) 내에 있는지가 중요한 요소로서, 이는 통근권의 개념과도 맞닿아 있다고 볼 수 있다. 따라서 지역노동시장의 공간적 범위는 해당 지역에서의 거주비용 및 노동자들이 기꺼이 지불할 수 있는 통근비용(시간 및 금전적 비용)과 관련되어 있다. 이때 거주비용과 통근비용은 해당 지역의 경제적 수준 및 노동자들의 임금 수준과 연결되는 문제이며, 이는 노동자가 보유한 인적자본 수준에 따라서 다르게 나타날 수 있다.

2) 노동풀링과 노동매칭

도시 및 지역경제학자들은 근로자의 지식 및 숙련 수준이 도시의 생산성과 소득에 미치는 영향에 대한 연구를 지속적으로 수행해 오고 있으며, 주된 관심분야는 지역노동시장 내 노동풀링(labor pooling)과 노동매칭(labor matching)과 관련된 주제들이다. 지역노동시장에서 노동풀링이 가지는 중요성은 점차 커지고 있는데, 실패한 기업들이 노동자들을 해고하는 대신에 성공한 기업들은 실패한 기업들의 노동자를 고용할 수 있기 때문이다. 따라서 기업의 군집 또는 산업의 군집으로 인해 형성된 양질의 노동풀이 존재하는 경우, 한 기업이 실패했을 경우에 노동자는 다른 기업으로의 노동이동이 비교적 자유로울 수 있는 것이다. 이러한 편익은 기업 수준에서도 비교적 적은 비용과 노력으로도 더 나은 노동자들을 고용할 수 있는 기회를 제공할 수 있게 한다.

미국의 영화산업을 이끄는 캘리포니아 주 Hollywood의 경우는 지역노동시장 내에서 영화산업에 긍정적인 영향을 미치는 노동풀링의 편익을 잘 보여준다. Hollywood의 영화산업을 구성하고 있는 이 지역의 노동시장에서는 기술적 및 예술적 측면에서 영화산업에 필요한 일정 수준 이상의 자격을 갖춘 노동자들이 외부로부터 끊임없이 공급되고 있기 때문에, 노동 공급과 노동 수요의 측면 모두에서 긍정적인 효과를 보여주고 있다. 노동자는 그들의 선호에 맞춰 일하고 싶은 기업을 보다 폭 넓게 선택할 수 있으며, Hollywood 지역노동시장 내에 입지한 기업들 또한 자신들이 원하는 숙련과 지식을 갖춘 노동자들을 불필요한 거래비용(transaction costs) 없이 비교적 쉽게 고용할 수 있는 것이다.

지역노동시장에서 노동의 공급과 수요가 항상 일치하기는 매우 어렵다. 현실에서는 개별 기업이 원하는 때에 기업이 요구하는 지식, 숙련, 기술 수준을 갖춘 노동자를 고용하는 것은 흔치 않은 일이다. 이러한 상황을 노동의 공급과 수요에서의 매칭이 제대로 이루어지지 않는다고 말한다. 이와 같은 효율적인 노동매칭이 어려운 경우에는 기업이 원하는 지식, 숙련, 기술 수준을 가진 노동자를 구하지 못해 자신들이 직접 노동자에 대한 훈련비용을 감수해야 한다. 따라서 지역노동시장 내에 노동자의 수가 많을수록 보다 효율적인 매칭이 이루어질 수 있는 확률은 높아지게 된다. 하지만 단순히 노동자의 수보다는 노동자의 질에 주목해야 한다. 예컨대, 낮은 수준의 숙련 수준을 가진 노동자들만 많은 경우에는 오히려 더 높은 임금을 지불하고서라도 외부에서 숙련된 노동자들을 구해야 하기 때문이다. 따라서 높은 수준의 다양한 인적자본을 가진 노동자들이 지역노동시장에 다수 존재함으로써 노동 공급과 노동 수요의 매칭을 향상시킬 수 있게 된다.

8.2 인적자본과 지역노동시장

1) 지역노동시장에서의 인적자본

도시 및 지역경제학자들은 지역성장의 메커니즘을 이해하기 위해 개인 및 지역의 인적자본 수준과 개인 및 지역의 생산성 또는 임금 간의 관계를 분석해 왔다. 개인이 보유한 지식, 기술, 숙련 등을 의미하는 인적자본은 생산요소의 하나인 노동과 매우 깊은 관련이 있다. 어떤 한 노동자의 교육 수준 및 업무 숙련도의 향상은 해당 노동자의 생산성 향상을 가져와 임금이 상승되는 효과로 나타날 수 있다. 이러한 메커니즘에 대해 좀 더 깊이 있게 살펴보면, 동일한 지역노동시장 또는 더 작게는 동일한 기업 내에서 함께 일하는 노동자들은 그들 사이에서 이루어지는 공식적 또는 비공식적 만남을 통해 서로의 지식을 공유하거나 다른 사람들의 지식을 전달받게 된다. 이 과정에서 특히 높은 교육수준을 가지고 있는 노동자들은 다른 사람들과 공유할 수 있는 양질의 지식, 기술, 숙련을 더욱 많이 보유하고 있을 가능성이 높다. 또한 개인의 지식 축적과 기술 습득 이외에도 사회적 상호작용에 대한 긍정적 효과에 대한 인식은 일반적으로 교육을 통해 체득되기 때문이다. 따라서 높은 교육수준을 가지고 있는 노동자들로부터 보다 높은 수준의 사회적 편익을 기대할 수 있다.

2) 인적자본의 개념과 측정

도시 및 지역경제학자들은 개인의 지식, 기술, 숙련 수준 등 인적 자본(human capital) 설명하기 위해 생산요소로서의 물리적 자본(physical capital)과 비교하여 이해하기 시작하였다. Marshall(1920), Mincer(1974), Becker(1962, 2009), Moretti(2004) 등 많은 학자들은 인적자본을 개별 근로자가 가진 지식과 숙련의 수준으로 정의한다. 그 동안 인적자본에 대한 이론적 연구와 많은 실증적 연구는 1960년대 이후 Schultz, Mincer, Becker 등의 학자에 의해 지속적으로 이루어져 왔는데, 특히 Lucas(1988)는 국가 간 경제성장률의 차이는 상이한 수준의 인적자본에서 기인하는 것으로 설명하였다. 물리적 자본과 노동 등의 변수만으로는 국가 간 차이를 설명할 수 없으며, 국가별로 서로 다르게 나타나는 기술 수준이나 기술 진보 등과 함께 설명할 수 있다는 것이다. 여기서 국가별로 차이가 나는 기술 수준이나 기술 진보 등은 추상적인 개념으로 볼 수 있지만, 이를 개별 국가 내 노동시장에 속해 있는 인적 구성원들이 가진 지식이나 숙련 등으로 이해해야 하며 이것이 바로 인적 자본이라고 볼 수 있다.

개인의 교육 수준을 나타내는 교육년수는 인적자본 수준을 측정하는 데 있어 가장 전통적이고 일반적인 지표로 널리 사용되고 있음이 분명하지만, 이는 인적자본의 다양한 측면을 반영하지 못한 탓에 인적자본을 제대로 측정하지 못한다는 비판을 받고 있다. 또한 인적자본으로 인해 발생하는 다양한 외부효과의 메커니즘을 충분히 설명하지 못하고 있다는 문제가 있다. Autor, Levy, & Murnane(2003), Ingram & Neumann(2006) 등의 경우, 인적자본은 단순히 개인의 교육년수로 측정될 수 있는 것이 아니며 오히려 개인이 보유하고 있는 숙련(skills) 수준에 주목해야 한다고 강조한다. 예컨대, 대학 졸업을 한 모두가 동일한 학위를 가지고 있다고 할지라도 그들이 학습과 경험을 통해 습득한 지식과 숙련의 양과 질은 서로 다르게 나타날 수 있다는 것이다.

그 외에도 Gabe(2009)는 개인의 인적자본 수준을 측정하는 과정에서 개인이 보유한 지식(knowledge)의 역할을 강조한다. 인적자본은 생산함수에 투입되는 생산요소로서 축적이 가능한 자본의 특성을 가지는 데 교육과 훈련을 통해 축적되는 개인의 지식은 개인이 보유한 인적자본을 보다 다면적으로 정확하게 측정될 수 있도록 한다. 특히 직종에서 필요로 하는 지식 특성에 주목한 Gabe(2009)와 Gabe et al.(2012)는 동일한 교육년수, 학력 수준을 가진 개인들이라 할지라도 이들이 반드시 모든 직종에서 동일한 지식 특성을 보유하지 않을 수 있음을 주장하였다. 이는 개인 수준뿐만 아니라 지역 수준에서도 이해될 수 있는데 동일한 교육년수와 학력 수준을 가진 개인 그리고 대학 졸업자 비율을 보유하고 있는 지역들은 서로 다른 지식의 종류 및 특성을 가지고 있을 수 있기 때문에, 다면적인 특성을 가지는 인적자본의 측면에서 개인과 지역이 보유한 인적자본에서의 이질성을 파악하는 데 기여한다.

그럼에도 개인의 인적자본 개념을 측정하고자 했던 다수의 문헌들은 개인의 교육년수를 측정변수로 사용하고 있다. 한 예로, 식 (8.1)과 같이 임금함수(wage function)를 제시했던 Mincer(1974)는 로그값을 취한 임금에 영향을 미치는 핵심변수로 교육년수를 포함한 개인의 인적자본 수준이 임금에 미치는 영향을 실증적으로 분석하였다.

$$\ln(\text{Earnings OR Wage}) = \beta_0 + \beta_1 \text{College} + \beta_2 \text{Age} + \beta_3 \text{Age}^2 + \beta_4 \text{Male} + \beta_5 \text{Married} + e \quad (8.1)$$

즉 Mincer(1974)의 연구는 그 동안 근로자들 간 서로 다른 임금 수준을 설명하는 데 제시되어왔던 다수의 요인들 중에서도 개인 근로자들의 인적자본 수준에 주목하였다. 이는 식 (8.1)에서와 같이 개인의 인적자본 수준을 대표하여 측정할 수 있는 변수로 대학 졸업자 수 등의 교육년수를 제시함으로써 궁극적으로는 개인의 임금에 영향을 주는 것으로 알려진 다른 요인들을 통제한 상태에서 개인의 인적자본 수준, 즉 개인의 교육년수가 개인이 받는 임금 수준에 미치는 영향을 실증적으로 분석하고자 하였다. 미국 내 근로자들을 대상으로 수행된 실증분석 결과, 개인의 교육년수가 추가적으로 1년 증가할수록 개인이 받는 임금 수준은 평균 5~10% 가량 상승하는 것으로 나타났다. 이와 같은 결과는 교육년수로 측정되는 개인의 인적자본이 개인의 생산성 및 임금을 상승시키는 일종의 투자 및 자본의 역할을 담당하기 때문으로 해석될 수 있다.

3) 인적자본 외부효과

Marshall(1920)은 한 사람이 가진 새로운 아이디어가 다른 사람들에 의해 받아들여지고 새로운 제안들과 결합이 된다면 이것은 또 다른 새로운 아이디어의 원천이 될 것이라는 점을 일찍이 간파했다. 이때 숙련된 노동자들은 지식을 전달하고 확산하는 메커니즘에서 핵심적인 역할을 담당하게 된다. 일반적으로 지식과 숙련 수준이 높은 사람들은 다른 사람들과 공유할 수 있는 양질의 지식을 가지고 있으며 또한 그들과 의사소통하는 능력이 뛰어나기 때문이다. 이와 같은 메커니즘을 통해 높은 수준의 인적자본을 보유한 노동자들이 풍부한 지역노동시장의 경우, 개인은 다양한 채널을 통해 금전적 보상(compensation) 없이도 다른 사람들로부터 지식이나 숙련 등을 습득할 수 있는 기회를 얻을 수 있게 된다. 이와 같이 지역노동시장에서의 생산성 향상을 촉진시키고 매개하는 외부적 편익은 인적자본 외부효과(human capital externalities), 지식확산(knowledge spillovers), 학습 외부효과(learning externalities), 노동시장 집적경제(labor market local agglomeration economies) 등으로 다양하게 불린다.

외부효과(externalities)는 경제행위를 수행하는 과정에서 시장 거래에 의하지 않고 제3

자의 경제행위에 의도하지 않은 혜택(편익)이나 손해(비용)를 발생시키지만 이에 대하여 아무런 대가도 받지 않거나 비용을 지불하지 않는 상태를 의미한다. 인적자본 외부효과는 개개인의 인적자본이 그들의 생산성 및 소득에 직접적으로 미치는 영향을 지칭하는 인적자본 내부효과와는 상반되는 개념으로서, 개개인이 모여 형성된 사회집단의 인적자본이 서로 상호작용하면서 다른 생산요소의 생산성에 미치는 영향을 의미한다. 인적자본 외부효과를 다루고 있는 많은 실증적 연구들은 지역노동시장에서 인적자본 외부효과의 정도를 측정하고자 한다. 이들 연구는 인적자본 외부효과로 인한 개인의 생산성 및 임금에 주목뿐만 아니라 그로 말미암아 발생하는 기업수준 또는 지역노동시장 수준에서의 생산성 변화, 임금 변화, 지대 변화 등에 주목하고 있다.

특히 한 개인의 인적자본 투자는 주변 사람이나 기업에 의한 모방과 확산을 촉진하기 때문에 경제 전체의 인적자본 수준을 증가시켜 재생산요소로서 작용할 수 있다. 지역노동시장에서 인적자본은 동일한 지역에 속한 근로자들의 생산성을 증대시키는 준공공재적인 역할을 함으로써 해당 기업과 지역의 성장에 기여한다. 이러한 인적자본의 축적은 지식과 숙련의 습득과정을 거쳐 이루어지며, 이를 통해 개인의 생산성 향상 등 사적 편익 외에도 기업과 지역의 전반적인 생산성 향상 효과 등의 긍정적 외부효과가 나타날 수 있다.

8.3 인적자본 외부효과의 메커니즘

1) 인적자본의 사회적 편익

그 동안 인적자본의 편익을 추정해 온 대부분의 연구들은 인적자본의 사적 편익(private benefits)에 초점을 두어 왔다. 이를 실증적으로 분석하기 위해 앞에서 언급했던 바와 같이 개인의 인적자본 수준을 측정하기 위한 도구로써 개인의 교육년수를 활용한다. 따라서 인적자본에 대한 편익을 측정하는 경우, 인적자본을 개인의 교육 수준에 따른 편익으로 대리 측정한다. 이와 같은 맥락에서 인적자본에 따른 사적 편익에 대한 대부분의 연구에서는 개인의 교육년수가 추가적으로 1년 증가할 때 개인의 연소득은 평균적으로 8~12% 증가한다는 것을 보여주고 있다. 이와 같은 결과는 1960년대부터 인적자본에 대한 개념을 강조해 왔던 Becker(1964)나 Schultz(1961) 등의 많은 학자들이 교육년수로 측정된 인적자본을 개인의 생산성 및 임금 상승을 발생시키는 투자의 개념으로 인식하고 있음을 의미한다. 다시 말해, 사람들에게 내재된 지식과 숙련은 개인이 더 높은 교육수준을 달성함에 따라 함께 증가하는 것으로 본 것이다.

하지만 개인의 인적자본 수준이 향상됨으로써 개인이 얻을 수 있는 사적 편익 외에도 이에 반영되지 않는 추가적인 혜택 또는 편익이 존재한다. 다시 말해, 인적자본으로 인한 사회적 편익이 발생할 수 있으며, 이는 전반적인 인적자본의 수준이 증가함에 따라 사회가 얻을 수 있는 모든 편익의 합으로 정의될 수 있다. 인적자본을 측정하는 가장 일반적인 도구로써 사용되는 교육에 대한 사회적 편익(social returns of education)은 개인의 임금 상승, 생산성 향상 등의 사적 편익을 넘을 수 있다. 따라서 이러한 과정에서 인적자본으로 인한 외부효과가 발생한다면 인적자본에 대한 수익은 사적 편익뿐만 아니라 사회적 편익까지도 포괄할 수 있다.

인적자본은 정규교육이나 직장경력 등을 통한 사회적 상호작용(social interaction)의 기회를 바탕으로 개인들이 지식을 습득하고 숙련을 익히는 과정을 통해 증대될 수 있다. 지역노동시장에서 높은 수준의 인적자본을 가진 개인들이 동일한 산업이나 직업에 국지적으로 집중되어 있을 경우 지식확산(knowledge spillovers)은 더욱 촉진될 수 있다. 보다 높은 수준의 인적자본을 가진 개인들은 일반적으로 그들이 받은 교육년수가 높고 보다 나은 사회적 의사소통 능력을 가지고 있기 때문에 자신이 가진 지식이나 기술 등을 다른 사람과 더욱 효과적으로 공유하고 배울 수 있으며, 지식확산을 통해 개인들은 더 많은 학습 기회들을 얻을 가능성이 높기 때문이다. 이와 같은 과정을 통해 지역노동시장에서 노동자들에게 보다 더 다양한 역할 모델을 제공해 줄 수 있다는 이점이 있으며 궁극적으로는 경제적 측면에서의 개인의 생산성 및 임금 증대에 그치지 않고 사적 편익 외의 추가적인 편익, 즉 사회적 편익을 발생하게 된다. 이를 Marshall 외부효과(Marshallian externalities)라고 한다.

Marshall 외부효과가 동일한 산업이나 직업에 속해 있는 개인들의 인적자본에 의해 발생하는 외부효과인 것에 비해, Jacobs 외부효과(Jacobs externalities)는 동질적이기보다는 다양한 산업과 직업들에 속해 있는 개인들이 한 도시에 집중되어 있음으로써 발생하는 긍정적 외부효과를 말한다. 다양한 산업과 직업들에 속해 있는 개인들의 지식과 기술을 상호 보완해 줌으로써 수확체증(increasing returns)이 발생하게 된다. 인적자본 외부효과의 발생에 있어서 핵심적 주체인 인적자본이 토지, 노동, 자본과 같이 제한된 것이 아니라 개인이 가지고 있는 지식, 기술, 숙련, 경험 등에 의해 무한히 생산될 수 있기 때문이다. 본장에서는 앞서 언급한 인적자본 수준이 증가함에 따라 발생할 수 있는 사회적 편익을 생산성 확산이라는 관점에서 보다 구체적으로 살펴본다.

2) 생산성 확산

지역노동시장에서 인적자본으로 인한 긍정적 외부효과로서의 생산성 확산(productivity spillovers)의 메커니즘은 앞서 살펴봤던 인적자본에 대한 사적 편익 외에 발생하는 사회적 편익의 맥락에서 이해될 수 있다. 생산성 확산이란 지역노동시장 내에서 인적자본의 수준이 높은 사람들이 존재함으로써 다른 사람들의 생산성을 더욱 향상시켜 나아가 더 높은 임금 수준을 보상받을 수 있는 것을 말한다. 이와 같은 생산성 확산이라는 메커니즘 하에서 집합적 인적자본(aggregate human capital)의 증가는 지역노동시장에서 집합적 생산성에 긍정적인 영향을 미치게 된다. 이것은 개인과 집합이라는 측면에서 구별하여 이해해야 하는데, 개인 수준에서 인적자본 수준의 향상, 즉 추가적인 교육을 통해 개인의 임금 수준이 증가하는 것과는 다른 맥락의 이야기이기 때문이다. 최근 집합적 인적자본 수준의 향상을 통한 생산성 확산은 지역경제성장에 있어서도 매우 중요한 요인으로 강조되고 있다.

집합적 소득(aggregate income or aggregate earnings)의 증가로 나타나는 인적자본의 사회적 편익과 사적 편익 간의 차이는 기술적 외부효과(technological externalities)와 금전적 외부효과(pecuniary externalities)로 설명될 수 있다(Moretti, 2004). 기술적 외부효과는 총생산함수(aggregate production function)에서 기술적 수확체증(technological increasing returns)의 형태로 이해될 수 있다. 이 과정에서 학습(learning)이라는 것이 수확체증을 발생시키는데 있어 매우 중요한 역할을 담당한다. 생산성을 향상시키는 데 기여하는 것으로 알려진 학습기회(learning opportunities)는 지역노동시장에서 동일한 산업이나 직업에 종사하는 사람들 간에 주로 발생할 수 있다. 또한 이와 같은 다양한 학습 기회들은 사회적 상호작용을 일으키는 대면접촉(face-to-face interaction) 과정을 통해 얻어질 수 있다. 또한 지역노동시장 내 서로 인근에 위치한 동일한 산업에 속해 있는 기업들 간 기술적 파급으로 인한 외부경제로 인해 발생하기도 한다. 앞서 살펴본 바와 같이, 외부경제란 시장거래를 통하지 않은 생산자 또는 소비자의 경제활동이 부수적인 제3자의 경제활동에 긍정적 영향 또는 편익을 발생시키는 것을 의미한다.

지역노동시장에서 동일한 산업 또는 직업에 종사하고 있는 개인들이 집중되어 입지함에 따라 기술 진보 등을 촉진할 수 있게 되고, 이러한 과정에서 지식확산의 중요성은 점점 더 중요해지고 있다. 지식확산이 활발한 지역노동시장에 종사하는 사람들은 지식의 확산을 통해 다른 노동자들로부터 더 많은 지식과 기술을 공유하고 배울 수 있는 기회가 제공받는다. 지식확산이라는 개념의 시작은 물리적 근접을 기반으로 사회적 상호작용 과정을 통해 사람들 간 지식의 교환을 촉진하여 기존과는 다른 새로운 아이디어를 이끌어낸다는 것에서 출발한다. 앞서 살펴보았듯이 이와 같은 메커니즘을 Marshall 노동시장 외부효과(Marshallian labor market externalities)라고 하며, 이는 전문적이고 숙련된 개인들의 집중을 통해 최신의 기술에 대한 정보를 얻고 이를 활용할 수 있는 수준 높은 지식을 습득하게끔 동기를 부여함으로써 보다 높은 수준의 기술 및 지식의 생산과 확산에 기여할 수 있게 된다.

기술적 외부효과의 가장 좋은 예는 Lucas(1988)가 제시한 총생산함수에서 기술적인 수확체증의 형태로 표현되는 외부효과가 어떻게 나타나고 있는지를 살펴보는 것이다. Lucas는 인적자본은 크게 두 가지의 효과를 가지고 있다고 가정하였는데, 이들은 각각 일반효과(standard effects)와 외부효과(externalities)이다. 일반효과는 개인의 인적자본 수준이 향상됨에 따라 개인의 생산성 증가로 나타나는 비교적 직접적인 형태의 효과라 할 수 있는 반면, 외부효과는 평균적으로 집합적 인적자본 수준이 증가함에 따라서 모든 생산요소의 생산성이 증가할 수 있다는 전제 하에 규모를 가늠하기 힘든 무형적인 효과를 이야기한다. Lucas는 인적자본 외부효과의 메커니즘을 설명하기 위해 기존 생산함수에 외부효과라는 요소를 추가적으로 고려한다. 생산함수의 구체적인 메커니즘은 공적 또는 비공식적인 만남에서 발생할 수 있는 지식 및 숙련의 공유가 지역노동시장에서 개인들 간 긍정적인 외부효과를 이끌어 낼 수 있다는 것으로, 특히 높은 수준의 인적자본을 가진 개인들이 주변에 많을수록 아이디어의 교환이 더욱 활발히 일어나 해당 개인의 인적자본이 증가한다는 가정 하에서 설명될 수 있다.

기술적 외부효과 외에도 금전적 외부효과로 볼 수 있는 인적자본 외부효과도 존재한다. 이는 Marshall(1920)에 의해 처음 제시되어 노동시장 공유에 의한 외부효과(labor market pooling externalities)라고도 불리는 개념으로 설명된다. 이와 같은 외부효과는 공장의 장비나 시설 등 생산과정에 투입되는 기술을 아우르는 물리적 자본(physical capital)과 인적자본이 상호보완적(complementarity)인 특성에 기인한다. 예컨대, 기업이 동일한 양을 생산하더라도 생산비용을 절감시키고자 하는 경우에, 인적자본 수준이 높은 경우에는 그들이 가진 지식이나 숙련 등을 활용하여 보다 적은 양의 물리적 자본을 이용하게 됨으로써 이로 인한 금전적인 외부효과를 누릴 수 있는 것이다. 최근에는 물리적 자본의 양(quantity)뿐만 아니라 질(quality)에도 주목하고 있다. 만약 개인이 가진 숙련과 기술이 보완적인 관계에 놓여 있는 경우라면 개인이 사용할 수 있는 인적자본의 최적량은 얼마나 많은 양의 기술을 사용할 수 있느냐는 질문 외에도 질적인 측면에서의 기술력에 의해서도 결정될 수 있기 때문이다. 궁극적으로는 지역노동시장은 높은 수준의 인적자본을 가진 노동의 공급을 증가시킴으로써 높은 수준의 숙련이 요구되는 숙련편향적(skill-biased)인 속성을 충족시킬 수 있는 시장의 규모를 키우게 된다.

지역노동시장에서 인적자본 외부효과를 통해 발생한 생산성 확산의 정도를 측정하기 위한 대표적인 방법으로는 다음의 세 가지 방법들이 있다. 인적자본 외부효과로 인한 생산성 확산의 정도를 측정하기란 매우 어려운 일임에도 불구하고, 간접적으로나마 생산성에 영향을 미칠 수 있는 다른 요인들을 통제한 상태에서 서로 다른 지역노동시장 간 생산성 변화, 임금 변화, 토지 가격 등을 각각 비교함으로써 인적자본 외부효과의 정도를 측정할 수 있다. 서로 다른 인적자본 수준을 가진 도시에서의 생산성 변화를 비교하는 첫 번째 방법은 도시 내 전반적인 인적자본 수준에 따른 생산성 확산의 효과를 측정하는 것이다. 두 번째 방법은 지역노동시장의 집합적 인적자본 수준이 높은 경우와 낮은 경우를 구분하여 이들 내 개인들의 임금 수준을 서로 비교함으로써 지역노동시장 내 인적자본 외부효과의 규모를 추정하는 방법이다. 세 번째 방법은 전반적으로 인적자본 수준이 높은 도시와 그렇지 않은 도시의 지가들을 비교하여 분석함으로써 발견되는 변화를 인적자본 외부효과로 인한 생산성 확산 정도라고 간주한다. 위의 세 가지 접근방식의 전제는 전반적으로 인적자본의 수준이 높은 개인들이 밀집된 도시일수록 기업의 생산성이 높고, 따라서 임금의 보상 수준 또한 높으며 도시의 토지가격도 함께 상승한다는 것이다.

위와 같은 인적자본 외부효과의 메커니즘을 통해 발생하는 생산성, 임금, 지가 등의 변화는 다음의 두 가지 실증분석 모형을 통해 확인될 수 있다(Moretti, 2004). 첫 번째 실증분석모형인 임금함수는 도시 내에서의 집합적 인적자본(aggregate stock of human capital)의 수준에 따라 다르게 나타나는 생산성과 임금을 관찰하는 데 활용될 수 있다. 인적자본 외부효과는 생산성 및 임금을 증가시키는 데 있어 간접적이지만 매우 중요한 역할을 수행한다. 도시 내에서의 집합적 인적자본의 중요성을 강조해 온 연구들에서는 일반적으로 식 (8.2)의 임금함수를 활용한 회귀분석을 통해 집합적 인적자본 수준이 개인들의 임금에 어떠한 영향을 미치는지를 분석해 왔다.

$$\log(w_{ict}) = X\beta_{ct} + \pi P_{ct} + \alpha Z_{ct} + d_c + d_t + u_{ict} \tag{8.2}$$

식 (8.2)에서 $\log(w_{ict})$는 t시점에 도시 c에 거주하는 개인 i의 임금을 의미하며 X는 교육년수를 포함한 개인 수준의 특성, P_{ct}는 t시점에 도시 c 내 집합적 인적자본 수준, Z_{ct}는 앞선 P_{ct}와 관련된 도시 수준의 특성을 의미하며 d_c와 d_t는 각각 도시 c의 고정효과(fixed effect) 그리고 해당 시점과 관련된 시간 효과를 나타낸다. Moretti(2004)의 연구가 주목하는 계수는 π로, 교육에 대한 사적 편익에 영향을 미칠 수 있는 요인들을 통제한 상태에서의 집합적 인적자본 수준이 평균 임금에 미치는 영향의 크기를 나타낸다. 이때 계수 π와 관련한 설명변수는 t시점에 도시 c 내 집합적 인적자본 수준인 P_{ct}로서 일반적으로 해당 도시 내 평균적인 교육년수 또는 해당 도시의 전체 인구 내 대학졸업 이상 인구 비율로 측정된다.

두 번째 실증분석 모형은 식 (8.3)의 Cobb－Douglas 생산함수를 바탕으로 서로 다른 인적자본 수준을 가진 도시들에 입지한 기업의 생산성을 비교함으로써 기업의 생산성에 영향을 미치는 인적자본에 따른 확산효과(spillover effect)를 살펴보는 데 활용될 수 있다. 교육년수로 측정되는 인적자본과 관련하여 발생하는 확산효과는 Rauch(1993), Acemoglu & Angrist(2000), Moretti(2004) 등 다수의 문헌들을 통해 연구되어 왔다. 인적자본 수준이 높은 도시들에 입지한 기업이 나타내는 높은 생산성의 결과는 인적자본의 사적 편익뿐만 아니라 지역 수준에서의 사회적 편익을 나타내는 것으로도 볼 수 있다. 이는 도시의 인적자본 수준을 결정하는 교육 수준이 높은 개인은 공식적인 모임 외에 비공식적인 모임 내에서의 상호작용 과정을 통해 그들이 가진 지식을 나누고 공유함으로써 궁극적으로는 그들의 생산성 및 임금 수준을 증진시키는 데 긍정적인 영향을 나타내기 때문이다(Jacobs, 1969; Rauch, 1993; Moretti, 2004).

$$Y = AK^{\alpha}L^{(1-\alpha)} \tag{8.3}$$

$$Y = AK^{\alpha}L_1^{1-\alpha}L_2^{1-\alpha} \tag{8.4}$$

Moretti(2004)는 식 (8.3)의 Cobb-Douglas 생산함수의 기본 형태를 식 (8.4)로 재구성하였다. 식 (8.4)에서 Y는 생산량(output)을 의미하고 K는 투입되는 자본(capital), L은 총노동시간을 의미하는데, 이는 인적자본 수준에 따른 생산성을 비교하기 위해 다시 L_1과 L_2로 구분된다. L_1과 L_2는 각각 숙련된 근로자(skilled workers)가 근무하는 시간과 비숙련 근로자가 근무하는 시간을 의미한다. 마지막으로 A는 집합적 인적자본의 수준 및 생산성에 영향을 미치지만 관측되지 않는 요소들의 합으로 간주된다. 식 (8.4)는 총요소생산성(total factor productivity; TFP)을 이용하여 생산량(Y)에 자본(K), 노동(L) 등의 생산요소들이 미치는 효과를 실증적으로 분석할 수 있도록 한다. 총요소생산성을 통한 실증분석 결과는 인적자본 수준에 따른 확산효과를 비롯하여 인적자본 수준에 따라 나타나는 수확체증(increasing returns)을 관찰할 수 있도록 한다.

8.4 실증연구 사례

1) 도시에서의 인적자본 외부효과

높은 수준의 인적자본을 보유한 도시들은 일반적으로 생산성 및 임금에 있어서 긍정적인 효과를 기대할 수 있다. 이는 인적자본 축적에 따라 기대할 수 있는 인적자본 외부효과 즉, 생산성 및 임금이라는 측면에서 관찰되는 편익에 근거하고 있다. 예컨대, Rauch(1993)는 미국 대도시를 대상으로 실증 분석을 수행한 결과, 대도시에 거주하는 개인들의 교육년수가 추가적으로 1년 증가함에 따라 그들이 받는 시간당 임금이 약 3% 증가하는 것을 밝혀낸 바 있으며, Heuermann et al.(2010)은 지역의 평균교육년수가 1년 또는 지역의 대학졸업 이상의 비율이 1% 포인트 증가할 때, 지역의 평균임금수준이 약

그림 8-1 미국 도시 내 대학졸업자 비율과 도시의 평균임금수준 간 관계

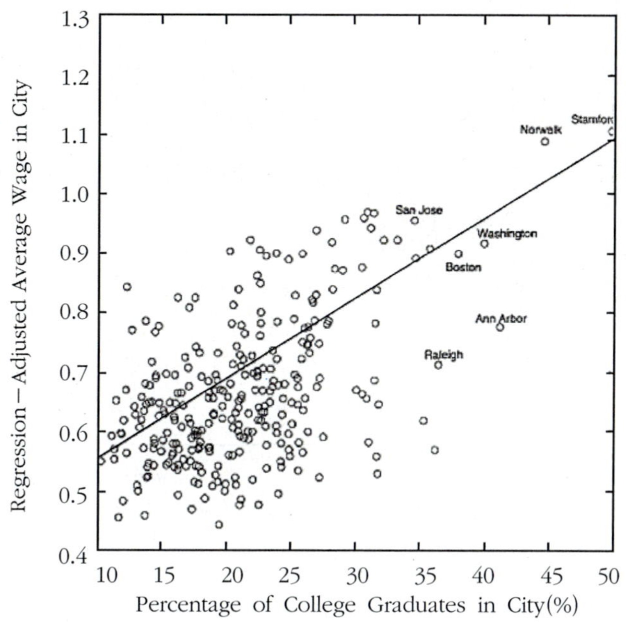

출처: Moretti(2004, p. 2278).

1~3% 수준으로 작지만 통계적으로 유의하게 증가하고 있음을 실증하였다. Moretti(2004)는 지역노동시장에서 대학졸업 이상의 비율이 1% 포인트 증가할 때, 지역노동시장에서의 생산이 약 0.8% 증가하는 것을 실증적으로 확인하였다. Moretti(2004)는 1990년 미국 282개 도시, Berry & Glaeser(2005)는 2000년 미국 대도시를 대상으로 도시 내 대학졸업자 비율과 도시의 평균임금수준 간의 상관관계를 각각 <그림 8-1>, <그림 8-2>와 같이 보여주고 있다.

Moretti(2004)와 Berry & Glaeser(2005)의 연구결과에 따르면, 개인 근로자의 임금에 영향을 미칠 수 있는 요인들, 예를 들어 개인의 교육 수준, 성별, 인종 등을 통제한 상태에서 높은 학력수준을 가진 사람들을 더 많이 보유하고 있는 도시들이 평균적으로 더 높은 임금수준을 보이는 것으로 나타났다. 다시 말해, Moretti(2004)와 Berry & Glaeser(2005)의 실증분석 결과는 개인의 교육에 있어 발생할 수 있는 사적 편익을 통제한 이후에 임금

그림 8-2 미국 도시 내 대학졸업자 비율과 도시의 평균임금수준 간 관계

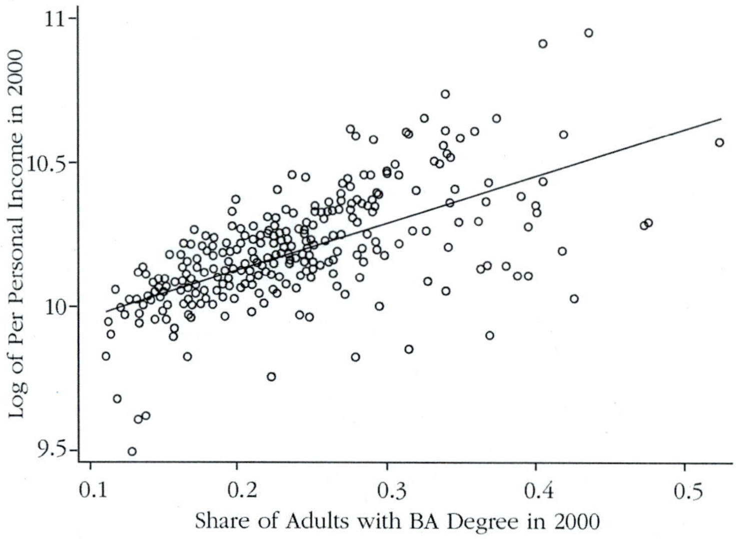

출처: Berry & Glaeser(2005, p. 429).

의 측면에서 관찰되는 도시 수준에서의 사회적 편익을 보여주고 있다. 뿐만 아니라 Acemoglu & Angrist(2000)이 제시한 <그림 8-3>에서도 확인할 수 있듯이, 교육년수로 측정되는 국가의 인적자본 수준이 높을수록 해당 국가에 거주하는 근로자들의 생산량도 함께 높은 경향을 보여주고 있다. 이들의 실증분석 연구의 결과를 종합해 보면, 인적자본 수준이 높은 사람들, 즉 높은 학력 수준을 가진 개인들을 많이 보유하고 있는 도시(또는 국가)일수록 해당 도시(또는 국가)는 다른 도시(또는 국가)들과 비교하였을 때 상대적으로 높은 수준의 생산량과 함께 높은 수준의 임금을 기대할 수 있다.

2) 지식, 임금, 도시 성장

지식은 21세기 경제성장을 추동하는 데 있어 새로운 프리미엄을 제공할 것이다.

Henderson & Abraham(2004, p. 71)

그림 8-3 국가의 평균적인 교육년수와 근로자들의 생산량 간의 관계

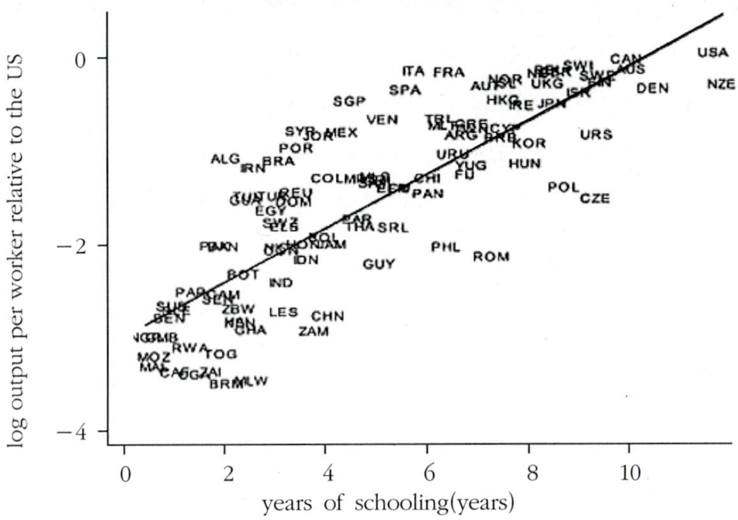

출처: Acemoglu & Angrist(2000, p. 10).

지역의 경제성장에 있어 인적자본을 강조해 왔던 문헌들은 지식의 역할에 특히 주목한다. 개인이 보유한 인적자본은 다면적인 특성을 가지고 있기 때문에, 개인의 교육년수 및 학력 수준으로 측정되던 것에서 나아가 Gabe(2009)의 연구에서와 같이 지식의 개념을 도입하여 인적자본에 대한 논의를 확장하고 있다. Gabe(2009)는 개인을 대상으로 한 실증적인 연구를 통해 개인이 보유한 지식과 임금 간의 관계를 밝혀내고자 하였다. 그는 실증분석을 위해 미국 노동부가 제공하는 O*NET(Occupational Information Network) 자료에서 개인이 직무를 수행함에 있어 요구되는 지식에 대한 정보와 함께 2005년 미국 센서스 자료를 통해 개인의 임금 및 인구학적인 정보를 활용하였다.

Gabe(2009)는 일반적으로 인적자본 수준이 높은 것으로 알려진 대학 졸업자라 하더라도 반드시 모든 직종에서 동일하게 높은 수준의 지식을 보유하지 않을 수 있음을 실증적으로 밝혀냈다. 이는 기존에 교육년수와 학력 수준으로 측정되었던 개인의 인적자본 측정에 있어서 그 한계를 지적한 것으로서 사무직, 생산과 공정, 식품생산 등의 일부 직종에서는 관련 지식을 축적하는 데 개인의 높은 학력 수준이 필수요건은 아님을 말해주고 있다. 유사한 맥락에서 일부 지식은 공식적인 교육과정을 통하지 않고도 직무 관련 경험이

나 다른 사람들과의 상호작용을 통해서 얻어질 수 있다.

Gabe(2009)는 실증분석을 통해 지식이 사적 수익을 넘어 사회적 편익으로 어떻게 파급되는지 분석하였다. 분석 결과에 따르면, 경영, 경제, 회계, 통신, 공학 그리고 기술 등과 관련한 지식에서 사회적 편익이 나타남을 실증적으로 확인하였다. 그에 반해 의료, 심리학, 상담 등에서 요구되는 지식은 사적 수익은 높았지만 사회적 편익은 낮게 나타났는데, 이러한 지식 유형은 외부효과와 같은 파급효과가 발생하기 어렵다는 특징을 가진다고 볼 수 있다. Gabe(2009)의 연구결과를 종합하면, 사회적 편익이 높게 나타났던 생산자 서비스, IT 관련 지식들은 다른 사람들에게 정보가 공유되고 보다 용이하게 전달될 수 있기 때문에, 다른 사람들에게도 지식의 외부효과로 인한 생산성의 향상을 기대할 수 있는 것이다.

개인 수준에서 보유한 지식 외에도 Gabe et al.(2012)의 연구는 지역이 보유한 지식 특성에 주목한다. 이 연구의 목적은 미국과 캐나다의 대도시 지역을 대상으로 서로 다른 지식 특성을 가진 지역에 대한 군집분석을 수행하고, 군집분석 결과와 해당 지역의 1인당 소득 간의 상관관계를 실증적으로 분석하는 것이다. 군집분석을 통해 설사 비슷한 대학 졸업자 비율을 보유하고 있는 지역들이라 할지라도 지식이라는 측면에서 볼 때 지역이 보유한 인적자본은 이질적일 수 있음을 확인하였다. 예컨대, 제조업의 역사가 깊은 캐나다 Canton지역과 Windsor지역은 제조지역으로 분류될 수 있으며, 미국의 Boston이나 캐나다의 수도인 Ottawa 그리고 미국의 San Francisco 등의 지역은 혁신지역으로 분류될 수 있다. 이와 같은 군집분석을 거쳐 수행된 실증분석 결과에 따르면, 공학, 건설, 기업, 제조와 관련한 지식을 보유한 지역일수록 1인당 소득이 높은 것으로 나타났다. 또한 Gabe et al.(2012)의 연구는 대졸자 비율이 유사한 지역이라 할지라도 해당 지역이 기반으로 하는 지식의 종류 및 특성에 따라 지역이 이루어 온 경제발전에서의 차이가 나타났음을 실증적으로 밝혀냈다는 점에서 의의가 있다.

3) 도시 임금 프리미엄

농촌과 도시에서의 평균적인 임금 차이를 분석했던 Weber(1967)의 연구는 도시에 숙련된 근로자, 농촌에는 비숙련 근로자가 대다수일 것이라는 전제를 하고 있다. 이와 같이 그 동안 도시지역과 농촌지역으로 대표되는 비도시지역 간의 임금 격차는 갑자기 등장한 이슈가 아니었으며, 지역 측면에서는 개인 수준에서의 부의 격차뿐만 아니라 지역발전 및 지역성장에서의 격차를 반영하고 있는 것이기도 하다. 도시 임금 프리미엄을 측정하고 설명하려는 시도는 특히 최근에 새롭게 주목받기 시작했다. 도시 임금 프리미엄을 둘러싼 연구의 핵심 목표는 고밀도의 경제활동이 수행되는 도시에서 근로자가 활동함으로써 얻을 수 있는 임금의 향상 정도를 확인하려는 것이다. 즉, 다른 영향으로부터 분리되어 근로자가 비도시 지역에 비해 도시지역에서 근무하기 때문에 얻을 수 있는 순수한 도시 임금 프리미엄을 확인하고자 하는 것이다.

Glaeser & Maré(2001), Combes et al.(2008), Andersson et al.(2014), De La Roca & Puga(2017)의 연구는 높은 밀도라는 특성을 가지고 있는 도시지역에 입지함으로써 나타나는 근로자의 임금 수준 향상에 주목한다. 이들의 연구는 순수한 도시 임금 프리미엄을 확인하기 위해 임금함수와 고정효과모형 등을 활용하여 분석하고 있다. Glaeser & Maré(2001)의 실증분석 결과에 따르면, 인구 100만이 넘는 도시의 근로자는 주변 지역(surrounding areas)에 비해 약 36% 높은 임금을 받고, 소도시는 주변 지역에 비해 약 21% 높은 임금을 받는 것으로 나타났다. Combes et al.(2008)은 프랑스의 수도인 Paris의 평균 임금이 다른 프랑스 대도시들, 중간 규모(mid-sized)의 도시들, 농촌과 비교하였을 때 각각 15%, 35%, 60% 가량 더 높음을 실증한 바 있다. 이와 같은 도시 임금 프리미엄(urban wage premium)은 개인 수준의 특성에 의한 효과를 통제한 상태에서도 도시로 이주한 근로자는 상당한 임금 향상 효과를 경험하도록 하였는데, 이는 도시 그 자체에서의 임금 향상 효과를 나타내는 도시 임금 프리미엄이 실제로 존재하고 있음을 의미한다. Glaeser & Maré(2001)는 도시 임금 프리미엄의 지속성은 인적자본의 측면에서 숙련이 시간의 흐름에 따라 도시에서 더욱 빠르게 그리고 많이 축적되기 때문이라고 설명하였다. 이와 같은 결과는 결국 도시가 인적자본의 축적을 가속화시킨다는 것을 의미한다고 볼 수 있다.

기존 연구들의 분석 결과에 따르면, 수치상의 차이는 있지만 도시와 같이 밀집된 공간에 거주함으로써 근로자들의 임금에 약 5~10%의 순수한 도시 임금 프리미엄이 존재한다. 최근 연구들은 임금에 영향에 미칠 수 있는 다양한 요인들의 단일효과 및 발생할 수 있는 요인들 간의 혼합효과를 통제하는 과정을 거침으로써 약 3%의 순수한 도시 임금 프리미엄을 확인할 수 있었다. 또한 Möller and Haas(2003), Gould(2007), Heuermann et al.(2010), Baum-Snow and Pavan(2012)의 연구에 따르면, 도시 임금 프리미엄의 효과는 저학력 근로자들보다는 고학력 근로자들에게서, 비숙련 근로자들보다는 숙련된 근로자들에게서 더욱 크게 나타났는데, 이는 인적자본 외부효과의 맥락에서 이해될 수 있다. 앞서 논의된 바와 같이, 인적자본 외부효과는 도시와 같이 집적된 공간에서 다수의 숙련 근로자가 활동할 때에 근로자 간 상호작용을 통해 더욱 활발하게 나타날 수 있는 것이다. 따라서 도시 근로자가 얻는 도시 임금 프리미엄은 도시가 가지는 집적경제와 인적자본 외부효과로부터 얻을 수 있는 편익의 측면에서 이해될 수 있다.

8.5 요약 및 결론

본 장에서는 지역노동시장과 인적자본의 개념에 대해서 살펴보고 지역노동시장에서 인적자본이 가지는 의미와 인적자본의 측정을 둘러싼 최근 쟁점들에 대하여 살펴보았다. 더불어 인적자본의 외부적 편익으로서의 인적자본 외부효과의 개념과 함께, 인적자본 외부효과에 의한 생산성 확산 등의 사회적 편익을 비롯한 인적자본 외부효과의 주요 메커니즘을 함께 살펴보았다. 또한 다양한 실증연구 사례를 제시함으로써 교육년수, 학력 수준, 지식 등으로 측정되는 인적자본과 생산성 확산 및 임금 상승 등으로 나타나는 인적자본 외부효과에 대한 실증분석 결과들을 살펴보았다.

지역노동시장에서 노동력의 공급과 수요에 있어서 노동풀링과 노동매칭과 관련한 이슈는 중요한 의미를 가진다. 이러한 흐름 속에서 단순히 노동력의 양이 아닌 개인에게 체화된 지식과 숙련 등으로 대표되는 인적자본은 지역노동시장에서의 발전 및 성장을 이끄는 원천이라고 할 수 있다. 또한 개별 근로자가 보유한 지식 및 숙련의 수준으로 정의되는 인적자본의 개념의 측정을 둘러싼 논쟁은 인적자본이 가지는 다면적 특성을 어떻게 반영할 수 있을지에 대한 것이다. 인적자본 수준을 측정하는 데 있어 개인의 교육년수가 가장 일반적인 지표로 사용되지만 이는 인적자본의 다양한 측면을 반영하지 못하기 때문에, 최근 문헌들은 인적자본의 측정에 있어 개인의 숙련과 지식에 특히 주목하고 있다.

개인이 보유한 지식, 기술, 숙련 등을 의미하는 인적자본과 그로 인한 외부적 편익인 인적자본 외부효과는 지역노동시장에서 보다 높은 생산성 및 임금 향상 등의 사적 편익뿐만 아니라 사회적 편익을 촉진시키고 매개하는 역할을 담당한다. 근로자들 간의 상호작용을 통해 이들은 더 많은 학습기회를 얻게 되고 그들이 가진 지식, 정보, 기술 등을 공유함으로써 지식 확산 및 수확체증으로 인한 편익을 얻게 된다. 이와 같은 편익은 지역노동시장에서 인적자본으로 인해 발생하는 외부효과의 중요성을 나타낸다. 앞서 제시된 실증연구 사례와 같이, 지역노동시장에서의 높은 수준의 지식 및 기술 등에 기초한 생산성 향상 및 임금 향상 등의 외부적 편익은 지역노동시장에서 개인이 가진 인적자본에 대한 투자 및 인적자본 외부효과가 가지는 중요성을 강조한다.

참고문헌

- Acemoglu, D., and Angrist, J., How large are human capital externalities? evidence from compulsory schooling laws, NBER Macroeconomics Annual, 2001, 15: 9~59.
- Andersson, M., Klaesson, J., and Larsson, J. P., The sources of the urban wage premium by worker skills: Spatial sorting or agglomeration economies?. Papers in Regional Science, 2014, 93(4): 727−747.
- Autor, D., Levy, F., and Murnane, R. J., The skill content of recent technological change: An empirical exploration, Quarterly Journal of Economics, 2003, 118(4): 1279~1334.
- Baum−Snow, N., and Pavan, R., Understanding the city size wage gap, Review of Economic Studies, 2012, 79(1): 88-127.
- Becker, G. S., Investment in human capital: a theoretical analysis, Journal of Political Economy, 1962, 70(5): 9~49.
- Becker, G. S., Human Capital, New York, NY: Columbia University Press, 1964.
- Becker, G. S., Human Capital: A Theoretical and Empirical Analysis, with Special Reference to Education, 3th ed. Chicago, IL: University of Chicago Press, 2009.
- Berry, C. R., and Glaeser, E. L., The divergence of human capital levels across cities, Papers in Regional Science, 2005, 84(3): 407−444.
- Combes, P. P., Duranton, G., and Gobillon, L., Spatial wage disparities: Sorting matters!, Journal of Urban Economics, 2008, 63(2): 723−742.
- Roca, J. D. L., and Puga, D., Learning by working in big cities, The Review of Economic Studies, 2017, 84(1): 106−142.
- Gabe, T. M., Knowledge and earnings, Journal of Regional Science, 2009, 49(3): 439~457.
- Gabe, T., Abel, J., Ross, A., and Stolarick, K., Knowledge in cities, Urban Studies, 2012, 49(6): 1179~1200.

- Glaeser, E. L., and Maré, D. C., Cities and skills, Journal of Labor Economics, 2001, 19(2): 316~342.
- Gould, E. D., Cities, workers and wages: A structural analysis of the urban wage premium, Review of Economic Studies, 2007, 74(2): 477-506.
- Henderson, J., and Abraham, B., Can rural America support a knowledge economy? Economic Review, Federal Reserve Bank of Kansas City, 2004, 89: 71~96.
- Heuermann, D., Halfdanarson, B., and Suedekum, J., Human capital externalities and the urban wage premium: two literatures and their interrelations, Urban Studies, 2010, 47(4): 749~767.
- Ingram, B. F., and Neumann, G. R., The returns to skill, Labour Economics, 2006, 13(1): 35~59.
- Jacobs, J., The Economy of Cities, New York, NY: Vintage, 1969.
- Lucas, R. E., On the mechanics of economic development, Journal of Monetary Economics, 1988, 22(1): 3~42.
- Marshall, A., Principles of Economics, 8th ed. London, UK: Macmillan, 1920.
- Mincer, J., Schooling, Experience, and Earnings, New York, NY: National Bureau of Economic Research, 1974.
- Möller, J., and Haas, A., The agglomeration differential reconsidered: An investigation with German micro data 1984-1997, In: J. Bröcker, D. Dohse, and R. Soltwedel (eds.), Innovation Clusters and Interregional Competition, Berlin: Springer, 2003.
- Moretti, E., Human capital externalities in cities, In: V. Henderson, and F. Thisse (eds.), Handbook of Regional and Urban Economics, Volume 4. Amsterdam, the Netherlands: Elsevier, 2004.
- Rauch, J. E., Productivity gains from geographic concentration of human capital: evidence from the cities, Journal of Urban Economics, 1993, 34(3): 380~400.
- Schultz, T. W., Education and economic growth, In: N. B. Henry, (ed.) Social Forces Influencing American Education, Chicago, IL: University of Chicago Press, 1961.
- Weber, A., The Growth of Cities in the Nineteenth Century, 3rd ed. Ithaca, NY: Cornell University Press, 1967.

Regional
and
Urban Economics

제9장

공간적 상호작용과 인구이동

본 장에서는 공간적 상호작용의 대표적 지표 중에 하나인 지역 간 인구이동에 대해 살펴본다. 인구이동의 공간적 상호작용을 다룬 이론들은 다음의 질문에 답하기 위해 노력해 왔다: (1) 누가 이동하는가?; (2) 왜 사람들이 이동하는가?; (3) 어느 곳으로부터 시작해서 어느 곳으로 이동하는가?; (4) 언제 이동하는가?; (5) 인구이동의 결과는 무엇인가? 이 장에서 설명되는 인구이동에 관한 전통적 모형들은 주로 (2)와 (3)의 질문, 즉 왜(why) 이동하는지와 어디(where)로 이동하는지를 설명하는 데 유용하게 사용되고 있다. 본 장에서는 인구이동에 관한 모형을 크게 미시적 모형과 거시적 모형으로 나누어 살핀 후, 이들이 실제 데이터에 어떻게 적용될 수 있는지를 간단한 사례를 통해 살펴보고자 한다.

9.1 인구이동의 개요 및 중요성

공간적 상호작용(spatial interaction)은 여러 가지 목적통행(e.g. 통근, 쇼핑, 여가 등)에 관한 사람들의 지역 간 이동을 의미하기도 하지만, 자본과 정보의 교류, 화물의 이동 등에 대한 내용을 포함하는 포괄적 개념이다. 본 장에서는 공간적 상호작용을 인구이동에 국한하여 살펴보고자 한다. 인구의 이동에 영향을 주는 요인은 매우 다양해서 몇 가지로 축약해서 설명하긴 힘들다. 졸업 후 취업이나, 보수가 높은 직장으로의 이직처럼 경제적 목적의 이동도 있고, 대학진학을 위한 교육적 목적의 이동도 있다. 또 어떤 사람들은 문화적 혜택을 위해 거주지를 옮기기도 하며, 가족들과의 재결합을 위해 귀향하기도 한다. 이동의 요인은 시기에 따라서, 그리고 지역의 특성에 따라서도 다르게 나타난다. 또한 정부의 택지개발, 산업단지 개발 등의 사업이나 교통시설의 투자에도 큰 영향을 받는다.

인구이동에 이렇게 다양한 목적과 원인이 있긴 하지만, 이동이 발생하기 위한 세 가지 필수적인 조건들이 있다.[1] 먼저, 두 공간의 상호보완성(complementarity)으로서 A지역의 인구를 B지역에서 필요로 한다면(혹은 반대로, B지역의 인구를 A지역에서 필요로 한다면) 지역 간에 상호작용이 발생할 수 있다. 이를 부연설명하자면, 한 지역에서 인구가 초과 공급되는 상황이고 또 다른 지역에서는 인구가 초과 수요되는 상황일 때 공간적 상호작용이 나타날 수 있다는 것이다.[2] 두 번째는 개입기회(intervening opportunity)로서 현재 A에서 B지역으로의 이동이 이루어지는 상황에서, B지역과 동일한 특성을 지닌 C지역이 A지역에 더 가까운 데 생겼다고 할 때, A지역의 공간적 이동은 C지역으로 향하게 된다. 두 지역 간 상호보완적 관계가 공간적 상호작용을 유발하는 것은, 개입기회가 없을 때만 가능하다. 예를 들어, A지역에서 B지역으로 경제적 기회를 찾아 이주하는 사람이 많았는데, 보다 가까운 C지역이 경제적으로 부흥하여 B지역과 유사한 조건이 된다면, A－B 간의 상호작용은 A－C로 대체될 수밖에 없다. 세 번째는 이동가능성(transferability)으로서, A지역과 B지역 간에는 반드시 이러한 이동을 가능하게 하는 교통인프라(교통수단, 시설 등)가 존재해야 한다는 것이다. 이동가능성은 두 지역 간의 거리적 마찰(friction of distance)을 반영한다. 만

1 Ullman(1956)을 참조하시오.
2 Black(2003, p. 117)을 참조하시오.

그림 9-1 공간적 상호작용을 가능하게 하는 세 가지 조건

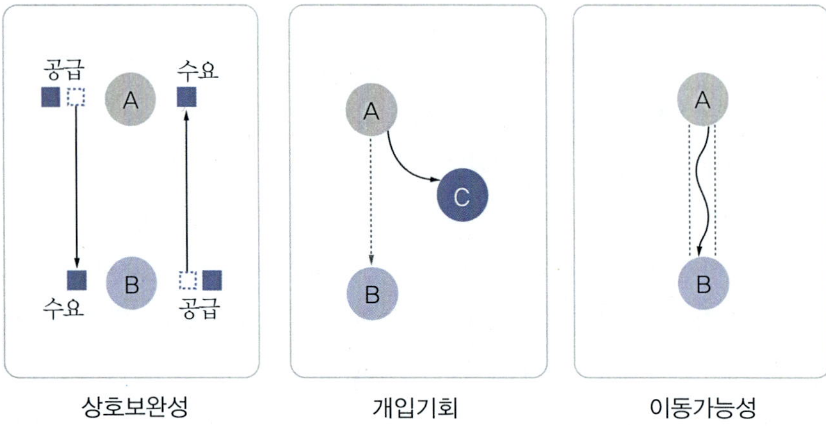

참고: Ullman(1956)의 세 조건을 도식화함.

일 두 지역이 상호 보완적인 관계일지라도 지역 간 거리적 마찰이 너무 크다면 상호작용이 일어날 가능성은 낮아진다. 이러한 이동가능성은 주로 교통비용과 유사한 개념으로 사용되며, 교통비용은 두 지역을 오가는 데 걸리는 시간이나 금전적 비용으로 측정되고 있다.

공간적 상호작용 모형은 인구이동의 흐름이 어떤 조건에서 발생하는지를 설명할 뿐만 아니라, 한 공간의 특성변화가 가져올 흐름의 변동에 대해서도 예측을 가능하게 한다. 하지만 인구이동에 관한 설명이나 예측은 접근의 수준(e.g. 거시적 접근 v.s. 미시적 접근)이나 관점(e.g. 신고전적 관점, 제도주의적 관점, 구조주의적 관점 등)에 따라서 매우 달라질 수 있다. 예를 들어, 지난 반세기 동안 지속되어 온 우리나라의 수도권 인구집중 문제를 설명한다고 할 때, 거시적(macro) 관점에서는 수도권이 비수도권에 비해 임금 측면에서의 강점이나 각종 문화적 편의가 있음을 강조할 것이다. 반면에 미시적(micro) 관점에서는 수도권으로 이주하는 개인들의 사회경제적, 인구통계학적, 심리적 특성들을 지역적 특성과 연결하여 설명하려 시도할 것이다. 전자의 경우에는, '왜 수도권으로의 인구 유입이 많았는지'를 설명하는 데 치중하는 반면, 후자의 경우에는 '어떤 특성을 지닌 개인들이 수도권으로의 이동을 결정하는지'에 대한 해석에 신경을 쓰는 것이다.

인구이동을 바라보는 관점도 다양하다. 신고전 경제학자들은 기본적으로 수도권의 인구집중을 그대로 놓아두는 것이 바람직하다고 역설한다. 왜냐하면 인구이동은 인구유입지

역과 유출지역 간에 균형을 찾아가는 과정의 일부이기 때문이다. 하지만 구조주의적 접근을 하는 학자들은 인구이동이 법적, 정치적 상황에 따라 좌우됨을 강조한다. 이들은 이동에 관한 개인의 선택이 신고전 경제학자들이 설명하는 것처럼 자유롭지는 않다고 역설한다. 따라서 인구이동에 관한 논의들은 공간적 상호작용을 어떠한 수준에서 분석하는지, 그리고 어떠한 관점을 갖는지에 따라 서로 다른 결론을 도출할 수 있음을 명심해야 한다.

이어지는 다음 절에서는 인구이동에 관한 접근방법을 크게 거시적 접근과 미시적 접근으로 나누어 살펴본다. 전술했던 것처럼 거시적 접근은 인구이동의 흐름을 지역 간 상호작용으로 파악하여 이동의 큰 흐름(stream)을 설명하는 반면, 미시적 접근은 개인(혹은 가구)의 관점에서의 인구이동의 행태를 설명하고 있다. 이러한 이유로, 미시적 접근에서는 '사람들은 왜 이동하는가?'에 대한 해답을 얻으려는 반면, 거시적 접근에서는 '사람들은 어디에서 오고 어디로 가는가?'에 대한 답을 구하려 한다. 하지만 이 두 가지 접근이 완전히 별개의 것으로 해석되는 것은 아니다. 예를 들어, 개인들의 이동은 총계적(aggregate)으로 파악되는 지역적 특성(e.g. GRDP, 실업률 등)들의 영향을 받을 수 있다. 이처럼 미시적 특성들이 모여서 거시적 특성들을 만들 수 있다. 반대로, 특정지역의 경제적 성장과 쇠퇴는 개인들의 이주 선호에 영향을 미친다. 이처럼 거시적 특성들이 미시적 특성에 영향을 줄 수 있다. 이러한 이유로, 가끔은 미시적 접근과 거시적 접근의 경계가 그리 명확하게 드러나지 않는 경우도 종종 발생한다. 두 접근 방법에 대한 경계가 불분명할 수 있지만, 이 장을 읽은 독자들은, 개인의 이동 요인들에 대한 모델은 미시적 접근으로, 지역의 인구흐름을 살피는 모델은 거시적 접근으로 이해해도 좋을 것이다.

9.2 인구이동의 거시모형

1) 중력모형

인구이동에 관한 초기의 논문은 '이동의 법칙들(laws of migration)'이란 이름으로 이동의 성격을 규정하려고 시도한 Ravenstein(1885; 1889)이 대표적이다. 이 법칙들은 약 130년 전에 제안되었지만, 그 중 몇몇 법칙들(e.g. 인구이동은 대부분 단거리이고, 대도시를 지향하며, 단계적 흡수과정을 통하고, 장거리의 경우 남성의 이동성향이 크다는 점)은 현재에도 설명력이 매우 높은 것으로 평가되고 있다. 특히 Ravenstein은 인구이동은 경제가 발전함에 따라 증가하며, 이동이 발생하는 주요한 원인은 경제적인 것임을 역설하였다. 이러한 내용은 인구이동을 설명하는 후대 학자들에 큰 영향을 미쳤다. 아래는 1800년대 말에 Ravenstein에 의해 정리된 이동의 법칙들이다.[3]

Ravenstein의 이동의 법칙

1. 대부분의 인구이동은 단거리 이동이다
2. 인구이동은 단계적으로 발생한다.
3. 장거리 이동의 대부분은 도시로 향한다.
4. 한쪽으로의 인구이동은 (비록 같은 수준의 인구이동은 아닐지라도) 또 다른 한쪽으로부터의 인구이동을 유발한다.
5. 농촌에 거주하고 있는 사람들이 도시에 거주하고 있는 사람들보다 이동성향이 크다.
6. 단거리에서는 여성이 남성보다 이동성향이 높지만, 장거리 이동은 남성이 여성보다 이동성향이 크다.
7. 대부분의 이동자들은 성인들이다.
8. 큰 도시들은 자연적으로 성장한다기보다 이주자들의 증가로 성장한다
9. 인구이동은 산업과 상업, 교통이 발달함에 따라 증가한다.
10. 인구이동은 농업부문에서 산업과 상업의 중심지로 이동한다.
11. 인구이동은 대부분 경제적인 유인(economic causes)으로 인해 발생한다.

Ravenstein의 인구이동 법칙 중에서 '농촌에서 도시로의 이동', '거리에 따른 이동의 감소', '대도시 인구의 사회적 증가' 등에 관한 내용들은 후대 인구이동모형의 토대가 되었다. 인구이동에 관한 거시적 모형의 초기형태는 1940년대에 개발된 중력모형(gravity model)이다. 가장 간단한 초기 형태의 중력모형은 뉴턴의 만유인력법칙을 원용하여, 인구의 이동량이 거리에 반비례하고 두 지역의 인구에 비례함을 가정하였다. 이후, 중력모형은 지역특성을 나타내는 다양한 거시변수들에 관심을 기울였다. 특히 실업률 및 소득의 지역간 격차가 인구이동을 유발하는 중요한 원인임을 가정한 것은 중력모형의 큰 발전이었다.

3 Grigg(1977)은 Ravenstein이 여러 논문들에서 설명한 인구이동법칙들을 체계적으로 정리하였다.

중력모형에서의 인구이동은 경제적 요인에만 국한되지는 않았다. 일부 인구이동모형은 지역의 소득수준, 실업률, 물가 등의 경제적 요인뿐만 아니라 지방정부의 조세 및 지출정책에도 영향을 받는다는 가정을 포함[4]하는 등 보다 다양한 인구이동 요인들을 고려하려고 하였다.

먼저, 인구이동의 패턴을 예측하기 위한 초기의 중력모형은 지프(Zipf, 1946; 1949)에 의해 제시되었다. 이 모형은 두 지역 간 인구의 이동량은 두 지역 인구수뿐만 아니라 거리에 영향을 받는다는 가정 하에 만들어졌다. Zipf의 중력모형은 아래와 같다.[5]

$$I_{ij} = k\frac{P_i P_j}{D_{ij}^b}$$

I_{ij}: i지역과 j지역 간 인구이동량

P_i: i지역의 인구, P_j: j지역의 인구

k: 상수

D: i지역과 j지역 간 거리

b: 거리매개변수

위 식에서 알 수 있듯이, 지프의 중력모형에서 이동을 결정하는 가장 중요한 요인은 두 지역 간 거리와 인구규모이다. 뉴턴의 만유인력법칙에서 물체의 질량(mass)이 커지면 끌어당기는 힘이 커지고, 두 물체 간 거리가 멀어질수록 끌어당기는 힘이 약해지는 자연의 법칙의 원리를 차용한 것이다. 인구의 유입량과 유출량의 크기는 지역인구의 크기에 영향을 받는다고 가정한다.

알고 넘어가기

■ 기종점 행렬

공간적 상호작용은 출발지(origin)와 도착지(destination)를 가진 행렬로 쉽게 파악될 수 있다. 일반적으로 행렬의 행(row)에는 출발지를 표시하고, 행렬의 열(column)에는 도착지를 나타낸다.

4 이는 티보가설(Tiebout Hypothesis)과 밀접한 관계가 있다. 티보는 개인들은 자신에게 가장 큰 만족을 주는 지역을 택해 이동을 하게 되는데, 이러한 개인의 만족감에 영향을 주는 요인이 정부의 조세 및 지출정책이라는 것이다.

5 이희연(2008, p. 15)을 참조하시오.

〈그림 9-2〉 O/D 행렬

O/D Pair		Destinations			
		A	B	C	Total
Origins	A				Ti
	B				
	C				
	Total				T

기종점 행렬에서 한 행의 모든 합(T_i)은 그 지역에서 발생하는 이동의 총합을 나타내고, 한 열의 모든 합(T_j)은 그 지역으로 유입되는 이동의 총합을 의미한다. <그림 9-2>에서 나타난 기종점 행렬처럼 폐쇄된 지역을 가정한다면(즉 A, B, C 지역 이외의 지역을 고려하지 않는다면), 총발생량과 ($\sum T_i$) 총유입량($\sum T_j$)이 항상 일치되는 특징이 있다. 이러한 기종점 행렬은 이동하는 사람들의 성격에 따라 다양한 하위그룹으로 나누어서 표현될 수 있다. 예를 들어 기종점 행렬은 교육수준별(e.g. 대졸, 고졸, 중졸 미만)로 나누거나, 성별(e.g. 남자, 여자), 나이별(e.g. 20대 미만, 30~40대, 50~60대, 70대 이상)로도 구분하여 작성될 수 있다.

중력 모델에서 가장 보편적으로 사용되는 가정은, 상호작용의 강도(e.g. 물자나 사람의 이동)가 출발지와 도착지의 인구규모뿐만 아니라, 두 지역 간 거리마찰(friction of distance)을 반영하고 있다는 점이다.[6] 여기서 마찰의 의미는 두 지역 간 상호작용을 방해하는 힘, 혹은 상호작용을 위해 들여야 하는 수고를 뜻한다. 거리마찰은 거리가 멀어질수록 수고로움의 정도가 높아짐을 의미하는데, 이 수고에는 교통비용뿐만 아니라 이동에 따른 심리적 비용(psychic costs of movement), 정보구득의 어려움 등을 포함하고 있다.[7] 결국 거리마찰이 작으면, 두 지역을 오가는 수고가 적어지기에 이동이 많아지고, 그 반대의 경우에는 이동이 작아지게 되는 것이다. 두 지역 간 거리에 따라 얼마나 인구이동량이 줄어드는 지는 거리매개변수 b에 영향을 받는다.[8] 거리매개변수 값의 증가는 두 지역 간 거리마찰이 커지는 현상과 관련이 있다. 거리매개변수는 네트워크의 종류, 이동하는 인구의 특성 등에 따라 매우 다양한 값을 가질 수 있는데, 일반적으로 경제가 발달하거나 교통시스템이 잘

6 Ravenstein(1885)은 19세기에 이미 인구이동에 있어 거리에 따른 마찰효과(friction effect)의 중요성을 인식하였다.

7 Greenwood(1975, p. 398)을 참조하시오.

8 초기 중력모형을 개발한 Zipf(1946)의 경우에는 $b=1$로 가정하였다.

그림 9-3 거리매개변수 b에 따른 거리와 상호작용의 관계

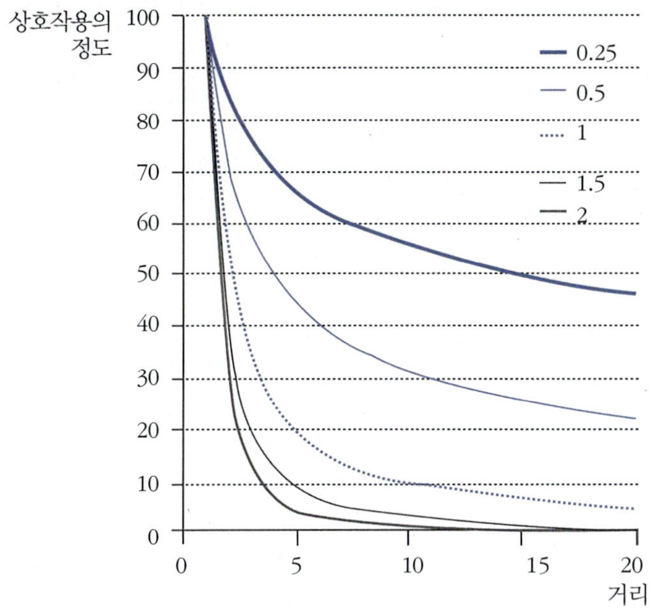

연결되어 있을수록 낮게 나타나는 경향이 있다.

중력모형 거리매개변수 b는, 식 $I_{ij} = k\frac{P_i P_j}{D_{ij}^b}$ 의 양변에 로그를 취한 후 회귀분석을 통해 쉽게 구할 수 있다.

$$\ln I_{ij} = \ln k + \ln P_i + \ln P_j - b \ln D_{ij}$$

이상에서 살펴본 중력모형은 현실을 매우 단순화했다는 비판을 받아왔다. 일단, 초기의 중력모형은 인구의 이동이 어느 방향으로 더 향하게 되는지에 대해 설명할 수 없다는 단점이 있다. 또한 공간적 상호작용이 발생한 이유를 설명할 수 없을 뿐만 아니라 지역의 특성을 제대로 반영하지 못한다는 비판이 일었다. 이에 1960년대에는 중력모형에서의 인구변수를 다른 변수들로 대체하여 현실설명력을 높이려는 시도가 있었다. 이러한 대표적인 시도는 Lowry(1966)와 Rogers(1967)를 들 수 있다. Lowry(1966)는 고전적 중력모형에서의 인구를 '비농업부문의 고용(nonagricultural employment)'으로 대체하고, 여기에 실업률

(unemployment)과 제조업의 임금(manufacturing wage rates)변수를 추가하여 모형을 만들었다. Lowry(1966)에서 사용된 중력모형은 다음과 같다.[9]

$$I_{ij} = k\frac{U_i}{U_j}\frac{W_i}{W_j}\frac{L_iL_j}{D_{ij}^b}$$

I_{ij}: i지역과 j지역 간 인구이동량

U_i, U_j: i지역과 j지역 실업률

W_i, W_j: i지역과 j지역 제조업 임금

L_i, L_j: i지역과 j지역 비농업부문 고용

k: 상수

b: 거리매개변수

위의 모형은 고전적 중력모형에서의 인구를 대신해, 경제의 활성화 정도를 나타내는 고용인구를 사용했다는 점에서 보다 경제적 영역(e.g. 노동인구의 이동)에 초점을 맞추었다고 할 수 있다. 특히, 두 지역 간 실업률의 차이와 임금의 격차가 증가함에 따라, 지역 간 인구이동이 늘어난다는 가정은 인구이동의 주된 요인이 경제적 이유에 있음을 강조한 것이라 할 수 있다.

Rogers(1967)는 Lowry(1966)가 사용한 모형에서 비농업부문 고용인구를 '경제활동인구'로 바꾸고, 임금 대신 '지역의 1인당 소득'을 반영한 아래의 모형을 만들었다.[10]

$$I_{ij} = a\frac{U_i}{U_j}\frac{WS_i}{WS_j}\frac{LF_iLF_j}{D_{ij}}$$

I_{ij}: i지역과 j지역 간 인구이동량

U_i, U_j: i지역과 j지역 실업률

WS_i, WS_j: i지역과 j지역 1인당 소득

LF_i, LF_j: i지역과 j지역 경제활동인구

a: 상수

9 이희연(2008, p. 17)을 참조하시오.

10 이희연(2008, p. 17)을 참조하시오.

1960년대 중반은 고전적 중력모형에 어떠한 변수들이 주요하게 포함되어야 하는지에 대한 다양한 논의가 있었던 시기이다. Lee(1966)는 개별 지역에는 인구를 밀어내는 배출요인(push factor)과 인구를 끄는 흡입요인(pull factor)이 동시에 작용하고 있음을 강조하였다. 예를 들어, 고용의 기회가 낮은 지역, 정치적 탄압이 있는 지역, 거주환경이 열악한 지역, 혐오시설이 입지한 지역 등은 인구를 나가게 하는 배출요인이 강하게 작용한다. 반대로, 고용의 기회가 좋은 지역, 학군이 좋은 지역, 기반시설이 잘 정비된 지역 등은 인구를 유인하는 흡입요인이 크게 작용한다. 또한 인구 이동량은 두 지역 간 거리와 인구에 영향을 받지만, 이동에 장애가 되는 요인(intervening obstacles)에도 영향을 받는다. Lee(1966)는 <그림 9-4>를 이용해서 한 지역의 인구 유출입에는 다양한 배출요인과 흡입요인이 동시에 작용하고 있음을 밝혔다. 물론, 한 지역에서 인구 배출요인의 힘이 흡입요인보다 클 때에는 인구유출이 나타나고, 그 반대의 경우에는 인구가 유입되는 현상이 발생한다.

Lee(1966)의 연구는 중력모형에서 강조한 인구, 거리, 경제적 요인 이외에 수많은 요인들이 특정지역의 인구 유출입에 영향을 줄 수 있음을 강조했다는 점에서 그 의의가 크다. 1960년대 이후의 중력모형은, 기존에 고려하지 못했던 인구이동의 원인들도 함께 설명하기 위해 다양한 변수를 포함하는 형태로 발전되어 왔다. 그 중 가장 일반적으로 사용되고 있는 중력모형의 형태는 다음과 같이 표현될 수 있다.[11]

그림 9-4 인구이동에 있어 흡입요인(+), 배출요인(-), 그리고 장애요인

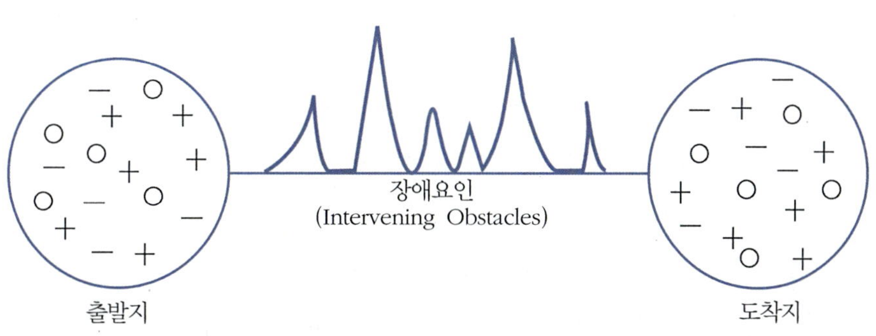

출처: Lee(1966, p. 50).

11 Greenwood(2005)를 참조하시오.

$$\ln I_{ij} = \ln\beta_0 + \beta_1 \ln D_{ij} + \beta_2 \ln P_i + \beta_3 \ln P_j + \beta_4 \ln Y_i + \beta_5 \ln Y_j + \sum_{n=1}^{m} \beta_{in} \ln X_{in} + \sum_{n=1}^{m} \beta_{jn} \ln X_{jn} + e_{ij}$$

I_{ij}: i지역과 j지역 간 인구이동량

D: i지역과 j지역 간 거리

β: 매개변수

P_i: i지역의 인구, P_j: j지역의 인구

Y_i: i지역의 소득, Y_j: j지역의 소득

X: 기타 독립변수

위 모형에서 기타 독립변수의 예로는 실업률이나 도시화율, 편의시설, 공공지출이나 세금 등이 포함될 수 있다. 또한 이러한 독립변수들은 출발지와 도착지의 특성을 따로 감안하여 모델에 적용될 수 있다.

2) 신고전적 모형

신고전파 경제학에서는 인구이동이 지역 간 노동력의 수요와 공급에 의해 결정된다고 설명한다. 노동력은 공급이 상대적으로 많은 지역에서 적은 지역으로 이동하여, 노동력이 유출되는 지역의 노동인구를 줄이고, 반대로 유입되는 지역의 노동인구를 증가시킨다. 이러한 인구이동 패턴은, 임금이 낮은 지역에서 높은 지역으로 이동한다는 관점과 맥을 같이한다. 노동력의 공급이 상대적으로 많은 지역에서는 임금이 낮게 형성되는데, 노동력의 유출이 진행됨에 따라 임금이 높아지는 경향이 발생하는 것이다. 반면에, 임금이 상대적으로 높은 지역으로는 노동력의 지속적 유입이 발생한다. 노동의 흐름은 지역 간 임금이 균형을 이룰 때까지 지속된다. 임금이 균형을 이루면 근로자들은 추가적으로 인구이동을 할 유인(incentives)이 없어지게 된다.

신고전적 모형은 인구이동의 주요한 요인을 경제적인 인센티브에서 찾는다. 노동력의 이동이 임금 혹은 소득의 지역 간 격차에서 발생하고, 노동력은 임금이 낮은 지역(노동력이 풍부한 지역)에서 높은 지역(노동력이 부족한 지역)으로 움직이는 경향이 있다. 신고전적 모형에 관한 대표적인 모형은 Hicks(1957)와 Todaro(1976)에 의해 만들어졌다. 신고전모

형의 기반을 닦은 Hicks(1932, p. 76)는 "경제적 이익에서의 차이, 주로 임금의 격차가 인구이동의 주요한 원인이다"라고 주장했다. Hicks(1957)의 인구이동이론은 주로 도시와 농촌간의 인구이동에 관한 내용을 담고 있다.[12]

$$I_{ij} = B_{ij}(W_j - W_i)$$

I_{ij}: i지역과 j지역 간 인구이동량

B_{ij}: 고용상황을 나타내는 계수

W_i, W_j: i지역과 j지역 임금률

이 모형에서는 지역 간 임금격차가 인구이동을 유발하며, 장기적으로 임금격차를 제거시키는 역할을 하게 된다는 것을 알 수 있다. 하지만 Hicks(1957)의 모형은 개발도상국가 내에 있는 도시들의 높은 실업률에도 불구하고, 농촌으로부터의 지속적인 인구이동이 일어나고 있는 현상을 설명하지 못한다는 비판을 받았다(Todaro, 1976).

Todaro(1976)는 도시에서 제공하는 취업기회보다 더 많은 사람들이 농촌으로부터 유입되는 현상이 개발도상국에서 발생하고 있다는 사실에 주목하였다. 당시 개발도상국에서는 도시로 이주한 많은 사람들이 저임금을 받으며 일하고 있었다. Todaro(1976)에 의하면, 농촌에서 도시로 이동하는 사람들은, 그들의 임금을 장기적으로 전망하고 있다는 것이다. 이주자들의 대부분은 이주 초반에는 낮은 임금을 제공하는 비공식부문에서 일하게 되지만, 시간이 지남에 따라 공식적 부문으로 전환함으로써 임금을 상승시킬 수 있다고 믿는 것이다. 결국, Todaro(1976)에서 제시한 인구이동의 핵심적 내용은, 이주 당시의 실제 임금격차가 아닌, 앞으로 기대되는 평생소득의 차이(expected rather than actual earnings)에 의해 도시－농촌 간 이동이 발생한다는 것이다. Todaro(1980)는 기본적 Todaro모형의 네 가지 주요한 특성에 대해 정리하고 있다.

① 인구이동은 상대적 편익과 비용의 비교를 통한 합리적이고 경제적인 고려에 의해 촉진된다.

② 인구이동은 도시－농촌 간 임금의 격차에 의해 발생되는데, 이때의 임금격차는 실제격차(actual differential)가 아닌, 기대격차(expected differential)에 의한 것이다. 기대 격차는 '실제 임금격차'와 '도시지역에서 직장을 구할 확률'의 조합을 통해 구해질

12 이희연(2008, p. 27)을 참조하시오.

수 있다.

③ 도시지역에서 직장을 구할 확률은 도시지역의 실업률과 반비례 관계에 있다.

④ 도시지역에서의 취업기회의 성장률을 넘어서는 인구이동률은 이러한 기대격차가 존재하는 한 지속될 것이다.

신고전파 모형은 기본적으로, 인구이동은 지역 간 임금의 격차에 의해서 발생되며, 이러한 이동으로 인해 장기적으로 지역 간 임금격차가 줄어듦을 가정하고 있다. 하지만 이러한 장기적 균형을 설명하기 위해 사용한 모형의 몇몇 가정들이 현실과는 크게 동떨어져 있다는 비판을 받고 있다. 이들 가정들은, 근로자들이 여러 지역의 임금수준에 대한 완전한 정보(perfect information)를 갖고 있고, 이들의 능력은 모두 유사하며, 인구이동에 어떠한 장애(barrier)도 없다는 것을 포함한다. 특히 신고전파 이론은 인구이동의 결과, 시간이 지남에 따라 지역 간 임금이 동등해짐을 강조하고 있지만, 현실 속에서 지역 간 임금

그림 9-5 도시-농촌 간 인구이동 결정의 개념도

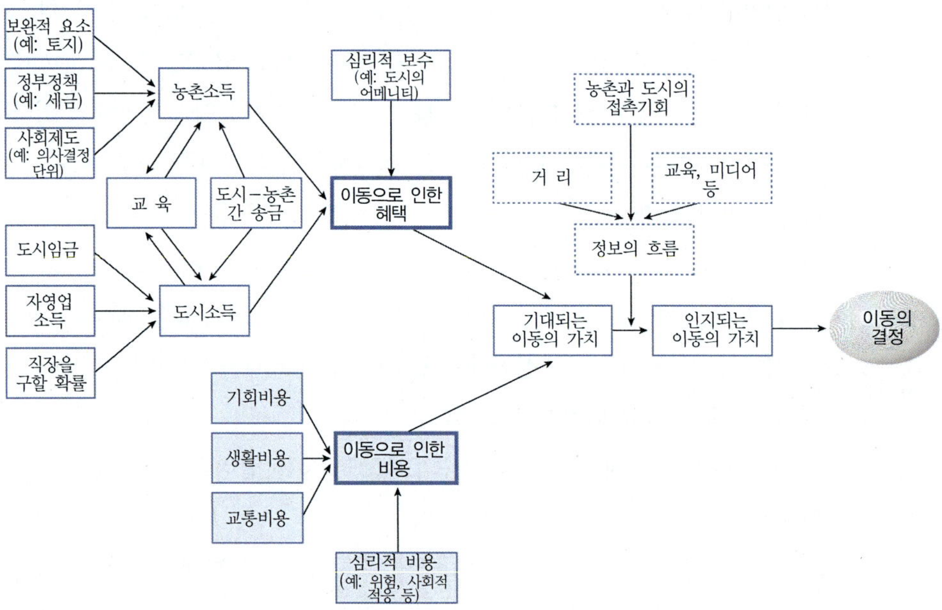

출처: Todaro&Smith (2012, p. 338).

격차가 줄어들지 않거나, 심지어 더욱 증가하는 이유를 설명하지 못하고 있다. 이러한 이유로, 신고전파 이론에 반대하는 학자들은 근로자들에게 지역 간 임금수준에 대한 정보는 매우 제한적이며, 인구이동에 많은 시간적·금전적·정서적 비용이 수반되고 있다는 점, 그리고 근로자들의 능력과 직업들이 매우 상이함을 고려해야 한다고 주장하고 있다.

9.3 인구이동의 미시모형

1) 인적자본이론

인구이동의 미시모형은 앞서 살펴본 거시모형과는 달리, '어디'보다는 '왜'에 관심을 더 기울인다. 미시모형은 더 나은 삶을 위해 이동하는 개인들(individuals)이나 가구들(households)에 초점을 맞추고 있다. 이 모형은 개인이나 가구는 편익(benefits)과 비용(costs)을 비교해 가며 이동결정을 한다는 관점을 견지한다. 물론 이동은 편익이 비용보다 클 때 발생하게 된다. 이렇게 자신들의 기대효용(expected utility)을 극대화하려는 합리적 개인들(rational individuals)은 편익－비용에 관한 계산적 관점에서 이동을 결정한다. 이러한 관점에서의 인구이동은 교육을 위한 이동, 임금을 높이기 위한 이동, 은퇴를 위한 이동 등 수많은 종류의 이동을 설명할 수 있다는 장점이 있다.

이동의 경제적 편익은 특정 시점에서 한 번에 발생하는 것이 아닌, 이동 후 여러 시점에 걸쳐 발생하는 특징이 있다. 일반적으로 이동하는 시점에서는 비용이 크게 발생하지만, 편익은 시간을 두고 서서히 발생하는 특징이 있다. 이러한 측면에서 이동은 미래의 편익을 위한 '투자(investment)'적 성격이 있다고 볼 수 있다. 또한 투자의 대상이 이동하는 사람이라는 점에서, 이들은 '인적자본(human capital)'으로 불리고 있다(Sjaastad, 1962, p. 83). 인적자본이론이 장시간에 걸친 투자적 효과를 강조하고 있다는 측면에서 다른 인구이동모형과는 큰 차이점을 갖는다.

Sjaastad(1962)에 따르면, 인구의 이동은 기대수익의 현재가치(present value)가 기대비용의 현재가치보다 클 때 발생하는 것이다. 결국, 아래의 식에서 PV_{ij}가 0보다 크면 이동이 발생하게 되는데, 만일 다중의 선택 옵션이 있다면 가장 PV_{ij}가 큰 지역으로 이동하는 것이다.

$$PV_{ij} = \sum_{t=1}^{n} \frac{(EB_{tj} - EB_{ti})}{(1+r)^r} - \sum_{t=1}^{n} \frac{(EC_{tj} - EC_{ti})}{(1+r)^r}$$

PV_{ij}: i지역에서 j지역으로 이동하는 순편익
EB_{ti}: t시점에서 i지역의 기대소득
EB_{tj}: t시점에서 j지역의 기대소득
EC_{ti}: t시점에서 i지역의 기대비용
EC_{tj}: t시점에서 j지역의 기대비용
r: 할인율, n:기간

시간적 개념을 포함한 Sjaastad(1962)의 모형은 젊은 층의 이동이 중·장년층보다 많은 이유에 대해 설명할 수 있을 뿐만 아니라, 단기간의 큰 손실을 감수하고도 인구이동이 일어나는 이유에 대해 설명할 수 있다. 이 모형에는 단지 경제적 비용(economic costs)만을 고려하는 것은 아니다. 예를 들어, 비용의 항목에는 실제로 이동에 소요되는 교통비용, 소유물을 옮기는 비용뿐만 아니라, 이주를 위해 포기해야만 했던 소득 등의 기회비용도 포함될 수 있다. 또한 지금까지 거주했던 지역에서 만난 친구들, 친척들, 혹은 익숙한 환경들을 떠나야 하는 심리적 비용까지도 고려할 수 있다. 편익도 비용과 마찬가지로 경제적 요인뿐만 아니라 비경제적 요인들을 포함할 수 있다. 비경제적 영역의 편익에는 지역의 쾌적성, 좋은 학군, 의료서비스의 접근성 등을 포함할 수 있다. 물론 비경제적 영역의 비용과 편익을 계량화하기 쉽지 않다는 단점이 있긴 하지만, 이들을 모형 속에 포함함으로써 인구이동에 관한 보다 다양한 해석을 가능하게 할 수 있다.

Harris and Todaro(1970)에서는 개인의 이동을 결정함에 있어 취업률과 도시－농촌 간 임금의 격차가 중요한 역할을 하고 있음을 강조하고 있다. 도시에서의 취업률은 개인들에게 있어 직장을 구할 확률에 영향을 준다. 개인들은 아래의 모형에서 가장 PV_{ij}가 0보다 클 때 이동을 고려하게 된다.

$$PV_{ij} = \sum_{t=1}^{n} p_i(t) \frac{w_{tj}}{(1+r)^r} - c - \sum_{t=1}^{n} \frac{w_{ti}}{(1+r)^r}$$

PV_{ij}: i지역에서 j지역으로 이동하는 순편익
w_{ti}: t시점에서 i지역의 임금
w_{tj}: t시점에서 j지역의 임금
p_i: 도착지(도시지역)에서의 취업률
c: 이동에 따르는 비용, r: 할인율, n:기간

위의 Harris－Todaro모형은 완전고용(full employment)을 가정하고 있지 않기 때문에, 도시의 실업률이 높아지는 상황에서의 인구이동을 설명하는 데에 유용하게 사용될 수 있다. 예를 들어, 도시의 임금이 아무리 높다고 해도 실업률이 높은 상황에서는 이동이 유발되지 않을 수 있다는 것이다. 이러한 장점에도 불구하고 Harris－Todaro모형은 '이동이 발생해야 하는 상황에서 왜 일부의 사람들만 이동하고, 또 다른 사람들은 남아 있는지?'에 답할 수 없다는 단점이 있다.[13] 사실 이에 대한 답은 Sjaastad(1962)의 인적자본 모형을 통해 쉽게 얻어질 수 있다. 이러한 이유로, 인구이동에 대한 후대의 모형들은, Harris and Todaro(1970)의 기대효용 최대화모형에 개인들의 특성들을 포함할 수 있는 Sjaastad(1962)의 모형을 결합하는 방식으로 발전해 왔다.

1970년대 말에 Mincer(1978)는 인구이동은 개인들에 의해서 이루어지는 것이 아니라 가족단위로 이루어지는 것임을 강조했다. 그는 개인적인 순이익(net gain)보다는 가족의 순이익이 인구이동을 설명하는 데 더욱 적절함을 강조했다. 이러한 연구는, 인구이동이 서로 다른 선호를 가진 '집단'들이 상호작용 하에 발생하는 것임을 역설하고 있다. Stark and Bloom(1985)은 개인이 아닌 그룹으로 이동 여부를 결정할 때 기대소득을 극대화할 뿐만 아니라 이동에 따른 위험(risks)을 최소화할 수 있다고 역설했다.

2) 헤도닉 인구이동 모형

앞서 설명한 비용－편익모형은 인구이동을 미래에 대한 투자로 보는 관점에 기반한다. 이와는 달리, 인구이동이 소비적 관점에서 발생한다고 보는 '소비동기이론에 기초한

13 Etzo(2008)을 참조하시오.

헤도닉 인구이동모형'이 있다. 헤도닉 인구이동모형은 지역의 어메니티(amenities)를 그 지역에 살고 있는 개인이나 가구에 의해서 소비되는 재화의 일종으로 취급한다(Shields, 1995). 이 모형은 지역별로 제공되는 재화의 성격이 서로 다르기 때문에, 사람들은 스스로의 선호에 맞추어 더 효용을 높일 수 있는 재화(혹은 서비스)가 있는 곳을 찾아서 이동한다는 것이다. 인구이동은 어메니티의 가치가 지역의 집값과 임금에 완전히 반영될 때까지 계속적으로 진행된다. 헤도닉 인구이동모형에는 쾌적한 환경, 기후, 공원, 편의성 등이 이동에 영향을 주는 주요한 요인으로 포함된다고 할 수 있는데, 이러한 요인들은 생산과 소비의 관점에서 설명될 수 있는 것이다(이희연, 2008). 실제로 인구이동이 임금의 격차뿐만 아니라 주거환경의 쾌적성과 편의성에 의해서도 크게 좌우되는 현실을 감안한다면, 헤도닉 모형에서 강조하는 변수들은 매우 설득력이 있다고 볼 수 있다.

본 장의 2절에서 잠시 언급했던 Tiebout(1956)에 의해 제기된 가설도 소비동기이론에 기초한 헤도닉 인구이동모형으로 볼 수 있다. Tiebout(1956)의 가설은 원래, 국가가 공공 서비스를 획일적으로 관리하는 중앙집권적 제도보다, 지역(e.g. 지방자치단체)에서 서비스를 공급하게 하는 분권적 제도가 자원을 보다 효율적으로 배분할 수 있음을 역설한 것이다. 분권적 제도 하에서는 다수의 지방자치단체들이 지역의 상황을 고려한 조세제도와 공공 서비스를 제공할 수 있다. 이런 상황에서 소비자는 공공서비스와 조세수준에 대한 자신의 선호에 따라 어느 지역에 살지를 결정할 수 있다. 이 가설은 개인들은 자신들이 처한 조건 하에서 효용을 가장 극대화하는 지역, 즉 가장 낮은 조세로 가장 좋은 공공재의 혜택을 누릴 수 있는 곳을 찾아 떠나게 됨을 가정하고 있다. 결국 Tiebout가설을 검증하는 모형에서는 다양한 지역에서 공급되는 공공재의 질(quality of public goods)과 지방세(tax) 등이 인구의 이동 여부를 결정하는 중요한 변수로 등장한다.

9.4 인구이동모형의 실증분석

1) 거시적 인구이동모형의 사례

본 절에서는 Eldridge and Jones(1991)에서 검증한 중력모형을 소개한다. 이들은 미국 센서스자료(US Bureau of the Census)를 이용하여 미국을 대표하는 5개의 출발지 경제지역(five origin state economic areas, SEAs)을 선정하였다. 이들이 선정한 지역은 애틀랜타, 디트로이트, 로스앤젤레스, 뉴욕, 세인트루이스이다. 실증분석에서 검증한 기본모형은 $I_j = kM_j^a d_j^b$으로서, 한 지역(출발지)이 다른 여러 지역과 가지는 상호작용의 관계를 나타낸 것이다. 기본모형에서, M_j는 도착지 j지역의 인구, d_j는 도착지 j지역까지 고속도로 상에서의 거리, k, a, b는 추정될 파라미터를 의미한다. 기본모형의 양변에 자연로그를 취해 아래의 모형을 회귀분석으로 추정할 수 있다.

$$\ln(I_j) = \ln(k) + a\ln(M_j) + b\ln(d_j)$$

Eldridge and Jones(1991)가 검증한 모형은 출발지 기반(origin-based)모형으로서, I_j는 1965년에 출발지역에서 거주했지만, 1970년에는 도착지 j에 머물고 있는 인구수를 의미한다. 예를 들어 출발지를 애틀랜타로 하는 모형을 가정해 본다면, 인구이동에 관한 정보는 1965년에 애틀랜타에 거주했던 인구가 1970년에는 어디에 살고 있는지를 파악함으로써 구득할 수 있다. 보다 구체적으로, I_j에서 j가 디트로이트를 의미할 때에는, 1965년에는 애틀랜타에 살다가 1970년에는 디트로이트에서 살고 있는 인구수를 뜻한다. 이 연구에서는 77개의 SEAs가 공간적 분석단위로 이용되었는데, 1965년 애틀랜타에 거주했던 개인들이 1970년에는 77개의 j지역에 얼마만큼 분포해 있는지를 파악하였다. Eldridge and Jones(1991)은 기본모형에 도착지(j지역)의 공간적 특성을 통제하기 위해서 평균 가구임금(W_j)과 실업률(U_j)를 추가하였다. 또한, 도착지의 공간적 구조가 미치는 영향력을 통제하기 위해 경합하는 도착지(competing destinations) 수 (A_j)에 관한 변수를 포함하였다.[14]

14 경합하는 도착지들을 모형에 고려하는 방법에 대해서는 Fotheringham(1981, p. 434)을 참고하시오.

표 9-1 중력모형의 실증분석 결과

Term	Atlanta	Detroit	Los Angeles	New York	St.Louis
Constant	18.234	13.851	-0.949	18.887	-3.081
ln(M_j)	1.086 (0.106)[a]	0.994 (0.010)	0.948 (0.066)	1.037 (0.105)	0.913 (0.108)
ln(d_j)	-1.450 (0.149)	-0.719 (0.137)	-0.839 (0.092)	-0.864 (0.145)	-0.579 (0.149)
ln(A_j)	-1.487 (0.213)	-1.353 (0.254)	-0.860 (0.136)	-1.676 (0.378)	-1.358 (0.188)
ln(U_j)	-	-	-	-	-0.583 (0.230)
ln(W_j)	-	-	1.306 (0.517)	-	1.887 (0.868)
R^2	0.709	0.646	0.916	0.688	0.736
Mean squared error	0.634	0.566	0.150	0.540	0.427

출처: Eldridge and Jones(1991, 504).

이들이 추정한 결과는 <표 9-1>과 같다.

여기에서는 중력모형의 가장 기본적 변수인 도착지의 인구(M_j)와 도착지까지의 거리(d_j)만을 해석하는 데 집중하고자 한다. W_j, U_j, A_j는 M_j와 d_j의 순수한 효과를 보기위한 통제변수로 사용되었다. 분석결과는 한 지역의 공간적 상호작용, 즉 특정지역의 인구이동의 수(I_j)는 도착지역의 인구수에 비례하고 있음을 보여주고 있다. 애틀랜타의 경우 도착지의 인구가 1% 증가할 때, 인구이동이 1.086% 증가함을 알 수 있다. 나머지 네 도시들의 경우도 애틀랜타와 마찬가지로 인구이동이 1% 내외 수준을 보이고 있는 것으로 나타났다. 또한 회귀분석의 추정결과는 도착지와의 거리가 멀어질수록 인구이동의 가능성이 줄어들고 있음을 보이고 있다. 애틀랜타의 경우에는 도착지와의 거리가 1% 증가할 때, 인구이동이 1.45% 감소함을 보이고 있다. 애틀랜타는 사례대상지로 포함된 5개의 도시 중에서 가장 큰 감소폭을 보인 도시이다. 거리에 가장 둔감하게 반응하는 지역은 세인트루이스로서 거리가 1% 증가할 때, 인구이동량이 0.579% 감소하는 것으로 나타났다.

2) 미시적 인구이동모형의 사례

미시적 인구이동모형은 개인과 가구가 왜 인구이동을 하는지, 혹은 어디로 인구이동을 하는지를 밝히는 데 사용되고 있다. 본 절에서는 이상림(2009)이 분석한 미시적 인구이동모형을 설명한다. 이 논문은 NLSY(National Longitudinal Study of Youth) 자료를 사용하여 개인들의 인구이동에 영향을 미치는 영향에 대한 분석을 수행하였다. NLSY는 1979년부터 1996년까지 매년 조사되었지만, 1998년 이후 현재까지는 격년으로 수행되고 있다. 이상림(2009)은 인구이동을 크게 최초이동과 반복이동으로 구분하였다. 반복이동은 최초이동 이후에 발생하는 이동을 의미한다. 이러한 반복이동은 다시 계속이동과 귀환이동으로 나누어질 수 있다. 계속이동은 이전에서는 거주한 적이 없는 곳으로의 이동을 의미하며, 귀환이동은 거주한 적이 있는 곳으로 다시 돌아오는 이동을 의미한다.

개인들의 최초이동, 계속이동, 귀환이동에 영향을 주는 요인을 살펴보기 위해 사용한 모형은 이항 로지스틱 회귀분석(binary logistic regression)이다. 이 모형을 추정하는 궁극적인 목적은 '이동 v.s. 비이동'에 영향을 주는 개인적 특성을 살펴보고자 하는 데 있다. 로지스틱 회귀모형은 다음과 같다.

$$\text{logit}(p) = \ln\frac{p}{1-p} = \beta_o + \beta_1 x_1 + \cdots + \beta_m x_m$$

여기서, p는 사건이 발생할 확률, x_i부터 x_m은 인구이동에 영향을 주는 요인들이다. 세 종류의 이동패턴에서 대한 각각의 회귀분석이기에 <표 9-2>에서는 샘플수가 서로 다르게 나타나고 있다.

<표 9-2>에 나타난 회귀분석의 결과는 최초이동, 계속이동, 귀환이동에 영향을 미치는 요인들은 서로 다름을 보이고 있다. 먼저, 인종의 경우에는 백인이 다른 인종에 비해 이동 성향이 높은 것으로 분석되었다. 특히 히스패닉의 경우에는 이동의 종류와 상관없이 백인보다 낮은 이동성향을 보이고 있다. 둘째로, 성별은 반복이동에만 영향을 주고 있다. 반복이동의 경우, 남성이 여성보다 이동성향이 더 높은 것으로 분석되었다. 또한 취업했을 경우 반복이동의 확률이 매우 낮아지는 것으로 나타났다. 셋째로, 취업상태도 반복이동에만 영향을 주고 있다. 이는 취업을 못했을 경우 다른 곳으로의 취업기회를 찾아 재차 이동할 확률이 높아짐을 의미한다. 넷째로, 이동의 형태와 상관없이 유주택자들은 무주

표 9-2 인구이동의 영향요인에 관한 회귀분석

변 수	최초이동			계속이동			귀환이동		
	b	(s.e.)		b	(s.e.)		b	(s.e.)	
상수	0.348	(0.548)		-1.544	(0.136)	***	-5.343	(0.171)	***
인종(백인)									
히스패닉	-0.386	(0.078)	***	-0.318	(0.034)	***	-0.196	(0.042)	***
흑인	-0.197	(0.057)	***	-0.333	(0.031)		-0.041	(0.035)	
성별(여성)									
남	0.021	(0.052)		0.067	(0.024)	***	0.075	(0.030)	**
취업상태(실업)									
비실업	-0.112	(0.072)		-0.116	(0.041)	***	-0.143	(0.048)	***
주택소유(소유)									
결측	0.172	(0.130)		0.144	(0.050)	***	0.053	(0.060)	
비소유	0.471	(0.084)		0.715	(0.035)	***	0.545	(0.043)	***
혼인상태(무배우)									
유배우	-0.145	(0.069)		-0.027	(0.030)		0.060	(0.036)	
교육(대졸 이상)									
결측	-0.694	(0.268)		---			---		
고졸미만	-0.702	(0.113)		-0.428	(0.044)	***	0.482	(0.055)	***
고졸	-0.767	(0.097)		-0.341	(0.031)	***	0.414	(0.042)	***
2년제 대학	-0.646	(0.136)		-0.113	(0.052)	**	0.218	(0.071)	***
자녀수(자녀 없음)									
1명	-0.399	(0.085)	***	-0.187	(0.038)	***	-0.032	(0.044)	
2-3명	-0.487	(0.093)	***	-0.223	(0.039)	**	-0.119	(0.046)	***
4명 이상	-0.207	(0.222)		-0.305	(0.101)	***	-0.133	(0.115)	
거주기간(10년 이상)									
결측	---			-0.104	(0.268)	***	-16.767	(2404.1)	
0~2	---			0.870	(0.034)	***	2.739	(0.060)	***
3~5	---			0.665	(0.035)	***	1.987	(0.063)	***
6~10	---			0.309	(0.039)	***	1.068	(0.071)	***
측정간격(2년 단위)									
1년 단위	-0.755	(0.148)	***	-0.442	(0.046)	***	-0.157	(0.055)	**
연령	-0.075	(0.044)	***	-0.029	(0.003)	***	0.014	(0.004)	***
표본 수	35,170			90,651			88,009		

주: * $p<0.1$, ** $p<0.05$, *** $p<0.01$.

자료: NLSY79(1976~2004).

참고: 거주기간은 처음으로 이동한 후의 기간을 의미하기 때문에, 최초이동에서는 변수에 포함되지 않았음

출처: 이상림(2009, p. 62).

택자들에 비해 이동확률이 낮은 것으로 나타났다. 이는 주택의 소유가 이동성을 떨어뜨리고 있음을 보여주는 것이다. 다섯째로, 교육이 이동확률에 미치는 영향은 이동의 종류에 따라 크게 다르게 나타났다. 최초이동과 계속이동의 경우에는, 교육수준이 높을수록 이동확률이 높아지는 것으로 분석된 반면, 귀환이동의 경우에는 교육수준과 이동확률이 반대로 나타났다. 즉, 낮은 학력의 사람들이 살던 곳으로 다시 재이동하는 경향이 더 강하게 나타난 것이다. 여섯째로, 최초이동에 있어서, 배우자가 있는 사람들의 이동확률은 배우자가 없는 사람들에 비해 낮게 나타나고 있다. 배우자가 없을 경우가 이동에 관한 의사결정이 그만큼 단순하다는 것을 의미하는 것이다. 하지만 반복이동에서는 배우자의 유무가 이동확률에 미치는 영향이 유의하지 않은 것으로 나타났다. 일곱째로, 자녀수의 경우에도 일반적인 예상과 부합하고 있다. 자녀수와 관련한 더미변수들 몇몇은 통계적 유의성을 보이고 있지 않지만, 추정된 모든 계수들이 음의 값을 보이고 있다. 이는 자식이 있는 부모가 자녀가 없는 경우보다 이동성이 낮음을 보여주는 것이다. 여덟째로 거주기간이 길어질수록 이동확률이 낮아진다는 결과도 일반적인 예상과 부합하고 있다. 추정된 계수를 자세히 살펴보면 귀환이동의 경우 참조 카테고리(거주기간 10년 이상)와 다른 변수들 간의 차이가 계속이동보다 큼을 알 수 있다. 이는 시간이 지날수록 살던 곳으로 귀환해서 이동의 확률이 빠르게 감소하고 있음을 의미하는 것이다. 마지막으로 연령이 이동확률에 미치는 영향도 이동의 종류에 따라 다르게 나타났다. 최초이동과 반복이동의 경우 나이가 증가함에 따라 이동의 확률이 낮아지는 반면에, 귀환이동의 경우는 그 반대의 경향을 보이고 있다. 즉 나이가 어릴수록 귀환이동 확률이 낮아지는 것이다.

9.5 요약 및 결론

본 장에서는 인구이동에 관한 과거 논의들을 크게 거시적 모형과 미시적 모형으로 나누어 살펴보고, 각각의 모형이 가지는 유용성과 한계점에 대해 논의하였다. 1940년대부터 본격화된 인구이동에 관한 논의들은, 인구이동의 원인뿐만 아니라 지역 간 이동의 양상에 관한 이해를 높이는 데 기여했다. 거리와 지역의 인구만을 고려했던 1940년대의 중력모형은, 지역의 다양한 특성을 반영하는 보다 세련된 모형으로 발전하였다. 다른 한편으로는 1960년대 이후 개인 혹은 가구적 수준에서 인구이동의 원인과 요인을 살피기 시작한 미시적 관점의 연구도 빠른 속도로 증가하였다. 현재의 인구이동모형들은 예전보다 훨씬 복잡하고 다양한 형태로, 과거부터 제기되었던 질문들, 즉 누가, 왜, 어느 곳에서, 어느 곳으로, 언제 이동하는지에 관한 물음에 답하려 하고 있다.

인구이동현상과 이러한 현상에 대한 연구자의 관심이 어떠한 방식으로 발전해 왔는지에 대해 살펴보기 위해, 지난 반세기 동안 우리나라의 인구이동에 관한 연구의 변화에 대해 간략히 언급하며 이 장을 마무리하려 한다. 독자들도 주지하다시피, 우리나라의 인구이동 연구에 대한 관심은 경제개발이 본격화된 1960년대로 거슬러 올라간다. 1960년대부터 1980년대 초반까지는 이촌향도 현상으로 대변되는 농촌에서 도시로의 인구이동이 주를 이루었다. 하지만 1980년대 후반부터는 인구이동의 양상이 빠르게 바뀌었다. 이 시기부터는 비수도권에서 수도권으로 이동과, 대도시권 간의 이동이 증가하는 양상으로 나타났다. 이러한 수도권과 대도시의 급격한 인구성장을 목도한 학자들은 인구이동의 거시적 이동양상에 보다 큰 관심을 기울였다. 이러한 관심은 주로 '왜 인구가 집중되는가?', 그리고 '이러한 집중은 어느 곳으로부터의 인구이동에 의한 것인가?'라는 질문에 답하기 위함이었다. 하지만 2000년대 수도권의 유출인구와 유입인구가 엇비슷해지는 현상이 발생함과 동시에 중소도시의 도심인구 유출현상이 빠르게 가속화되었다. 이후 인구이동에 관한 주된 관심사는 '어떤 사람(혹은 가구)들이 이동하는가?', '어떤 요인이 개인(혹은 가구)의 이동에 영향을 주는가?'로 빠르게 변화해 왔다. 이처럼 인구이동에 관한 국내 연구의 초점과 관심사는 시대적 상황이 만들어내는 독특한 사회적 질문들과 연계하며 변화해 왔음을 눈여겨 볼 필요가 있다.

참고문헌

- Black, W. R., Transportation: a geographical analysis, The Guilford Press, 2003.
- De Haas, H., Migration and Development: A Theoretical Perspective, Paper presented at the conference on Transnationalisation and Development, Center for Interdisciplinary Research, Bielefeld, Germany, 2007.
- Eldridge, J. D. and Jones, J. P., Warped Space: a geography of distance decay, Professional Geographer, 1991, Vol. 43, No. 4, pp. 500~511.
- Etzo, I., Internal Migration: a review of the literature, MPRA Paper No. 8783, 2008.
- Fotheringham, A. S., Spatial Structure and Distance-Decay Parameters, Annals of the Association of American Geographers, 1981, Vol. 71, No. 3, pp. 425~436.
- Greenwood, M. J., Reserach on Internal Migration in the United States: a survey, American Economic Association, 1975, Vol. 13, No. 2, pp. 397~433.
- Greenwood, M. J., Modeling Migration, Encyclopedia of Social Measurement, 2005, Vol. 2, Amsterdam: Elsevier Inc., pp. 725~734.
- Grigg, D. B., E. G. Ravenstein and the "Laws of Migration", Journal of Historical Geography, 1977, Vol. 3, No. 1, pp. 41~54.
- Harris, J. R. and Todaro, M. P., Migration, Unemployment and Development: a two sector analysis, American Economic Review, 1970, Vol. 60, pp. 126~142.
- Hicks, J. R., The Theroy of Wages, London: Macmillan, 1932.
- Lowry, I. S., Migration and Metropolitan Growth: Two Analytic Models, Chandler Pub., San Francisco, 1966.
- Mincer, J., Family Migration Decisions, Journal of Political Economy, 1978, Vol. 86., pp. 749~773.
- Ravenstein, E. G., The laws of migration, Journal of the Statistical Society, 1885, 48, 167~227.
- Sjaastad, L. A., The costs and returns of human migration, Journal of Political

Economy, 1962, 70, 80~93.

- Shields, M. P., Time, Hedonic Migration, and Household Production, Journal of Regional Science, 1995, Vol. 35, No. 1, pp. 117~134.
- Tiebout, C. M., Exports and Regional Economic Growth, Journal of Political Economy, 1956, Vol. 64, No. 2, pp. 160~164.
- Todaro, M. P., Internal Migration in Developing Countries: a review of theory, evidence, methodology, and research priorities, Int Labour Office, Geneva, 1976.
- Todaro, M. P., Internal Migration in Developing Countries, in Population and Economic Change in Developing Countries edited by R. A. Easterlin, the National Bureau of Economic Research, 1980.
- Todaro, M. P. and Smith, S. C., Economic Development, New York: Addison-Wesley Publishers, 2012.
- Ullman, E. L., The Role of Transportation and the Bases for Interaction, in Man's Role in Changing the Face of the Earth edited by William L. Thomas Jr., University of Chicago Press, 1956, pp. 862~880.
- Zipf, G. K., The P1P2/D Hypothesis: on the intercity movement of persons, American Sociological Review, 1946, Vol. 11, No. 6., pp. 677~686.
- Zipf, G. K., Human Behavior and the Principle of Least Effort, Cambridge, Assidon-Wesley, 1949.

- 이상림, 연령이 인구이동에 미치는 영향: 최초이동, 계속이동, 귀환이동, 한국인구학, 2009, 제32권, 제3호, pp. 43~72.
- 이희연, 인구이동 확장모형 개발 및 실증분석, 국토연구원, 2008.

Regional
and
Urban Economics

제10장

혁신과 집적경제

제10장에서는 우선 혁신이란 무엇이며 지역경제에서 왜 중요한지 그리고 혁신에는 어떠한 유형이 있으며 혁신은 어떻게 측정될 수 있는지에 대해 살펴보기로 한다. 다음으로 혁신의 공간적 분포와 혁신의 공간적 효과는 어떻게 나타나며 그것이 왜 중요한지를 다룰 것이다. 또한 혁신이 지역의 성장에는 어떠한 영향을 미치는지에 대해 살펴보고 지식생산함수에 대해서도 알아본다. 또한 혁신활동에 있어서 집적경제의 중요성에 대해 살펴보고 집적경제의 개념과 그 메커니즘에 대해 살펴보기로 한다. 특히 집적경제의 두 메커니즘으로 국지화경제와 도시화경제의 개념에 대해 자세히 살펴본다. 마지막으로, 혁신과 집적경제와 관련한 다양한 실증분석 연구사례를 살펴보기로 한다.

10.1 혁신의 의의

1) 혁신의 개념 및 중요성

혁신은 지역 성장의 핵심적인 요소이다. Schumpeter(1934)는 혁신의 개념과 그 중요성을 언급한 대표적인 학자라고 할 수 있는데, 그는 혁신을 "기존에 존재하는 자원들 간의 창조적인 결합"으로 정의하였다. 혁신의 개념은 Schumpeter가 설명한 창조적 파괴(creative destruction)의 아이디어로부터 출발한다. 창조적 파괴란 경제구조를 형성하고 있는 구성원들이 능동적으로 나서서 시장을 변화시키는 행위를 의미한다. 시장의 결정을 수동적으로 수용하는 것이 아니라 능동적인 변화를 추구하는 과정을 통해 이윤이 창출되고 경제가 성장하게 된다는 것이다. 즉, 혁신은 기술의 발전, 새로운 시장의 개척, 상품 공급방식의 변화 등을 통해 경제적 이윤을 창출해 내는 동태적인 과정을 의미한다.

1980년대 이후 경제성장의 공간적 단위로서 도시 및 지역이 주목되기 시작하면서 혁신의 개념 역시 재조명되기 시작했다. 노동집약적 산업이 차츰 쇠퇴하고 지식기반산업이 발전하기 시작하면서 혁신은 기업뿐만 아니라 도시나 지역의 지속적인 성장을 이끄는 열쇠로서 강조되어 왔다. Schumpeter(1934)는 기업 차원에서 수행되는 혁신이 기업의 성장을 이끌고 나아가 장기적인 경제구조의 변혁을 창출하여 사회경제적 생산성을 증대시킨다고 설명한다. 최근에는 도시나 지역 단위에서의 혁신 역량에 대한 관심이 대두되면서 도시나 지역의 경쟁력을 증진시키는 핵심 요인들 중의 하나로 혁신이 인식되고 있다.

2) 혁신의 유형

Schumpeter는 혁신을 다섯 가지의 유형으로 분류하여 설명하였는데, 각 유형은 〈표 10-1〉과 같다. 많은 학자들은 Schumpeter가 제시한 혁신의 유형들 중에서도 신제품의 개발 또는 기존 상품의 질적 변화라는 첫 번째 유형과 새로운 생산 공정의 도입이라는 두 번째 유형에 관심을 가진다. 두 유형은 각각 제품혁신(product innovation)과 공정혁신

(process innovation)의 개념으로 구체화되어 정의된다. 제품혁신은 기존의 생산품과 다른 특징을 지니는 새롭거나 크게 개선된 생산품을 의미하며, 공정혁신은 제품 운송의 방법을 포함하여 새롭거나 크게 개선된 생산방식의 정도를 의미한다. 제품혁신과 공정혁신은 혁신의 대표적인 유형이라고 볼 수 있다.

제품혁신과 공정혁신 이외에도 다양한 혁신 유형이 존재한다. 간략하게 살펴보면, 우선 기업의 기술발전 과정이 어느 정도로 급격한지에 따라 나누어 볼 수 있는데, 점진적 혁신과 급진적 혁신으로 나누어진다. 이 밖에도 공정혁신을 다시 기술적 공정혁신과 조직적 공정혁신으로 구분할 수도 있으며, 혁신을 크게 기술혁신과 비기술혁신의 유형으로 나누어 볼 수도 있다. 위와 같은 혁신의 분류를 통해 혁신의 개념을 구체화하여 제시할 수 있게 되고 혁신에 대한 보다 엄밀한 측정을 가능하게 한다.

표 10-1 J. A. Schumpeter의 혁신 유형

유 형	설 명
1	신제품의 개발 또는 기존 생산품의 질적 변화 (introduction of a new product or a qualitative change in an existing product)
2	새로운 생산 공정의 도입 (process innovation new to an industry)
3	새로운 시장의 개척 (opening of a new market)
4	원자재 또는 중간투입재를 위한 새로운 보급원의 개발 (development of new sources of supply for raw materials or other inputs)
5	산업조직의 변화 (changes in industrial organization)

출처: Schumpeter(1934).

3) 혁신의 측정

혁신과 관련한 연구에서 주요 쟁점이 되어 온 주제는 혁신을 어떻게 측정할 것인가에 대한 것이다. 혁신을 측정하는 방법은 크게 세 가지로 나누어진다. (1) 혁신활동을 위한 투입물에 대한 측정, (2) 혁신활동의 중간산출물에 대한 측정, (3) 혁신성과에 대한 직접적인 측정이 그것이다. 예를 들면, 혁신활동을 위한 투입물에 대한 측정은 연구개발

(R&D; research and development)에 대한 지출을 측정함으로써 이루어질 수 있으며, 혁신활동의 중간산출물은 특허로 등록된 신제품의 개수 등을 통해 측정될 수 있다. 혁신성과에 대한 직접적인 측정은 일반적으로 기술, 무역, 공정 등 혁신과 관련된 저널의 신기술 섹션에 몇 건의 성과를 게재하였는지를 파악함으로써 이루어지기도 한다.

혁신과 관련한 연구의 초기단계에는 직접적인 혁신성과를 확인할만한 자료가 존재하지 않았기 때문에, 연구개발에 대한 지출이 혁신을 측정하는 지표로 주로 사용되었다. 기업은 연구개발을 통해 새로운 지식을 생산해내고 이를 바탕으로 혁신의 메커니즘을 구성하므로 연구개발 지출에 대한 측정은 혁신성과를 측정하는 데에 있어 유용한 방법으로 활용될 수 있다. 하지만 혁신성과는 연구개발 투자 이외의 다른 요인들로부터 영향을 받을 수 있고, 연구개발 활동이 언제나 직접적인 혁신을 유발한다고 할 수는 없다는 한계가 있다.

이후 혁신활동의 중간산출물, 특히 특허 통계를 활용한 혁신의 측정이 활발히 이루어져 왔다. Jaffe et al.(1993)은 특허와 관련된 일련의 문서들(paper trails)을 통해 혁신성과를 측정하는 방법을 제시하였다. 특허가 출원되면 그 신기술에 대한 구체적이고 많은 양의 정보가 담긴 문서가 만들어지는데, 특허 출원은 기존 지식의 풀(pool)이 확장되는 과정에서 이루어지므로 이 문서는 이후에 개발되는 새로운 제품이나 기술의 참고자료로 활용될 수 있다. 예를 들면, X라는 특허와 관련된 문서가 Y라는 특허에 인용되었다면 X에 담긴 기존의 지식이 Y라는 또 다른 지식을 창출하는 데에 기여하였다고 볼 수 있는 것이다. 다시 말해, 특허와 관련된 문서들을 통해 혁신을 측정하는 것은 지식확산(knowledge spillovers)의 흐름을 반영한다는 측면에서 의의가 크다고 할 수 있다. 특허를 활용한 혁신의 측정이 유용한 방법이기는 하지만 단점 역시 존재한다. Griliches(1979)는 모든 혁신성과들이 특허로 등록되는 것은 아닐 뿐만 아니라 혁신에 따라 상이한 경제적 파급효과를 충분히 반영하지 못하므로 특허를 통한 혁신의 측정은 여전히 불완전한 방법이라고 주장한다.

혁신성과에 대한 직접적인 측정은 앞선 두 방법이 혁신성과를 간접적으로 측정한다는 문제를 가지고 있는 것과 달리, 혁신성과에 대한 구체적인 측정이 가능하다는 점이 장점이다. 이 방법은 혁신과 관련된 저널이나 책 그리고 문서 등에 신제품이나 신기술의 성과를 소개한 횟수가 어느 정도인지를 측정하는 것이다. 이 방법은 Pavitt et al.(1987)에 의해 발전되었는데, 특히 혁신과정의 가장 최종적인 단계인 새로운 아이디어의 상업화라는 부분을 반영할 수 있다는 장점이 있다. 하지만 중소기업들의 경우 신기술의 개발을 공개적으로 발표하고자 하는 유인이 적기 때문에 이들의 혁신성과가 과소평가될 수 있다는 문제가 있다. 최근에는 위의 방법 외에도 기업을 대상으로 한 설문조사를 통해 특정 기간 동안 생산해 낸 새로운 제품이나 공정이 몇 건인지를 파악함으로써 혁신성과를 직접적으로 측정하는 방법이 사용되기도 한다.[1]

10.2 혁신활동의 공간적 분포와 지역 성장

1) 혁신활동의 공간적 분포

혁신을 다른 많은 경제활동들과 구분 짓는 특징은 새로운 지식이나 기술을 창출한다는 점이다. 혁신을 연구했던 많은 학자들은 도시나 지역의 장기적인 성장과 수확체증의 원천이 되는 새로운 지식의 확산효과에 특히 많은 관심을 가져왔다. 기업이나 연구기관에서 창출된 지식은 제3의 기관들로 확산되면서 모방되고 변형되어 활용되는데, 이 때문에 지식확산의 혜택을 누리고자 하는 기업들을 중심으로 지리적 집중이 발생하게 된다. 다시 말해, 혁신과 지식의 확산효과가 특정 지역으로의 집적을 유발하게 되어 해당 지역의 성장을 이끌게 되는 것이다. 도시 및 지역차원에서의 혁신 창출과 확산에 대한 다양한 논의들이 진행되어 왔는데, David & Rosenbloom(1990)과 Audretsch & Feldman(1996) 등의 연구는 지식과 혁신의 확산효과는 기업들 및 지역들 간의 사회경제적, 기술적, 그리고 지리적 거리, 다시 말해 상호의존성과 유사성의 정도에 따라 일정한 패턴을 보인다고 설명한다. 이러한 일정한 패턴은 지역 차원에서 보았을 때 경제활동의 집적이나 산업의 군집(cluster)으로 나타나게 된다.

경제활동의 집적이나 산업의 군집은 기업들이 공간적으로 가까운 곳에 입지함으로써 서로에게 다양한 사회적 편익을 발생시키기 때문에 형성된다고 할 수 있다. 다시 말해, 공

1 Oslo Manual 참고.

간적으로 인접해 있는 기업들 간에는 혁신의 긍정적 외부효과가 존재하고 이것이 집적경제로 나타나게 된다. 예를 들어, 지속적인 혁신활동을 통해 지식을 창출하는 기업이나 연구기관과 공간적으로 인접한 곳에 특정 기업이 입지할 때, 그 기업은 지식외부효과(knowledge externalities)에 따른 집적경제의 편익을 누릴 수 있게 된다. Jaffe(1989)와 Anselin et al.(1997) 등의 연구는 집적경제의 편익이 단순히 기업이나 지역의 생산성에 긍정적인 영향을 준다는 논의를 넘어서, 도시 및 지역 내의 경제주체들 간의 상호작용을 의미하는 지식외부효과가 집적경제 또는 지역특성에 의해 영향을 받는다고 설명한다. 다시 말해, 지식의 확산이 도시 및 지역 내부의 혁신 자원뿐만 아니라 외부와의 상호작용에 의해서도 영향을 받는다는 것이다.

혁신활동은 기업이나 연구기관을 비롯한 혁신 주체들의 공동의 연구 네트워크, 혁신 클러스터, 지식 관련 기반시설 등에 의해 좌우될 수 있다. 다시 말해, 혁신활동이 공간적으로 특정한 분포 패턴을 가지고 있다면, 그 이면에는 위와 같은 요인들에 의한 공간적 관련성이 존재하는 것이다. 혁신의 공간적 분포는 혁신활동의 메커니즘과 밀접한 관계를 맺고 있으며, 그 분포는 공간적 상호작용과 특화된 산업구조를 포함한 공간구조의 특성에 따라 상이하게 나타날 수 있다. 또한 집적경제의 효과를 증대시킬 수 있는 지리적 인접성이 혁신활동에 기여할 수 있으며, 도시 및 지역의 중심지나 배후지와 같은 공간적 위계구조가 혁신의 확산효과에 영향을 줄 수 있다. 따라서 도시 및 지역이라는 공간적 차원에서의 혁신 논의의 핵심은 혁신의 공간적 분포에 있다고 할 수 있는 것이다.

2) 혁신활동과 지역성장

지식의 축적과 확산 그리고 기술진보를 통한 생산성의 향상은 내생적 성장이론(endogenous growth theory)의 핵심적인 주제라고 할 수 있다. 고전적인 성장이론들은 노동과 기술이 일정하게 주어진 상황을 가정하고 자본의 축적이 지역의 경제성장을 좌우한다고 설명한다. 또한 기술진보는 경제체제 내에서 결정되는 것이 아니라 외생적인 것으로 주어진 것으로 간주한다. 하지만 Romer(1986)를 포함한 내생적 성장이론에서는 기술진보가 생산 공정의 개선, 신상품의 개발, 새로운 시장의 개척 등을 포함한 혁신이라는 경제적 요인을 통해서 진행될 수 있음을 강조한다. 다시 말해, 내생적 성장이론은 경제 내에서 내생적으로 발생하는 기술진보를 통하여 장기적인 경제성장이 이루어지는 과정을 설명한다.

내생적 성장이론을 도시 및 지역이라는 공간적 측면에서 생각해 보면, 도시 및 지역의 성장은 해당 공간에서 수행되는 혁신활동과 지식의 확산 그리고 외부로부터의 혁신성과를 흡수하여 활용할 수 있는 능력(absorptive capacity) 등에 의해 결정된다고 할 수 있다(Grossman & Helpman, 1991). 특히 내생적 성장이론에서 가장 중요한 요소는 연구개발에 대한 투자와 연구자본(research capital)이다. 다시 말해, 연구개발에 대한 지속적인 투자는 기술의 발전을 유발하여 혁신을 불러오게 되는데, 이렇게 형성된 혁신이 도시 및 지역의 성장을 이끄는 요인으로 작용하는 것이다. 내생적 지역성장의 원리는 아래와 같이 간략하게 표현될 수 있다.

$$Y = F(R,\ K,\ H) \tag{10.1}$$

여기서 Y는 총생산, R은 연구개발에 대한 투자, K는 자본, H는 인적자본의 수준을 나타낸다. 식 (10.1)은 내생성(endogeneity)의 개념을 통해 식 (10.2)와 같이 간략하게 나타낼 수 있다.

$$Y_t = A(K)_t K_t \tag{10.2}$$

식 (10.2)에서 $A(K)_t$는 내생적인 기술 수준을 의미하는데, 이는 혁신의 결과로 이해될 수 있다. 내생적 기술진보의 효과는 해당 도시 및 지역의 물리적 자본, 인적자본, 연구자본 등으로 다시 전달되어 지속적인 성장을 이끌게 된다.

3) 혁신과 지식생산함수

지식생산함수는 혁신에 대해 설명하고 있는 대표적인 이론적 모형으로서 혁신활동의 투입과 성과 간의 관계를 분석하는 데에 활용되는 개념적 틀이다. Griliches(1979)의 연구를 통해 이론적으로 정립된 지식생산함수는 기본적으로 신제품이나 신기술의 발명과 같은 혁신의 성과가 체계적인 연구개발로부터 비롯된다고 가정한다. 따라서 지식생산함수의 기본적인 형태는 식 (10.3)과 같이 표현된다.

$$I_i = f(RD\ input) \tag{10.3}$$

식 (10.3)에서 I_i 는 연구개발을 통해 만들어진 새로운 지식의 성과인 혁신성과를 나타내며, $RD\ input$은 연구개발에 대한 투자라고 할 수 있다. 식 (10.3)에 콥-더글러스(Cobb-Douglas) 생산함수의 형태를 적용하면 식 (10.4)와 같이 표현된다.

$$I_i = \alpha RD\ input^{\beta} \tag{10.4}$$

혁신성과에는 연구개발에 대한 투자뿐만 아니라 인적자본(human capital)의 수준이 중요한 영향을 미친다. 따라서 지식생산함수는 식 (10.5)와 같이 표현될 수 있는데, 인적자본의 수준은 기업에 소속된 근로자의 숙련이나 교육수준을 통해 측정될 수 있다.

$$I_i = \alpha RD_i^{\beta} HK_i^{\gamma} \varepsilon_i \tag{10.5}$$

위 식에서 I 는 혁신활동에 따른 성과의 수준을 의미하며, RD는 혁신활동의 투입요소로서 연구개발비용 또는 연구인력 등으로 측정될 수 있다. HK는 인적자본을 비롯하여 지식자본, 사회자본, 네트워크 외부효과, 집적경제 등과 관련된 내부요인들을 나타낸다. i 는 혁신활동의 단위를 나타내는데, 기본적인 단위는 기업이지만 국가나 지역 그리고 산업이 대상이 될 수 있다.

Griliches(1984)와 Acs & Audretsch(1990) 등은 지식생산함수를 기초로 발전시킨 분석모형을 통해 혁신성과가 발생하는 메커니즘을 설명한다. 특히 Acs & Audretsch(1990)는 컴퓨터와 제약 등과 관련된 지식을 탐색하기 위한 연구개발 투자를 활발히 수행하는 업종일수록 높은 혁신성과를 나타낸다는 점을 밝혔다. 또한 목공품, 섬유, 종이 등 새로운 지식에 대한 수요가 적은 산업일수록 혁신성과 역시 낮게 나타났고, 연구개발에 대한 대규모의 투자를 수행할 수 있는 대기업들이 연구개발 투자의 비중이 낮은 중소기업들에 비해 더 많은 혁신성과를 창출한다는 분석결과를 얻었다.

지식생산함수는 Griliches(1979)의 기본모형 이후 다양하게 응용되어 왔는데, 기본모형에는 반영되어 있지 않은 지식외부효과라는 개념을 반영하기 위해 발전된 모형이 대표적이라고 할 수 있다. 예를 들어, Jaffe(1989)나 Acs & Varga(2002) 등의 연구에서는 지식

외부효과의 개념을 토대로 혁신성과에 대한 국지적 공간 차원의 논의를 포함시킨 지식생산함수를 제시한다.

$$I_{si} = \alpha IRD^{\beta_1} UR_{si}^{\beta_2} (UR_{si} * GC_{si}^{\beta_3}) \varepsilon_{si} \tag{10.6}$$

I 는 기본모형과 마찬가지로 혁신성과를 의미하며, IRD는 연구개발에 대한 기업의 투자, UR은 기업과 연계한 외부 연구기관을 통해 수행되는 연구개발 투자, GC는 기업과 외부 연구기관 간의 지리적 인접성을 의미한다. 이 밖에도 von Hippel(1998)은 Schumpeter의 혁신개념에 기초하여 혁신성과를 제품혁신, 공정혁신, 조직혁신 등으로 세분화한 지식생산함수를 제시하였으며, ÓhUallacháin & Leslie(2007)는 산·학·연의 연구개발 연계와 혁신성과의 관계를 보여주기 위한 지식생산함수를 응용하였다.

10.3 혁신활동과 집적경제

1) 혁신활동에 있어서 집적경제의 중요성

도시 및 지역경제학 분야의 많은 학자들은 혁신의 대부분이 도시 내에서 창출된다는 점을 강조한다. 도시라는 공간 안에 입지해 있는 개인, 조직, 기업들은 물리적 거리의 인접성으로 인한 이점을 바탕으로 수많은 대면적 소통(face-to-face communication)의 기회를 가진다. 동일한 도시나 지역에 있는 구성원들은 이러한 대면적 상호작용을 통해 정보를 공유하고 아이디어를 교류함으로써 생산성을 높일 수 있다. 이러한 상호작용으로부터 지식의 흐름이 유발되는데, 이는 새로운 제품과 생산기술을 개발하고 새로운 아이디어를 이끌어내게 된다. 다시 말해, 도시라는 공간은 다양한 관심을 가지고 있는 사람들 간 상호작용을 할 수 있는 기회를 제공하고 창조적 사고를 촉진함으로써 혁신의 기회를 제공하는 것이다.

혁신은 지식외부효과와 밀접한 관계를 맺고 있다. 지식의 외부성이 경제활동의 공간적 집중을 유도하며 근로자와 기업가들의 아이디어 교류를 촉진해 혁신을 발생시킨다. 하지만 지식외부효과는 공간적으로 무한정 확산되지는 않는다. Adams & Jaffe(1996)와 Audretsch & Feldman(1996) 등 혁신을 주제로 한 여러 연구들은 지식외부효과가 특정 공간을 중심으로 집중되며, 그 집중의 범위는 구성원들 간의 비정형적인 암묵적 지식의 교환과 비공식적 커뮤니케이션이 자유롭게 일어날 수 있는 물리적 거리에 의해 제한된다고 설명한다. 다시 말해, 집적경제의 효과가 나타나는 대도시가 혁신에 있어서 가장 중요한 공간적 단위가 된다는 것이다. Feldman & Florida(1994)는 도시가 혁신의 중심적 공간이 되는 이유를 다음과 같이 요약한다.

> 오늘날 혁신은 더 이상 발명가, 위험을 감수하는 기업가나 벤처자본가, 그리고 풍부한 자원을 가진 대기업만의 전유물이 아니다. 혁신의 진원지는 이러한 주체들보다 광범위한 사회공간적 기반구조에서 찾을 필요가 있다. 다시 말해, 공간적 집적을 통해 집적경제의 효과를 발생시키고 있으며 상승적(synergistic) 특성을 가진 사회경제적 기관들과 혁신을 위한 기술적 사회기반시설이 결합되어 있는 환경에서 혁신이 발생하는 것이다.
>
> 출처: Feldman & Florida(1994, p. 222~223)

혁신의 창출 가능성 측면에서 집적경제는 중요한 의미를 갖는다. 다양한 기술과 지식 특성을 보유한 산업들이 동일한 공간에 집중되어 형성되는 집적경제의 환경 속에서 다양성이 극대화되며, 이를 통해 새로운 생산품의 개발을 비롯한 혁신이 활발하게 진행될 수 있다. 특히 집적경제는 고도의 지식과 숙련을 바탕으로 한 연구개발 업무를 수행하는 기업의 본사(headquarters)가 군집을 형성함으로써 발생하는 현상이라고 할 수 있다. 이들은 지속적인 지식 교류를 통해 네트워크를 형성하고 새로운 아이디어를 창출한다는 측면에서 혁신의 주체가 된다. 다시 말해, 집적경제는 혁신을 유발하고 혁신은 도시 및 지역 성장의 동력이 된다.

2) 집적경제의 개념

기업이 상품을 생산하는 과정에서 생산규모를 확대함으로써 평균비용은 절감되는 경향이 나타난다. 이와 같이 생산규모의 확대에 따른 평균비용의 절감이 신기술의 개발이나 생산 관련 설비 또는 구조의 개선 등 기업의 내부적 요인에 의해 나타나는 경우를 내부적 규모의 경제(internal economies of scale)라고 한다. 반면 외부적 규모의 경제(external economies of scale)는 생산비용의 절감이 기업 규모의 확장을 포함한 내부적 요인이 아니라 외부적 요인으로부터 영향을 받는 경우를 말한다. 외부적 요인에는 관련 산업의 발달, 새로운 지식의 창출, 입지 조건의 변화, 산업의 공간적 집중에 따른 수송비의 절감 등의 다양한 현상들이 포함된다. 다시 말해 "외부적"이라는 말은 특정한 기업이 다른 기업이나 조직 나아가 도시 및 지역의 경제적 환경 속에서 행해진 결정들로부터 이득을 얻게 되는 것을 의미한다.

집적경제(agglomeration economies)는 다수의 경제주체들의 활동이 특정한 장소에 집적함으로써 나타나는 외부적 규모의 경제를 의미한다. 외부적 규모의 경제가 유발하는 긍정적 파급효과(positive spillovers)로부터 이득을 누린 기업들은 더 많은 혜택을 얻기 위하여 특정한 도시나 지역에 입지하여 군집을 형성한다. 예를 들면, 관련 분야에 종사하는 다수의 기업들이 동일한 지역에 집적하는 상황을 가정해 보자. 이 지역에는 군집한 산업을 지원하기 위한 집중적인 투자가 이루어질 것이며, 기업들은 생산을 위하여 토지를 필요로 하고, 수요 증가에 따라 지가는 상승할 것이다. 지가의 상승은 근로자들의 생활비를 증가시킬 것이므로 기업들은 지속적인 노동력의 확보를 위하여 더 많은 임금을 지불해야 한다. 기초 생산요소에 대한 비용이 증가하게 되는 것이다. 하지만 이 지역에 입지한 기업들이 규모의 경제를 달성한다고 하였을 때, 기업들은 생산요소의 비용 증가를 상쇄할 만큼의 효율성을 얻게 될 것이며 따라서 높은 수익을 유지할 수 있게 된다.

하지만 집적경제의 효과가 단순히 개별 기업 차원의 성장이나 수익에만 영향을 미치는 것은 아니다. 집적경제의 일반적인 원리는 외부적 규모의 경제를 통해 이해될 수 있지만, 집적경제는 외부적 규모의 경제에 더하여 공간적 또는 지리적 함의를 지니고 있다는 측면에서 엄밀하게 구분될 수 있다. 다시 말해, 규모의 경제의 기본적인 원리와 함께 장소 특정적(place-specific)인 성격을 포함하는 것이 집적경제의 개념이라고 할 수 있다. 특정한 지역에 형성된 규모의 경제의 효과로 인하여 기업은 더 큰 수익을 가질 수 있으므로 다른 지역에 입지하고 있는 기업들은 해당 집적지로의 이전을 고려할 것이다. 그 결과로 집적지에 대한 투자가 재차 유발되어 요소가격과 기업의 수익이 추가적으로 상승하게 되며, 이러한 자기강화적인(self-reinforcing) 선순환의 과정은 지역의 지속적인 성장을 이끌게 된다.

다음으로 집적경제의 효과로 나타나는 이익들에는 어떠한 것들이 있는지를 살펴보자. 먼저 기업 차원에서 집적경제로 인해 얻을 수 있는 가장 큰 이익은 생산비용을 절감할 수 있다는 것이다. 시장에서 소비자가 구매하게 되는 최종적인 생산품은 수많은 재료들과 부품들이 조합되어 만들어진다. 이러한 재료나 부품들을 중간투입요소(intermediate inputs)라고 하는데, 생산품의 공정과정에서 다양한 중간투입요소들이 사용되기 때문에 기업들은 이들이 얼마나 쉽고 저렴하게 조달될 수 있는지를 고려하게 된다. 비슷한 업종의 기업들이 집적하여 산업군집을 형성하게 되면, 이러한 중간투입요소들을 저렴한 비용으로 쉽게 조달할 수 있다. 왜냐하면 중간투입요소들을 생산하는 기업들이 생산규모를 확장함으로써 개별 단위에 대한 생산단가를 절감할 수 있기 때문이다. 최종생산품을 생산하는 기업들 역시 물리적으로 인접한 중간투입요소 생산기업과의 접촉을 통해 자신들의 필요를 명확하게 전달할 수 있으며, 부응하지 못할 경우 주요 거래처를 쉽게 변경할 수 있다는 이점을 가지게 된다.

한편 집적경제로 인해 형성된 지역노동시장에 소속된 개별 근로자들 역시 이익을 얻는다. 동일하거나 유사한 업종에 있는 기업들이 모여 있는 지역에서 일하는 근로자들은 다른 회사로의 이직이 수월할 뿐만 아니라, 유사한 관심사를 보유한 근로자들 간의 정보 공유를 통해 생산성 향상과 교육의 기회를 얻을 수 있다. 이는 곧 해당 근로자를 고용하는 기업의 이익이 되기도 한다. 기업들은 군집을 형성하고 있는 다른 기업들과의 교류를 통해 해당 분야에 필요한 근로자에 대한 정보를 얻을 수 있으며, 따라서 숙련된 인력을 탐색하고 충원하는 데에 필요한 비용을 절감할 수 있다. 기업들이 생산한 최종생산품을 구매하는 소비자들 역시 집적경제로 인한 혜택을 얻는다. 유사한 품목을 취급하는 기업들이 몰려 있으므로 소비자는 상품을 비교하기 위해 이동하는 시간을 줄일 수 있을 뿐만 아니라 기업 간 경쟁을 통해 나타난 가격효과의 이득을 가져갈 수 있다.

위와 같이 집적경제로 인해 얻을 수 있는 이익들은 바꾸어 말하면 기업들이 특정 지역에 집적하여 군집을 형성하도록 하는 요인이라고도 할 수 있다. Marshall은 집적경제라는 현상이 발생하도록 하는 원천이 무엇인지에 대하여 설명한 대표적인 학자이다.

Marshall은 집적경제의 원천을 (1) 중간투입요소의 공동이용(local intermediate inputs), (2) 숙련된 노동력 풀의 공동이용(local skilled labor pool), 그리고 (3) 정보의 외부효과(information spillovers)로 나누어 설명하였다. 세 가지의 원천은 모두 개별 기업들의 편익을 증가시키는데, 이는 산업 군집의 총생산이 증가함에 따라 개별 기업의 생산비용은 감소하게 되기 때문이다. Marshall이 제시한 집적경제의 원천은 곧 가장 대표적으로 나타나는 집적경제의 메커니즘이라고 할 수 있는 국지화경제(localization economies)의 원천이 된다.

3) 집적경제의 메커니즘

Glaeser et al.(1992)은 집적경제의 메커니즘으로 크게 (1) 정태적 외부효과(static ex-tenalities)와 (2) 동태적 외부효과(dynamic externalities)의 두 가지 형태로 구분한다. 정태적 외부효과는 Marshall(1920)의 생각을 기초로 하여 Hoover(1948)가 제시한 개념이다. 그는 정태적 관점에서 집적경제를 내부적 규모수익(internal returns to scale), 국지화경제(localization economies), 도시화경제(urbanization economies)로 나누어 설명한다. 본 장에서는 집적경제의 고전적인 형태인 정태적 외부효과로서의 국지화경제와 도시화경제를 먼저 설명하기로 한다. 정태적 외부효과에 대한 이해를 통해 집적경제가 어떻게 발생하는지, 도시라는 공간이 왜 형성되고 혁신이 어떻게 유발되는지, 나아가 지역이 어떠한 경로를 통해 성장하는지를 이해할 수 있다. 우선 Marshall이 제시한 집적경제의 원천을 살펴봄으로써 정태적 외부효과의 원천을 이해하도록 하자.

국지화경제는 특정한 장소에 입지하고 있는 동일한 산업의 기업들에게 발생하는 집적경제의 효과를 의미한다. 다시 말해, 특정 지역에서 특정 산업에 속하는 기업의 수가 늘어날수록 각 기업의 생산성이 높아지는 외부적 규모의 경제적 효과를 뜻한다. Marshall이 설명한 집적경제의 원천은 국지화경제의 구조를 형성하는 데에 기여한다. 그는 기업들이 동일한 지역에서 성공적으로 군집을 형성하고 있음을 관찰하였는데, 이는 군집 내의 기업들이 규모의 확장으로 인한 수확체증(increasing returns)의 효과를 누리고 있기 때문이라고 설명하였다.

국지화경제의 첫 번째 원천은 중간투입요소의 공동이용에 따른 효과이다. 특정 산업에 소속된 기업들은 중간투입요소를 생산에 투입하기 위하여 군집을 형성한다. 제조업에서 주로 사용되는 일반적인 중간투입요소들뿐만 아니라 특화된 지식, 서비스, 기술 등을 토대로 한 전문적인 투입요소들 역시 군집을 형성할 경우 더욱 효율적으로 공급될 수 있다. 미국 캘리포니아의 실리콘밸리가 대표적인 예라고 할 수 있으며, 영국 런던이나 싱가포르 역시 중간투입요소와 관련한 다양한 서비스업체들이 입지하여 국제적인 금융업체들이 필요로 하는 전문적인 서비스를 제공한다. 특히 개별 기업의 생산규모가 충분히 크지 않아서 단일 기업 차원에서는 중간투입요소 생산에 대한 규모의 경제 효과를 누릴 수 없는 경우에 집적이 더욱 활발하게 일어난다. 또한 중간투입요소를 생산하는 기업들과 구입하는 기업들 간의 대면접촉이 중요한 경우, 상호간의 지리적 근접성을 확보하기 위해 특정 지역에 군집을 형성하게 된다.

국지화경제의 두 번째 원천은 숙련된 노동력 풀의 공동이용에 따른 효과로서, 기업들은 끊임없이 변화하는 시장 환경으로부터 직간접적인 영향을 받기 때문에 이에 대응하여 고용을 조절한다. 예를 들어, 시장 환경이 좋아져 수요가 증가한다면 기업은 그에 발맞추어 더 많은 생산품을 만들어내고자 할 것이고 따라서 노동력을 증가시키려 할 것이다. 이는 숙련된 노동자들을 탐색하여 고용할 필요성을 갖게 된다는 것을 의미한다. 또한 기업은 종사하고 있는 산업 분야에 특화되어 직무를 효율적으로 수행할 수 있는 능력을 지닌 숙련 근로자를 고용하고자 노력한다. 비숙련 근로자의 숙련과 기술적 능력을 향상시키기 위한 직무훈련은 많은 시간과 비용이 소요되기 때문이다. 만일 기업이 필요로 하는 근로자의 수와 고용되는 근로자의 숙련 수준이 불확실하다면, 적합한 노동자를 고용하기 위한 탐색의 기회비용이 커질 수밖에 없다. 따라서 기업이 특정 분야에 숙련된 노동자들이 풍부한 지역에 입지한다면 고용을 위한 탐색이나 훈련의 비용이 절감될 것이다. 특히 기술 습득에 소요되는 비용이 높은 산업이나 빠르게 변화하는 시장환경에 적응해야 하는 기업일수록 숙련된 노동력 풀에 입지할 유인이 크다.

국지화경제의 세 번째 원천으로는 지식 확산효과를 들 수 있다. 대부분의 혁신이 도시에서 창출되는데, 이는 많은 양의 정보가 도시, 그 중에서도 대도시에서 발생되기 때문이다. 만일 동종 산업 분야의 기업들이 도시에 집적해 있다면, 각 기업에 소속된 근로자들은 상호 대면적 소통의 기회를 얻을 수 있다. 공통적인 관심을 가진 사람들 사이의 접촉은 단순히 공식적인 모임뿐만 아니라 일상 속에서의 비공식적 접촉의 형태로도 나타날 수 있다. 이러한 상호 교류는 근로자들에게 창조적 사고를 촉진하는 원동력이 된다. 이는 혁신을 유발하는 지식외부효과의 원천이 되는데 Marshall이 말하고 있는 '직업상의 비밀(professional secret)'이라고 하는 것은 근로자들 사이에 공유되는 암묵적 지식

(tacit knowledge)이라고 할 수 있다. 암묵적 지식은 신제품, 기업조직, 시장 추이 등과 관련한 정보를 의미하는 것으로서 근로자들은 이를 상호 교환함으로써 시장환경에 대한 인식을 정교화하고 자신들의 생산성을 증대시킨다. 특히 암묵적 지식은 시장 내에 알려진 완전한 정보가 아니므로 공정하게 배분되지 않는다. 따라서 암묵적 정보를 공유하는 네트워크의 참여자가 많을수록 완전한 정보가 형성될 수 있으며, 기업들의 공간적 집적은 집적 내부의 기업들이 분산된 기업들에 비하여 보다 높은 정보의 우위를 가져가는 데에 기여한다. 위와 같은 세 가지 유형의 메커니즘은 동일하거나 유사한 산업에 종사하는 기업들이 동일한 지역에 집적하도록 유도하며 그로 인한 외부적 규모의 경제효과를 누릴 수 있게 한다.

국지화경제가 동일한 분야의 산업에 기업들이 집적함으로써 발생하는 외부적 규모의 경제 효과를 말한다면, 도시화경제는 서로 다른 산업 분야의 기업들이 집적함으로써 발생하는 외부적 규모의 경제 효과를 말한다. 도시화경제와 국지화경제를 구분 짓는 중요한 차이는 두 가지로 요약될 수 있다. 첫째, 도시화경제의 경우 특정 산업의 규모 확장으로 인하여 발생하는 것이 아니라 전반적인 지역의 경제규모가 확장됨으로써 발생한다. 둘째, 특정 산업의 기업들이 주로 혜택을 받는 국지화경제와 달리, 도시화경제는 해당 지역에 입지한 모든 기업들에 혜택을 준다. 도시화경제는 특정 산업 수준이 아니라 대도시지역 수준에서 발생한다. 특정한 산업에 특화된 도시의 경우 대규모의 단일 공장뿐만 아니라 특화된 산업을 지원하는 관련 산업들이 집적되어 있다. 하지만 지역들의 규모와 입지한 산업의 종류는 특정한 단일 산업에 비하여 훨씬 광범위하다고 할 수 있다. 근로자들의 거주에 편의를 제공하기 위한 서비스업, 기업을 지원하는 마케팅, 부동산 등 다양한 산업들이 함께 입지하여 집적경제의 효과를 가지게 된다.

도시화경제를 발생시키는 원천은 앞서 정리한 국지화경제의 이익에 따른 효과와 유사하다. 서로 다른 산업에 소속된 기업들이라고 할지라도 금융, 부동산, 관리, 운송 등과 같은 서비스의 제공에 있어서는 외부적 규모의 경제 효과를 누릴 수 있다. 특히 산업의 성장을 지원하는 도로, 대중교통, 전기 등 사회기반시설의 측면에서 집적에 따른 효과가 나타나며 이는 도시화경제의 원천이 된다. 도시화경제가 발생할 수 있는 대도시들은 특정 산업이 아니라 도시 내의 산업 전반에 대한 노동력 풀을 제공한다. 대도시에서는 숙련된 노동력에 대한 탐색과 이동비용이 절감되므로 도시화경제 내에 소속된 기업들은 노동력 풀에 의한 효과를 누릴 수 있다. 또한 동일한 산업들 간의 정보나 지식확산과 마찬가지로 서로 다른 업종의 기업들 간에도 정보가 교류될 수 있다. 특히 제품 디자인, 마케팅, 생산 공정 등과 같은 부분에서는 업종이 상이하더라도 정보가 공유될 수 있으므로 이를 통해 혁신과 집적경제의 효과가 나타나게 된다.

동태적 외부효과는 세 가지의 이론에 기초하고 있는데, 그 첫째는 Marshall－Arrow－Romer(MAR) 외부효과이다. MAR 외부효과는 특정한 지역 내에 형성된 산업의 특화(specialization)가 기업들 간의 지식확산을 유발하여 혁신이 일어나고 이를 바탕으로 해당 산업과 도시가 성장하게 된다는 것이다. 특히 MAR 외부효과에서는 공간적 집적 내에서 발생하는 혁신의 중요성을 강조한다. 집적경제의 형성을 통한 국지적 독점(local monopoly)이 지역의 성장을 이끌게 되는데, 이는 국지적 독점을 통해 혁신이 유발될 뿐만 아니라 혁신의 효과가 외부로 유출되는 것을 막을 수 있기 때문이다. 둘째는 Jacobs 외부효과이다. Jacobs(1969)는 MAR 외부효과와는 달리, 특정 지역에 집적한 핵심산업 외부의 다른 산업들로부터의 지식 이전(knowledge transfers)이 지역의 성장에 있어 중요한 영향을 미친다고 설명한다. 다시 말해, 동일한 산업에 속해 있는 기업들의 특화된 집적의 효과보다는 다양한 산업들 간의 집적으로 인해 발생하는 다양성(diversity)이 혁신을 더 많이 일으킨다는 것이다. 셋째는 Porter 외부효과인데, Porter(1990) 역시 특정 분야에 특화된 산업들이 형성하는 공간적 집적이 성장을 촉진한다고 설명한다. 하지만 MAR 외부효과와는 달리 국지적 독점이 아닌 국지적 경쟁(local competition)을 통해 혁신의 산물이 더욱 빠르게 수용될 수 있으며, 집적한 기업들 간 경쟁이 더 많은 혁신성과를 창출하는 데에 기여한다고 설명한다.

4) 집적경제와 지역성장

Glaeser et al.(1992)은 도시 및 지역의 성장에 있어서 지식확산 등으로 인한 외부효과를 동태적 외부효과라고 정의하고, 동태적 외부효과가 지역성장에 미치는 영향을 분석할 수 있는 개념적 틀을 제시하였다. de Groot et al.(2009)가 제시하고 있는 동태적 외부효과에 따른 지역성장의 이론적 모형은 아래와 같은 이윤극대화(profit－maximizing) 기업들의 일반균형모형(general equilibrium model)으로부터 출발한다.

$$\omega_{irt} = \pi_{it} MPL(L_{firt}, K_{firt}, A_{firt}) \qquad (10.7)$$

$$\rho_t = \pi_{it} MPK(L_{firt}, K_{firt}, A_{firt}) \quad (10.8)$$

위 식에서 f는 기업, i는 산업, r은 지역, t는 시간을 나타낸다. ω_{irt}는 t시점에 r지역에 입지한 i산업에서 근로자들이 받는 임금을 의미하며, π_{it}는 제품가격을 의미한다. 제품가격은 국제시장에서의 가격으로서 모든 기업과 지역에 동일하게 적용된다고 가정한다. ρ_t는 자본의 이동성이 완전하다고 가정하였을 때 어느 지역에서나 동일하게 측정되는 자본의 가격을 나타내고, L_{firt}는 노동투입량, K_{firt}는 자본투입량, A_{firt}는 지식투입량을 나타낸다. 마지막으로 MPL과 MPK는 각각 노동과 자본의 한계생산(marginal products)을 의미한다. 자본은 완벽한 이동성과 분배성을 가지므로 모든 산업 부문과 지역에의 수익률은 동등하다. 노동자들 역시 완벽한 이동성을 바탕으로 효용이 동등하게 분배되므로 근로자의 효용함수는 아래와 같이 표현될 수 있다.

$$U_{irt} = \overline{U}_{it} = \phi(\omega_{irt}, Q_{rt}) \quad (10.9)$$

i산업에 종사하는 근로자들은 모든 지역에서 동일한 $\overline{U}_{it}$의 효용을 얻으며, Q_{rt}는 r지역의 기반시설 수준을 의미한다. 다시 말해, 근로자들의 이동성은 완벽하므로 근로자들 사이에 나타나는 임금격차는 기반시설 수준의 차이로 설명될 수 있다. 한편 새로운 지식의 창출을 통한 지식 수준의 성장은 기업의 생산성 증대에 직접적인 영향을 미치는데, 따라서 생산성 성장의 이론적 모형은 아래와 같이 제시될 수 있다.

$$A_{firt+1} = A_{firt} + \Delta A_{firt}(t, \mathcal{L}_t, \overline{A}_t) \quad (10.10)$$

식 (10.10)에서 ΔA_{firt}은 시간의 변화에 따른 기업의 지식투입 증가량을 의미한다. $\mathcal{L}_t$는 L_{firt}의 기업, 산업, 지역에 따른 고용의 분포를 의미한다. ΔA_{firt}는 외생적인 기술진보의 영향과 관련이 있으며 높은 교육수준과 같이 지역경제 전반적인 효용으로부터 영향을 받는다. 식 (10.10)은 $\mathcal{L}_t$로 표현된 기업, 산업, 지역에 따른 고용이 생산성 향상에 영향을 미칠 수 있음을 나타낸다고 할 수 있다.

10.4 실증 연구사례

1) 집적경제와 경제성장

Varga & Schalk(2004)의 연구는 거시경제성장에 있어서 기술변화의 국지적 요소(localized factors)들이 어떠한 역할을 수행하는지를 실증적으로 분석하는 것을 목적으로 하였다. Solow(1957)의 연구를 이론적 근거로 하고 있으며, 기술진보와 지역경제성장 간의 관계를 실증적으로 분석하고자 하였던 Romer(1986)와 Lucas(1988) 등의 논의를 토대로 하고 있다. 특히 Varga & Schalk(2004)는 인적자본의 중요성을 강조한 Romer(1990)의 연구와 이를 바탕으로 거시경제 차원에서의 지식생산함수를 다룬 Jones(1995)의 연구를 기초로 하여 실증분석모형을 발전시켰다. 지식생산함수의 기초적인 형태는 다음의 식 (10.11)과 같이 제시될 수 있다.

$$dA = \delta H_A^{\lambda} A^{\phi} \tag{10.11}$$

위 식에서 dA는 지식 총량의 변화량을 나타내며 H_A는 연구자의 수로 측정될 수 있는 인적자본의 수준을 나타낸다. Varga & Schalk(2004)는 식 (10.11)을 사용하여 1998년부터 2000년 사이에 수집된 헝가리 19개주의 자료를 바탕으로 분석을 실시하였다. dA는 경제성장에 있어서 자본과 노동력이 차지하는 비중을 제외한 총요소생산성(total factor productivity)의 성장률을 통해 측정되었는데, Varga & Schalk(2004)는 총요소생산성, 물리적 기반시설, 인적자본 수준 간의 관계를 고려하기 위하여 식 (10.12)의 실증분석모형을 활용하였다.

$$\begin{aligned} TFPGR_{i,t} &= \alpha_0 + \alpha_1 KNAT_t + \alpha_2 RD_{i,t} + \alpha_3 KIMP_{i,t} \\ &\quad + \alpha_4 INFRAINV_{i,t} + \alpha_5 HUMCAPINV_{i,t} + \epsilon_{i,t} \end{aligned} \tag{10.12}$$

식 (10.12)에서 종속변수인 $TFPGR$은 총요소생산성의 연간 성장률을 의미한다. 독립변수로 사용된 $KNAT$는 지리적 제약이 없이 접근할 수 있는 국내의 기술지식, RD

는 공공 및 민간 부문에서의 연구개발비용, $KIMP$는 외부로부터 도입된 기술, $INFRAINV$는 물리적 기반시설에 대한 투자, $HUMCAPINV$는 인적자본에 대한 투자를 의미한다. 분석 결과에 따르면, $KNAT$, RD, $KIMP$ 모두 총요소생산성의 성장에 유의한 영향을 미치는 것으로 나타났으며, λ는 연구대상이 되는 지역의 맥락에 따라 상이한 것으로 나타났다. Varga & Schalk(2004)는 거시경제의 성장이 기술의 진보 및 변화뿐만 아니라 지역의 공간적 구조로부터도 영향을 받기 때문에 이와 같은 결과가 나타나는 것이라고 설명하고 있다.

2) 지식확산의 지리적 인접성과 국지화

Fischer et al.(2009)는 지역 및 국가 수준에서의 지식확산(knowledge spillovers) 효과가 해당 지역 및 국가의 지리적인 특성에 의하여 어떠한 영향을 받는지 분석하였다. Fischer et al.(2009)는 지식확산 효과에 대한 연구는 활발하게 이루어지고 있지만 지식확산 효과가 실제로 발생하는 공간적 범위에 대한 연구는 미흡하다고 지적하면서, 이러한 상황은 공간적 범위에 대한 측정의 어려움으로부터 기인하는 것이라고 설명한다. 이러한 맥락에서 Fischer et al.(2009)는 지식확산의 흔적을 나타낸다고 할 수 있는 특허인용 건수를 사용하여 실증적 분석을 시도하였다. 특허인용 건수는 문서화되지 않은 지식의 확산 및 교환 등을 반영하지는 못하지만, 표본의 규모가 충분하게 클 경우 이러한 단점들을 보완할 수 있기 때문에 지식확산을 측정하는 가장 효과적인 지표라는 점을 강조한다.

Fischer et al.(2009)는 우선 사례-통제(case-control) 방법을 이용하여 특정의 특허가 출원된 지역에 가까울수록 특허의 인용이 자주 발생한다는 것을 확인하였다. 이러한 결과는 지리적 인접성이 지식확산에 유의한 영향을 미치며, 지리적 국지화(geographic localization)의 경향을 나타내는 것으로 해석할 수 있다. 또한 포아송 공간상호작용(Poisson spatial interaction) 모형 및 포아송 빈도정리(Poisson frequency theorem) 모형을 사용하여 국가 간의 국경효과가 특허의 인용에 미치는 영향을 분석하였다. 분석에 사용된 포아송 빈도정리 모형의 구조는 식 (10.13)과 같다.

$$P(C_{ij} = c_{ij} : i = 1, ..., I; j = 1, ..., J) = \prod_{i=1}^{I} \prod_{j=1}^{J} \left[\frac{\mu_{ij}^{C_{ij}}}{C_{ij}!} exp(-\mu_{ij}) \right] \tag{10.13}$$

식 (10.13)에서 C_{ij}는 지역 j에서 i로의 특허의 인용 흐름 빈도를 나타내며, 이는 포아송 분포를 따른다고 가정한다. $\mu_{ij} = E[C_{ij}]$는 평균적인 흐름 빈도를 나타낸다. Fischer et al.(2009)는 지역 간 기술적 인접성을 통제하기 위한 포아송 공간상호작용 모형의 일반화 과정을 거쳐 최종적인 분석을 수행하였다. 분석 결과에 따르면, 앞서 언급된 지리적 인접성은 국가 간의 국경효과에 비하여 그 영향이 상대적으로 작은 것으로 나타났다. 또한 지식확산 효과가 한 국가 내에 인접하여 위치한 지역에서 보다 빈번하게 나타남과 동시에, 단순히 지리적 인접성보다는 기술적 인접성이 지식확산에 보다 큰 영향을 미친다는 사실을 확인하였다.

3) 기술진보와 산업 집적

Wheeler(2009)의 연구는 기술의 진보가 외적 생산성에 미치는 영향에 대해 주목하고 있다. 외적 생산성은 긍정적인 외부효과를 의미하는 것인데, 긍정적 외부효과는 산업이 특정 지역에 집적될수록 증가하는 것으로 알려져 있다. Wheeler(2009)는 산업의 집적과 관련된 기존 연구들의 경우, 자본 및 노동 등 지역산업의 특성을 동질적인 것으로 여기고 있다는 한계를 지적한다. 이러한 맥락에서, 지역 간 기술 수준의 차이가 산업의 집적에 어떠한 영향을 미치는지를 확인하기 위한 연구의 필요성을 강조하였다. 따라서 Wheeler(2009)는 기술진보가 미국 대도시권의 산업 집적에 어떠한 영향을 미치는지 살펴보는 것을 목적으로 하고 있다고 볼 수 있다.

Wheeler(2009)는 직업군별 기술진보를 나타내는 척도로는 근로자들의 개인 컴퓨터 사용 빈도를 사용하였으며, 분석모형으로는 선형확률모형(linear probability model)과 프로빗모형(probit model)을 사용하였다. 또한 분석과정에서 모형의 적합성을 높이기 위하여 교육, 경제적 다양성, 지역의 인적자본 수준 등과 같은 통제변수를 포함하였다. Wheeler(2009)의 연구에서 사용된 모형의 구조는 식 (10.14)와 같다.

$$\begin{aligned} \mathrm{Prob}(y^i_{ict} = 1 | x^j_{ict}, z_{ct}, \log(Emp_{ict}); \beta_t, \gamma, \theta, \mu) \\ = \Phi(\beta_t x^j_{ict} + \gamma z_{ct} + \theta \log(Emp_{ict}) + \mu_i + \mu_c + \mu_t) = \Phi^j_{ict} \end{aligned} \quad (10.14)$$

식 (10.14)에서 y^i_{ict}는 t시점에서 c도시의 i산업 종사자 j의 컴퓨터 사용 시간을 의미한다. x^i_{ict}는 개인의 교육 및 경제적 수준을 포함하는 공변량 벡터, z_{ct}는 도시 수준의 벡터, Emp_{ict}는 c도시의 i산업에 종사하는 총고용자수를 나타낸다. 특히 μ_i, μ_c, μ_t는 각각 산업, 도시, 시점에 따른 고정효과(fixed effects)를 의미한다. 분석 결과에 따르면, 대도시 지역에서 컴퓨터의 사용 빈도는 산업의 집적규모에 대하여 통계적으로 유의하며 긍정적인 영향을 미치는 것으로 나타났다. 또한 Wheeler(2009)는 종사자의 임금과 산업의 규모는 컴퓨터 사용 빈도에 영향을 미치지 않는다는 점을 확인하였다. 더불어 기술진보가 산업 간 클러스터 형성에는 영향을 미치지만 추가적인 국지화를 불러오는 생산성의 변화에는 거의 영향을 주지 않는다는 사실을 확인했다.

10.5 요약 및 결론

본 장에서는 혁신의 개념과 유형 그리고 측정에 대하여 살펴보았다. 혁신은 기술의 발전, 새로운 시장의 개척, 상품 공급방식의 변화 등을 통해 경제적 이윤을 창출해 내는 동태적인 과정을 의미한다. 혁신을 측정하는 방법은 크게 세 가지로 나누어지는데, 혁신활동을 위한 투입물에 대한 측정, 혁신활동의 중간산출물에 대한 측정, 혁신성과에 대한 직접적인 측정을 포함한다. 특히 본 장에서는 혁신성과에 대한 구체적이고 직접적인 측정이 가능한 방법으로서 신제품 및 신기술 소개 횟수의 측정방법을 소개하였다.

혁신의 공간적 분포 및 공간적 효과와 관련해서는 산업 집적의 맥락을 통하여 설명하였다. 기업이나 연구기관에서 창출된 지식은 제3의 기관들로 확산되면서 모방되고 변형되어 활용되기 때문에, 지식확산의 혜택을 누리고자 하는 기업들을 중심으로 지리적 집중이 발생하게 된다. 이러한 과정을 통하여 혁신과 지식의 확산효과가 특정 지역으로의 집적을 유발하고 따라서 해당 지역의 성장을 이끌게 됨을 알아보았다. 또한 내생적 성장이론을 토대로 도시 및 지역의 성장은 해당 공간에서 수행되는 혁신활동과 지식의 확산 그리고 외부로부터의 혁신성과를 흡수하여 활용할 수 있는 능력 등에 의해 결정된다는 것을 알 수 있었다. 더불어 Griliches(1979)를 통해 지식생산함수의 개념과 형태를 살펴보았으며, 인적자본, 지식자본, 사회자본, 네트워크 외부효과 등 지역경제성장에 영향을 미치는 핵심적인 요소들의 중요성에 대해 살펴보았다.

마지막으로, 혁신의 메커니즘에 대한 설명을 통하여 혁신이 발생하는 공간적 단위로서 도시 및 지역의 중요성을 강조하고, 나아가 혁신이 지식외부효과와 밀접한 관계를 맺고 있음을 강조하였다. 특히 고도의 지식과 숙련을 바탕으로 한 연구개발 업무를 수행하는 기업의 본사가 도시지역에 군집을 형성한다는 측면에서 혁신과 집적경제 간의 관계를 설명하였다. 집적경제의 기본적인 원리는 다수의 경제주체들의 활동이 특정한 장소에 집적함으로써 나타나는 외부적 규모의 경제이다. 특히 집적경제는 외부적 규모의 경제에 더하여 공간적 또는 지리적 함의를 지니고 있다는 측면에서 매우 중요하다. 집적경제의 효과는 기업 수준에서 생산비용을 절감할 수 있다는 것뿐만 아니라, 지역노동시장에 소속된 개별 근로자들 역시 그 효과의 대상이 될 수 있다는 점을 언급하였다. 이와 더불어 집적경제의 메커니즘으로서 정태적 외부효과 및 동태적 외부효과에 대해 살펴보았다.

참고문헌

- Acs, Z., and Audretsch, D., Innovation and Small Firms, Cambridge, MA: MIT Press, 1990.
- Acs, Z., and Varga, A., Geography, endogenous growth, and innovation, International Regional Science Review, 2002, 25(1): 132~148.
- Adams, J., and Jaffe, A., Bounding the effects of R&D: an investigation using matched establishment-firm data, RAND Journal of Economics, 1996, 27(4): 700~721.
- Anselin, L., Varga, A., and Acs, Z., Local geographic spillovers between university research and high technology innovations, Journal of Urban Economics, 1997, 42(3): 422~448.
- Audretsch, D., and Feldman, M., R&D spillovers and the geography of innovation and production, American Economic Review, 1996, 86(3): 630~640.
- David, P., and Rosenbloom, J., Marshallian factor market externalities and the dynamics of industrial localization, Journal of Urban Economics, 1990, 28(3): 349~370.
- de Groot, H., Poot, J., and Smit, M., Agglomeration externalities, innovation and regional growth: theoretical perspectives and meta-analysis, In: R. Capello and P. Nijkamp (eds.), Handbook of Regional Growth and Development Theories, Cheltenham, UK: Edward Elgar, 2009.
- Feldman, M., and Florida, R., The geographic sources of innovation: technological infrastructure and product innovation in the United States, Annals of the Association of American Geographers, 1994, 84(2): 210~229.
- Fishcer, M., Scherngell, T., and Jansenberger, E., Geographic localisation of knowledge spillovers: evidence from high-tech patent citations in Europe, Annals of Regional Science, 2009, 43(4): 839~858.
- Glaeser, E., Kallal, H., Scheinkman, J., and Shleifer, A., Growth in cities, Journal

of Political Economy, 1992, 100(6): 1126~1152.

- Griliches, Z. (eds.), R&D, Patents and Productivity, Chicago, IL: University of Chicago Press, 1984.
- Griliches, Z., Issues in assessing the contribution of research and development to productivity growth, Bell Journal of Economics, 1979, 10(1): 92~116.
- Grossman, G., and Helpman, E., Trade, knowledge spillovers, and growth, European Economic Review, 1991, 35(2): 517~526.
- Hoover, E. M., The Location of Economic Activity, New York, NY: McGraw-Hill Book Company.
- Jacobs, J., The Economy of Cities, New York, NY: Vintage Books, 1969.
- Jaffe, A., Real effects of academic research, American Economic Review, 1989, 79(5): 957~970.
- Jaffe, A., Trajtenberg, M., and Henderson, R., Geographic localization of knowledge spillovers as evidenced by patent citations, Quarterly Journal of Economics, 1993, 108(3): 577~598.
- Jones, C., R&D-based models of economic growth, Journal of Political Economy, 1995, 103(4): 759~784.
- Lucas, R., On the mechanics of economic development, Journal of Monetary Economics, 1988, 22(1): 3~42.
- Marshall, A., Principles of Economics. 8th ed, London, UK: Macmillan, 1920.
- OECD, Oslo Manual: Guidelines for Collecting and Interpreting Innovation Data. Paris, France: Organization for Economic Cooperation and Development, 2005.
- ÓhUallacháin, B., and Leslie, T., Rethinking the regional knowledge production function, Journal of Economic Geography, 2007, 7(6): 737~752.
- Pavitt, K., Robson, M., and Townsend, J., The size distribution of innovating firms in the UK: 1945~1983, Journal of Industrial Economics, 1987, 35(3): 297~316.
- Porter, M. E., The Competitive Advantage of Nations, New York, NY; Free Press.
- Romer, P., Increasing returns and long-run growth, Journal of Political Economy, 1987, 94(5): 1002~1037.
- Romer, P., Endogenous technological change, Journal of Political Economy, 98(5): S71~S102.
- Schumpeter, J. A., Capitalism, Socialism, and Democracy, London, UK: Routledge. 변상진 옮김, 2011. 자본주의·사회주의·민주주의, 서울: 한길사, 1943/2003.
- Solow, R., Technical change and the aggregate production function, Review of

Economics and Statistics, 1957, 39(3): 312~320.

- Varga, A., and Schalk, H., Knowledge spillovers, agglomeration and macroeconomic growth: an empirical approach, Regional Studies, 2004, 38(8): 977~989.
- von Hippel, E., The Sources of Innovation, Oxford, UK: Oxford University Press, 1998.
- Wheeler, C., Technology and industrial agglomeration: evidence from computer usage, Papers in Regional Science, 2009, 88(1): 43~62.

Regional and Urban Economics

제11장 지역 간 교역과 신경제지리학

본 장에서는 신경제지리학의 주요 내용에 대해 살펴본다. 1970년대 등장한 신무역이론에 의해 일반균형분석에 의한 산업내무역의 설명이 가능해졌으며, 이를 토대로 1990년대에 접어들어 지역 간 노동력의 이동 가능성을 고려한 신경제지리학의 발전이 이루어졌다. 실체가 불명확한 외부효과를 배제하고 시장을 통한 구심력과 원심력의 상호작용만으로도 집적에 이르는 과정을 보이는 데 성공한 것이다. 이어서 신경제지리학의 핵심 틀인 중심-주변부 모형을 자세히 살펴본다. 불완전경쟁 하에서 재화의 생산에 있어 내부 규모의 경제가 존재함과 동시에 소비자들이 다양성을 선호하는 경우 누적적인 인과관계가 발생하며, 지역 간 마찰이 감소함에 따라 제조업의 공간적인 집적현상이 나타나게 됨을 모의실험을 통해 확인할 수 있다.

11.1 이론적 배경[1]

1) 공간경제학의 재발견

수 세기에 걸쳐 국제무역과 산업입지론은 경제적 사고의 최전선에 있었다. 현재에도 자유무역, 세계화, 그리고 도시화는 상아탑에서뿐만 아니라 일반 토론에서도 자주 논의되는 주제이다. 전통적으로 무역이론과 경제지리학은 별개의 분야로서 각기 발전해 왔으나 최근의 이론적 발전에 힘입어 점차 통합되는 모습을 보이고 있다. 새로운 이론에서는 생산요소의 분포가 주어졌을 때 나타나는 국가별 특화(무역이론)뿐만 아니라 그러한 요소의 장기적 입지결정(경제지리학)에 공통적으로 작용하는 힘을 특히 강조한다.

1970년대 중반까지의 무역이론은 비교우위의 개념에 기반한 것이었다. 한 나라가 다른 나라와의 교역에 뛰어드는 것은 19세기에 리카르도가 가정한 기술적인 비교우위, 혹은 1920년대에 헥셔–올린이 구상한 요소 부존도의 비교우위 등 모종의 국가 간 차이 때문인 것으로 이해되었다. 이는 20세기 전반의 무역패턴을 설명하기에는 충분했다. 그러나 많은 연구자들은 현대무역에서 비교우위의 중요성이 현저히 감소했음을 알게 되었다. 현재 대부분의 무역은 유사한 기술과 요소 비율을 지닌 국가 간에 이루어지며, 서로 매우 유사한 재화를 수출하기도 하고 수입하기도 한다. 적어도 부유한 국가들 간에는 산업 내 무역이 산업 간 무역을 압도한다. 그러면 산업 내 무역은 어떻게 설명될 수 있는가? 특정국이 특정 자동차 모델의 생산에 기술이나 요소 부존상 비교우위를 지닌다는 종래의 설명은 더 이상 설득력을 지니기 어렵다.

다수의 무역이론가들은 규모의 경제에 의존하여 실제로 관찰되는 무역패턴을 설명하고자 하였다. Grubel & Lloyd(1975)는 다량의 산업 내 무역자료를 분석하여 이를 규모의 경제로써 설명할 수 있다고 주장하였다. 만약 생산량의 증가에 따라 평균비용이 감소한다면 국가마다 다른 모델의 자동차에 특화하는 것이 최적일 수도 있으며, 그러한 특화는 기

1 본 절의 (3) 소절까지의 내용은 노벨경제학상 선정위원회의 공적 조서 내용을 부분적으로 보완한 것이다: "Trade and geography: Economies of scale, differentiated products and transport costs," Scientific background on the Sveriges Riksbank Prize in Economic Sciences in Memory of Alfred Nobel 2008, compiled by the Prize Committee of the Royal Swedish Academy of Sciences, Stockholm, Sweden.

술이나 요소 부존상의 비교우위 없이도 일어날 수 있다. 물론 이러한 아이디어가 새로운 것은 아니었다. 무역패턴의 설명에 있어 규모의 경제가 지니는 유용성은 일찍이 Ohlin(1933)도 잘 인식하고 있었다.

이러한 직관이 이른바 신무역이론에 의해 엄밀하고도 일관성을 갖춘 분석틀 내에서 다루어지기 시작한 것은 1970년대 후반에 이르러서였다. 이러한 틀은 무역의 결정요소 간 중요성을 판별하고 정책 제안을 평가하기 위해 필요한 체계적 실증분석의 기본 도구를 제공하였다.

경제지리학이 주로 다루는 연구주제는 지리적 공간에서 발생하는 개인과 기업의 이동, 도시의 발생, 그리고 하나 이상의 도시들이 공간적으로 어떻게 조직되는지 등이다. 이 분야에서도 경제활동의 입지 결정에 규모의 경제가 결정적으로 작용한다는 점은 오랫동안 알려져 왔다. 이미 1950년대에 규모의 경제와 운송비 간의 상충관계가 집적의 발생 및 도시의 발전에 미치는 영향에 관한 상당한 연구결과가 축적되어 있었다(Harris, 1954; Myrdal, 1957; Hirschman, 1958; Pred, 1966). 그러나 무역이론의 경우와 마찬가지로 이러한 통찰은 정교한 모형에 의해 뒷받침되지 못했다. 특히 모형 내에서 소비자와 기업 모두의 입지가 통합적으로 설명되는 일반균형분석은 찾아볼 수 없었다.

1970년대 후반 Krugman(1979, 1980), Dixit & Norman(1980, 9장) Lancaster(1980) 등 몇몇 연구자들은 비교우위가 없는 상태에서도 규모의 경제와 불완전경쟁이 무역을 유발할 수 있다는 아이디어를 구체화하였다. 1980년대 후반에 이르러 연구자들은 입지와 무역의 일반균형모형에 규모의 경제를 도입, 보다 엄밀하고도 새로운 통찰을 제공하여 이론상의 중요한 진전을 이루게 된다. 곧 뒤따르게 된 신경제지리학에서는 이 새로운 도구를 적절히 활용하였고, 지리학에 관심을 가지게 된 경제학자들 역시 이에 동참하게 되었다. 흔히 Krugman(1991a)이 신경제지리학의 시효로 일컬어지나, 사실 신경제지리학의 단초는 노동력의 이주 패턴이 신무역이론과 같은 맥락에서 분석될 수 있다고 언급한 그의 1979년 논문에서 찾아볼 수 있다. 이 논문은 그 자체로서 무역 관련 이론에 큰 영향을 미쳤으나, 인구 이동과 집적에 관한 마지막 장이 그 자신에 의해 보완되어 지리학 연구에 영향을 미치게 되기까지는 10년 이상의 시간이 더 소요되었다.

논의의 핵심은 기업 내부에서 발생하는 규모의 경제이다. 기업이 생산량을 늘려 평균비용을 줄일 수 있는 상황에서는 시장이 완전경쟁적일 수 없다. 불완전경쟁시장의 모형은 분석이 매우 까다로워 무역이론에서는 금기시되어 왔다. Krugman은 직전 발표된 Dixit &

Stiglitz(1977)의 독점적 경쟁모형을 활용했는데, 이는 무역패턴의 분석에 매우 유용한 것으로 드러났다. 모형에서는 기본적으로 다수의 차별화된 재화와 함께 다양한 재화를 선호하는 소비자들을 상정한다. Krugman은 나아가 생산요소로 노동만을 고려하였으며 (따라서 모든 국가의 요소 비율이 동일), 모든 재화가 동일한 비용함수에 의해 생산된다고 가정하였다. 시장이 청산되고 자유로운 진입이 보장된다면 모든 독점적 경쟁기업들은 균형에서 0의 이윤을 가지게 된다. 모형을 통해 각 재화의 가격 및 생산량, 그리고 재화의 가짓수를 찾아낼 수 있다.

선호, 기술, 규모의 모든 면에서 동일한 두 나라가 있다고 하자. 운송비가 너무 높아 교역이 전무한 경우와 아무런 비용 없이 자유로운 교역이 가능한 경우를 비교해 볼 수 있다. 교역이 이루어질 때 두 국가 규모의 합을 경제 전체의 규모로 보고, 마치 하나의 큰 국가만 존재하는 것처럼 세계 차원의 생산과 소비량을 결정할 수 있다. 따라서 생산되는 재화의 종류는 무역 이전에 비해 두 배가 된다. 각국은 특정 재화의 생산에 특화하여 규모의 경제를 누리게 되며, 소비자들은 교역 이전에 비해 더 다양한 재화를 즐길 수 있을 것이다. 그러므로 양국이 기술과 요소 부존 측면에서 동일함에도 불구하고 문호의 개방은 후생을 증대시켜준다. 두 재화가 매우 유사하다고 해도 한 재화는 A국에서, 다른 재화는 B국에서 생산되어, 무역의 개시는 산업 내 무역을 불러온다.

이처럼 Krugman(1979)은 소비자의 선호와 생산비용이 만나 실제 자료와 부합하는 무역패턴을 만들어낼 수 있음을 보였다. 그 논문의 마지막 장은 노동의 이동이 가능한 경우 국가 간 무역장벽의 함의에 대해 논하는데, 바로 그 부분이 그가 추후 탐구하게 되는 신경제지리학의 맹아를 담고 있다. 위의 간단한 모형을 이용하여, 그는 무역이 없을 때 노동력 규모가 가장 큰 지역에서 소비자의 효용이 가장 높다고 주장한다. Dixit−Stiglitz 효용체계 하에서는 실질임금이 재화의 수에 비례하고 재화의 수는 노동력의 규모에 비례하기 때문이다. 따라서 근로자는 노동력이 가장 풍부하고 재화도 가장 다양한 지역으로 이주하고자 할 것이다. 이러한 메커니즘은 누적적 인과관계를 일으키고, 이는 궁극적으로 군집과 도시화로 귀결된다는 것이다.

2) 신무역이론

무역 확대의 저변에는 운송비의 감소라는 힘이 강하게 작용하나, 그러한 비용은 대부분의 무역모형에서 오랫동안 무시되었다. Krugman(1980)은 운송비를 도입하여 자신의 1979년 모형을 확장하였고, 이를 통해 Corden(1970)이 논의한 자기시장효과(home market effect), 즉 기업들이 큰 시장에 그 시장의 비중보다 더 큰 규모로 군집하는 효과를 보다 엄밀히 분석할 수 있었다. 사실 자기시장효과는 직관적으로 자명하다. 수확체증과 운송비가 존재한다면 가장 큰 시장에 근접하여 생산활동을 할 유인이 생긴다. 하나의 지점에 생산을 집중함으로써 규모의 경제가 실현될 수 있고 운송비 또한 최소화되기 때문이다. 소비 중 운송비가 부과되는 부분이 작아져 가격이 하락하므로 노동자의 효용 역시 큰 지역에서 더 높다. 이러한 연유로 국가는 내수시장이 큰 재화를 수출하는 경향을 띄게 되는 것이다.

이처럼 Krugman의 1979년과 1980년 논문들은 규모의 경제와 독점적 경쟁을 가정한 모형들이 실제의 무역패턴을 잘 설명함을 보여준다. 그러나 구체적으로 새로운 요소들이 전통적인 요소 부존 메커니즘과 어떻게 조화로이 결합할 수 있는지에 대한 고민이 필요했다. 산업 간 무역(기술격차나 요소 부존도의 차이)과 차별화된 재화의 산업 내 무역(규모의 경제와 독점적 경쟁)을 통합한 모형은 Lancaster(1980), Dixit & Norman(1980), Krugman(1981), 그리고 보다 일반화된 형태로 Helpman(1981)과 Helpman & Krugman(1985)에 의해 구축되었다. 신구 무역이론의 통합은 무역패턴의 국가 간 차이를 구명하고 검증 가능한 예측을 하기 위해 긴요한 작업이었다.

교역패턴에 관한 또 하나의 흥미로운 사실은 선진국 간 산업 내 무역의 대부분이 다국적기업이 지배적 역할을 수행하는 지식 집약적 부문에서 발생한다는 것이다. 그러한 패턴은 연구개발 관련 고정비용이 존재할 때 다국적기업이 출현한다는 사실에 착안한 Helpman(1984)과 Markusen(1984)이 설명한 바 있으며, 이에 대한 연구는 Helpman & Krugman(1985)에 잘 정리되어 있다. 또한 신무역이론은 무역정책의 분석에도 상당한 영향을 미쳤다. 이 이론을 통해 무역 자유화가 생산 및 교역패턴과 요소 소득에 미치는 영향을 예측할 수 있음은 물론, 후생의 분석에도 자주 활용된다.

모형의 풍부한 예측은 많은 실증분석에도 영감을 주었다. Helpman(1987)의 실증분석은 이론을 지지하는 것으로 나타났으나, 그 후의 분석 결과들은 서로 일치하지 않는다. 일례로 Hummels & Levinsohn(1993, 1995)에 의하면 선진국 간의 무역(다양성의 선호와 차별화된 재화의 교역)과 후진국 간의 무역(독점적으로 생산되었거나 차별화된 재화가 미미)을 모두 분석했을 때 무역흐름에 대한 자료가 이론과 매우 잘 맞아떨어진다. 그들의 결론은 전통적으로 강조되어 온 요소 부존도나 새로운 이론이 강조하는 규모의 경제와 차별화된 재화 이외의 그 무엇이 실제 무역의 흐름을 좌우한다는 것이다. 보다 최근의 연구는 이론적 예측과 대체로 부합한다. Antweiler & Trefler(2002)에서는 전체 산업의 1/3 정도가 규모의 경제를 누리며, 규모의 경제를 고려할 때 모형의 설명력이 개선되는 것으로 나타났다. 비슷한 맥락에서, Evenett & Keller(2002)는 규모의 경제 및 요소 비율을 조합할 때 무역패턴이 가장 잘 설명된다고 결론지었다.

3) 신경제지리학

재화의 교역과 생산요소의 이동이 상호 대체관계에 있다는 사실은 오랫동안 알려져 왔다. 무역의 장애물은 요소 가격의 차이를 유발하여 노동력과 자본의 이동을 초래한다. 이러한 관계는 일찍이 Heckscher-Ohlin류의 논의에서 Mundell(1957)에 의해 분석된 바 있다. 이미 언급했듯이, Krugman(1979)은 마지막 장에서 차별화된 재화들과 독점적 경쟁 하의 요소 이동성에 대해 논하고 있다. 교역이 없을 때 큰 지역은 보다 다양한 재화의 공급을 통해 주민들의 효용을 높여 이주의 유인을 제공한다. 큰 지역으로의 이주 규모가 증가할수록 이주에 대한 유인도 강해지며, 이주의 장벽이 없다면 초기에 가장 컸던 도시로 모든 인구가 밀집하게 될 것이다. 그러나 지역들이 노동생산성의 차이를 지녔다면, 어떤 초기 조건 하에서는 비효율적인 균형에 도달할 가능성도 있다. 만일 낮은 생산성을 가지는 지역이 큰 시장을 보유한다면 그 지역으로 모든 인구가 모여드는 것이 균형이 될 수도 있다는 것이다.

공간과 완전경쟁의 결합은 결코 쉽지 않은 작업이다. 무역이론은 전통적으로 요소부존이나 기술 등의 공간적 이질성을 외생변수로 설정하여 무역패턴을 분석하였다. Marshall로부터 시작한 지역분석은 집적의 경제가 기업 외부, 즉 산업이나 도시 차원의 규모의 경제로부터 나타난다고 인식함으로써 완전경쟁과 조화를 이룰 수 있었다. 기업 간 생산기술의 전달형태로 나타나는 기술적 파급효과가 좋은 예이다. 이러한 접근의 단점이라면 외부 규모의 경제의 크기를 계측하기 어려워 이론을 검증하기가 어렵다는 것이다. Krugman의 신경제지리학에서는 이러한 전통을 벗어나 기업 내부에서 발생하는 규모의 경제와 더불어 불완전경쟁을 도입하였다. 이제 집적은 시장가격으로 결정되는 금전적 외부효과에 이끌려 형성된다. 큰 시장은 보다 다양한 재화와 낮은 생산비용을 의미하며, 가계나 기업이 거래를 행하면 가격의 변화를 통해 여타 경제주체들에게도 영향을 미치게 된다.

많은 국가에서 대부분의 인구가 소수의 개발된 도시지역(중심)에 거주하며, 소수의 국민이 대체로 농경 위주의 변방(주변부)에 남게 된다. Krugman(1991a)의 모형에서는 이러한 패턴을 설명하기 위해 운송비를 고려한 무역모형인 Krugman(1980)에 근로자(소비자)의 이동성을 추가로 도입하였다. 이 모형에는 두 종류의 재화가 존재한다. 동질적이고 수확불변의 기술로 생산되는 농산물, 그리고 다양하며 각각 수확체증의 기술 하에 생산되어 독점적 경쟁시장에서 판매되는 공산품이 그것이다. 소비자의 선호는 농산물과 공산품 그룹간의 대체를 허용하면서 다양한 공산품 간 일정한 대체탄력성을 가정하는 Dixit−Stiglitz 효용함수에 의해 표현된다.

선호체계와 생산함수 등에서 동일한 조건을 가지는 두 지역을 고려해 보자. 재화는 한 지역에서 다른 지역으로 수출될 수 있다. 농산물은 아무런 비용 없이 교역이 가능한 반면, 공산품의 이동에는 운송비가 발생한다. 두 그룹의 주민이 존재하는데, 높은 효용을 좇아 옮겨 다니는 제조업 근로자들과 붙박이인 농민들이 그들이다. 우리의 관심사는 인구와 생산활동이 지역 간에 어떻게 분배되는가이다. 제조업이 한 지역으로 모두 쏠리는가? 만일 그렇다면 인구는 공업화된 중심과 주변부의 농토로 갈라지는가?

모형은 기업과 가계의 입지 선택에 의해 추동된다. 기업은 규모의 경제를 누리면서 운송비를 절약하기 위해 큰 시장에 입지하려는 유인을 갖는다. 개인들 역시 높은 실질임금과 다양한 재화를 제공하는 큰 지역으로 이동하려는 유인이 있다. 그런데 이주는 지역 간 규모의 격차를 확대시키고 기업과 가계 모두의 이주 유인을 더욱 강화하는 경향이 있으므로 순환적 인과관계가 성립한다.

두 지역이 인구를 정확히 반분하는 초기 상황을 상정하자. 두 지역이 동일하다면 이는 당연히 균형이 된다. 그러나 인구 이동에 의해 한 지역이 다른 지역보다 약간 커지는 경우 이러한 변화가 추가적인 이동을 초래하겠는가? 자기시장효과와 실질임금효과가 충분히 크다면, 초기의 인구변화는 큰 지역으로의 이동을 가속화할 것이다. 이는 누적적 과정을 촉발, 큰 지역의 인구와 시장규모를 더욱 확대하여 실질임금을 올리고 인구이동을 더욱 부추기게 될 것이다. 따라서 새로운 균형은 애초의 균형과 매우 다를 수 있다. 이처럼 Krugman은 일찍이 Myrdal(1957)과 Hirschman(1958) 등이 제안한 순환적 인과관계를 엄밀하게 모형화할 수 있었다.

그러나 이와 반대로 작용하는 힘도 무시할 수 없다. 모든 기업들이 더 큰 지역에 입지한다면, 이로부터 이탈하여 다른 지역으로 가는 기업은 마치 독점기업과 같은 지위를 누리게 된다. 수입재와 경쟁하면서 그 지역의 농민과 자기 공장의 노동자들에게 재화를 판매할 수 있다. 또 작은 지역에서 살기 위해 높은 실질임금을 받아야 하는 근로자들을 놓고도 경쟁해야 한다. 제조업 근로자의 후생은 임금, 이 기업이 생산하는 소비재의 가격, 그리고 수입재의 가격에 의존한다. 상황에 따라서는 하나가 아닌 다수의 기업에게 작은 지역으로 갈 유인이 생겨나 두 지역 모두에서 공업활동이 이루어지는 분산균형에 도달할 수도 있다. 실제로 이러한 현상이 일어나는지는 운송비, 규모의 경제, 선호체계 사이의 상호작용에 달려 있다.

Krugman의 논리는 어떻게 입지패턴이 급격히 변화할 수 있는지도 설명해 준다. 초기 균형에서 인구가 두 지역에 균등히 분포하는 대칭을 이룬다고 하자. 교역비용이 감소하기 시작할 때 인구분포나 생산입지의 즉각적인 변화는 나타나지 않을지도 모른다. 그러나 비용이 임계치보다 떨어지면 누적적 과정의 방아쇠를 당기게 되며, 이러한 지역 간 불균형은 모든 외부 조건이 동일하다고 해도 내생적으로 발생한다. 이를 통해 발전과정의 특정 단계에서 왜 갑자기 집적의 경향이 강해지는지를 이해할 수 있다.

다른 한편으로 기업 간 연계효과가 집적의 경향에 대한 대안적 설명으로 제시되었다. 그러한 연계효과는 예컨대 유럽 제국에서와 같이 노동력의 이동이 제한되는 상황에서 경제활동의 입지선택을 이해하는 데 도움이 된다. 전후방 연계효과는 Krugman & Venables (1995)과 Venables(1996)에서 처음 다루어졌다. 새로운 기업들이 어느 지역에 진입하면 상류 공급업체들의 시장이 확대된다(노동력의 이주를 유도하는 전방연계효과와 대비하여 후방연계효과라 칭함). 공급업체들의 생산비용이 내려가면 규모의 경제에 의해 하류 조립업체들의 비용 역시 절감된다. 두 그룹의 기업들 간 상호작용에 의해 순환적 집적과정이 진행된다. 그런데 만약 근로자들의 이동성이 낮아 노동공급이 비탄력적이라면 생산의 공간적 집중은 임금의 상승을 유발한다. 이 때 두 가지의 상반된 효과가 발생한다. 가계소득의 증가는 수요를 부추기는 반면, 높은 임금은 기업을 압박하여 주변부로의 이전을 고려하게 만든다. 따라서 도달 가능한 균형의 숫자는 늘어난다.

4) 실증분석

그간 신경제지리학의 주요 개념을 검증하기 위한 다양한 시도가 이루어졌다. Davis

& Weinstein(1999)은 일본의 현들에 있어서 제조업 분야의 자기시장효과가 존재함을 확인하였다. 수요의 증가는 그보다 큰 비율로 공급을 증가시켰다는 것이다. 나아가 Davis & Weinstein(2003)은 OECD 국가들에 있어서도 규모의 경제에 따른 자기시장효과가 어느 정도 존재함을 밝혔다. Head & Mayer(2006) 역시 유럽에서의 자기시장효과를 검증하였는데, 분석 결과 특정 지역의 임금수준은 해당 지역에 입지한 수출기업의 시장잠재력에 영향을 받는 것으로 나타났다.

Head & Mayer(2004)는 인접지역으로의 수출 가능성을 고려하여 각 지역의 시장잠재력을 계산하는 방식으로 유럽 내 일본계 기업들의 입지선택을 살펴보았다. 거리, 국경, 언어 차이 등을 고려할 때, 시장잠재력이 중요한 역할을 한다는 사실을 밝혀냈다. Hanson(2005)은 미국의 군들에 있어 해당 지역의 임금수준이 인근 지역의 구매력과 상관관계를 가짐을 발견했으며, 여러 나라의 횡단면 자료를 이용한 Redding & Venables(2004)은 시장과 하청업체로의 접근성이 일인당 소득에 영향을 미침을 확인했다.

Forslid et al.(2002)은 유럽의 여러 지역과 산업을 이용하여 신경제지리학의 예측을 검증하였다. 경제통합은 산업의 집적을 유발하는데, 무역자유화가 진행될 때 중간 정도의 운송비에서 규모의 경제와 산업 간 연계가 강한 산업들이 특히 높은 집중도를 보이는 것으로 나타났다. 독일 통일 이후 동독으로부터 서독으로 이어진 젊은 생산직 근로자들의 이주와 경제적 격차의 확대에 주목한 Wild & Jones(1994)에서는 공간적 마찰이 감소할 때 집적이 강화됨을 잘 보여준다.

노동력의 이주와 관련, Tabuchi(1987)는 전후 일본에서 지역 간 소득의 차이가 인구이동을 초래하였고 그 반대의 관계는 성립하지 않음을 밝혔다. 반면 Au & Henderson (2006)은 노동력의 도농 간, 산업 간 이동에 대한 중국 정부의 규제가 집적을 방해하여 경제적인 비효율을 야기했다고 주장한다.

5) 신경제지리학의 평가

신경제지리학에서 다루는 개념들이 완전히 새로운 것은 물론 아니다. Marshall (1890)은 기업들이 군집을 이루는 경향이 있음을 포착하였고, Chamberlin(1933)은 독점적 경쟁을 분석의 틀로 제시하였으며, Samuelson(1954)은 얼음처럼 녹아 없어지는 운송비를 고안해냈다. David(1985)은 역사적 사건이나 초기에 행해진 선택들이 연쇄적 과정을 거쳐 고착화된 다양한 현상을 열거하였으며, Arthur(1987) 역시 과거의 특별한 상황으로 인해 도시체계가 형성된다는 고착효과에 대한 개념을 잘 파악하고 있었다.

David(1999)은 결정론적인 수학적 모형화를 통해 현실을 설명하는 과정에서 신경제지리학이 실제 지리적 현상의 이질적 요소들을 간과하기 쉽다고 지적하였다. Anas(2004) 역시 비판적인 입장이다. 모든 재화가 차별화되어 있고 소비자들이 다양성을 선호한다고 가정함으로써 지역 간 교역의 역할을 과장한다는 것이다. 이에 대해서는 Krugman(2009) 자신도 이론의 전개를 위해 비현실적인 가정에도 불구하고 Dixit－Stiglitz모형에 과도하게 의존했음을 인정하고 있다.

그럼에도 불구하고 Fujita & Thisse(2009)는 Krugman이 지역 간의 매우 작은 차이가 어떻게 제조업의 집중을 불러오는지를 잘 설명해 주었다고 평가한다. 불명확한 외부효과를 배제한 채 시장을 통한 상호작용만으로도 집적에 이르는 과정을 성공적으로 보여주었다는 것이다.

11.2 기본모형의 개관[2]

본 절에서는 기본모형의 구조를 살펴본다. 구성요소는 Dixit & Stiglitz(1977)와 Krugman(1979, 1980)에서 유래했는데, 이들이 독점적 경쟁모형과 국제무역이론의 발전에 크게 기여했음은 위에서 살펴본 바와 같다. Krugman(1991)이 요소 이동을 고려하여 앞서의 연구를 확장한 것이 신경제지리학의 핵심모형으로 자리매김하게 되었다.

<그림 11－1>에 도시된 것과 같이 1과 2라 명명된 두 지역이 있으며 제조업과 농업의 두 부문이 존재한다. 그림에서 양방향 이전은 양쪽 화살표로 표시된다. 속이 찬 화살표는 지출이나 소득흐름의 방향을 의미하며, 끝이 열린 화살표는 재화나 서비스 흐름의 방향을 뜻한다. 소비자는 농민과 제조업 근로자로 구성되는데, 농민은 자기 지역의 농장에 노동력을 제공하고 소득을 올린다. 1지역의 농민들은 수확불변과 완전경쟁 하에 농산

2 본 절은 Brakman et al.(2009)의 3장과 4장 내용을 우리말로 옮겨 요약, 정리한 것이다.

그림 11-1 신경제지리학의 기본모형

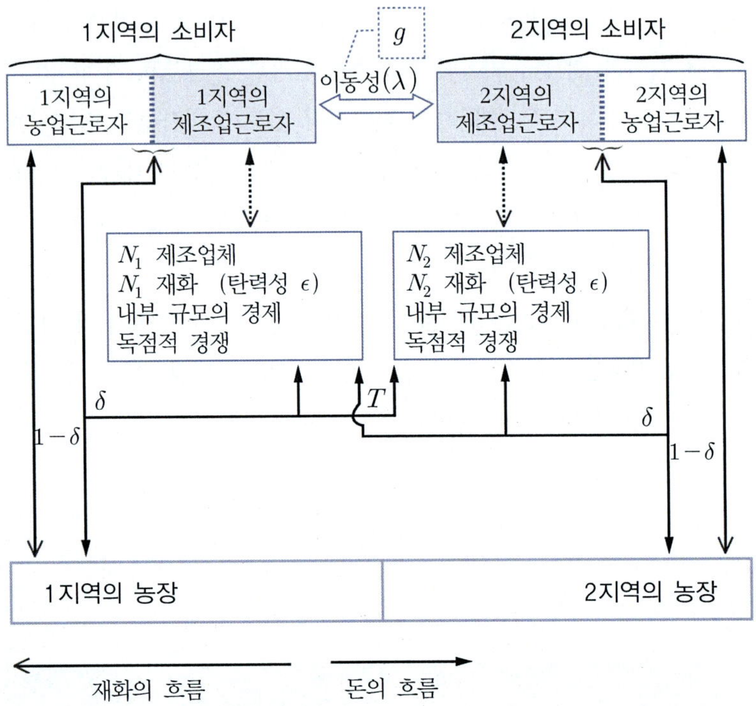

물을 생산하여 두 지역의 소비자들에게 판매한다. 농산물의 운송비는 없다고 가정하자.

제조업은 1지역 N_1개의 기업과 2지역 N_2개의 기업으로 구성된다. 각 기업은 차별화된 상품을 생산하는데, 노동만을 사용하며 내부적인 규모의 경제를 누린다. 이는 곧 기업이 시장지배력을 갖추어 가격결정력을 지녔음을 뜻한다. 재화를 다른 지역에 판매하는 경우 운송비가 발생하므로 수출기업은 타 지역에서 높은 가격을 책정한다. 근로자는 자기 지역에 소재한 기업에 노동력을 제공하고 임금을 받는다.

소비자는 농산물과 공산품에 소득을 지출한다. 농산물은 동질적이어서 원산지는 중요하지 않다. 농산물에는 운송비가 발생하지 않는다고 가정하였으므로 두 지역에서 가격이 같으며, 따라서 농민들의 임금도 동일하다. 공산품에 대한 지출은 두 지역에서 생산된 다양한 재화에 분배된다. 운송비의 존재로 인해 수입품은 지역 내 생산품보다 비싸다. 그러나 소비자들이 다양한 재화를 선호하므로, 원산지와 무관하게 미량이라도 모든 품목을 소비하게 된다.

제조업 근로자들은 타 지역으로 이주가 가능하다. 한 지역에서의 노동력 증가는 곧 생산의 확장을 의미하므로 지역 간 제조업체의 이전도 동전의 뒷면처럼 동시에 일어난다. 그림에서 모든 제조업체와 근로자들이 다른 지역으로 이전하는 경우 한 지역의 빗금 친 상자는 없어질 수도 있다. 그러나 농장과 농민들을 뜻하는 흰 상자는 사라질 수 없다. 농민들은 토지를 필요로 하기에 이동이 불가능하기 때문이다.

1) 수 요

① 소비자의 지출

공산품의 종류는 매우 많지만 이들에 대한 전체적인 가격지수 I를 정의할 수 있다. 소비자는 농업이나 제조업에 종사하면서 소득 Y를 벌어들여 농산물과 공산품에 각각 얼마씩 지출할지를 결정해야 한다. 문제의 해는 Cobb-Douglas 형태의 효용함수로 나타나는 소비자의 선호에 달려있다. 여기서 F는 농산물의 소비, M은 공산품의 소비를 각각 나타낸다.

$$U = F^{1-\delta} M^{\delta}; \quad 0 < \delta < 1 \tag{11.1}$$

소비자는 다음의 예산제약에 직면한다.

$$F + I \cdot M = Y \tag{11.2}$$

농산물의 가격이 1인 이유는 그를 기준재로 삼았기 때문이며, 소득 Y는 농산물을 단위로 하여 측정된다. 소비자는 주어진 예산제약 하에 효용을 극대화하며, 해는 다음과 같다.

$$F = (1-\delta) Y; \quad IM = \delta Y \tag{11.3}$$

이 소비자에게 있어 최적의 선택은 소득 중 $(1-\delta)$만큼은 농산물에, δ만큼은 공산품에 지출하는 것이다.

노트 1. 식 (11.3)의 도출

식 (11.2)의 예산제약 하에 식 (11.1)을 극대화하기 위해 승수 κ를 가지는 라그랑쥐 함수 Γ를 정의한다.

$$\Gamma = F^{1-\delta}M^{\delta} + \kappa[Y - (F + IM)]$$

Γ를 F와 M에 대해 미분하여 1계 조건을 얻는다.

$$(1-\delta)F^{-\delta}M^{\delta} = \kappa;\ \delta F^{1-\delta}M^{\delta-1} = \kappa I$$

두 조건의 비를 취하면

$$\frac{\delta F^{1-\delta}M^{\delta-1}}{(1-\delta)F^{-\delta}M^{\delta}} = \frac{\kappa I}{\kappa};\ \text{혹은}\quad IM = \frac{\delta}{1-\delta}F$$

후자를 예산제약식 (11.2)에 대입하면

$$Y = F + IM = F + \frac{\delta}{1-\delta}F;\ \text{혹은}\quad F = (1-\delta)Y$$

② 공산품에 대한 지출

이제 공산품에 대한 지출액이 각각의 품목에 어떻게 할당되는지 결정해야 한다. 이 문제를 풀기 위해서는 공산품 전체의 소비에 대한 선호가 특정 품목의 소비에 어떻게 의존하는지 살펴보아야 한다. 특정 재화 i에 대한 수요를 c_i로, 구득 가능한 모든 재화의 가짓수를 N으로 나타내자. Dixit－Stiglitz 접근법에서는 고정대체탄력성(CES) 함수를 사용하여 N 가지 품목의 소비량 c_i로 구성되는 공산품 그룹 M의 총소비량을 구축한다.

$$M = \left(\sum_{i=1}^{N} c_i^{\rho}\right)^{1/\rho}\ ;\quad 0 < \rho < 1 \tag{11.4}$$

모든 품목들에 대한 소비는 대칭적으로 포함되며, 모수 ρ는 다양성에 대한 소비자들의 선호도를 나타낸다. 만약 $\rho=1$이면 재화들은 완전경쟁적이어서 위 식은 $M=\sum_i c_i$로 간단해지며, 다양성의 증가는 효용수준에 영향을 미치지 않는다. 품목간의 불완전 대체관계를 위해 $\rho<1$을 충족해야 하는 동시에, 품목 간 대체관계를 위해 $\rho>0$이 필요하다. 그래야만 시장지배력에 의한 가격 설정이 가능해진다.

모든 c_i들이 같은 양(c)으로 소비된다고 하자. 식 (11.4)를 다시 쓰면

$$M=\left(\sum_{i=1}^{N} c^{\rho}\right)^{1/\rho}=(Nc^{\rho})^{1/\rho}=N^{1/\rho}c=N^{(1/\rho)-1}[Nc] \tag{11.4'}$$

여기서 $0<\rho<1$이므로 $(1/\rho)-1$항은 0보다 크다. 따라서 한 가지 품목의 100단위는 ($Nc=C,\ N=1$) 소비자에게 100가지 품목의 한 단위씩보다 낮은 효용을 가져다준다($Nc=C,\ N=100$). 여기서 $N^{(1/\rho)-1}$항은 큰 시장의 이점을 나타내며, 다양성의 선호 (love-of-variety)효과라 불린다. 시장의 확대는 선택의 폭을 넓혀주어 효용을 향상시키는 것이다.

소비자는 각각의 품목에 얼마씩을 지출하는가? p_i를 i 재화의 가격이라 하자 ($i=1,\ldots,N$). i 재화에 지출된 금액 $p_i c_i$는 j 재화에 동시에 지출될 수 없으며, 이는 공산품에 대한 예산제약식에 나타난다.

$$\sum_{i=1}^{N} p_i c_i=\delta Y \tag{11.5}$$

수요의 도출을 위해서는 식 (11.5)의 예산제약 하에 공산품 소비로 얻어지는 식 (11.4)의 효용을 극대화하는 최적화 문제를 풀어야 한다.

$$c_j=p_j^{-\epsilon}[I^{\epsilon-1}\delta Y],\ \text{단}\ I\equiv\left[\sum_{i=1}^{N} p_i^{1-\epsilon}\right]^{1/(1-\epsilon)}\quad for\ j=1,\ldots,N \tag{11.6}$$

$$M=\delta Y/I,\ \text{또한}\ \epsilon\equiv\frac{1}{1-\rho} \tag{11.7}$$

식 (11.6)은 개별 품목에 대한 수요를 보여준다.

노트 2. 식 (11.6) 및 (11.7)의 도출

식 (11.5)의 예산제약 하에 식 (11.4)를 극대화해야 한다. 노트 1과 같은 방식으로 접근하자. 먼저 승수 κ를 가지는 라그랑쥐 함수 Γ를 정의한다:

$$\Gamma = \left[\sum_{i=1}^{N} c_i^{\rho}\right]^{(1/\rho)} + \kappa\left[\delta Y - \sum_{i=1}^{N} p_i c_i\right]$$

Γ를 c_j에 대해 미분하여 0과 같게 놓으면 1계 조건이 도출된다:

$$\left[\sum_{i=1}^{N} c_i^{\rho}\right]^{(1/\rho)-1} c_j^{\rho-1} = \kappa p_j,\ for\ j=1,\ldots,N$$

다음으로 1 재화에 대한 j 재화의 1계 조건의 비를 취하면 좌변의 첫 번째 항과 우변의 κ 항이 소거된다. $\epsilon \equiv 1/(1-\rho)$라 정의하면

$$\frac{c_j^{\rho-1}}{c_1^{\rho-1}} = \frac{p_j}{p_1}\ \text{혹은}\ c_j = p_j^{-\epsilon} p_1^{\epsilon} c_1\ for\ j=1,\ldots,N$$

이를 예산제약식에 대입하고 식 (11.6)에 주어진 가격지수의 정의를 이용하면

$$\sum_{j=1}^{N} p_j c_j = \sum_{j=1}^{N} p_j [p_j^{-\epsilon} p_1^{\epsilon} c_1] = p_1^{\epsilon} c_1 \sum_{j=1}^{N} p_j^{1-\epsilon} = p_1^{\epsilon} c_1 I^{1-\epsilon} = \delta Y,\ c_1 = p_1^{-\epsilon} I^{\epsilon-1} \delta Y$$

이로써 식 (11.6)의 1번 재화에 대한 수요를 설명할 수 있으며, 다른 품목의 수요도 유사하게 도출된다. 그렇다면 가격지수는 왜 식 (11.6)과 같이 정의되는가? 이 물음에 대답하기 위해 식 (11.4)에 나온 모든 품목에 대한 수요를 대체하고, $-\epsilon\rho = 1-\epsilon$이며 $1/\rho = -\epsilon/(1-\epsilon)$임을 상기하자.

$$M = \left(\sum_{i=1}^{N} c_i^{\rho}\right)^{1/\rho} = \left(\sum_{i=1}^{N} (p_i^{-\epsilon} I^{\epsilon-1} \delta Y)^{\rho}\right)^{1/\rho} = \delta Y I^{\epsilon-1}\left(\sum_{i=1}^{N} p_i^{-\epsilon\rho}\right)^{1/\rho} = \delta Y I^{\epsilon-1}\left(\sum_{i=1}^{N} p_i^{1-\epsilon}\right)^{-\epsilon/(1-\epsilon)}$$

가격지수의 정의를 이용하면 이렇게 단순화된다:

$$M = \delta Y I^{\epsilon-1}\left(\sum_{i=1}^{N} p_i^{1-\epsilon}\right)^{-\epsilon/(1-\epsilon)} = \delta Y I^{\epsilon-1} I^{-\epsilon} = \delta Y / I$$

2) 공 급

① 생산구조

이제 농업과 제조업의 생산구조에 대해 각각 살펴보자. 농업생산은 규모에 대해 수확불변이고 완전경쟁적이다. 총노동량을 L이라 하고, 그 중 $(1-\gamma)$만큼은 농업에 종사하되 이동이 불가하다고 가정하자. 단위를 적절히 선택하면 농업생산량 F는 농업 부문의 고용량과 같다.

$$F = (1-\gamma)L\,; \quad 0 < \gamma < 1 \tag{11.8}$$

농민들이 한계생산가치만큼의 임금을 받으므로, 식품을 기준재로 삼아 단위를 선택하면 농업임금은 1이다. 한편 제조업은 규모의 경제의 특성을 지니고 불완전경쟁적이다. 공산품들은 대칭적이며 모두 동일한 기술로 생산된다. 내부 규모의 경제로 인해 각각의 재화는 하나의 기업에 의해 생산된다. 생산량이 가장 큰 기업은 항상 잠재적 경쟁자를 물리칠 수 있기 때문이다. 규모의 경제를 최대한 단순히 표현하면,

$$l_i = \alpha + \beta x_i \tag{11.9}$$

그림 11-2 공산품의 생산함수

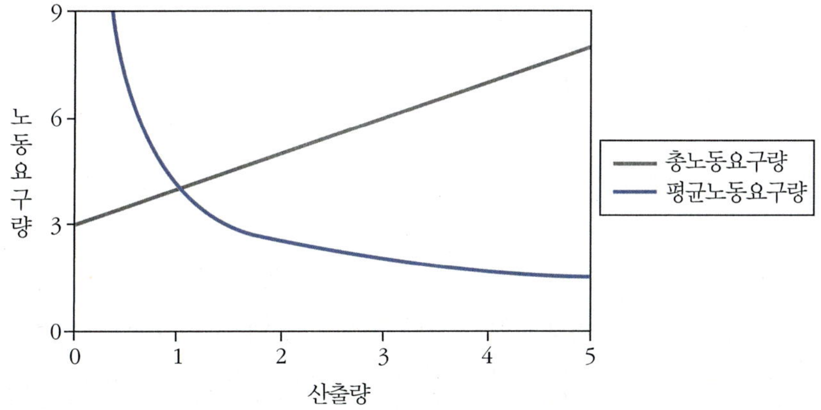

주: 고정노동요구량 $a=3$, 한계노동요구량 $b=1$.

여기서 l_i는 재화 i를 x_i만큼 생산하는 데 필요한 노동의 양이다. 계수 α와 β는 각각 고정노동투입량과 한계노동투입량을 나타낸다. α는 생산량의 증가에 따른 평균 노동요구량을 낮추어주며, 내부 규모의 경제가 존재함을 보여준다. <그림 11-2>는 생산량에 따른 총노동요구량과 평균노동요구량의 변화를 비교한 것이다.

② 가격결정과 이윤

개별 기업은 규모의 경제 하에 독특한 재화를 생산한다. 이는 기업이 시장지배력을 가지고 이윤을 극대화하는 방향으로 가격 결정에 임함을 의미한다. Dixit-Stiglitz류의 독점적 경쟁모형은 두 가지의 가정을 전제로 한다. 먼저 각 기업은 다른 기업들의 가격결정을 주어진 것으로 간주한다. 즉, 기업 1이 가격을 조정할 때 다른 $N-1$ 종류의 재화가격은 일정하다고 본다. 다음으로 자기 재화가격의 변동이 제조업 가격지수 I에 미치는 영향은 무시한다. 이러한 가정들은 재화의 종류가 충분히 많다면 수긍할 만하다. 식 (11.9)의 생산함수에 따라 x 단위만큼 생산하는 기업은 임금이 W일 때 다음의 이윤을 얻는다.

$$\pi = px - W(\alpha + \beta x) \tag{11.10}$$

기업의 산출량은 해당 품목에 대한 수요와 일치해야 한다. 이 수요는 임의의 소비자에 대해 도출된 것이지만, 다양한 재화에 대한 수요의 가장 중요한 특성, 즉 일정한 수요의 가격탄력성 ϵ은 선호체계가 동일한 많은 소비자들의 수요를 합한 경우에도 마찬가지로 적용된다. 한 품목에 대한 수요의 가격탄력성이 ϵ으로 일정하다면, 위 식에서 이윤을 극대화하는 가격은 독점기업의 가격결정식에 의해 정해진다.

$$p(1-1/\epsilon) = \beta W \quad (\text{또는 } \rho = \beta W/\rho) \tag{11.11}$$

이 기업의 한계비용은 βW이고 기업이 부과하는 가격 p는 이보다 높다. 가격이 얼마나 높을지는 수요의 가격탄력성에 달려있다. 수요가 비탄력적이라 $\epsilon=2$라면 조정계수는 높으며(이 경우 100%), 수요가 탄력적인 편이어서 $\epsilon=5$라면 조정계수는 낮다(이 경우 20%). 수요의 가격탄력성 ϵ이 일정하므로, 한계비용에 적용되는 조정계수도 일정하며 생산규모와는 무관하다. 또한 임금이 고정되면 가격도 고정된다.

노트 3. 식 (11.11)의 도출

한 종류의 공산품에 대한 수요 x를 $x = con \cdot p^{-\epsilon}$로 쓸 수 있다. 여기서 "$con$"은 임의의 상수이다. 이를 이윤함수에 대입하면

$$\pi = con \cdot p^{1-\epsilon} - W(\alpha + \beta con \cdot p^{-\epsilon})$$

이제 이윤은 가격만의 함수이다. 가격 p에 대해 미분하여 0과 같게 놓으면 다음과 같은 1계 조건을 얻는다.

$$(1-\epsilon) con \cdot p^{-\epsilon} + \epsilon W \beta con \cdot p^{-\epsilon-1} = 0$$

"$con \cdot p^{-\epsilon}$"항을 소거한 후 정리하면 식 (11.11)을 얻을 수 있다.

이윤을 극대화하는 가격을 구했으므로, 노트 3에서의 상수를 알고 있다면 이윤의 계산도 가능하다. 이윤이 양이라면 새로운 기업이 진입하여 차별화된 상품을 생산할 것이다. 이제 소비자들은 더 다양해진 재화에 지출액을 할당해야 한다. 모든 재화가 대체관계에 있으므로, 새로운 기업의 진입은 기존 업체들의 이윤이 감소함을 뜻한다. 이러한 과정은 이윤이 0이 될 때까지 계속될 것이며, 반대로 이윤이 음이라면 기업들은 퇴출될 것이다. 따라서 균형에서는 제조업의 이윤이 0이 된다. 식 (11.10)을 이용하여 각 기업의 균형생산량 (11.12), 노동의 요구량 (11.13), 그리고 공산품의 가짓수 (11.14)를 쉽게 구할 수 있다.

$$x = \frac{\alpha(\epsilon - 1)}{\beta} \tag{11.12}$$

$$l_i = \alpha\epsilon \tag{11.13}$$

$$N = \gamma L / l_i = \gamma L / \alpha\epsilon \tag{11.14}$$

노트 4. 식 (11.12)~(11.14)의 도출

식 (11.10)의 이윤을 0으로 놓고 식 (11.11)의 가격설정원칙 $p(1-1/\epsilon)=\beta W$을 이용하면:

$$px - W(\alpha+\beta x)=0;\ px=\alpha W+\beta Wx\ ;\ \left[\frac{\epsilon}{\epsilon-1}\beta W\right]x=\alpha W+\beta Wx$$

$$\left[\frac{\epsilon}{\epsilon-1}-1\right]\beta Wx=\alpha W;\ x=\frac{\alpha(\epsilon-1)}{\beta}$$

이로써 식 (11.12)가 설명된다. 이제 생산함수 (11.9)를 이용하여 이 수준의 생산량을 위해 필요한 노동의 양을 계산하자.

$$l_i=\alpha+\beta x=\alpha+\beta\frac{\alpha(\epsilon-1)}{\beta}=\alpha+\alpha(\epsilon-1)=\alpha\epsilon$$

이를 통해 식 (11.13)이 도출된다. 마지막으로, 재화의 가짓수를 결정하는 식 (11.14)는 총근로자의 수를 한 가지 재화의 생산에 필요한 근로자 수로 나누어 얻을 수 있다.

그런데 한 기업의 생산규모를 나타내는 식 (11.12)는 다소 의문스럽다. 균형에서의 기업당 산출량은 왜 항상 고정되어 있을까? 이는 생산함수와 더불어 일정한 수요의 가격탄력성 때문이다. 품목당 생산량이 불변이므로, 제조업 부문 전체의 규모는 품목 수의 변화에 따라서만 확장하거나 위축된다. 또한 식 (11.14)를 통해 문호 개방이나 교역 증대로 인한 시장의 확대는 공산품의 범주에만 영향을 미친다는 사실을 알 수 있다. 규모의 경제로 인해 특정 품목을 복수의 기업이 생산하는 것은 손해이기 때문이다. 같은 논리로 각각의 기업은 한 가지의 재화만을 생산한다.

3) 운송비: 얼음덩어리(iceberg)

유용한 모형은 지리적인 양태가 경제주체의 결정에 어떻게 영향을 미치며 다시 이러한 결정이 어떤 경로로 경제활동의 공간적 분포를 좌우하는지 보여줄 수 있어야 한다. 이를 위해서는 운송비를 도입할 필요가 있다. 모형에 운송산업을 추가할 수도 있겠으나 이는 실익이 없다. 운송비는 운송업계의 소득이 되므로 이 부문의 지출도 다루어야 할 뿐만 아니라, 운송업체들의 입지결정은 여타의 산업과는 전혀 다를 수도 있기 때문이다. 이러한 이유로 Samuelson(1952)은 이른바 얼음덩어리(iceberg) 운송비의 개념을 제시하였다. 얼음덩어리 운송비란 재화의 일부가 운반 도중에 녹아버려 목적지에 도달하지 않음을 의미하며, 그 사라진 부분이 바로 운송비를 대표한다. 운송비용을 이렇게 처리하면 운송부문을 별도로 고려할 필요가 없어 매우 편리하다. 즉, 누가 이 부문에서 일하고 이들이 어디에 거주하면서 소득을 지출하는지 염려할 필요가 없는 것이다.

이제 s지역에 한 단위의 재화가 도착하기 위해 r지역에서 보내야 하는 재화의 양을 T_{rs}라 정의하고, 이것이 두 지역 간 거리에 비례한다고 가정하자. D_{rs}가 지역 간 거리를 의미한다면,

$$T_{rs} = T^{D_{rs}} \text{ for } r, s = 1, 2 \text{ ; 단, } T_{rs} = T_{sr} \text{ 이며 } T_{rr} = T^0 = 1 \qquad (11.15)$$

이로써 운송기술 자체의 변화로 인한 모수 T의 변화로부터 관세의 변화나 도로의 신설 등 정책의 변경으로 초래될 수 있는 지역 간 거리 D_{rs}의 변화를 구별할 수 있다. 기본모형에서는 두 지역 간의 거리가 1이라고 가정한다.

4) 균형의 분석

본 절에서는 일련의 균형관계들이 경제활동의 공간적 분포를 결정하는 과정을 살펴본다. 빗금친 상자들(<그림 11-1>의 g)은 제조업 근로자 및 기업의 지역 간 이동성을 뜻하며, 이러한 이동성이야말로 신경제지리학이 신무역이론과 차별화되는 부분이다.

우선 단기균형에 대해 알아보자. 노동력은 단기적으로 지역 간 이동이 불가능하고, 노동과 기업의 공간적 분포는 외생적으로 주어진다. 단기균형을 검토한 후 다음 절에서 동태적 변화를 살펴볼 것이다. 즉, 노동의 이동이 제한된 단기균형으로부터 이동이 가능한 장기균형으로의 이행을 관찰하게 된다.

① 단기균형

먼저 1지역과 관련된 세 변수를 통해 단기적 균형을 살펴보자. 농산물이 기준재이므로 이 지역에는 각기 1의 임금을 벌어들이는 $\phi_1(1-\gamma)L$만큼의 농민들이 거주하고 있다(<그림 11-3>). 또한 각자 W_1의 임금을 받는 $\lambda_1\gamma L$만큼의 제조업 근로자들이 살고 있다.

그림 11-3 지역 간 노동력의 배분

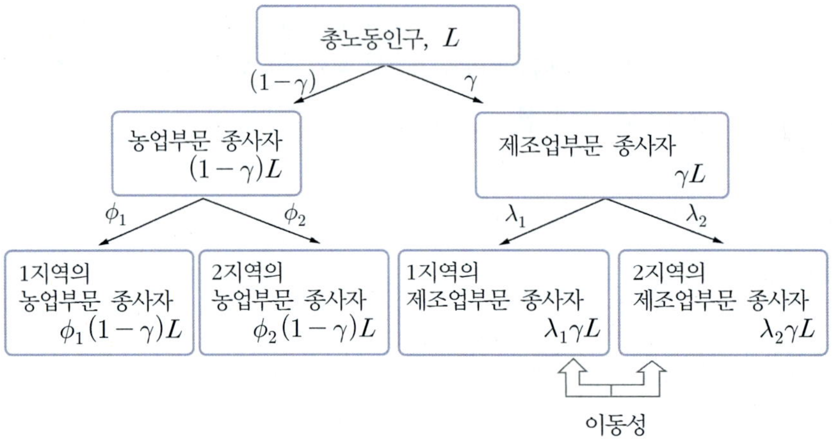

주: $\phi_1+\phi_2=1$; $\lambda_1+\lambda_2=1$.

기업의 이윤이 0이고 다른 생산요소가 없으므로 소득은 이뿐이다. 1지역의 소득을 Y_1이라 하면,

$$Y_1 = \lambda_1 W_1 \gamma L + \phi_1(1-\gamma)L \tag{11.16}$$

여기서 우변의 첫 항은 제조업 근로자들의 소득을, 두 번째 항은 농업 종사자들의 소득을 각각 나타낸다.

제조업의 지역 간 실제 운송비는 $T-1$이다. 동일한 한계비용과 일정한 대체탄력성에 직면하므로, 지역 내 기업들은 모두 같은 가격을 설정한다: 1지역에서는 p_1, 2 지역에서는 p_2이다. 이렇게 1지역의 소비자들에 대해 책정되는 1지역 재화의 공장도 가격은 식 (11.11)의 최적 가격설정 조건에 의해 그 지역에서의 한계비용과 연결된다: $p_1 = \beta W_1/\rho$. 따라서 공장도 가격은 임금과 정비례한다. 한편 2지역으로 배송된 1지역 생산품의 가격은 Tp_1이 된다. 1지역에 $\lambda_1\gamma L$만큼의 제조업 근로자가 거주하므로, 식 (11.14)에 의하여 1지역에 입지한 기업의 수는 $N_1 = \lambda_1\gamma L/\alpha\epsilon$이며 해당 지역의 제조업 근로자 수 λ_1에 비례한다. 지역 내에서 생산된 재화의 가격은 그 지역의 임금수준과 비례하고, 타 지역에서 책정되는 가격은 지역 간 운송비만큼 높으며, 지역에서 생산되는 재화의 가짓수가 그 지역

의 제조업 근로자 수와 비례한다는 세 가지 사실은 가격지수가 왜 두 지역에서 서로 다를 수 있는지 설명해준다. 1지역의 가격지수 I_1은

$$I_1 = \left(\frac{\beta}{\rho}\right)\left(\frac{\gamma L}{\alpha\epsilon}\right)^{1/(1-\epsilon)} [\lambda_1 W_1^{1-\epsilon} + \lambda_2 T^{1-\epsilon} W_2^{1-\epsilon}]^{1/(1-\epsilon)} \tag{11.17}$$

즉, 1지역의 가격지수는 지역 내 생산물 가격과 2지역으로부터 수입된 재화 가격의 가중평균인 것이다.

노트 5. 식 (11.17)의 도출

s지역에 입지한 기업의 수는 $\lambda_s \gamma L / \alpha\epsilon$이고, 이 기업들이 r지역에서 책정하는 가격은 $\beta W_s T_{rs} / \rho$이다. 두 개 이상의 지역을 가정하고 이러한 결과를 가격지수식 (11.6)에 대입하면 r지역의 가격지수를 얻을 수 있다.

$$I_r = \left[\sum_{s=1}^{R}\left(\frac{\lambda_s \gamma L}{\alpha\epsilon}\right)\left(\frac{\beta}{\rho} W_s T_{rs}\right)^{1-\epsilon}\right]^{1/(1-\epsilon)} = \left(\frac{\beta}{\rho}\right)\left(\frac{\gamma L}{\alpha\epsilon}\right)^{1/(1-\epsilon)} [\sum_{s=1}^{R} \lambda_s W_s^{1-\epsilon} T_{rs}^{1-\epsilon}]^{1/(1-\epsilon)}$$

식 (11.17)은 $R=2$이고 $r=1$인 특수한 경우이다.

식 (11.16)과 (11.17)에서 미지의 변수는 두 지역의 임금뿐인데, 이는 임금은 재화시장의 균형조건으로부터 도출된다. 먼저 수요는 두 지역에서 발생한다. 1지역에서 생산한 특정 품목에 대한 자기 지역의 수요는 식 (11.6)에서 도출한 개별 수요를 지역 내 모든 소비자에 대해 합하여 구할 수 있다. 따라서 식 (11.16)에 나타난 1지역의 총소득, 식 (11.17)에 보이는 1지역의 가격지수 I_1, 그리고 1지역의 기업이 지역 내 판매를 위해 책정하는 가격 $p_1 = \beta W_1 / \rho$에 의존한다. 이 세 항을 식 (11.6)에 대입하여 $(\delta\beta^{-\epsilon}\rho^{\epsilon}) Y_1 W_1^{-\epsilon} I_1^{\epsilon-1}$를 얻는다.

1지역의 재화에 대한 2지역의 수요도 유사한 방법으로 도출할 수 있다. 2지역의 총소득 Y_2와 가격지수 I_2, 그리고 1지역의 기업이 2지역에서의 판매를 위해 책정하는 가격 $Tp_1 = T\beta W_1/\rho$를 식 (11.6)에 대입하면 $(\delta\beta^{-\epsilon}\rho^{\epsilon}) Y_2 W_1^{-\epsilon} T^{-\epsilon} I_2^{\epsilon-1}$을 얻게 된다. 양의 운송비가 존재하여 $T > 1$이라면 재화가 비싸지므로 2지역에서의 수요는 감소한다.

1지역이 생산한 한 가지의 품목에 대한 총수요 x_1은 두 지역에서 발생하는 수요의 합이다.

$$x_1 = (\delta\beta^{-\epsilon}\rho^{\epsilon})(Y_1 W_1^{-\epsilon} I_1^{\epsilon-1} + Y_2 W_1^{-\epsilon} T^{-\epsilon} I_2^{\epsilon-1}) \quad (11.18)$$

이처럼 특정 품목에 대한 총수요는 두 지역의 소득, 운송비, 그리고 (임금과 비례하는) 가격지수 대비 가격에 달려 있다.

다음으로 공급 측면을 살펴보자. 식 (11.12)에서 한 기업의 손익분기 생산량을 구한 바 있다. 이 생산량을 식 (11.18)에서 도출한 총수요와 같게 놓으면 이 품목의 균형가격을 구할 수 있다. 1지역의 한 생산자에게 있어 $\alpha(\epsilon-1)/\beta = (\delta\beta^{-\epsilon}\rho^{\epsilon})(Y_1 W_1^{-\epsilon} I_1^{\epsilon-1} + Y_2 W_1^{-\epsilon} T^{1-\epsilon} I_2^{\epsilon-1})$.

식 (11.18)과 비교해 보면 T 변수의 승수가 $-\epsilon$ 대신 $1-\epsilon$이 되었다. 이는 1지역에서 2지역으로 재화를 보낼 때 중도에 녹아 사라지는 분량을 추가해야 하기 때문이다. 2지역에 한 단위를 공급하려면 T단위가 송출되어야 한다. 위의 식을 1지역의 임금에 대해 풀면,

$$W_1 = \rho\beta^{-\rho}\left(\frac{\delta}{(\epsilon-1)\alpha}\right)^{1/\epsilon}[Y_1 I_1^{\epsilon-1} + Y_2 T^{1-\epsilon} I_2^{\epsilon-1}]^{1/\epsilon} \quad (11.19)$$

직관적으로, 1지역의 임금은 해당 지역이 큰 시장에 가까우며 (Y_1은 $T=1$에 곱해지고 Y_2는 $T>1$에 곱해짐) 자기 지역에서의 경쟁이 심하지 않으므로 더 높을 수 있다. 따라서 2지역의 규모가 크고 T가 작을수록 W_1은 높아진다.

노트 6. 식 (11.19)의 도출

식 (11.6)은 특정 지역의 한 소비자가 지닌 수요를 보여준다. 소득 Y를 r지역의 소득 Y_r로, 가격지수 I를 r지역의 가격지수 I_r로, 또한 공산품의 가격 p_j를 s지역의 생산자가 r지역에서 받고자 하는 $\beta W_s T_{rs}/\rho$로 각각 대체하면, s지역에서 생산되어 수입되는 재화에 대한 r지역의 수요를 얻을 수 있다.

$$\delta Y_r(\beta W_s T_{rs}/\rho)^{-\epsilon} I_r^{\epsilon-1} = \delta(\beta/\rho)^{-\epsilon} Y_r W_s^{-\epsilon} T_{rs}^{-\epsilon} I_r^{\epsilon-1}$$

그런데 r지역의 수요를 충족하기 위해서는 T_{rs}단위가 발송되어야 한다. 결국 s지역에서 생산된 재화에 대한 모든 지역의 수요를 구하려면, 위 식을 각각의 r에 대해 모두 더하고 각각의 요소에 T_{rs}를 곱해 운송 중 발생한 손실분을 보충해 주어야 한다.

$$\delta(\beta/\rho)^{-\epsilon}\sum_{r=1}^{R} Y_r W_s^{-\epsilon} T_{rs}^{1-\epsilon} I_r^{\epsilon-1} = \delta(\beta/\rho)^{-\epsilon} W_s^{-\epsilon}\sum_{r=1}^{R} Y_r T_{rs}^{1-\epsilon} I_r^{\epsilon-1}$$

균형에서는 s지역에서 생산된 공산품에 대한 총수요가 공급량인 식 (11.12)의 $(\epsilon-1)\alpha/\beta$와 일치해야 한다. 이들을 같게 놓으면

$$(\epsilon-1)\alpha/\beta = \delta(\beta/\rho)^{-\epsilon} W_s^{-\epsilon}\sum_{r=1}^{R} Y_r T_{rs}^{1-\epsilon} I_r^{\epsilon-1}$$

이를 s지역의 임금 W_s에 대해 정리하면

$$W_S = \rho\beta^{-\rho}\left(\frac{\delta}{(\epsilon-1)\alpha}\right)^{1/\epsilon}\left[\sum_{r=1}^{R} Y_r T_{rs}^{1-\epsilon} I_r^{\epsilon-1}\right]^{1/\epsilon}$$

식 (11.19)는 $R=2$이고 $r=1$인 특수한 경우이다.

한 지역이 지닌 매력도는 거리를 감안한 모든 지역의 구매력에 의해 결정된다. 위에서는 제조업 근로자의 분포 λ_i가 주어진 상태에서 1지역의 균형조건을 도출하였다. 소득 Y_1을 결정하는 식 (11.16), 가격지수 I_1을 결정하는 식 (11.17), 그리고 임금 W_1을 결정하는 식 (11.19)가 그것이다. 이와 마찬가지로 2지역의 경우도 고려하면 모두 6개의 비선형 방정식을 얻는다.

② 장기균형

이제 모형은 1지역에 대한 네 개의 등식으로 정리된다(2지역의 경우도 유사함).

$$Y_1 = \lambda_1 W_1 \gamma L + \phi_1(1-\gamma)L \tag{11.20}$$

$$I_1 = \left(\frac{\beta}{\rho}\right)\left(\frac{\gamma L}{\alpha\epsilon}\right)^{1/(1-\epsilon)}\left[\sum_{s=1}^{2}\lambda_s T_{1s}^{1-\epsilon} W_s^{1-\epsilon}\right]^{1/(1-\epsilon)} \tag{11.21}$$

$$W_1 = \rho\beta^{-\rho}\left(\frac{\delta}{(\epsilon-1)\alpha}\right)^{1/\epsilon}\left[\sum_{s=1}^{2} Y_s T_{s1}^{1-\epsilon} I_s^{\epsilon-1}\right]^{1/\epsilon} \tag{11.22}$$

$$w_1 = W_1 I_1^{-\delta} \tag{11.23}$$

식 (11.20)부터 (11.22)까지는 단기균형의 결정식이며 식 (11.23)은 제조업 근로자의 실질임금이다. 단기균형에서는 실질임금이 같을 필요가 없다. 반면 장기균형은 두 지역의 실질임금이 같아져 ($w_1 = w_2$) 이주의 유인이 사라지거나 한 지역에만 집적이 이루어지는 경우 달성된다.

<표 11−1>과 같이 몇 가지의 표준화를 통해 식들을 단순화하면 매우 편리하다. 이제 농민들이 두 지역에 정확히 반분되어 있다고 가정하자. 즉, $\phi_1 = \phi_2 = 1/2$. 표준화를 이용하여 다음의 식들을 얻는다.

$$Y_1 = \lambda_1 \delta W_1 + (1/2)(1-\delta);\ Y_2 = \lambda_2 \delta W_2 + (1/2)(1-\delta) \tag{11.20'}$$

$$I_1 = [\lambda_1 W_1^{1-\epsilon} + \lambda_2 T^{1-\epsilon} W_2^{1-\epsilon}]^{1/(1-\epsilon)};\ I_2 = [\lambda_1 T^{1-\epsilon} W_1^{1-\epsilon} + \lambda_2 W_2^{1-\epsilon}]^{1/(1-\epsilon)} \tag{11.21'}$$

$$W_1 = [Y_1 I_1^{\epsilon-1} + Y_2 T^{1-\epsilon} I_2^{\epsilon-1}]^{1/\epsilon};\ W_2 = [Y_1 T^{1-\epsilon} I_1^{\epsilon-1} + Y_2 I_2^{\epsilon-1}]^{1/\epsilon} \tag{11.22'}$$

$$w_1 = W_1 I_1^{-\delta};\ w_2 = W_2 I_2^{-\delta} \tag{11.23'}$$

노트 7. 표준화(normalization)

변수의 단위를 적절히 선택하면 모형의 해에 영향을 미치지 않으면서 분석을 단순화할 수 있다(여기서는 타 지역에 대한 한 지역의 위상). 이는 축구장의 크기를 미터로 재든 야드로 재든 실제 크기는 변하지 않는 것과 같다. 우선 <표 11−1>과 같이 총노동공급을 표준화하여 $L=1$로 놓자. 둘째, 노동의 단위는 일반적으로 총노동시간이지만 고정노동요구량(α)이 $\lambda L/\epsilon$와 같아지도록 단위를 정한다. 이는 한계노동요구량의 단위 선택에도 영향을 미친다. 셋째, 산출량의 측정단위는 물리적 단위가 아니라 산출물의 한 단위 추가생산에 따르는 한계노동요구량(β)이 ρ와 같아지도록 정한다. 마지막으로, $\gamma=\delta$라 가정한다.

〈표 11-1〉 모수의 표준화

$\gamma=\delta$	$L=1$
$\beta=\rho$	$\alpha=\gamma L/\epsilon$

완전한 분석은 용이하지 않으나, 우선 세 가지의 특수한 경우를 살펴보자.

경제활동의 분산(그림 11-4 a)

두 지역이 모든 면에서 동일하다고 하자. 제조업의 노동력 역시 균등하게 분포되어 있으므로 $\lambda_1 = \lambda_2 = 1/2$이다. 당연히 단기균형에서의 임금도 같을 것이다. 이 임금수준을 명시적으로 계산할 수 있을까? 한 가지의 방법은 균형 임금수준을 어림짐작하고, 이것이 맞는지 확인하는 것이다. 일단 $W_1 = W_2 = 1$이라 해보자. 그 경우 식 (11.21′)로부터 $I_1 = (1/2)^{1/(1-\epsilon)}[1+T^{1-\epsilon}]^{1/(1-\epsilon)}$임을 알 수 있고 (유사하게 I_2도 도출), 식 (11.20′)으로부터 $Y_1 = 1/2$ (또한 $Y_2 = 1/2$)을 얻는다. 이들을 식 (11.22′)에 대입하면 $W_1 = W_2 = 1$이며, 짐작이 들어맞았음을 알 수 있다. 분산균형에서는 두 지역에서 모든 변수가 동일하다. 따라서 실질임금도 같아지며, 이러한 사실은 식 (11.23′)에 명목임금과 가격지수의 값을 대입해 보면 확인된다. 결국 분산균형은 모수들의 값과 무관하게 언제나 장기균형임을 알 수 있다.

그림 11-4 제조업 노동력의 배분 – 세 가지의 경우

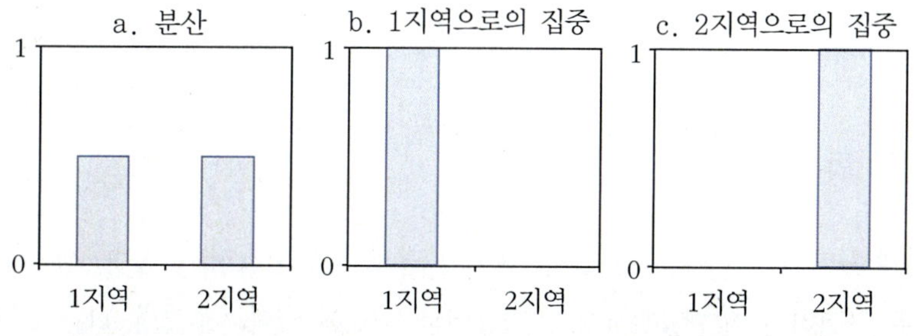

■ 1지역에만 집적(그림 11–4 b)

모든 제조업이 1지역에 집적하여 ($\lambda_1 = 1$) 2지역에는 제조업 근로자가 전혀 없다고 하자 ($\lambda_2 = 0$). 이 경우 단기균형을 구할 수 있을까? 가령 $W_1 = 1$이라 해보자. 식 (11.21′)로부터 $I_1 = 1$이고 (또한 $I_2 = T$), 식 (11.20′)으로부터 $Y_1 = (1+\gamma)/2$이다 (또한 $Y_2 = (1-\gamma)/2$). 이 결과들을 식 (11.22′)에 대입하면 $W_1 = 1$이 되므로 옳은 짐작이다. 단기균형을 분석적으로 도출할 수 있다. 2지역에는 제조업 근로자가 없으므로 임금이 얼마인지 알 수 없다. 그러나 어느 기업이 2지역으로 이전하고자 할 때의 임금을 구해보면, 식 (11.22′)로부터

$$W_2 = \{[(1+\delta)/2]\, T^{1-\epsilon} + [(1-\delta)/2]\, T^{\epsilon-1}\}^{1/\epsilon}$$

식 (11.23′)로써 2지역의 실질임금을 구하면 $w_2^{\epsilon} = [(1+\delta)/2]\, T^{1-\epsilon-\epsilon\delta} + [(1-\delta)/2]\, T^{\epsilon-1-\epsilon\delta}$이다. $T=1$일 때 두 지역의 실질임금이 모두 1이며, T가 충분히 작다면 $w_2 < 0$이다. 따라서 1지역으로의 집적은 장기균형이 될 수 있다.

■ 2지역에만 집적(그림 11–4 c): 이는 두 번째 경우의 역상이다.

위에서 세 경우의 단기 및 장기균형을 구하였다($\lambda_1 = 0$; $\lambda_1 = 1/2$; $\lambda_1 = 1$). 그러나 유감스럽게도 이는 단지 세 가지의 특수한 경우에 불과하다. λ_1이 0부터 1까지의 어느 값이나 취할 수 있으므로 무수히 많은 해가 존재한다. 이들 세 균형만이 장기균형인지도 확실하지 않다. 장단기균형의 모든 가능성을 보여주는 완전한 그림을 그리기 위해서는 동학을 도입해야 한다. 하나의 균형에서 다음의 균형으로 어떻게 이행하며, 어떠한 경제적 동력이 작용하는가?

5) 동학의 도입

신경제지리학의 특징이라면 입지, 규모의 경제, 불완전경쟁, 운송비, 생산요소의 이동성을 모두 포괄하는 일반균형모형의 활용이라 할 수 있다. <그림 11−1>과 <그림 11−3>에서 음영으로 처리된 상자들은 시간이 흐르면서 요소 이동으로 인해 규모가 변

할 수 있음을 시사하며, 이는 다시 단기균형이 변화함을 의미한다. 노동이 유일한 생산요소이므로 노동의 이동성에 대해 논할 필요가 있다. 근로자들은 명목임금보다 효용을 잘 대변하는 실질임금의 차이에 반응할 것이다. 시간에 따른 단기균형의 조정은 간단하다. 1지역의 제조업 실질임금이 2지역에서보다 높다면 근로자들이 2지역을 떠나 1지역에 정착할 것이다. 반면 2지역의 실질임금이 높다면 역의 관계가 성립한다. 모수 η가 실질임금의 차이에 대한 근로자들의 민감도를 나타낸다면,

$$\frac{d\lambda_1}{\lambda_1} = \eta(w_1 - \overline{w}) \tag{11.24}$$

여기서 $\overline{w}$는 이 경제 전체의 평균 실질임금으로서 $\overline{w} = \lambda_1 w_1 + \lambda_2 w_2$이다. 2지역에 대해서도 유사한 관계가 성립한다.

6) 단기균형을 넘어: 모의실험의 소개

위의 분석틀은 <표 11-1>의 표준화 과정을 거쳐 다음과 같이 R개의 지역에 대해 일반화될 수 있다.

$$Y_r = \delta\lambda_r W_r + (1-\delta)\phi_r \tag{11.25}$$

$$I_r = \left[\sum_{s=1}^{R} \lambda_s T_{rs}^{1-\epsilon} W_s^{1-\epsilon}\right]^{1/(1-\epsilon)} \tag{11.26}$$

$$W_r = \left[\sum_{s=1}^{R} Y_s T_{sr}^{1-\epsilon} I_s^{\epsilon-1}\right]^{1/\epsilon} \tag{11.27}$$

각각의 지역 $r = 1, \ldots, R$에 대해 정의된 식들은 각 지역에서의 소득수준 Y_r, 가격지수 I_r, 그리고 임금수준 W_r을 결정한다. 이 단기균형에서 농산물과 각각의 공산품에 대한 총수요는 각각의 총공급과 일치하며, 어느 생산자도 초과이윤을 얻지 못한다. 분석을 위해서는 최소 2개의 입지가 필요하며($R \geq 2$), 적어도 6개의 연립 비선형 방정식을 풀어야 한다. 컴퓨터 모의실험을 통해 단기균형에서의 각 지역 r에 대한 소득 Y_r, 가격지수

표 11-2 기본 시나리오의 모수 값

$\delta = 0.4$	$\epsilon = 5$	$T = 1.7$
$L = 1$	$\phi_1 = \phi_2 = 0.5$	$\sigma = 0.0001$

I_r, 그리고 임금 W_r (물론 실질임금도) 등 위 식들에 등장하는 변수들에 대한 해를 구하게 된다.

내생변수들의 해는 단기적으로 고정된 이동 가능 노동력의 배분비율인 λ_r의 값과 여타 파라미터들(γ, δ, ϕ_r, ϵ, T)의 값에 의존한다. <표 11−2>는 기본 시나리오의 모수 값들을 보여준다. 두 지역 간 노동력의 배분은 $\lambda_1 + \lambda_2 = 1 = \gamma L$로 표시된다. 기본 시나리오에서는 공산품에 대한 지출비중(δ)은 꽤 낮은 0.4로 정하고, 대체탄력성 $\epsilon = 1/(1-\rho)$과 운송비(T)는 상당히 높은 5($\rho = 0.8$)와 1.7로 각각 설정한다. 표의 나머지 부분은 총 노동인구 L이 1이고 농업생산의 규모가 두 지역에서 같음을 나타낸다 ($\phi_1 = \phi_2 = 0.5$). 이는 두 지역이 모든 면에서 동일함을 시사하므로 매우 중요한 가정이다.

이러한 수치들의 선택은 어느 정도 자의적이다. 특히 소득 중 공산품에 지출된 부분(δ)과 공산품 품목 간 대체탄력성(ϵ)의 경우에 그러한데, 이들의 값은 실증분석 결과에 의거하여 적절히 선택되었다. 이제 δ 및 ϵ의 값이 주어진 상태에서 운송비 T의 변화를 통해 모형의 중요한 시사점을 파악할 수 있다. 주어진 외생변수의 값 하에서 세 개의 식을 풀기 위한 방법을 다음과 같이 정한다.

(i) 두 지역의 임금을 추정한다. 예컨대 ($W_{1,0}$, $W_{2,0}$)라 하자. 여기서 0은 연산의 회차를 표시한다($W_{1,0} = W_{2,0} = 1$을 사용).

(ii) ($W_{1,0}$, $W_{2,0}$)을 사용하여 소득수준($Y_{1,0}$, $Y_{2,0}$)과 가격지수($I_{1,0}$, $I_{2,0}$)를 계산한다.

(iii) 계산된 ($Y_{1,0}$, $Y_{2,0}$) 및 ($I_{1,0}$, $I_{2,0}$)를 이용하여 임금($W_{1,1}$, $W_{2,1}$)의 가능한 해를 도출한다.

(iv) 해가 도출될 때까지 (ii) 및 (iii) 과정을 반복한다.

마지막으로 중단조건이 필요하다. 모든 지역에 대해 한 단계에서 다음 단계로 이행할 때 임금이 임의의 수치 r을 초과하지 않으면 멈추도록 한다.

$$\frac{W_{r,iteration} - W_{r,iteration-1}}{W_{r,iteration-1}} < \sigma, \; for \;\; all \;\; r.$$

<표 11-2>는 본 모의실험에서 중단 조건을 $\sigma = 0.0001$로 설정했음을 보여준다.

7) 일차적 결과

기본 시나리오에서는 r지역의 노동력 비중을 나타내는 λ_r의 값이 특정되지 않았는데, 이는 λ_r의 변화에 따라 (Y_r, I_r, W_r)의 단기균형이 어떻게 변하는지 보기 위함이다. 사실 단기와 장기균형의 차이는 λ_r가 단기적으로는 주어진다는 점뿐이다.

지역이 두 개라는 가정이 분석에 큰 도움이 된다. $\lambda_1 + \lambda_2 = 1$이므로 λ_1을 정하면 λ_2는 자동적으로 도출되기 때문이다. λ_1을 0에서 1까지 변화시켜 두 지역 간 제조업 근로자의 배분을 완전하게 묘사할 수 있다. 먼저 2지역 대비 1지역의 실질임금을 살펴보자. r지역의 실질임금은,

$$w_r = W_r I_r^{-\delta} \tag{11.28}$$

이로부터 특정한 노동력 분포하의 단기균형을 찾았다면, 즉 식 (11.25)~(11.27)의 해를 구했다면, 식 (11.28)을 이용하여 모든 지역의 실질임금과 상대적인 실질임금이 간단히 계산된다.

<그림 11-5>는 1지역의 노동력 비중(λ_1)이 변화함에 따라 그 지역의 상대적 실질임금(w_1/w_2)이 어떻게 변하는지 묘사한 것이다. 그림은 λ_1의 값을 0부터 1까지 점차 증가시키며 행한 59회의 모의실험 결과를 보여준다. 매회 단기균형의 해가 계산되며, 그로부터 두 지역의 실질임금을 계산하여 w_1/w_2를 구한다.

이 그림을 통해 무엇을 알 수 있는가? 첫째, 제조업 근로자는 높은 실질임금을 좇아 이동할 유인을 가지며, 실질임금이 모든 지역에서 같다면 단기균형은 곧 장기균형임을 기억하자. 장기균형을 위해서는 이동 가능한 노동력이 양 지역에 모두 존재할 때 상대적 실

그림 11-5 1지역의 상대적 실질임금

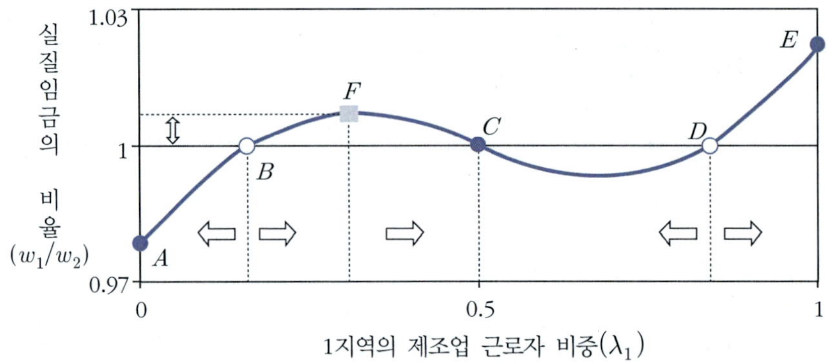

질임금이 1이어야 한다. 그렇지 않은 경우는 A점이나 E점과 같은 완전 집적의 장기균형뿐이다. 그림에는 $w_1/w_2=1$의 장기균형 B, C, D가 존재한다. 앞에서 두 가지의 장기균형을 살펴본 바 있다: (i) 제조업의 두 지역 간 분산(C점), 그리고 (ii) 2지역이나 1지역으로의 제조업의 집중(각각 A점과 E점). 그림은 세 번째 타입의 장기균형도 보여준다. 여기서 제조업은 한 지역에 부분적으로 군집하여(B점과 D점), 총 5개의 장기균형을 가진다.

둘째, 모형의 동태적 특성을 보다 잘 이해하여 안정적 균형과 불안정적 균형을 구별할 수 있다. 예컨대, <그림 11-5>에서 $\lambda_1=F$라 가정하자. 이동 가능한 노동력은 1지역보다 2지역에 더 많고, 이에 대응하는 단기균형에서는 $w_1/w_2>1$이다. 1지역의 높은 실질임금은 2지역의 노동자들에게 이주할 유인을 제공하여 λ_1을 높인다. 이러한 과정은 실질임금이 같아지는 C점에 도달할 때까지 계속된다. 점 C에서의 분산균형은 B점과 D점 사이의 어떠한 초기 분포에 대해서도 성립하며, 이를 분산균형의 유도구역(basin of attraction)이라 부를 수 있을 것이다. 유도구역 내에서는 C점으로부터 멀어지는 노동력의 어떠한 일탈에 대해서도 경제적 힘이 작동하여 분산균형으로 되돌린다는 의미에서 분산균형은 안정적인 균형이다.

나름의 유도구역을 가지는 완전 집적균형인 점 A와 E의 경우에도 같은 논리가 적용된다(각각 점 A에서 B, 그리고 점 D에서 E). 이 안정적인 균형점들은 <그림 11-5>에서 칠해진 원으로 표시된다. 반면 부분적 집적의 장기균형인 점 B와 D는 불안정적이며,

비어 있는 원으로 표시된다. 초기에 점 B 혹은 D에 있었다면 두 지역의 실질임금이 같으므로 그 자체로서 장기균형이지만, 인구분포의 미세한 요동은 조정과정을 촉발하여 다른 지점의 안정적 장기균형으로 유도할 것이다. 예를 들어 λ_1을 B점에서 조금 줄이면 제조업이 2지역으로 완전히 집적하게 되며, 반대로 약간 늘리면 공업활동의 분산이 이루어진다.

8) 운송비의 변화와 도끼 형태의 도형

운송비의 경우 지역 내에서는 0이고 다른 지역 간에는 양이라고 가정하였다. 여기서 운송비란 관세, 언어 및 문화의 차이, 물류비 등 다양한 무역장벽을 모두 포괄하는 개념이다. 운송비의 변화로 인한 영향은 무엇일까? 이에 대한 답은 위의 모의실험을 다양한 운송비 수준에 대해 반복 실행하여 찾아낼 수 있다. <그림 11-6>은 다섯 수치의 운송비에 대한 모의실험 결과를 보여준다.

운송비가 커서 $T=2.1$ 혹은 $T=1.9$인 경우 분산균형이 안정적이다. 재화의 운송이 어려울 때 제조업의 분산이 발생한다는 것은 어찌 보면 당연한 듯하다. 공산품의 원거리 공급은 과다한 비용이 초래되므로 인근에서 조달하는 편이 낫다. 반면 운송비가 작아

그림 11-6 운송비의 영향

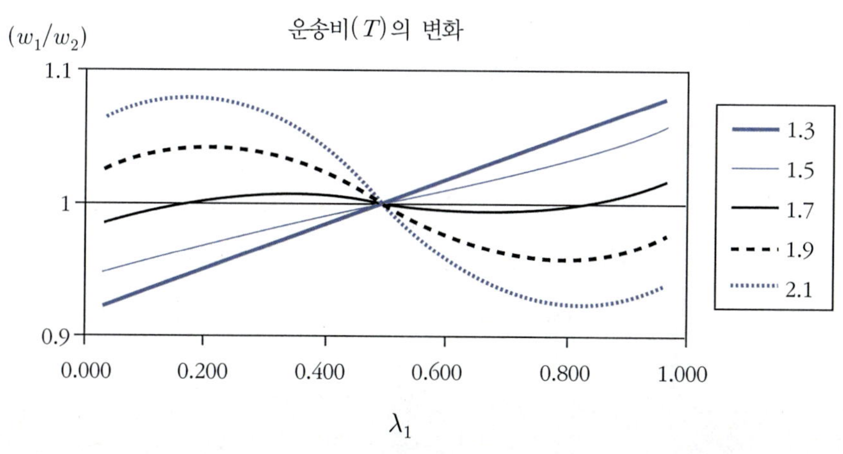

서 $T=1.3$ 혹은 $T=1.5$라면 분산균형은 불안정적이고 집적균형이 안정적이다. 초기의 λ_1이 0과 0.5 사이였다면 2지역으로의 완전 집적이 이루어지며, 0.5에서 1 사이였다면 1 지역으로의 완전 집적이 나타난다. 이처럼 운송비가 매우 낮으면 멀리 떨어진 시장에도 재화의 공급이 가능해져 집적의 이익이 유지될 수 있다.

그렇다면 운송비가 중간 수준이어서 ($T=1.7$) 상대적 실질임금선이 1과 세 차례 교차하는 상황은 특별한가? 그럴 수도 있고 그렇지 않을 수도 있다. 운송비의 제한된 구간에서만 나타나는 현상이라는 점에서는 특별하지만, <표 11-2>에 제시된 임의의 모수 값에 대해 실질임금선이 1과 세 번 교차하는 운송비의 값이 항상 존재한다는 점에서는 그렇지 않다.

그림을 통해 비교해보자. <그림 11-5>에서는 상대적 실질임금 w_1/w_2을 수직축

그림 11-7 도끼 형태의 도형

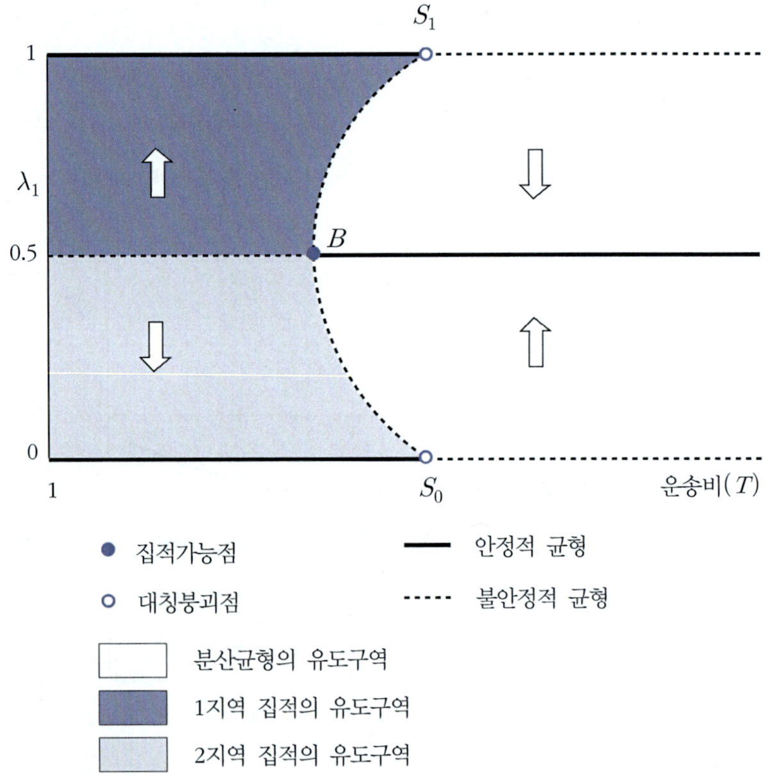

에, 근로자의 분포인 λ를 수평축에 놓았다. 그러나 근로자의 비율 λ를 수직축에, 운송비 T를 수평축에 놓을 수도 있다. <그림 11-6>을 참조하면 어떤 모양의 그림이 나타날지 쉽게 짐작할 수 있다. <그림 11-7>은 그 특이한 형태로 인하여 도끼(tomahawk) 도형으로 알려져 있다.

도끼 그림으로부터 무엇을 알 수 있는가? 첫째, T가 상대적으로 낮다고 하자. <그림 11-6>의 $T=1.3$ 곡선으로부터, 대칭균형은 불안정적이고 한 지역으로의 완전 집적은 안정적임을 본다. 대칭균형에서의 작은 요동-예컨대 한 기업의 타 지역으로의 이전-은 완전한 집적으로 귀결된다. 이것이 성립하는 구역은 <그림 11-7>의 대칭균형으로부터 바깥쪽을 가리키는 두 개의 화살표로 표시되며, 각각 1지역과 2지역에 대한 유도구역을 의미한다. 이 구역들은 T가 충분히 작은 경우 큰 지역이 다른 지역의 노동력을 끌어오게 됨을 뜻하는데, 이것이 바로 누적적 인과관계이다. 또한 대칭균형의 점선은 B점에서보다 작은 T의 값에서는 불안정적 균형이 되어버림을 시사한다.

둘째, T가 상대적으로 높다고 하자. <그림 11-6>의 $T=2.1$ 곡선으로부터 상황의 극적인 변화를 관찰할 수 있다. 완전한 집적은 불안정적인 반면, 대칭균형은 안정적이어서 <그림 11-7>의 실선으로 나타나 있다. 이는 S_0나 S_1보다 큰 T에 대해 성립하며, 두 유도구역의 화살표는 이제 안정적인 대칭 균형을 가리킨다.

셋째, T가 B보다 크고 S_0(혹은 S_1)보다는 작다고 하자. <그림 11-6>의 $T=1.7$ 곡선으로부터 완전 집적과 대칭균형의 사이에서 추가적인 장기균형이 발생함을 알 수 있다. 이는 명백히 불안정적인 균형이다. T가 B와 S_0 사이에서 작아질수록 대칭균형에 가까워지며, T가 커질수록 완전 집적에 근접한다. 이러한 불안정적 균형들은 <그림 11-7>의 B부터 S_0, 그리고 B부터 S_1까지를 연결하는 점선으로 나타난다.

참고문헌

- Anas, A., "Vanishing Cities: What Does the New Economic Geography Imply about the Efficiency of Urbanization?", Journal of Economic Geography, 2004, 4(2): 181~199.
- Antweiler, W. and Trefler, D., "Increasing Returns and All That: A View from Trade", American Economic Review, 2002, 92: 93~119.
- Arthur, W. B., "Urban Systems and Historical Path Dependence", in Ausubel, J. H. and Herman, R. (eds.), Cities and Their Vital Systems, Washington DC: National Academy Press, 1987, 85~97.
- Au, C. C. and Henderson, J. V., "How Migration Restrictions Limit Agglomeration and Productivity in China", Journal of Development Economics, 2006, 80: 350~388.
- Brakman, S., Garretsen, H., and Marrewijk, C., The New Introduction to Geographical Economics, Cambridge University Press, 2009.
- Chamberlin, E., The Theory of Monopolistic Competition, Cambridge, MA: Harvard University Press, 1933.
- Corden, W. M., "A Note on Economies of Scale, the Size of the Domestic Market and the Pattern of Trade", in McDougall, I. A. and Snape, R. H. (eds.), Studies in International Economics, Amsterdam: North–Holland, 1970.
- David, P. A., "The Economics of QWERTY", American Economic Review (Papers and Proceedings), 1985, 75: 332~337.
- David, P. A., "Krugman's Economic Geography of Development: NEGs, POGs, and Naked Models in Space", International Regional Science Review, 1999, 22(2): 162~172.
- Davis, D. R. and Weinstein, D. E., "Economic Geography and Regional Production Structure: An Empirical Investigation", European Economic Review, 1999, 43: 379~407.

- Davis, D. R. and Weinstein, D. E., "Market Access, Economic Geography and Comparative Advantage: An Empirical Test", Journal of International Economics, 2003, 59: 1~23.
- Dixit, A. and Norman, V., Theory of International Trade: A Dual General Equilibrium Approach, Cambridge: Cambridge University Press, 1980.
- Dixit, A. and Stiglitz, J., "Monopolistic Competition and Optimum Product Diversity", American Economic Review, 1977, 67: 297~308.
- Evenett, S. J. and Keller, W., "On Theories Explaining the Success of the Gravity Equation", Journal of Political Economy, 2002, 110: 281~316.
- Forslid, R., Haaland, J. I., and Midelfart-Knarvik, K. H., "A U-shaped Europe? A Simulation Study of Industrial Location", Journal of International Economics, 2002, 57: 273~297.
- Fujita, M., Krugman, P., and Venables, T., The Spatial Economy: Cities, Regions and International Trade, Cambridge, MA: MIT Press, 1999.
- Fujita, M. and Thisse, J. F., "New Economic Geography: An Appraisal on the Occasion of Paul Krugman's 2008 Nobel Prize in Economics", Regional Science and Urban Economics, 2009, 39: 109~119.
- Grubel, H. and Lloyd, P., Intra-industry Trade, London: McMillan, 1975.
- Hanson, G. H., "Market Potential, Increasing Returns, and Geographic Concentration", Journal of International Economics, 2005, 67: 1~24.
- Harris, C., "The Market as a Factor in the Localization of Production", Annals of the Association of American Geographers, 1954, 44: 315~348.
- Head, K. and Mayer, T., "Market Potential and the Location of Japanese Investment in the European Union", The Review of Economics and Statistics, 2004, 86(4): 959~972.
- Head, K. and Mayer, T., "Regional Wage and Employment Responses to Market Potential in the EU", Regional Science and Urban Economics, 2006, 36: 573~594.
- Helpman, E., "International Trade in the Presence of Product Differentiation, Economies of Scale, and Monopolistic Competition", Journal of International Economics, 1981, 11: 305~340.
- Helpman, E., "A Simple Theory of International Trade with Multinational Corporations", Journal of Political Economy, 1984, 94: 451~471.
- Helpman, E., "Imperfect Competition and International Trade: Evidence from

Fourteen Industrial Countries", Journal of the Japanese and International Economies, 1987, 92: 451~471.

- Helpman, E. and Krugman, P., Market Structure and Foreign Trade: Increasing Returns, Imperfect Competition, and the International Economy, Cambridge, MA: MIT Press, 1985.
- Hirschman, A. O., The Strategy of Development, New Haven, CT: Yale University Press, 1958.
- Hummels, D. and Levinsohn, J., "Product Differentiation as a Source of Comparative Advantage", American Economic Review (Papers and Proceedings), 1993, 83: 445~449.
- Hummels, D. and Levinsohn, J., "International Trade and Monopolistic Competition: Reconsidering the Evidence", Quarterly Journal of Economics, 1995, 110: 799~836.
- Krugman, P., "Increasing Returns, Monopolistic Competition and International Trade", Journal of International Economics, 1979, 9: 469~479.
- Krugman, P., "Scale Economies, Product Differentiation, and the Pattern of Trade", American Economic Review, 1980, 70: 950~959.
- Krugman, P., "Intra-industry Specialization and the Gains from Trade", Journal of Political Economy, 1981, 89: 959~973.
- Krugman, P., "Increasing Returns and Economic Geography", Journal of Political Economy, 1991, 99: 483~499.
- Krugman, P., "The Increasing Returns Revolution in Trade and Geography", American Economic Review, 2009, 99(3): 561~571.
- Krugman, P. and Venables, A., "Globalization and the Inequality of Nations", Quarterly Journal of Economics, 1995, 110: 857~880.
- Lancaster, K., "Intra-industry Trade under Perfect Monopolistic Competition", Journal of International Economics, 1980, 10: 151~171.
- Marshall, A., Principles of Economics, New York: The Macmillan Company, 1890.
- Markusen, J., "Multinationals, Multi-plant Economies, and the Gains from Trade", Journal of International Economics, 1984, 16: 205~226.
- Mundell, R., "International Trade and Factor Mobility", American Economic Review, 1957, 47: 321~335.
- Myrdal, G., Economic Theory and Underdeveloped Regions, London: Duckworth, 1957.

- Ohlin, B., Interregional and International Trade, Cambridge, MA: Harvard University Press, 1933.
- Pred, A. R., The Spatial Dynamics of U.S. Urban−Industrial Growth, 1800~1914: Interpretive and Theoretical Essays, Cambridge, MA: MIT Press, 1966.
- Redding, S. and Venables, A. J., “Economic Geography and International Inequality”, Journal of International Economics, 2004, 62: 53~82.
- Samuelson, P. A., “The Transfer Problem and Transport Cost: Analysis of Effects of Trade Impediments”, The Economic Journal, 1954, 64: 264~289.
- Tabuchi, T., “Interregional Income Differentials and Migration: Their Interrelationships”, Regional Studies, 1987, 22: 1~10.
- Venables, A. J., “Equilibrium Locations of Vertically−linked Industries”, International Economic Review, 1996, 37: 341~359.
- von Thünen, J. H., Der Isolierte Staat in Beziehung auf Landwirtschaft und Nationalökonomie, Hamburg: Perthes, 1826(English translation: The Isolated State, Oxford: Pergamon, 1966).
- Wild, T. and Jones, P. N., “Spatial Impacts of German Unification”, The Geographical Journal, 1994, 160(1): 1~16.

Regional and Urban Economics

제12장

지역환경의 경제적 분석과 가치측정

오늘날 환경자원의 감소와 환경오염 문제의 해결은 범지구적 과제로 인식되고 있다. 환경오염 문제는 비단 도시지역에 국한된 것은 아니지만 인구가 밀집한 대도시의 경우 체감 정도가 더 심각할 뿐만 아니라 실제로 중심적인 오염원이라는 점에서 도시지역 차원의 환경분석과 환경오염의 사회적 비용 및 환경개선의 편익측정이 필요하다. 또한 1992년 리우선언에서 채택한 지속가능한 발전의 개념과 이의 이행을 위한 지방의제 21(Local Agenda 21)을 통하여 환경과 개발을 병행할 수 있는 지방정부의 역할을 명시하였으며, 2002년 요하네스버그 세계지속가능발전 정상회의(WSSD)에서는 지방의제 21의 실천을 위한 구체적 조치로서 지방행동 21(Local Action 21)의 수립 및 이행을 촉구하였고, 2012년 리우+20회의[1]에서도 환경오염 문제의 해결과 개선 및 삶의 질 개선을 통한 사회적 발전은 도시지역이 직면한 과제라는 점을 상기시킨다.

1 리우+20회의는 2012년 브라질 리우데자네이루에서 개최된 유엔지속가능발전회의(UNCSD: United Nations Conference on Sustainable Development)를 의미하며 1992년 리우선언 이후 20년 만에 리우에서 다시 유엔지속가능발전회의가 개최되어 리우+20회의라고 약칭된다.

현 시점에서 환경보전과 환경질 개선이라는 명제에 반대하는 사람은 없다. 그러나 개인이든 정부든 환경개선의 비용부담이 전제가 될 때는 여전히 갈등이 존재한다. 환경자원의 가치와 환경오염의 사회적 비용이 사적재(private goods)처럼 시장에서 결정된다면 이러한 갈등과 딜레마가 쉽게 해소될 수 있지만, 대기질, 자연경관, 도시공원, 맑은 하천, 상수도 수질개선, 문화유산, 생물 다양성 등과 같은 많은 종류의 환경재는 이들의 가치를 평가하는 시장이 존재하지 않는다. 그러므로 환경보전과 환경개선 정책을 수행하는 데 있어서 비시장재인 환경자원의 가치와 환경오염의 사회적 비용을 어떻게 평가하는가에 대한 합리적 평가기준과 원칙의 설정은 여전히 어려운 과제이다.

본 장의 12.1에서는 환경재의 시장실패와 시장실패의 근원인 재산권의 결여, 외부효과, 공유자원, 공공재로서의 성격을 논의하고, 12.2에서는 환경재의 경제적 분석을 위한 기초이론과 환경문제의 해결방안으로 제시되고 있는 피구세와 코오즈의 정리를 조명해 본다. 12.3에서는 환경재의 가치측정 필요성과 환경재의 변화에 따른 후생변화의 이론적 기반인 소비자잉여, 보상변화와 등가변화, 그리고 보상잉여와 등가잉여의 개념을 논의하고, 환경재의 다양한 가치를 분류한다. 12.4에서는 조건부가치측정법, 여행비용모형 등 다양한 환경재의 경제적 가치측정 방법을 기술하고 실증분석 사례를 예시한다. 12.5에서는 경제적 유인책을 중심으로 환경정책수단에 대하여 논의한다.

12.1 환경재와 시장실패

환경경제학에서는 환경재의 특성 때문에 환경자원이 시장에서 효율적으로 배분되지 않음으로써 환경오염, 자원고갈, 생태계 파괴와 같은 환경문제가 발생한다고 설명한다. 결국 환경문제는 환경재의 시장실패에 기인하는 것이다. 그러면 환경문제를 유발하는 시장실패의 원인을 진단하고 해법을 모색할 필요가 있다. 환경문제와 관련하여 지적되는 시장실패의 원인으로는 대체로 재산권의 결여, 외부효과, 공유자원, 공공재 등을 들 수 있으며, 이들은 서로 독립적이라기보다는 서로 연계되어 있다.

1) 재산권의 결여

환경오염이 발생하는 원인은 환경재를 사용하는 개인이 그에 합당한 비용을 지불하지 않기 때문이다. 만일 환경재의 재산권(property right)을 가진 소유자가 정해져 있다면 그 환경재의 사용에 대한 경제적 대가인 비용을 지불해야 하고 소유자는 그 비용으로 환경재를 정화할 수 있기 때문에 오염이 발생하지 않는다. 기업이 폐수를 방류하여 하천을 오염시키는 행위를 예로 들어보자. 기업은 폐수를 하천에 방류함으로써 폐수정화비용을 절감한 반면 하천의 오염정화비용이 폐수정화비용보다 비싸다고 한다면 기업이 폐수를 정화하는 것이 사회 전체적으로 이익이다. 그런데 하천의 소유주가 존재한다면 기업의 폐수 방류는 사유재산권의 침해이기 때문에 기업이 폐수정화비용보다 비싼 하천정화비용을 지불하는 것보다 자체적으로 폐수를 정화하는 것이 이익이다. 그러므로 기업은 폐수를 방류하지 않고 하천은 오염되지 않는다.

환경재에 대한 재산권이 명확하게 정의되어 있지 않으면 가격기구가 원활하게 작동하지 않기 때문에 환경자원의 효율적 배분에 실패하게 되고 결국 시장실패가 발생하는 것이다. 이처럼 환경재의 재산권 결여 때문에 정부의 개입이 정당화되는 것이다. 그러나 Coase(1960)는 정부의 직접적인 개입 없이도 이해관계자들 간의 거래비용(transaction cost)이 소요되지 않는다면 재산권이 누구에게 귀속되든지 재산권이 어느 한쪽에 주어지기만 한다면 이해관계자들 간의 자유로운 협상에 의해서 사회적으로 효율적인 자원배분이 가능하다고 주장한다. 이처럼 당사자들 간의 자발적 거래를 통하여 환경문제를 해결할 수 있다는 주장을 체계화시킨 이론이 코오즈의 정리이다.[2]

2) 외부효과

외부효과(externality)는 경제활동 중에 경제 주체가 시장에서 경제적 대가를 지불하지 않고 무상으로 다른 경제주체에 이익이나 손해를 끼치는 것을 의미한다. 이는 다시 긍정적 외부효과(positive externality)와 부정적 외부효과(negative externality)로 구분되는데, 경제주체의 행위가 의도와 관계없이 다른 사람에게 이익을 주는 경우를 긍정적 외부효과 또는 외부경제(외부편익)라 한다. 공원, 가로등, 주거환경개선사업 등은 대표적인 긍정적 외부효

2 이정전(2011, pp. 171~180), 김승우 외(2003, pp. 54~67), Brueckner(2011, pp. 196~199)를 참고하시오.

과를 제공한다. 반면 의도하지 않게 다른 사람에게 피해를 주는 경우를 부정적 외부효과 또는 외부불경제(외부비용)라 하며 환경오염, 공공재 남용 등을 들 수 있다. 긍정적이든 부정적이든 외부효과가 발생하면 시장에서 사적 비용과 사회적 비용 간에 괴리가 발생하게 되어 시장이 자원의 효율적인 배분 기능을 수행하지 못하기 때문에 시장실패가 발생하게 된다.[3] 환경오염은 대표적인 부정적 외부효과이며 환경재에 재산권을 부여한다면 외부효과는 시장기구를 통하여 내부화될 수 있다는 점에서 재산권 문제와 밀접하게 연관되어 있다. 〈그림 12-1〉을 통하여 외부효과의 영향을 살펴보자.

생산과정에서 환경오염 물질을 배출하는 회사 A를 상정해 보자. <그림 12-1> (a)에서 보는 것처럼 PMC(Private Marginal Cost: 사적 한계비용)는 제품 한 단위 생산증가를 위해 회사 A가 부담하는 비용이며, MB(Marginal Benefit: 한계편익)는 제품 한 단위 생산증가의 편익이다. 그러나 이 회사는 제품 한 단위를 더 생산할 때마다 사적 한계비용 외에도 한계피해비용(MDC: Marginal Damage Cost)이라는 외부비용을 유발한다.[4] 그러므로 사회적 한계비용(SMC: Social Marginal Cost)은 사적 한계비용과 한계피해비용의 합($SMC = PMC + MDC$)이 된다. 이때 회사 A는 외부비용을 고려하지 않기 때문에 시장에서 형성되는 제품의 가격과 생산량은 E_0에서 결정된다. 그러나 사회 전체적으로는 외부비용을 고려해야 하므로 E^*에서 가격(P^*)과 생산량(Q^*)이 결정되어야 자원배분

그림 12-1 외부효과와 사회적 균형

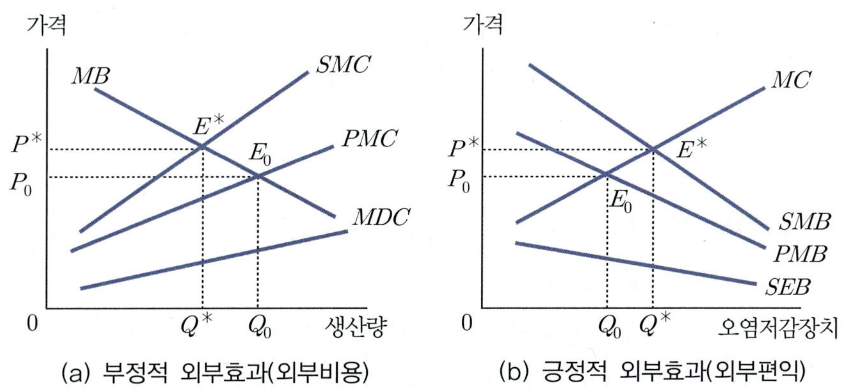

(a) 부정적 외부효과(외부비용) (b) 긍정적 외부효과(외부편익)

3 김경환·서승환(2013, pp. 52~53)을 참고하시오.

4 외부비용은 부정적 외부효과에 의해서 발생된 사회적 비용을 의미하며, 한계피해비용은 기업이 제품 한 단위를 더 생산할 때마다 유발하는 환경오염의 피해를 화폐가치로 환산한 비용을 의미한다.

의 효율성이 이루어진다. 그러므로 생산과정에서 외부비용이 발생할 때 시장가격은 사회적으로 바람직한 수준보다 낮게 형성되며($P^* > P_0$), 균형생산량은 사회적으로 바람직한 수준보다 높게 결정된다($Q^* < Q_0$).

한편 <그림 12-1> (b)에서 보는 것처럼 PMB(Private Marginal Benefit: 사적 한계편익)는 오염저감장치 한 단위를 증가시킬 때 회사 A가 얻는 편익이다. 이 회사가 오염저감장치 한 단위를 증가시킬 때마다 회사의 의도와는 관계없이 사회 전체적으로는 환경오염저감으로 사회적 외부편익(SEB: Social External Benefit)을 얻게 된다. 그러므로 사회적 한계편익(SMB: Social Marginal Benefit)은 사적 한계편익과 사회적 외부편익의 합($SMB = PMB + SEB$)이 된다. 이때 회사 A는 사회의 외부편익을 고려하지 않기 때문에 시장에서 형성되는 오염저감장치의 가격과 생산량은 E_0에서 결정된다. 그러나 사회 전체적으로는 외부편익을 고려해야 하므로 E^*에서 가격(P^*)과 생산량(Q^*)이 결정되어야 한다. 그러므로 생산과정에서 외부편익이 발생할 때 오염저감장치의 시장가격은 사회적으로 바람직한 수준보다 낮게 형성되며($P^* > P_0$), 균형생산량도 사회적으로 바람직한 수준보다 낮게 결정된다($Q^* > Q_0$).

3) 공유자원(공유재)

공유자원(common property resource)은 공유재라고도 하며 그 자원의 재산권이 특정인에게 귀속되어 있지 않고 집단에게 주어져 있어서 그 집단에 속한 개개인이 개별적으로 이용(소비)하지만 개개인의 이용을 제한하기 어려운(배제 불가능한) 자원 또는 재산을 의미한다. 환경자원은 다분히 공유자원적인 성격을 가지고 있으나 특정 환경자원의 자정능력 범위 내에서는 개개인의 이용이 사회적인 문제를 유발하지는 않는다. 그러나 사회구성원 개개인이 환경자원을 과도하게 이용할 경우 환경자원의 질 저하와 환경오염을 발생시킨다. 즉 환경자원을 이용하는 개인은 편익을 얻지만 비용을 지불하지 않기 때문에 개개인의 행위는 과도하게 환경자원을 이용하게 되어 환경오염이라는 부정적 외부효과를 발생시키게 된다. 더욱 심각한 문제는 Hardin(1968)이 기술한 "공유재의 비극(tragedy of the commons)"에서처럼 개개인의 공유자원 이용을 배제할 수 없다면 공유자원의 남용과 고갈, 즉 시장실패는 불가피하다는 것이다. 공유자원으로서의 환경재의 경우에도 개개인의 과도한 자원이용으로 인한 환경오염을 제거하기 위하여 사회전체가 부담해야 하는 사회적 비용이 환경자원의 이용으로 개개인이 얻는 편익의 합보다 크기 때문에 정부가 개입하여 공유자원인 환경재를 공공재로 귀속시키고 환경자원의 보호를 위한 집합적 행동이나 규제를 하거나, 또는 자원을 공유한 집단 내에서 공유자원의 효율적이고 공평한 이용을 위한 사회적 제도를 형성하게 된다.[5]

4) 공공재

공공재는 소비과정에서 비배제성(non-excludability)과 비경합성(non-rivalry)을 가진 재화나 서비스를 의미하지만, 비배제성과 비경합성 중 어느 하나의 속성만 가진 경우에도 공공재의 범주에 포함시키고 있다.[6] 비배제성이란 다른 사람의 이용을 막는 것이 불가능한 성질을 의미한다. 비경합성은 집합적 소비(collective consumption)가 가능하여 한 사람 소비에 추가적인 비용이 발생하지 않는 성질을 일컬으며 편익의 불가분성(indivisibility of benefits)이라고도 한다.[7] 환경자원은 대체로 공공재적 성격이 강하다. 환경자원의 공공재적 성격 때문에 환경자원을 이용하는 생산자와 소비자들은 대기나 하천과 같은 환경자원의 질을 악화시키는데도 불구하고 그 대가를 지불하지 않는다. 뿐만 아니라 환경질의 개선을 위해서도 자신의 진정한 지불의사를 감추거나 낮추는 무임승차자(free rider)로 인해 시장기구에 의한 환경자원의 효율적 배분이 이루어지지 않는 시장실패가 발생한다. 따라서 오염물질이 사회적 적정수준 이상으로 공급되고 환경의 질은 사회적 최적보다 낮은 수준을 초래한다.

<그림 12-2>는 맑은 공기와 같은 공공재가 사회적 최적 수준보다 과소 공급되는 이유를 보여주고 있다. 맑은 공기를 더 많이 공급하기 위해서는 정부는 더 많은 비용을 지불해야 하기 때문에 공급곡선(S)은 우상향한다. 정부는 개인 수요의 수직 합산으로 이루어진 총수요곡선(D^*)과 총공급곡선(S)이 만나는 B점의 공급량 Q^*를 맑은 공기의 최적공급량으로 결정한다. 그러나 개인들은 조세 등의 형태로 비용이 수반되는 정부의 대기정화사업에 대한 자신의 효용을 낮추어서 표출하거나 다른 사람에게 비용을 이전시키려

---

5 Tucker & Ostrom(2005, pp. 81~104)를 참고하시오.

6 비배제성과 비경합성(non-rivalry)이 모두 높은 재화를 순수공공재 또는 집합재(collective good)라고 부르며, 어느 정도 배제가 가능한 재화를 요금재, 어느 정도 경합성은 있으나 배제가 불가능한 재화를 공동이용재 또는 공유재라고 한다. 그러므로 상기한 공유자원은 공공재의 일종이라고 볼 수 있다.

7 박종화·윤대식·이종렬(2011, pp. 233~240)을 참고하시오.

그림 12-2 공공재 공급의 비효율성

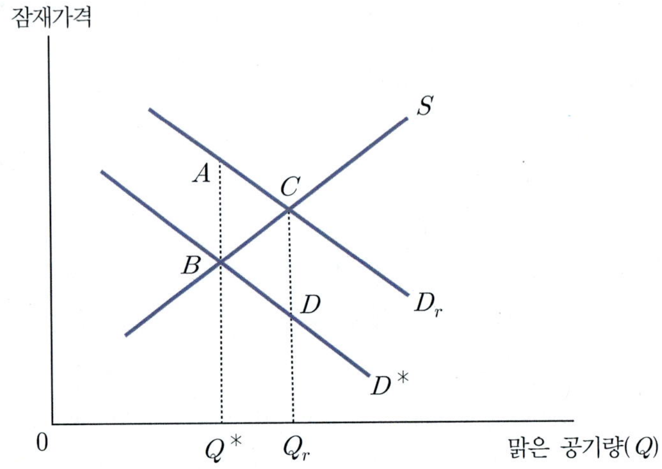

자료: 유동운(1994, p. 150).

하기 때문에 총수요곡선(D^*)는 왜곡 축소된 것이다. 수요곡선(D_r)이 사회의 진정한 총수요곡선이라면 사회적으로 바람직한 맑은 공기의 공급량은 Q_r 인데도 불구하고 실제로는 이 보다 적은 Q^* 이 공급되기 때문에 그 결과 사회적으로 $\triangle ABC$만큼의 후생손실이 발생한다. 이러한 현상은 악화되어 있는 환경질을 개선하는 경우에도 똑같이 적용되어 사회적으로 바람직한 수준의 환경질 개선이 이루어지지 않는다.

12.2 환경문제의 해결방안

환경문제는 궁극적으로 환경자원의 특성 때문에 효율적 분배를 이루지 못하는 시장실패로부터 발생한다. 그러므로 환경문제의 해결은 기본적으로 시장실패의 근본적인 원인을 차단하는 것으로부터 시작된다. 시장실패의 원인은 앞 절에서 기술한 것처럼 환경재의 재산권 결여, 외부효과, 공유자원 및 공공재적 성격에 기인한다. 이러한 환경재의 시장실패를 해결하는 방법은 크게 두 가지로 구분할 수 있다. 첫 번째는 시장의 실패를 완화하기 위한 정부의 시장개입이다. 즉 정부의 규제를 통한 시장개입이 사회적으로 바람직한 자원배분의 효율성을 증대시킨다는 입장이다. 이러한 접근법은 정부의 직접규제방식과 시장의 가격기능을 활용하는 간접규제방식인 경제적 유인수단으로 구분된다. 본 절에서는 정부의 규제방식 중 피구세(Pigouvian tax)[8]라고 언급되는 간접규제를 중심으로 기술한다. 두 번째는 환경재에 재산권을 부여함으로써 시장기능에 의한 경제주체들 간의 자발적 협상을 유도하는 방법이며 코오즈의 정리(Coase theorem)로 대표된다.

1) 정부 규제방식: 피구세

① 적정 환경오염 수준과 최적 피구세

기업이 생산과정에서 환경오염물질의 배출을 근원적으로 차단할 수는 없다. 시민들도 기업의 생산을 통하여 소득과 고용창출의 수혜를 받고 있기 때문에 기업의 생산활동으로부터 얻는 한계이윤과 환경오염으로 인한 한계피해비용이 일치하는 수준에서 사회적으로 용인될 수 있는 오염배출량이 결정될 수 있으며 이를 적정 환경오염 수준이라고 할 수 있다.

<그림 12-3>은 사회에서 적정 환경오염 수준이 결정되는 원리를 설명하고 있다. 오염배출량이 증가함에 따라 한계피해비용(MDC)도 증가하지만 사적 한계이윤(PMP)은 감소한다. 결국 사적 한계이윤과 한계피해비용이 균형을 이루는 E^*에서 오염배출량 Q^*가 적정 배출량이며 이에 상응한 환경의 질이 적정 환경오염 수준이다. 이처럼 적정 배출량 또는 적정 환경오염 수준은 기업이 별도의 비용을 부담하지 않고 배출할 수 있는 오염배출량이다. 상기 적정 배출량 결정방식은 일반 재화시장에서 수요와 공급함수로부터 균형가격과 균형공급량이 결정되는 것과 유사하다. 그러나 환경오염의 경우 적정 배출량을 초과하여 오염물질을 배출하더라도 제재가 없다면 환경오염물질 배출업자는 Q^* 이상 배출함으로써 이익을 얻는 반면, 환경오염의 피해자인 사회는 손해를 보게 되며 궁극적으

8 부정적 외부효과가 발생됐을 때, 세금을 부과하여 스스로 세금을 줄이기 위한 노력을 이끌어내는 것을 피구세라 하며, 이러한 주장을 최초로 제기한 경제학자 피구(Pigou)의 이름을 따서 붙여진 이름이다. 피구세는 실제 환경정책에서는 세금 대신에 배출부과금의 형태로 적용된다. 반대로 긍정적 외부효과(외부경제)의 경우에 장려금을 지급하는 것을 피구의 보조금이라 한다.

그림 12-3 적정 환경오염 수준의 결정

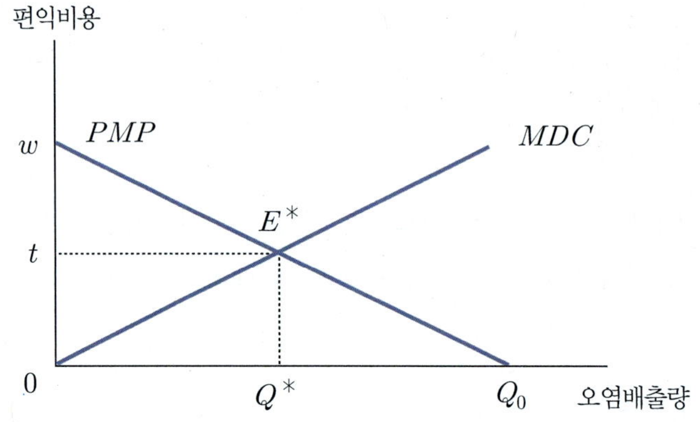

자료: 이정전(2011, p. 94).

로 기업의 한계이윤(한계순편익)이 0이 되는 Q_0까지 배출량을 증가시키게 될 것이다. 결국 환경오염물질 배출업자는 환경오염 피해비용곡선을 염두에 두지 않게 되기 때문에 환경오염의 외부비용(부정적 외부효과)은 증가하게 되고 시장실패가 발생하게 되는 것이다. 그러나 정부가 개입하여 Q^* 이상 배출할 경우에는 t만큼의 세금 또는 배출부과금을 부과한다면 배출업자는 적정 배출량 Q^*를 유지하게 될 것이다. 한편 배출업자가 t만큼의 세금 또는 배출부과금을 지불한다면 오염배출량은 배출업자가 자유롭게 설정할 수 있게 된다. 그러나 t만큼의 세금 또는 배출부과금을 지불하면서 Q^* 이상을 배출할 경우 한계이윤이 감소하기 때문에 궁극적으로는 Q^*에서 균형이 형성된다.[9] 그러므로 최적 환경오염 수준을 달성시키는 세금 또는 배출부과금의 수준 t를 최적 피구세(optimal Pigouvian tax)라고 하며, <그림 12−4>는 최적 피구세의 결정원리를 보여준다.

오염물질 배출업체가 자신의 비용곡선을 사적 한계비용곡선(*PMC*)이 아닌 사회적 한계비용곡선(*SMC*)으로 인식한다면 배출량은 E^*에서 결정될 것이다. 그러나 적절한 제재가 없으면 오염배출업체는 사적 한계이윤(*PMP*)이 0이 되는(즉 $PMB = PMC$) Q_0까지 배출량을 증가시킬 것이다. 그러나 <그림 12−3>에서 논의한 것과 마찬가지로 <그림 12−4>에서도 t만큼의 세금이나 부과금을 부과한다면 배출업체는 자신의 사적 한계비용

9 Brueckner(2011, pp. 193~194)를 참고하시오.

그림 12-4 최적 피구세의 결정원리

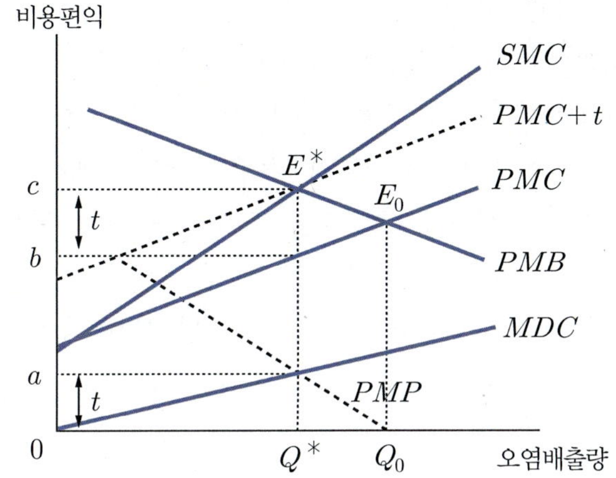

자료: 김승우 외(2003, p. 47).

곡선을 PMC가 아니라 $PMC+t$로 인식하게 되기 때문에 사회적 한계비용곡선(SMC)와 사적 한계편익곡선(PMB)이 만나는 사회적 균형점 E^*에서 균형을 이루게 된다. 이는 궁극적으로 배출업체가 한계피해비용곡선을 정확하게 자신의 사적 한계비용곡선에 반영하는 것을 의미한다. 이처럼 사회적 한계비용과 사적 한계비용이 일치하도록 정부가 배출업체에 부과하여 최적오염수준을 달성시켜 주는 세금이나 배출부과금의 수준을 최적 피구세라고 한다.

② 오염저감비용과 최적 피구세

최적 피구세의 결정과정에서 분석된 것처럼 개별 기업에 대한 적정오염 수준이 결정되었을 때 균형 오염배출량 수준에서 생산량을 결정할 때 기업의 이윤이 극대화된다. 그러나 기업의 입장에서는 생산량을 증가시키면서도 오염배출량을 균형수준으로 유지할 수 있다면 생산량을 증가시킬 것이다. 즉 피구세가 부과될 때 기업은 오염저감장치나 생산공정의 효율성 향상 등 다양한 수단을 이용하여 단위생산당 배출량을 줄임으로써 기업이윤을 증가시킬 수 있다. 그러나 단위생산당 배출량을 감소시키기 위해서는 비용이 발생하는데 이것을 기업의 오염저감비용(abatement cost)이라고 한다. 이윤극대화를 추구하는 기업의 입장에서는 오염물질 배출감축을 위해서 가장 적은 비용이 소요되는 방법을 채택하게 될 것이며, 주어진 배출수준에서 가장 효율적인 오염저감 방법을 사용하여 오염배출량을 감축하려고 할 것이다.

개별 기업의 한계(오염)저감비용(MAC: marginal abatement cost)은 오염배출량이 증가함에 따라 감소하기 때문에 한계저감비용곡선(MAC)은 우하향한다. 즉 오염배출량이 적을 때 배출량 한 단위를 감소시키는 비용은 오염배출량이 많을 때 배출량 한 단위를 감소시키는 비용보다 높다는 것이다. <그림 12-5>는 한계저감비용곡선과 한계피해비용곡선을 이용한 최적 피구세 도출과정을 보여주고 있다.

<그림 12-5>에서 한계저감비용곡선(MAC)와 한계피해비용곡선(MDC)이 만나는 E^*에서 사회적으로 바람직한 효율적인 자원배분이 이루어지며, 이때 개별 기업의 적정 오염배출량은 Q^*이다. 이 기업이 오염배출량을 Q_0에서 Q^*로 감축하면 사회적 편익은 $\square aQ_0Q^*E^*$이고 이 중 기업의 총오염저감비용 $\triangle Q_0Q^*E^*$를 차감하면 사회적 순편익은 $\triangle aQ_0E^*$이 된다. 이때의 사회적 순편익은 다른 어떤 오염배출량에서 보다 크게 된다. 정부가 t만큼의 피구세를 설정할 경우 배출량 Q_1 수준에서는 한계오염저감비용이 $\overline{bQ_1}$이고 이는 단위 배출량당 세금 t보다 작기 때문에 Q^*보다 많은 오염배출 수준에서는 Q^*로 감소시키는 것이 유리하다. 반면 배출량이 Q_2 수준인 경우 한계오염저감비용

그림 12-5 한계저감비용곡선과 최적 피구세

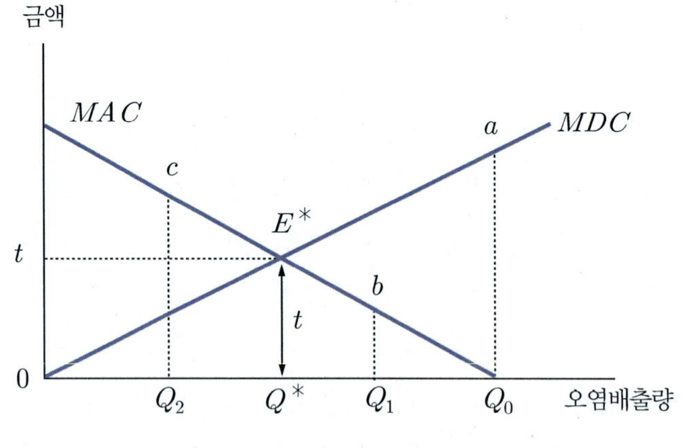

자료: 김승우 외(2003, p. 53).

은 $\overline{cQ_2}$이고 이는 t보다 크기 때문에 배출단위당 세금 t를 지불하고 배출량을 Q^*로 증가시키는 것이 유리하다. 그러므로 최적오염수준과 최적 피구세는 한계저감비용곡선(MAC)와 한계피해비용곡선(MDC)이 만나는 E^*에서 결정된다.

2) 재산권 설정에 의한 자발적 해결: 코오즈의 정리

전술한 피구세에 의한 환경문제의 해결은 이론적으로는 적절하지만 현실적으로는 적정오염수준과 최적 피구세를 설정하는 것이 쉽지 않다. Coase(1960)는 피구세와 같은 과세제도로는 사회적으로 바람직한 오염배출 수준을 결정할 수 없으며, 오염배출의 가해자나 피해자 어느 한 쪽에 재산권을 부여한다면 양자 간의 자발적 협상에 의하여 환경문제가 해결될 수 있다는 코오즈 정리(Coase theorem)의 기본원리를 제공하였다. 피구세가 정부의 시장개입을 정당화하면서 오염배출자에게 환경오염의 책임을 부가하는 형태의 문제해결방식인 반면, 코오즈의 정리에서는 정부의 개입을 최소화하면서 오염행위에 대한 상호성에 입각하여 환경문제를 해결하고자 한다는 점에서 중요한 차이가 있다. 오염행위에 대한 상호성이라 함은 오염배출자가 일방적으로 상대방에게 피해를 입히는 것이 아니라 상대방 때문에 자유로운 오염행위에 제약을 받을 수도 있다는 관점을 의미한다. 오염배출은 경제행위의 부산물이며 전면적으로 오염배출을 막는다면 이는 오염배출자와 상대방 모두에게 손실이 된다는 것이다. 그러므로 상호성의 원칙에 따르면 오염행위로 인한 상대방의 피해비용과 오염행위를 막았을 때 오염배출자의 피해비용을 비교하여 상대적으로 비용이 더 많은 쪽을 억제할 때 모두에게 이익이 되며, 궁극적으로는 사회적으로 최적 수준의 오염배출량이 결정될 수 있다는 것이다.[10] 이러한 코오즈의 정리를 요약하면 다음과 같다.[11]

첫째, 환경자원에 대한 재산권이 명확하게 설정되면 이해당사자 간의 자발적 협상에 의해서 환경오염은 적정수준으로 억제된다.

둘째, 환경자원의 재산권을 가해자나 피해자 어느 쪽에 부여하더라도 환경오염은 적정수준으로 억제된다.

셋째, 이해당사자 간의 자발적 타협으로 환경문제를 해결할 수 있음에도 불구하

10 김승우 외(2003, pp. 54~55)를 참고하시오.

11 이정전(2011, p. 172)을 참고하시오.

그림 12-6 자발적 협상과 편익의 분배

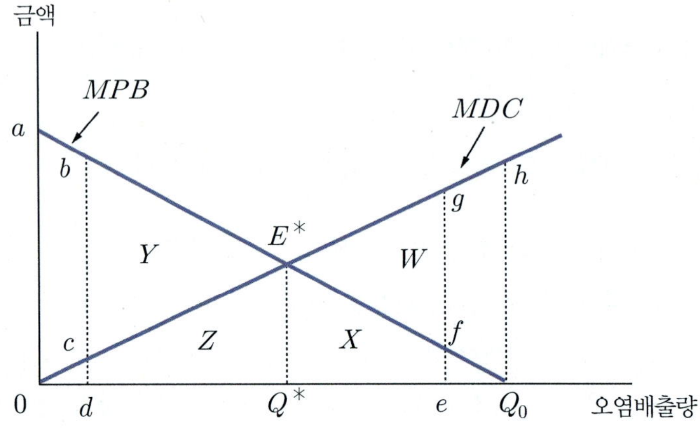

자료: Brueckner(2011, p. 197)와 홍기용(1995, p. 300).

고 정부가 개입해서 규제를 하면 오염배출량은 사회적 적정수준보다 지나치게 낮아질 수 있다.

이러한 코오즈 정리를 충족시키기 위한 필요조건은 당사자 간의 협상비용이 충분히 낮아야 한다는 것이다. <그림 12-6>은 자발적 협상에 의하여 적정오염수준이 결정되는 과정을 설명하고 재산권이 누구에게 있는가에 따른 편익의 분배결과를 보여준다.

<그림 12-6>에서 재산권이 피해자에게 주어지면 피해자는 오염피해를 입지 않을 권리를 가지게 되므로 가해자에게 d만큼 배출하도록 요구한다면 피해자는 $\triangle 0cd$의 피해를 입게 되지만 가해자는 $\square 0abc$의 편익을 얻게 되므로 피해액에 대한 보상보다 편익이 크기 때문에 Q^*까지는 피해자에게 더 많은 보상을 제공하면서 배출량을 늘리게 되어 사회적 균형에 도달한다. 반대로 재산권이 가해자에게 주어진다면 가해자는 Q_0까지 배출량을 증가시킬 것이다. 그러나 피해자의 보상요구 때문에 Q_0에서 e로 배출량을 감축한다면 가해자의 편익은 $\triangle efQ_0$만큼 감소하지만 피해자의 피해액은 $\square fghQ_0$만큼 감소하기 때문에 피해자는 Q^*에 이르기까지 더 많은 배출량 감소를 요구하게 되어 궁극적으로는 사회적 균형 배출량에 도달하게 된다. 그러므로 재산권이 누구에게 귀속되더라도 사회적 균형 배출량은 동일하게 결정된다.

그러나 재산권이 누구에게 부여되는가에 따라 분배의 형평성 문제가 제기될 수 있다. <표 12−1>은 <그림 12−6>을 기반으로 재산권의 귀속과 협상력의 강약에 따른 분배의 결과를 보여준다. 먼저 재산권의 귀속자에 따라 사회적 이익의 크기가 달라진다. 재산권이 가해자에게 부여되면 사회적 잉여가 $W(\triangle hQ_0E^*)$이고, 피해자에게 부여되면 사회적 잉여는 $Y(\triangle 0aE^*)$가 되어 사회적 적정배출량은 동일하더라도 재산권의 귀속자에 따라 사회적 후생이 달라지는 것이다. 또한 동일한 재산권에도 불구하고 당사자 간의 협상력에 따라 분배의 차이가 발생한다는 것을 알 수 있다.

코오즈 정리가 정부의 과도한 개입 없이 자발적 협상이라는 시장기구에 의한 환경문제의 해결 가능성을 제시했다는 점에서 의의가 있다. 그러나 현실적인 환경문제 해결에는 다음과 같은 많은 문제점을 안고 있는 것도 사실이다. 첫째, 코오즈 정리의 기본 가정이 당사자 간의 협상에 따른 거래비용이 매우 낮아야 한다는 것이다. 그러나 현실적으로 자발적 협상에 의해서 환경문제가 해결되는 경우는 매우 희박하며, 실제로 자발적 협상이 이루어지더라도 많은 이해관계자 때문에 거래비용이 매우 크다. 둘째, 환경문제에 있어서 이해관계자의 판별이 어려울 뿐만 아니라 피해자와 가해자의 구분도 쉽지 않은 경우가 허다하며, 일부 경우에는 피해자이면서 가해자인 당사자도 존재한다. 셋째, 보상목적을 위한 위협이나 손해나 이익을 과장하는 전략적 행위 때문에 적정오염수준을 담보하지 못할 수도 있다. 마지막으로 자발적 협상은 현 세대 이해관계자 간의 조정이기 때문에 미래세대의 이해관계를 대변하는 지속가능성을 보장할 수 없다. 코오즈 정리

표 12-1 재산권의 귀속과 협상력의 강약에 따른 분배의 결과

재산권 귀속	협상력 정도	비재산권자의 지불액	피해자 잉여	가해자 잉여	사회적 잉여
가해자	가해자 강 피해자 약	$W+X$	$W+X-(W+X)=0$	$W+X-X=W$	W
	가해자 약 피해자 강	X	$W+X-X=W$	$X-X=0$	W
피해자	가해자 강 피해자 약	Z	$Z-Z=0$	$Y+Z-Z=Y$	Y
	가해자 약 피해자 강	$Y+Z$	$Y+Z-Z=Y$	$Y+Z-(Y+Z)=0$	Y

자료: Brueckner(2011, pp. 198~199).

는 이러한 현실적인 비판에도 불구하고 환경문제에 대한 수많은 정부실패에 대응하여 정부개입 없이 시장에서 환경문제를 해결할 수 있다는 이론적 틀과 대안을 제공했다는 점에서 중요한 의의가 있다.[12]

12.3 환경재의 가치측정

1) 환경재의 가치측정 필요성

경제개발과 도시화의 진전에 따른 수질, 대기질 등 환경질이 악화되고 있을 뿐만 아니라 계속적인 개발정책에 의하여 환경자원도 고갈되고 있다. 그러나 환경오염의 사회적 비용과 환경자원 보존의 경제적 편익은 화폐적 가치측정이 어렵기 때문에 적절한 환경규제가 이루어지지 않을 뿐만 아니라 막대한 비용이 수반되는 환경보존정책보다는 가시적인 개발이익을 제공하는 개발정책이 우선순위를 차지하게 되는 경향이 있다. 특히 공공개발사업의 경제적 타당성은 사업으로부터 얻게 되는 사회적 편익과 사회적 비용의 평가를 통하여 이루어진다. 이 경우 환경자원 보전의 경제적 가치와 환경오염의 사회적 비용은 사업의 경제성 분석의 중요한 요소로 다루어져야 한다. 그러나 현실적으로 개발사업의 비용편익분석 과정에서 환경자원의 가치와 환경오염의 사회적 비용에 대한 고려가 적절히 이루어지지 않았던 것이 사실이다. 이러한 문제의 원인은 대체로 두 가지로 요약될 수 있다. 첫째, 기본적으로는 환경문제의 중요성에 대한 사회적 인식이 전반적으로 낮았다는 점이고, 둘째, 환경자원의 가치와 환경오염의 사회적 비용측정 방법과 대상에 대한 학술적·정책적 합의가 미흡했다는 점이다.[13]

보존과 개발 간에는 복잡한 생태계에 대한 인식, 상충되는 이해관계의 조정, 그리고 자원의 제약이 동시에 얽혀있기 때문에 환경문제를 다루는 정책결정자는 충분한 자료와

12 이정전(2011, pp. 178~180)과 김승우 외(2003, pp. 65~67)를 참고하시오.

13 김상겸·홍종호(2003)를 참고하시오.

문제해결의 방법론을 갖추어야 한다. 그러나 환경재는 경제적 가치를 결정하는 시장이 존재하지 않거나 제한적으로 시장이 존재하더라도 경제적 가치 추정이 쉽지 않을 뿐만 아니라 사용된 방법론의 타당성과 결과의 적정성에 대한 합의가 어렵기 때문에 개발사업 및 환경보전사업의 환경가치 측정에 직접 적용하는 것이 어려운 것이 사실이다. 이에 따라 현재까지 수많은 대규모 개발사업이 환경자원의 훼손에 대한 경제적 분석을 선행하지 않고 추진되어 왔다.[14] 이러한 문제는 고속철도사업, 새만금사업, 경인운하사업, 4대강 개발사업 등 대형국책사업의 집행과정에서 여실히 드러나고 있다. 이러한 상황에서 환경정책결정자에게 환경자원의 가치와 환경오염의 사회적 비용에 대한 적절한 자료를 제공하는 것은 대단히 중요한 작업이다. 또한 리우선언 이후 환경적으로 건전하고 지속가능한 개발(ESSD: environmentally sound and sustainable development)을 추진하는 과정에서 우리나라에서도 환경자원이나 환경질 변화의 경제적 가치를 측정해야 할 필요성이 더욱 증가하고 있는 실정이다.[15]

2) 환경재의 후생효과 측정

환경재는 공공재의 일종으로 소유권이 정해져 있지 않으므로 시장에서 거래되기 힘든 재화나 용역이기 때문에 환경재의 가치를 화폐단위로 측정하기는 매우 어렵다. 그러므로 환경재의 가치를 측정하기 위해서는 환경재의 특성에 따라 고안된 다양한 추정방법들을 사용한다. 환경재의 가치 추정방법론의 이론적 배경은 Marshall의 소비자잉여(consumer surplus)와 Hicks의 보상잉여(compensating surplus) 및 등가잉여(equivalent surplus)에 근거하고 있다. Marshall의 소비자잉여는 소비자가 지불하려는 최대 금액과 시장가격과의 차이로 정의될 수 있으며 수요함수의 추정을 통하여 그 가치를 측정할 수 있다. 그러나 환경재의 경우 수요함수 추정을 위한 시장이 존재하지 않는 경우가 대부분이며, 수요함수 추정을 위한 통계자료도 충분하지 않기 때문에 환경재의 가치 측정에는 사용하기가 매우 어렵다. 반면 Hicks의 보상잉여와 등가잉여는 환경변화에 대한 후생효과(welfare effect)를 소비자의 지불용의액(WTP: willingness－to－pay) 또는 보상요구액(WTA: willingness－to－accept)에 대한 설문을 통하여 시장에서 관찰되지 않는 보상수요함수를

14 곽승준 외(2001)를 참고하시오.

15 김재홍(2006 pp. 15~16)을 참고하시오.

직접 도출하여 추정할 수 있다. 대체로 지불용의액은 환경질이 악화될 경우 소비자의 효용수준을 유지하기 위하여 지불하고자하는 금액으로 정의되고, 보상요구액은 환경질이 악화되어 현재 수준의 효용을 유지하기 어려울 경우 보상받고자 하는 금액으로 정의된다면, 대체로 보상요구액이 지불용의액보다 높게 나타나는 경향이 있다.

환경재는 배급재처럼 일반적으로 질이나 수량을 정부가 직접 통제한다. 이럴 경우 가격변화의 경우와는 달리 소비자가 소비량을 자유롭게 선택할 수 없다. 정부가 수량과 질을 통제하는 재화(주로 환경재, 공공재 등)의 경우에는 Hicks의 잉여개념을 사용하여 후생변화를 계산하게 된다. <그림 12-7>은 수량이나 질의 변화에 따른 Hicks의 보상잉여(CS)와 등가잉여(ES), Marshall의 소비지잉여(ΔS)의 개념을 보여준다.

<그림 12-7>에서 D는 통상수요곡선을 나타내며, $W(P, Q, U^0)$와 $W(P, Q, U^1)$는 각각 효용수준이 U^0와 U^1일 때의 보상수요곡선을 나타낸다. 그러므로 환경질이 Q^0에서 Q^1으로 증가하는 경우에 통상적인 소비지잉여(ΔS)는 $(A+B)$영역이 되며, 보상잉여(CS)는 A영역, 등가잉여(ES)는 $(A+B+C)$영역이 된다. 그러므로 환경질이 증가한 후 소비자들이 처음의 효용수준을 유지하면서 개선된 환경질을 얻기 위해서 지불하려는

그림 12-7 환경질이 변화할 때의 보상잉여, 동등잉여, 소비지잉여

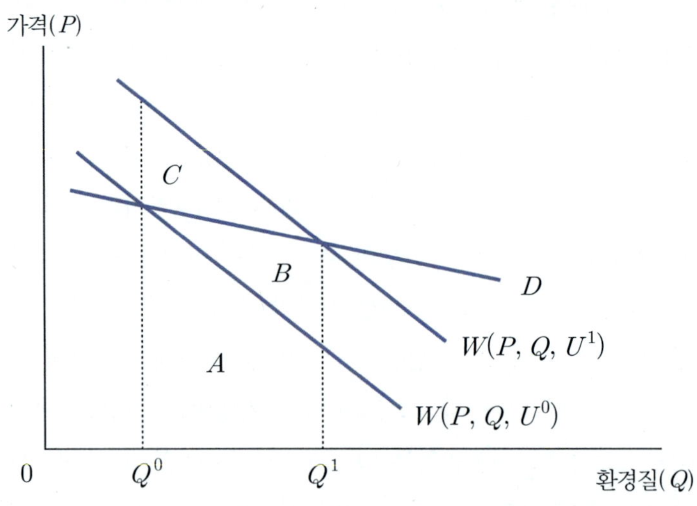

자료: 유승훈·강대석(2007, p. 30).

소비자의 최대지불용의액(WTP)이 보상잉여이며, 반대로 환경질이 악화되어 효용이 감소하는 경우 그 효용감소를 기꺼이 받아들이는 데 대한 최소보상요구액(WTA)이 보상잉여가 된다. 등가잉여는 환경질이 개선되는 경우에는 개선 후의 효용수준과 동일한 효용수준을 실제적인 환경개선 없이 소비자들이 받아들이고자 하는 최소보상금액(minimum WTA)이고, 환경질이 악화되는 경우에는 소비자들이 악화를 회피하기 위해서 지불하고자 하는 최대지불용의액(maximum WTA)이 된다. 일반적으로 환경재에 대한 경제적 가치평가는 소비자의 현재 효용수준으로부터 측정된 환경정책의 잠재편익(potential benefit)에 관심을 가지기 때문에 보상잉여가 보다 적절한 측정대상이 된다.[16]

3) 환경재의 가치분류

환경재의 가치는 이용가치(use value)와 비이용가치(non-use value) 또는 존재가치(existence value)로 구분된다. 이용가치는 소비자가 환경을 지속 가능한 상태로 보존하면서 환경재를 이용할 때 얻게 되는 가치를 의미하며, 현재의 이용형태에 따라 실제이용가치와 잠재이용가치로 구분된다. 실제이용가치는 현재 관련 환경재를 직·간접으로 이용함으로 인하여 얻게 되는 편익을 의미하며, 직접이용가치(direct use value)와 간접이용가치(passive use value)로 구분된다.

직접이용가치는 재화를 직접 소비하면서 얻어지는 가치를 말하며 간접이용가치는 직접적으로 재화를 소비하지는 않으나 그 재화로 인해 편익을 얻을 수 있는 경우를 말한다. 잠재이용가치는 당해 환경재를 현재는 이용하지는 않으나 궁극적으로는 이용할 것이라는 전제 하에 얻게 되는 편익을 의미하며, 선택가치(option value), 유산가치(bequest value), 대리가치(vicarious value) 등으로 구분될 수 있다. 선택가치는 현재는 사용하지 않지만 미래에 그 환경재를 이용할 가능성이 있기 때문에 미래에 선택할 수 있기 위해 보존하고자 하는 가치를 의미하며, 이는 미래에 이용할 기회를 보장받기 위해 지불하는 기대가치(expected value)를 의미한다. 유산가치는 소비자 자신이 현재 사용하지는 않지만 후대 사람들이 그 환경재를 사용할 수 있기 때문에 얻을 수 있는 가치이고, 대리가치는 자신이 이용하지는 않으나 다른 사람이 그 환경재를 이용할 수 있다는 이타적 가치를 말한다.

16 유승훈·강대석(2007, pp. 29~31)을 참고하시오.

표 12-2 환경재의 경제적 가치 분류

가치의 구분			사례와 설명
이용가치	실제이용가치	직접이용가치	등산, 수영, 레프팅, 상수원, 목재, 서핑 등 직접이용을 통하여 얻게 되는 편익
		간접이용가치	자연경관, 산림의 수자원함양, 대기정화, 수질정화 등 사회 또는 개인이 간접적으로 얻게 되는 편익
	잠재이용가치	선택가치	국립공원, 갯벌의 보전 등 미래에 사용할 가능성이 있기 때문에 미래에 선택할 수 있기 위해 보존하고자 하는 가치
		유산가치	산림이나 해양 등 보존을 통하여 후손들이 얻게 될 편익
		대리가치	가족, 이웃, 국민의 환경재 이용에 대해 부여하는 가치
비이용가치	비이용가치	존재가치	멸종위기 동식물 보호 등 현재나 미래의 이용가능성에 관계없이 단순히 존재한다는 그 자체에 부여하는 가치

자료: 유승훈·강대석(2007, pp. 21~22)과 이정전(2011, pp. 367~369).

비이용가치는 특정 환경재를 이용하지 않고도 얻을 수 있는 만족감으로 주로 존재가치를 의미한다. 존재가치는 그 환경재가 존재한다는 사실 자체만으로 얻게 되는 가치를 의미한다. 예를 들면, 많은 사람들은 지구상의 희귀한 동식물들이 단순히 존재한다는 것만으로도 가치 있게 생각하는데, 그 동물들의 존재에 대해서 지불의사를 보이는 것이 존재가치를 반영하는 것이다. 존재가치는 일종의 고유가치(inherent value)로, 자연은 인간이 이용하지 않아도 존재할 고유의 권리와 가치가 있다고 생각하는 가치이기도 하다.[17] <표 12-2>는 상기한 환경재의 경제적 가치를 분류하여 정리하고 있다. 그러나 이용가치와 비이용가치의 구분에 대한 다양한 의견이 대립되고 있다. 예를 들면 학자에 따라 선택가치와 유산가치 등을 현재 이용하지 않는 가치라는 측면에서 비이용가치에 포함시키기도 하지만 그러한 가치들도 궁극적으로는 이용을 전제로 하는 가치라는 측면에서 본서에서는 이용가치에 포함시킨다.

17 유승훈·강대석(2007)과 이정전(2011, pp. 367~369)을 참고하시오.

12.4 환경재의 가치측정방법

1) 환경가치 측정방법의 유형

환경재의 가치평가방법은 환경질의 변화가 효용극대화를 추구하는 소비자의 행태에 영향을 미칠 것으로 가정하는 행태적 연계모형(behavioral linkage model)과 환경재와 소비자 후생 간의 과학적 또는 생태적인 관계를 가정하는 물리적 연계모형(physical linkage model)으로 구분할 수 있다. 행태적 연계모형에는 일반적으로 환경재의 비시장가치평가 기법들이 포함되지만 물리적 연계모형은 대체로 이용가치의 시장가치 평가기법들이 적용된다. 그러나 최근에는 환경재의 평가방법을 엄밀하게 구분하기 어려우며 환경재의 가치평가를 위하여 다양한 접근법과 기법들을 결합하여 분석하는 추세이다.[18] 행태적 연계모형과 물리적 연계모형의 다양한 계량적 접근법은 다음과 같다.

행태적 연계모형은 환경재를 소비하는 소비자의 효용극대화모형에 기초하여 환경질의 변화가 소비자의 소비행태에 미치는 영향의 정도를 추정함으로써 환경가치를 측정하는 방법이다. 행태적 연계모형은 환경가치를 응답자로부터 직접 도출하는 직접분석법(direct method)과 환경재와 보완 또는 대체관계에 있는 시장재에 포함되어 있는 환경가치를 간접적으로 추정하는 간접분석법(indirect method) 또는 대체시장접근법(surrogate market approach)의 두 가지로 구분된다.

직접분석법은 환경질의 변화에 따른 소비자의 경제적 편익을 설문에 의한 응답자의 가치평가에 근거하여 추정하는 방법으로 조건부가치측정법(contingent valuation method)과 컨조인트분석법(conjoint analysis)이 대표적이다. 간접분석법 또는 대체시장접근법은 환경재와의 보완재 또는 대체재에 대한 소비자의 수요행태를 분석함으로써 환경질의 변화에 대한 후생효과를 간접적으로 추정하는 방법으로 여행비용접근법(travel cost approach), 특성가격접근법(hedonic price approach), 회피행위접근법(averting behavior approach) 등이 있다. 이러한 간접분석법은 명시적으로 시장이 존재하지 않는 환경재의 이용가치를 잠재가격(implicit price)에 의해 추정하는 방법이다.

18 김재홍(2006, pp. 24~25)을 참고하시오.

물리적 연계모형은 환경재와 소비자의 후생 간에 과학적 또는 생태적인 관계를 가정하여 환경재의 가치를 측정하는 방법으로 피해함수접근법(damage function approach), 유지비용접근법(maintenance cost approach), 대체비용접근법(replacement cost approach) 등으로 구분된다. 피해함수접근법은 환경이 파괴되었을 때 발생할 수 있는 비용을 가지고 환경재의 가치를 측정하는 방법으로 환경재나 환경변화가 동식물 또는 생태계에 미치는 물리적 영향의 관점에서 건강이나 생산량의 변화를 측정한 후 물리적 영향으로 인한 물질적 변화의 경제적 가치를 시장가격을 이용하여 평가한다.[19] 유지비용접근법은 현 시점에서 이용 가능한 오염저감기술을 장착, 유지, 가동하는 데 소요되는 비용을 해당 오염물질에 대한 환경비용으로 추정하는 방법이다. 즉, 유지비용접근법은 실제 시장에서 거래됨으로써 관찰이 가능한 자료에 기초하여 적정 환경수준을 유지하는 데 소요되는 비용을 환경재의 사회적 가치로 추정하는 방법이다.[20]

상기한 것처럼 환경재의 경제적 가치를 측정하기 위한 다양한 방법들이 존재하지만 본 장에서는 학술적으로나 사업의 타당성조사 등 실무적으로 다양하게 활용되고 있는 여행비용모형(travel cost model), 특성가격모형(hedonic price model), 조건부가치측정법(contingent valuation method), 컨조인트분석(conjoint analysis) 등에 대한 이론과 실증분석결과를 소개한다.

2) 여행비용모형

여행비용모형은 소비자가 특정 여행지를 방문할 때 소요되는 비용 속에는 해당 장소에 대한 여행자의 가치평가가 내재되어 있다고 전제하고, 여행비용으로부터 여행지의 편익 또는 레크리에이션에 지불하고자 하는 금액을 간접적으로 도출해 내는 방법이다. 여행비용모형은 Marshall의 소비자잉여이론에 기초를 두고 있으며, 여행지로 이동하기 위하여 여행자가 지출하는 여행경비를 이용하여 표면적인 가격이 불변인 상황 하에서 환경자원의 가치를 평가하는 방법으로 스노클링, 자연경관, 하천, 낚시터 등 실외 레크리에이션 활동에 대한 수요와 편익의 분석도구로 발전되어 왔다.

여행비용모형은 크게 두 단계로 구성되어 있다. 첫 번째 단계에서는 여행지로부터 거

19 엄영숙(1999)을 참고하시오.

20 김상겸·홍종호(2003)를 참고하시오.

리에 따라 소요되는 여행비용이 동일하다는 가정 아래 여러 개의 지역으로 분류하고 여행목적지를 방문한 사람들을 대상으로 설문조사를 실시하여 각 지역별로 여행지까지의 왕복여행비용, 여행시간과 체류시간에 대한 기회비용, 지역별 평균 소득수준과 같은 사회경제적 변수 등의 자료를 수집한 다음, 지역별 방문객 수 또는 여행횟수 등을 종속변수로 하고 여행비용과 각종 사회경제적 변수를 설명변수로 하는 회귀분석을 실시한다. 다음 단계에서는 회귀분석에서 추정된 계수를 이용하여 방문객들에게 점차로 높은 입장료를 부가한다고 가정할 경우 예상되는 지역별 방문객 수를 구하고 이를 합산하여 가상입장료의 증가에 따른 총방문객 수 또는 총방문횟수의 감소추이를 나타내는 방문수요곡선을 도출한다. 해당 여행지의 이용에 따른 편익은 대상 지역에 대한 방문수요곡선에 의하여 추정되는 소비자잉여로 측정되며 이는 실제로 지불할 용의가 있는 총금액이다.[21]

여행비용접근법은 개념적으로 쉬우며 비교적 추정하기 용이하다는 장점이 있지만 몇 가지 고려해야 할 문제점이 존재한다. 첫째, 여행지역에서 현재 이용 가능한 서비스의 질적 변화를 평가할 수 없다. 둘째, 다른 유사한 지역과의 대체가능성을 고려하기 어렵다. 셋째, 여행시간의 기회비용을 고려하기 어렵다. 넷째, 기본적인 여행비용모형은 여행지의 가치평가는 가능하다 하더라도 여행지를 구성하는 특성별 가치추정은 어렵다.[22] 넷째, 복수의 여행비용에 대한 시간 및 화폐의 기회비용이 적정하게 배분되기 어렵고, 존재가치나 선택가치와 같은 편익이 배제됨으로써 환경재의 경제적 가치를 과소평가할 수 있다. 또한 비방문자에 대한 편익이 배제되는 표본선택편의(sample selection bias)가 발생할 가능성이 있다.[23]

지금부터는 여행비용모형을 이용한 실증분석 사례를 통하여 환경재의 경제적 가치를 측정하는 절차와 방법을 간략히 살펴보자. 실증분석 사례는 대구 팔공산 갓바위를 방문한 314명의 유효표본을 이용하여 갓바위의 경제적 가치를 추정한 박기목(2009)의 연구이다.

여행비용모형을 적용하기 위한 첫 번째 단계가 여행경험 수요곡선을 도출하는 일이다. 이를 위해서는 먼저 거주지 권역별 인구 1,000명당 방문율과 방문객들의 총여행비용을 계산한 다음 방문객들의 총여행비용이 연간 거주지 권역별 인구 1,000명당 방문

---

21 이명헌(2002, pp. 2~4)과 김승우 외(2003, pp. 124~125)를 참고하시오.

22 여행지의 특성별 가치를 추정하기 위해서는 기존의 여행비용접근법과 특성가격접근법을 혼합한 특성여행비용접근법을 사용하기도 한다(Machado & Mourato, 2002; 이명헌, 2002).

23 이선희 외(2004)와 이정전(2011, p. 380)을 참고하시오.

그림 12-8 팔공산 갓바위 여행코스에 대한 소비자잉여 그래프

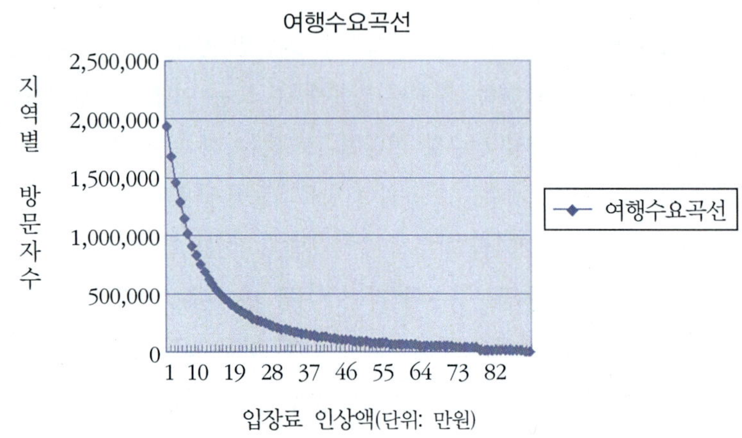

자료: 박기목(2009, p. 142).

율에 미치는 영향을 측정하는 회귀분석을 통해 여행경험수요곡선을 도출한다. 양대수모형(double-log model)을 이용한 상기연구에서의 여행경험수요곡선은 $\ln Q = 31.141 - 2.255 \ln C$로 추정되었다.[24]

두 번째 단계 방문객 수요곡선 Q의 값을 추정하여 갓바위에 대한 방문객의 수요곡선을 도출한 다음 수요곡선의 소비자잉여를 계산한 연간 22,040,300만원이 갓바위의 경제적 가치이다.

3) 특성가격모형

특성가격모형(hedonic price model)은 환경재에 대한 시장이 명시적으로 존재하지 않기 때문에 대체시장인 주택 및 토지시장 등의 정보에 기초하여 환경의 가치를 간접적으로 평가하는 방법이다. 특성가격접근법은 거주의 장소마다 환경속성이 다르므로 주택과 같은 재산가치에 이러한 환경질의 속성이 차지하는 가치가 내재되어 있다고 가정하고 회귀식의 추정을 통하여 주택가격(또는 토지가격)에 내재되어 있는 개별 특성별 한계가치를 평가한다. 특성가격접근법은 Rosen(1974)의 이론적 집대성 이후 주거, 교통, 환경 등의 분야에서

24 추정된 여행경험수요곡선에서 Q는 방문율, C는 여행비용을 의미한다.

광범하게 적용되고 있다.

일반적으로 주택 구성요소의 개별 잠재가격(implicit price)의 추정은 주택가격을 종속변수로 하고 주택을 구성하는 개별 특성들을 독립변수로 하는 특성가격함수식(hedonic price function)의 회귀분석에 의하여 구해진다.[25] 그러나 주택가격은 주택을 구성하는 물리적 속성뿐만 아니라 주택의 입지와 주거 어메니티에 의해서 결정된다. 주택이 위치한 지역의 환경질은 주택가격에 영향을 주는 중요한 주거 어메니티 변수이지만 한 도시 내의 단위 주거지역들에 대한 환경질을 양적으로 측정하기는 매우 어렵다. 그러므로 한 도시 내의 주택가격에 대한 환경오염의 잠재가격을 추정하기 위해서 일반적으로 환경오염 유발 지점(예: 쓰레기매립장, 소각장)으로부터 단위지역까지의 거리 등의 대리변수(proxy variable)를 사용한다(Ihlanfeldt & Taylor, 2004; Kolhase, 1991).[26] 도시 간 주택가격의 차이가 도시들의 환경질의 정도에 따라 어느 정도 영향을 받는가에 대한 횡단면 연구에서는 각 도시별 구체적 환경질(예: 분진, 아황산가스, 이산화질소, 이산화탄소, 소음, 경관)의 특성가치를 평가할 수 있다.

특성가격함수식의 회귀계수 추정은 공급자 측면에서는 주택을 구성하는 개별 속성들 각각의 한계비용과 한계수익을 일치시키고, 수요자의 측면에서는 개별 속성 각각에 대한 한계효용과 한계비용을 일치시키는 1차 조건(first-order condition)의 적절성을 평가하는 것이다.

특성가격함수의 추정회귀계수가 개별 주택속성의 선호구조를 보여주는 충분조건이라고 가정하면 특정 속성에 대한 한계지불의사(marginal willingness to pay)는 그 속성에 관한 특성함수 회귀식의 일차 도함수로 해석된다. 그러나 특성가격함수에서 도출된 한계지불의사는 어떤 특정 가구의 주택속성 한 단위 추가에 대한 지불의사를 측정하는 것이 아니라 전체 시장의 수요와 공급에 의하여 결정된 가치인 것이다. 환언하면 특성가격함수를 추정한 표본가구의 사회경제적 특성이 동일하다면 특성가격회귀식에서 추정된 한계지불의사는 모든 표본가구에서 동일하다. 그러나 표본가구의 사회경제적 특성이 동일하지 않기 때문에 지불의사 측정을 위하여 효용함수의 보상수요곡선(compensated demand curve)을 추정하기 위해서는 2단계 특성가격함수의 추정이 필요하다(Rosen, 1974). 1단계 특성가격함수

25 Brueckner(2011, pp. 117~118)를 참고하시오.

26 거리변수 외에도 한 도시 내 단위지역의 환경 정도를 설명하는 대리변수로는 단위지역 내의 굴뚝 수, 공해산업업체 수 등이 사용될 수도 있다.

의 추정모형이 선형일 경우 각 속성의 잠재가격이 상수이기 때문에 각 속성의 잠재가격을 종속변수로 하는 2단계 특성가격함수의 추정은 불가능하다. 그러나 특성가격함수를 선형이 아닌 반대수, 양대수, Box－Cox 등의 형태로 지정할 경우 추정된 잠재가격이 상수가 아니기 때문에 2단계 추정이 가능해진다. 2단계 추정에서는 각 속성의 잠재가격을 종속변수로 하고 다른 속성 벡터와 소득, 가구원수 등 가구 특성변수를 독립변수로 하는 회귀식을 추정하게 된다. 여기서 추정된 회귀계수는 가구의 속성선택에 대한 가격민감성(price responsiveness)을 보여준다(Brueckner, 2011, p. 118).[27] 2단계 특성가격함수를 사용할 경우 특정 속성별 소득탄력성과 가격탄력성을 도출할 수 있고 다른 속성가치와의 교환관계를 파악할 수 있다.

특성가격모형을 이용하여 주택가격에 내재된 환경요인의 경제적 가치를 추정하는 방법은 다음과 같다.[28] 주택가격을 설명하는 변수로는 주택규모, 방수, 건축년도, 주택유형, 주거시설 등 구조적 속성(S), 학군, 편의시설, 지하철 등 교통시설, 치안상태, 단지규모, 입지선호도 등과 같은 입지적 특성(L), 대기질, 경관, 소음, 환경혐오시설과의 거리 등 환경적 특성(E) 등이 포함될 수 있다. 주택 i에 대하여 가격 P_i와 속성과의 관계를 함수로 표현하면 다음과 같다.

$$P_i = f(S_i, L_i, E_i) \quad (12.1)$$

상기 함수식에서는 주택속성에 관한 완전한 정보와 주택시장의 균형상태를 가정하고 있으며, 환경적 속성과 주택가격과의 관계는 환경질이 높아질수록 주택가격이 상승하지만 그 증가치는 체감한다(즉, $\frac{\partial P_i}{\partial E_i} > 0$ and $\frac{\partial^2 P_i}{\partial^2 E_i} < 0$). 상기함수식의 추정을 위한 함수형태는 일반적으로 단순선형모형(simple linear model), 반대수모형(semi log model), 양대수모형(double－log model), Box－Cox 치환모형(Box－Cox transformation) 등이 사용된다. 단순선형모형의 함수형태를 $P_i = \alpha_1 + \alpha_2 S_i + \alpha_3 L_i + \alpha_4 E_i + \epsilon_i$로 설정할 경우 환경질의 한계잠재가격은 $\frac{\partial P_i}{\partial E_i} = \alpha_4$이며, 반대수모형의 추정함수식 $\ln P_i = \beta_1 + \beta_2 S_i + \beta_3 L_i + \beta_4 E_i + \upsilon_i$에서 환경질의 한계암묵가격은 $\frac{\partial P_i}{\partial E_i} = \beta_4 P_i$가 된다. 양대수모형의 추정함수식

27 Brueckner(2011, p. 118)를 참고하시오.

28 이명헌(2002, pp. 4~7)을 수정하여 정리하였다.

$\ln P_i = \gamma_1 + \gamma_2 \ln S_i + \gamma_3 \ln L_i + \gamma_4 \ln E_i + \eta_i$에서 환경질의 한계잠재가격은 $\frac{\partial P_i}{\partial E_i} = \gamma_4 \frac{P_i}{E_i}$이며, 이때 γ_4는 환경질의 가격탄력성을 의미한다. Box－Cox 치환모형은 $\frac{P_i^{\lambda}-1}{\lambda} = \theta_1 + \theta_2 \frac{S_i^{\lambda}-1}{\lambda} + \theta_3 \frac{L_i^{\lambda}-1}{\lambda} + \theta_4 \frac{E_i^{\lambda}-1}{\lambda} + \omega_i$ $(1 \geq \lambda \geq 0)$의 함수형태를 취하며 환경질의 한계잠재가격은 $\frac{\partial P_i}{\partial E_i} = \theta_4 \frac{E_i^{\lambda-1}}{P_i^{\lambda-1}}$가 된다. $\lambda \to 1$이면 한계잠재가격은 선형모형에서와 동일하며, $\lambda \to 0$이면 양대수모형에서와 일치하게 된다.[29]

이렇게 측정된 환경속성의 잠재가격을 종속변수로 하는 $\frac{\partial f_i}{\partial E_i} = g(S_i, L_i, E_i, C_i)$의 함수형태를 기반으로 2차 회귀분석을 실시하여 환경속성 잠재가격의 수요함수를 추정하게 된다.[30] 이러한 수요함수가 추정되면 환경의 잠재가치와 환경질 간의 함수적 관계규명을 통하여 환경가치를 측정할 수 있다.[31]

4) 조건부가치측정법

조건부가치측정법(CVM: contingent valuation method)은 시장이 존재하지 않는 집합재(collective good)의 가치를 측정하기 위하여 시장이 존재하는 것처럼 가상시장을 만들어 특정 집합재를 소비할 경우 지불하고자 하는 지불용의액(WTP)이나 혐오재에 대한 보상요구액(WTA)의 수요곡선을 도출하고, 이를 추정하여 환경재와 같은 집합재의 가치를 측정하는 방법이다. 즉, 현실적으로 개인의 무차별곡선을 인지할 수 없기 때문에 가설적인 조건을 부여한 가상시장에서 설문응답자가 그들의 무차별곡선 상의 위치를 표현할 수 있는 상황을 만드는 것이다. 조건부가치측정법은 측정하고자 하는 공공재 또는 환경재의 가치에 대한 지불의사를 응답자로부터 직접 도출하는 것을 특징으로 한다. CVM의 타당성과 정확성이 지난 40년 동안 많은 연구에 의하여 입증되어, 미국의 내무성(Department of Interior)과 수자원위원회(Water Resource Council) 등에서는 정부의 공공사업 비용－편익분석과 해양유류오염 피해평가 등에 사용하고 있으며, 우리나라에서도 한국개발연구원 등에서 대규모사업의 예비타당성 조사 등에 활용하고 있을 뿐만 아니라 환경정책, 자원정책, 교통정책, 도시정책 등 많은 분야의 연구에 적용되고 있다.[32]

---

29 Judge et al(1982)과 최종일·심성훈(2002)을 참고하시오.

30 C_i는 소득 등 개인특성 변수벡터를 의미한다.

31 이정전(2011, pp. 381~382)을 참고하시오.

① 조건부가치측정법의 설문방법

조건부가치측정법에서 지불용의액을 설문하는 형식으로는 개방형(open-ended question), 경매법(bidding games), 지불카드형(payment card format), 가상순위형(contingent ranking), 양분선택형(dichotomous choice question) 등 다양한 방법이 존재한다.[33]

초기 CVM 연구에서는 개방형과 경매법이 주로 사용되었다. 개방형 질문은 환경질 변화에 대한 개인의 지불용의액을 직접 질문하는 방식인데, 이 방식은 제시하는 기준금액이 없기 때문에 응답자 자신이 시장에서 거래한 경험이 없는 환경재에 대한 화폐가치를 제시하는 데 어려움을 느끼며, 너무 큰 금액이나 적은 금액을 제시하거나 응답을 회피하는 경향이 있기 때문에 최근에는 거의 사용하지 않는 방법이다. 그러나 최근에는 양분선택형 등 다른 방식에서 지불용의액의 범위를 설정하기 위한 사전조사에 사용되고 있다. 경매법은 응답자에게 초기의 특정 금액에 대해 지불의사를 질문한 후 수락할 경우에는 거부할 때까지 계속 높은 금액을 제시하여 수락 여부를 확인하는 방법이다. 그러나 경매법은 처음 시작하는 금액에 따라 지불용의액이 크게 영향을 받는 출발점 편의(starting point bias)가 발생할 가능성이 크다.

지불카드법은 시각적 보조물인 지불카드를 통해 개방형 질문법의 단점을 줄이면서 응답자의 지불용의액을 보다 정확하게 유도하고자 하는 방법이다. 지불카드에는 다른 공공재에 대한 지출금액을 소득계층별로 다양한 금액과 환경재의 질적 수준이 구체적으로 제시되기 때문에 경매법보다 출발점 편의가 적다는 장점이 있다. 그러나 이 방식은 응답자들이 금액을 정하는 데 참고로 제시되는 공공재의 선정 등에서 오류가 발생할 가능성이 존재한다.

가상순위법은 응답자가 환경재의 가치를 직접 밝히는 것이 아니고 여러 가지의 환경재와 사용료의 조합에 순위를 부여하게 하는 방법이다. 설문카드 작성 시에 너무 낮은 금액의 사용료나 너무 높은 수준의 환경질은 제외되며, 선호가 가장 높은 것부터 낮은 것까지 기록된 자료를 이용하여 환경질의 가치를 측정한다.

양분선택법은 일반적인 시장거래와 가장 유사한 시나리오를 구성할 수 있는 방법으로 최근 환경재의 가치측정에 가장 활발하게 적용되고 있으며, NOAA(National Oceanic

32 유승훈·강대석(2007)과 김선희 외(2004)를 참고하시오.

33 이정전(2011, pp. 373~376)과 김승우 외(2003, pp. 131~136)를 참고하시오.

and Atmospheric Administration)의 1993년 회의에서 가장 바람직한 것으로 권고한 방법이다. 양분선택형 접근방법으로는 단일경계 양분선택법, 이중경계 양분선택법 등이 일반적으로 사용되고 있으며 로짓모형, 프로빗모형 등을 통하여 개인의 지불용의액이 추정된다. 단일경계 양분선택법은 폐쇄형 투표법(closed–ended referendum)으로도 불리며, 이 방법은 응답자가 주어진 지불용의액에 "예" 또는 "아니오" 중의 하나를 답하게 하는 방식이다. 이 방법은 미리 설정된 몇 가지의 지불용의액 중 하나를 응답자에게 제시하며 각 금액은 균등한 수의 응답자에게 배당되어야 한다. 양분선택법은 응답자의 선택과정을 단순화시켜줌으로써 응답률을 높인다는 장점이 있다. 또한 예비설문을 통하여 적절한 지불용의액을 설정하기 때문에 지불용의액의 과다한 변이가 나타날 가능성이 적다. 그러나 이 방법으로 수집된 금액들은 응답자의 지불용의액이라기보다는 그것을 추정하기 위한 간접지표이기 때문에 통계적 신뢰성을 확보하기 위해서 많은 표본수가 필요하다.[34] 이러한 문제점을 극복하기 위해서 Hanemann(1985)이 제안한 방법이 이중경계 양분선택법이다. 이 방식은 단일경계 양분선택법처럼 응답자에게 미리 설정된 금액 중 무작위로 도출된 하나의 금액에 대하여 지불의사를 질문한 후 응답자가 수락하면 일반적으로 처음 금액의 2배를 제시하여 수락 여부를 질문하고, 처음 제시된 금액에 수락하지 않으면 처음 제시금액의 1/2을 제시하여 수락 여부를 파악하기 때문에 응답자의 지불용의액이 존재하는 범위를 보다 좁힐 수 있고 2번의 질문에 의하여 표본을 확충하는 것과 같은 효과를 가지기 때문에 이중경계 양분선택형이 통계적 효율성 측면에서는 우월하다고 할 수 있다.[35]

② 조건부가치측정법의 추정방법

조건부가치측정법을 적용할 때 일반적으로 사용하는 단일경계 양분선택법의 모형추정방법과 지불용의액(WTP)의 추정방법은 다음과 같다.[36] 어떤 환경재를 위해 설정된 가상

34 단일경계 양분선택형 설문에서는 1,000원의 지불의사에 대하여 "아니오"라고 한 경우와 5,000원 제시의 경우 5,000원 미만의 지불의사가 있음에도 불구하고 "아니오"로 응답한 경우 모두 동일하게 지불의사금액은 영(0)으로 처리되는 문제점이 있으며, 실제로 어느 정도의 지불의사가 있으면서 전략적이나 항의적으로 지불의사가 없는 것으로 응답하는 표본을 추정에서 제외시켜야 하기 때문에 표본의 감소가 발생한다(Kwon et al., 2012).

35 Langford et al.(1996)가 제안한 삼중경계 양분선택법에 대해서는 추정치의 편의나 효율성의 개선효과보다 응답효과(reference effect)를 일으킬 가능성이 크므로 바람직하지 못하다는 지적이 있는 반면, Bateman et al.(2001)은 삼중경계 양분선택법을 적용할 경우 내부적 일관성이 있으며 모형의 효용성이 증진된다고 주장하고 있다(이해춘 외, 2004).

36 이중경계 양분선택법과 1.5경계 양분선택법 등의 모형추정방법과 지불용의액의 추정방법은 단일경계 양분선택법에 비하여 다소 복잡하지만 추정의 원리는 같은 맥락에서 이루어진다. 이를 위하여 유승훈·강대석(2007, pp. 73~74)을 참고하시오.

의 시장에서 특정 환경서비스 수준의 변동에 대한 대가로 특정가격 수준인 A를 제시하였을 때, 이 제시금액을 수용하면(예) 1, 거부하면(아니오) 0의 두 가지 대안을 가진다고 가정하면 이러한 폐쇄식에 의한 금액제시 조건부가치측정모형은 이산선택모형(binary choice model)을 취하게 된다. 응답자가 "예"를 선택한다는 것은 "아니오"를 선택할 경우보다 일정한 제시금액을 지불하여 더 큰 효용을 얻을 수 있다는 것을 의미하며 다음의 식 (12.2)와 같이 표현될 수 있다.

$$V(1,\ Y-A,\ S)+\epsilon_1 > V(0,\ Y,\ S)+\epsilon_0 \tag{12.2}$$

여기서 $V(\bullet)$은 간접효용함수이며 1과 0은 제시금액의 수용과 거부를 나타내는 지표이다. Y는 응답자의 소득, A는 제시금액, S는 응답자의 개인별 속성변수, ϵ_0, ϵ_1은 확률오차로서 각각 평균이 0이고 독립적이며 동일한 분포를 가지는 확률변수를 의미한다.

개별응답자가 제시금액 A에 대하여 "예"를 선택할 확률 π_1과 "아니오"를 선택할 확률 π_0는 다음과 같다.

$$\pi_1 = P[V(1,\ Y-A,\ S) - V(0,\ Y,\ S) > \epsilon_0 - \epsilon_1] \tag{12.3}$$

$$\pi_0 = 1 - \pi_1$$

식 (12.3)에서 π_1은 "예"를 선택할 확률이며 $P(\bullet)$은 확률함수를 나타낸다. 그리고 $(\epsilon_0 - \epsilon_1)$을 θ로 정의하면 π_1은 식 (12.4)와 같이 확률분포함수(cumulative density function)로 표현된다.

$$\pi_1 = P(\Delta V > \theta) = F_\theta(\Delta V) \tag{12.4}$$

식 (12.4)에서 ΔV는 $V(1,\ Y-A,\ S) - V(0,\ Y,\ S)$를 의미하고 $F_\theta(\bullet)$은 θ의 확률분포함수(cumulative distribution fucntion)라고 두면 지불용의액의 기대값 $E(WTP)$는 식 (12.5)와 같다.

$$E(WTP) = \int_0^{\infty} F_\theta(A, Y, S)dA - \int_{-\infty}^{0} [1 - F_\theta(A, Y, S)]dA \quad (12.5)$$

그러나 만약 WTP가 0 이상이어야 한다고 가정한다면 WTP를 0에서 절단한 절단평균값(truncated mean)은 $E(TWTP) = \int_0^{\infty} F_\theta(A, Y, S)dA$가 된다.

$F_\theta(\bullet)$를 추정하기 위하여 일반적으로 프로빗모형과 로짓모형이 사용되지만 로짓모형이 프로빗모형에 비하여 상대적으로 추정이 용이하고 적합도가 높게 나타나며 WTP의 계산이 비교적 편리하다. 식 (12.4)에서 $\Delta V = a - bA$라고 두고 $F_\theta(\bullet)$이 로지스틱 분포라고 가정하면 WTP의 평균, 중위수, 절단평균은 다음과 같이 간편하게 계산된다.

$$Mean\ WTP = \frac{a}{b} \quad (12.6)$$

$$Truncatedmean\ WTP = \frac{1}{b} ln(1 + \exp(a))$$

식 (12.6)에서 a와 b는 지불의사(예=1, 아니오=0)와 제시금액으로 이루어진 로짓모형 추정결과에서 a는 상수, b는 제시금액의 추정계수를 의미한다. CVM 설문조사에서 제시금액에 대해 지불의사가 없다고 응답하는 영(0)의 지불의사는 응답자가 제시금액에 전혀 지불의사가 없는 경우, 약간의 지불의사는 있지만 제시금액보다 지불의사금액이 낮을 경우, 그리고 대상재화의 공급으로 인하여 손실을 본다고 판단하는 경우에 발생하게 된다. 이러한 영(0)의 지불 응답자가 표본의 많은 부분을 차지할 경우에 지불용의액(WTP)을 선형으로 추정하게 되면 음(−)의 WTP 표본 때문에 평균 WTP가 통계적으로 유의하지 않을 수도 있고 어떤 경우에는 음(−)의 평균 WTP가 추정되기도 한다. 그러나 조건부가치측정법의 설문형태에서 음(−)의 WTP를 허용하지 않고 있으며, 논리적으로도 공공재의 공급으로 효용이 증가하거나(양(+)의 WTP) 적어도 공급 이전과 동등한 효용수준(WTP=0)이라는 것을 가정하고 있기 때문에 추정과정에서 음(−)의 WTP가 나타나는 것은 부적절하다고 할 수 있다. 이에 따라 WTP를 영(0)에서 절단한 절단평균을 사용하거나 영(0)의 지불의사를 처리하기 위한 적절한 형태의 추정함수를 적용하기도 한다.[37]

37 영(0)의 지불의사를 처리하기 위하여 양(+)의 지불의사만을 허용하는 log−normal 모형, Weibull 모형, Turnbull 모형 등의 추정함수를 적용하기도 한다. Kriström(1997), Bohara et al.(2001), Hanemann (2012), Kwon et al.(2012), 김재홍(2013)을 참고하시오.

한편 WTP 평균값의 신뢰구간은 표본에서 추정한 a와 b의 공분산 행렬을 이용하여 a/b의 표준오차를 계산하여 구할 수도 있지만[38] LIMDEP 등 대부분의 통계 소프트웨어에 Krinsky & Robb(1990)이 제안한 모수적 부트스트랩(parametric bootstrap) 기법이 내장되어 있기 때문에 쉽게 신뢰구간을 작성할 수 있다.

③ 조건부가치측정법의 문제점

조건부가치측정법은 설문을 통하여 시장이 존재하지 않는 환경재의 가치를 직접 도출하기 때문에 설문작성과 응답자의 응답과정에서 다양한 편의(bias)가 발생할 수 있다. 조건부가치측정법의 문제점으로 제시되는 편의는 다음과 같다. 첫째, 가설적 편의(hypothetical bias)는 가치의 측정이 실제시장이 아닌 가설적인 상황에서 도출되었기 때문에 실제상황과 차이가 날 수 있기 때문에 발생되는 편의를 말한다. 둘째, 전략적 편의(strategic bias)는 응답자가 무임승차하려는 욕구를 가지기 때문에 나타나는 오류이다. 즉, 응답자가 자신의 의사결정이 자신에게 유리한 정책결정에 영향을 줄 것으로 기대하고 지불용의액을 선택할 수 있기 때문에 발생될 수 있는 편의이다. 셋째, 운영편의(operational bias)는 실제시장이 구비하고 있는 요건을 가상시장이 가지고 있지 못할 때 나타나는 오류이다. 넷째, 설계편의(design bias)는 설문지를 작성하는 과정에서 나타나는 편의로써 출발점편의(starting point bias), 지불수단편의(payment vehicle bias), 정보편의(information bias), 대상물의 기술편의(commodity specification bias) 등이 있다. 다섯째, 응답편의(response bias)는 응답자의 응답행태 때문에 나타날 수 있는 편의이며, 무응답편의(non-response bias), 지불용의액(willingness to pay)과 보상요구액(willingness to accept)의 괴리에 의한 편의 등과 이중경계 또는 삼중경계 양분선택법에서 나타날 수 있는 연속된 두 개, 세 개의 응답 간의 의존성에 기인하는 편의를 들 수 있다. 이러한 편의로는 제시금액에 관계없이 첫 번째와 두 번째 질문에 동일하게 응답하는 지속성 편의(persistent bias), 첫 번째 제시금액을 기준으로 지불의사금액을 조정하는 정박편의(anchoring bias), 첫 번째 제시금액을 대상재화의 진정한 가치로 여기고 두 번째 제시금액에 대해서는 무조건 "아니오"로 응답하는 비용기대편의(cost expectation bias), 첫 번째 제시금액에 "예"라고 응답한 경우 두 번째 제시금액에도 긍정응답을 유지하게 되는 긍정응답편의(yes-saying bias) 등이 있다.[39]

---

38 Kim et al.(2005)을 참고하시오.

39 보다 자세한 내용은 Chien et al.(2005)과 김재홍(2006; 2013)을 참고하시오.

조건부가치측정법은 그 유용성에도 불구하고 상기한 다양한 편의의 가능성이 있기 때문에 연구자들은 이러한 편의를 감소시키고 신뢰성 있는 추정결과를 도출하기 위하여 설문지에 대한 사전조사, 응답자료의 보완, 설문지의 완성도 제고, 조사자에 대한 교육, 응답자를 배려하는 1:1 면접조사의 활용 등 다양한 노력을 기울일 필요가 있다.

④ 실증분석 사례

조건부가치측정법을 이용하여 환경재의 경제적 가치를 측정하는 절차와 방법을 간략히 살펴보자. 실증분석 사례로는 울산시민 983명을 대상으로 1.5경계 양분선택형 조건부가치측정법을 실시하여 울산 남구에 입지한 도심트랙킹 코스인 솔마루길의 경제적 가치를 추정한 김재홍(2013)의 연구를 이용한다.

조건부가치측정법을 적용하기 위한 첫 번째 단계가 지불의사 유도방법과 추정모형의 선택이다. 이 연구에서는 지불의사 유도방법으로 단일경계와 이중경계의 중간적 성격을 가진 1.5경계 양분선택형을 선택하였고 영(0)의 지불의사를 처리하기 위하여 스파이크모형을 사용하고 있다. 1.5경계 양분선택형 지불의사 유도를 위한 조사설계방법은 다음과 같다.

- 1) 대상재화의 조성과 유지를 위하여 $A^L \sim A^H$의 비용이 매월 가구당 발생할 것이라는 정보를 제공한다. 여기서 A^L은 하한제시금액, A^H는 상한제시금액을 의미한다.
- 2) 응답자를 2개 집단으로 나누고 첫 번째 집단의 응답자에게는 A^L의 지불의사 질문에 "예"라고 응답하면 A^H의 지불의사를 추가로 질문하며, "아니오"라고 응답하면 추가질문 없이 면접을 종결한다. 두 번째 집단의 응답자에게는 A^H의 지불의사 질문에 "예"라고 응답하면 추가적인 질문을 하지 않고, "아니오"라고 응답하면 A^L의 지불의사를 추가로 질문한다.
- 3) 두 집단 모두에서 A^L(하한제시금액)에 "아니오" 응답자에 대해서는 전혀 지불의사가 없는지 또는 하한제시금액보다는 낮으나 약간의 지불의사가 있는지에 대한 추가질문을 수행한다(전혀 지불의사 없다 vs 조금은 지불의사 있다).

두 번째 단계에서는 1.5경계 양분선택형 스파이크모형을 추정하기 위하여 로지스틱

표 12-3 1.5경계 양분선택형 스파이크모형 추정결과 및 평균 WTP (솔마루길 사례)

변 수	추정계수		
	전체표본	남구지역	비남구지역
상수	-0.950(-13.381)***	-0.559(-5.302)***	-1.250(-12.701)***
제시금액	-0.199(-14.926)***	-0.194(-11.128)***	-0.213(-9.953)***
스파이크	0.721(50.245)***	0.636(25.997)***	0.777(45.356)***
로그우도	-888.379	-420.488	-455.183
Chi-Sq(p-값)	1,776.757(0.000)***	840.976(0.000)***	910.366(0.000)***
표본크기	983	389	594
평균 WTP(원/월) 표준오차 t-값 95% 신뢰구간	1,640.073 139.011 11.798*** [1,367.611~1,912.535]	2,337.443 262.655 8.899*** [1,822.643~2,852.247]	1,180.664 152.873 7.723*** [881.033~1,480.295]

주 1: (　)의 수치는 t값이며 ***는 1% 수준에서 통계적으로 유의함을 의미함($p<0.01$).
주 2: 평균 WTP는 가구당 월 평균 WTP를 의미함.
주 3: 95% 신뢰구간은 Krinsky & Robb 기법으로 5,000번 반복하여 계산되었음.

분포 형태의 로그우도함수(log likelihood function)를 작성하고 로그우도를 최대로 하는 계수를 추정한다. <표 12-3>은 1.5경계 양분선택형 스파이크모형의 추정결과와 평균 WTP 추정치를 제시하고 있다.

세 번째 단계는 평균 WTP와 신뢰구간을 계산하는 것이다. 이 연구에서는 평균 WTP 계산에 $(1/b)\ln[1+\exp(a)]$를 적용하였으며, 전체표본의 경우 <표 12-3>에서 보는 것처럼 $a=-0.950$, $b=-0.199$이다. 전체표본의 경우 평균 WTP 추정치는 가구당 월 1,640원, 남구지역의 경우 가구당 월 2,337원, 비남구지역의 경우 가구당 월 1,181원으로 추정되었고, Krinsby and Robb 방법으로 계산된 WTP의 95% 신뢰구간은 전체표본 1,368~1,913원, 남구지역 1,823~2,852원, 비남구지역 881~1,480원으로 추정되었다. 한편 스파이크 값이 전체표본 0.721, 남구표본 0.636, 비남구표본 0.777로 추정되었으며, 이는 모형에서 WTP가 0으로 추정되는 집단이 각각 72.1%, 63.6%, 77.7%인 것을 의미한다.

마지막 단계로 평균 WTP 추정결과를 이용하여 연간 총편익을 계산하고 할인율을 적용하여 5년 또는 30년 동안 총편익의 현재가치를 계산한다. <표 12-4>는 대상재인 솔마루길의 편익추정결과를 요약하고 있다.

표 12-4 1.5경계 양분선택형 스파이크모형을 이용한 솔마루길 조성의 편익추정결과

지 역	평균 WTP (원/가구/년)	가구수	연간 총편익 (백만원)	총편익 현재가치 (편익기간 5년) (백만원)	총편익 현재가치 (편익기간 30년) (백만원)
울산(전체표본)	1,640.073	377,938	7,438.151	33,315.478	110,456.54
남구지역	2,337.443	120,826	3,389.087	15,179.721	50,327.94
비남구지역	1,180.664	257,112	3,642.755	16,315.900	54,094.91

주 1: 가구수는 2010년 인구주택총조사를 기준으로 함(통계청, www.kosis.kr).
주 2: 할인율은 KDI 권장기준을 따라 5.5%를 적용함.

5) 컨조인트분석법

컨조인트분석(conjoint analysis)은 제품에 대한 선호도자료를 분석하여 소비자의 구매 의사결정에 영향을 주는 요인을 연구하기 위하여 사용되는 기법 중의 하나이다. 컨조인트 분석법은 초기에는 마케팅 분야에 주로 적용되었으나, 환경 분야에서는 Adamowicz et al.(1994)에 의해서 환경재의 가치측정에 적용된 이후 NOAA에서도 컨조인트분석의 적용 결과에 대하여 긍정적인 평가를 내리고 있다. 특히, 컨조인트분석법은 다양한 속성과 이들 속성의 다양한 수준에 대해 악화비용 또는 개선편익을 구할 수 있을 뿐만 아니라 속성 간의 교환효과(trade-off)를 추정할 수 있기 때문에 단일속성에 대한 단일수준의 변화를 통해서만 환경재의 가치를 측정할 수 있는 조건부가치측정법보다 그 적용이 보다 유연하며 결과의 유용성도 큰 편이다.[40]

① 컨조인트분석의 선호표현방법

컨조인트분석의 선호표현방법은 지불의사유도 방법에 따라 크게 조건부선택법(contingent choice method), 조건부순위결정법(contingent ranking method), 조건부등급결정법(contingent rating method) 등의 세 가지로 구분되며 각 선호표현방법의 특징 및 장단점은 다음과 같다.[41]

첫째, 조건부선택법에서는 응답자에게 다양한 환경재의 속성들과 비용 또는 지불용의

40 Swait et al.(2004), Hanley et al.(2006)을 참고하시오.

41 유승훈 외(2003, pp. 3~4), 김강수(2001, pp. 15~20), 김재홍(2006, pp. 47~49)을 참고하시오.

액으로 구성된 2개 이상의 대안을 제시하고 응답자가 자신의 예산제약 하에서 가장 선호하는 대안을 선택하게 함으로써 서로 교환관계(trade－off)에 놓여 있는 환경재의 속성의 수준변화에 대한 화폐가치를 측정한다. 조건부선택법에서는 질문에 대한 응답자의 반응이 시장에서의 소비자 선택행위와 유사하기 때문에 가장 선호되는 설문표현방식이다.

둘째, 조건부순위결정법은 모든 선택 가능한 대안을 일괄적으로 제시하고 응답자에게 선호의 순서대로 가상적인 대안을 평가하게 하는 방법으로, 순위는 선택대안의 효용크기 순서를 의미한다. 순위자료의 장점은 모든 선택대안이 동시에 고려될 수 있는 것이지만, 선택대안이 많은 경우 응답자의 인식상의 부담이 커져서 순위결정에 오류를 범할 가능성이 커진다.

셋째, 조건부등급결정법은 응답자가 선택개안에 대한 순위별로 선호의 강도를 표현하는 방법이다. 조건부등급결정법은 조건부순위결정법과 마찬가지로 대안에 대한 선호순위 및 선택뿐만 아니라 대안에 대한 선호의 강도를 제공하기 때문에 보다 많은 정보를 얻을 수 있는 장점이 있다. 그러나 의미분별척도의 경우 척도에 부여하는 선택확률이 자의적이며 선호의 등간성 문제가 제기된다. 점수척도의 경우에는 척도단위를 100점으로 하더라도 개인에 따라 개별적인 척도가 존재하므로 각 구간에 대한 선호의 정도가 동일하지 않기 때문에 분석시에 적용되는 척도에 의해 결과가 달라질 수 있는 단점이 존재한다. 또한 조건부순위결정법과 마찬가지로 응답자의 인식상의 부담이 매우 크기 때문에 오류를 초래할 가능성이 커진다. 조건부등급결정법과 조건부순위결정법의 이러한 문제점 때문에 90년대 이후부터는 조건부선택법이 명시선호자료를 이용한 컨조인트분석법에서 가장 일반적으로 (85% 이상) 사용되고 있다.

② 컨조인트분석법의 이론적 기초와 추정모형

컨조인트분석법은 개인의 효용극대화 선택행위에 기반을 두고 있다. 즉, 선택행위자는 여러 선택대안 중 자신의 효용을 극대화시키는 대안을 선택한다는 무작위효용 접근법에 기반을 두고 있으며, 이의 계량적 분석을 위한 이산선택모형은 다음과 같이 주어진다. 응답자 i가 직면한 선택대안의 집합 C_i 내에서 하나의 선택대안 j로부터 얻는 간접효용함수는 다음과 같이 주어진다.

$$U_{ij} = V_{ij}(X_{ij}) + e_{ij} \tag{12.7}$$

여기서 X_{ij}는 대안의 속성별 특성 벡터, ε 는 오차항이며 Type I 유형의 극단값 분포(type I extreme value distribution)를 하는 것으로 가정된다. V_{ij}는 관측 가능한 확정적 효용으로 $V_{ij} = \beta' X_{ij}$로 설정된다. 이 가정 아래에서 개인 ii가 선택대안 집합 C_i 내에서 대안 j를 선택할 확률은 다음 식과 같으며 이산선택모형(discrete choice model)으로 추정된다.

$$P(U_{ij} > U_{ik}) = \frac{e\,(\mu B' X_{ij})}{\Sigma\, e\,(\mu B' X_{ij})} z, \;\; k \in C_i \; \forall\, k \neq i \tag{12.8}$$

상기 이산선택모형을 추정할 때 척도요인 μ를 추정할 수가 없기 때문에 μ와 β의 곱인 $\mu\beta$가 추정된다. 이것이 소위 이산선택모형에서 제기되는 척도요인(scale factor) 문제이다. 이러한 문제를 해결하는 적절한 방법은 재크나이프(jackknife)나 부트스트랩(bootstrap)과 같은 반복적 재표본(re-sampling) 기법이다. 일반적으로 단일 자료를 이용할 경우 척도요인 μ를 1로 가정하더라도 확률과 속성가치 계산에는 전혀 영향을 주지 않는다. 그러나 식 (12.8)이 확률추정에 국한되지 않고 예측(forecasting)에 사용될 경우에는 문제가 발생할 수 있다는 사실을 유념해야 한다.[42]

③ 선택대안의 설계방법

컨조인트분석은 속성의 수준이 적절하게 조합된 대안들 중에서 응답자가 속성들 간의 교환관계(trade-off)을 고려하여 한 대안(또는 대안들의 순위)을 선택하는 확률을 추정하는 방법이다. 그러므로 컨조인트분석에서 가장 중요한 과정이 선택대안의 설계이다. 컨조인트분석을 위한 선택대안은 선택행위에 대한 개별 속성들의 효과를 분리해 내기 위해 개별 속성들 간의 직교성(orthogonality)을 확보할 수 있도록 설계된다. 직교설계 방법에는 주효과 직교설계(main effect orthogonal design)과 교차효과 직교설계(interaction effect orthogonal design)가 있으나 특정 속성 간의 교차효과를 분석하는 연구 외에는 대체로 주효과 직교설계를 사용한다. 직교설계는 현시선호(revealed preference) 자료에서 나타나는 속성들 간의 상관관계에 기인하는 다중공선성(collinearity) 문제를 해결할 수 있다는 점에서 그 유용성이 크다.[43]

---

42 Kim et al.(2005)을 참고하시오.

43 Kocur(1982)과 Louviere(2000)를 참고하시오.

선택대안을 작성할 때 선택에 영향을 주는 요인이 많지만 속성변수가 많아질 경우 응답자가 요인을 조합하여 최대효용을 주는 선택항목을 선택하기가 어렵고 응답자에게 피로를 주기 때문에 직교설계에서는 대체로 5개 이하의 변수를 사용하도록 권장되고 있다.[44] 즉, 선택시나리오에서 4개의 속성을 사용하고 4개의 속성변수 중 3개는 3개의 단계(levels)로 구성되어 있고 1개는 4단계로 구성되어 있다면 각 시나리오당 가능한 모든 선택문항은 $3^4 \times 4 = 324$개이다. 그러나 Kocur et al(1982)에 근거하여 각 변수들 간의 주요인(main factor) 상관관계가 없도록(orthogonal) 부분계승계획(fractional factorial design)으로 설계할 경우 1인당 16개의 선택문항이 선정된다.

④ 컨조인트분석의 유용성과 문제점

컨조인트분석에서 주로 사용하는 선택대안 설계방법이 명시선호실험(stated preference simulation)이며,[45] 이는 실험실과 유사한 상황에서 개별 선택행위를 유도할 수 있다는 점에서 유용성이 크다. 현실에서 경험한 선택행위를 바탕으로 분석하는 현시선호법(revealed preference approach)에 비하여 가상시장 조건 하에서의 선택행위를 분석하는 명시선호법은 다음과 같은 주요한 장점을 가지고 있다.[46]

첫째, 실제의 거래시장이 존재하지 않을 경우에도 가상시장 조건을 전제로 선택행위를 분석할 수 있기 때문에 환경재의 속성가치 측정 또는 현재 시장에서 거래되지 않는 신제품의 수요추정 등에 사용될 수 있다.

둘째, 선택대상을 구성하는 요인변수들 간의 독립성을 유지할 수 있도록 시나리오가 구성되기 때문에 분석에서의 다중공선성(multi-collinearity) 문제를 해결할 수 있다. 또한 현실세계에서보다 변수들의 편차(variation)와 변수들 간의 교환관계(trade-offs)를 크게 조정할 수 있기 때문에 추정의 효율성을 높일 수 있다.

셋째, 명시선호법에서는 가상시장을 조건으로 선택행위를 분석하기 때문에 한 명이 여러 가지 조건에서의 선택을 할 수 있다. 그러므로 명시선호법에서는 상대적으로 적은 수의 표본으로 충분한 표본수를 얻을 수 있기 때문에 실제조사에서의 시간적·금전적 비용을 줄일 수 있다.

명시선호자료를 이용한 컨조인트분석법은 상기한 장점에도 불구하고 다음과 같은 몇

44 DeShanzo & Fermo(2002)를 참고하시오.

45 명시선호를 진술선호라고도 부른다.

46 Kim(2006, pp. 43~44)과 김재홍(2006, pp. 51~53)을 참고하시오.

가지 문제점을 수반하고 있다. 첫째, 가상적인 상황에서 표현된 선호와 실제 행동과의 차이 때문에 발생하는 선택행위의 불일치편의(non-commitment bias) 문제를 야기한다, 둘째. 명시선호실험자료를 사용할 경우 이중 또는 삼중 양분형 조건부가치측정법이나 컨조인트 분석법 모두에서 나타나는 통계적 문제점이 동일 응답지에 의한 반복측정에 의해서 야기된다. 즉, 한 응답자가 여러 개의 선택 시나리오에 응답하게 됨으로써 응답 간의 상호의존성 문제가 발생하며, 회귀계수 추정치의 효율성(t 값의 관점에서)을 과대 추정하게 되는 문제가 발생하게 된다. 마지막으로 컨조인트분석법에서는 선택대안의 특성만으로 선택확률이 추정되는데 이 경우 개인의 특성이 반영될 수 없다는 제약점이 있다. 최근에는 이러한 문제점을 해결하기 위해서 확률변수로짓모형(random parameter logit model) 또는 혼합로짓모형(mixed logit model)이 사용된다. 확률변수로짓모형은 전통적인 이산선택모형(discrete choice model 또는 conditional logit model)과는 달리 개인의 속성차이에 따라 독립변수의 회귀계수가 확률적으로 변할 수 있도록 허용함으로써 명시선호실험에 의한 동일 응답자에 의한 반복선택 행위를 분석할 때 추정의 효율성을 증가시킬 수 있다.[47]

⑤ 컨조인트분석을 통한 환경재 가치의 추정방법

컨조인트분석에 사용된 간접효용함수 $U_{ij} = V_{ij}(X_{ij}) + e_{ij}$를 이산선택모형으로 추정하면 간접효용함수의 관측가능한 부분인 V_{ij}가 식 (12.9)와 같이 주어진다. X_1이 지불금액변수, X_2, X_3는 환경속성변수라고 하자.

$$V_{ij} = \beta_1 X_1 + \beta_2 X_2 + \beta_3 X_3 \tag{12.9}$$

식 (12.9)에서 X_1이 지불금액변수, X_2, X_3는 환경속성변수, β_i를 이산선택모형의 추정계수라고 하면, 로이의 항등식(Roy's identity)을 적용하여 개별 환경속성변수의 한계지불용의액(MWTP: marginal WTP)을 다음과 같이 구할 수 있다.

$\frac{\partial V_{ij}}{\partial X_1} = \beta_1$, $\frac{\partial V_{ij}}{\partial X_2} = \beta_2$, $\frac{\partial V_{ij}}{\partial X_3} = \beta_3$이므로 $\frac{\partial X_1}{\partial X_2} = \frac{dX_1}{dX_2} = \frac{\beta_2}{\beta_1}$가 계산된다. 같은 방법을 적용하면 개별 환경속성변수의 한계지불용의액은 식 (12.10)을 적용하여 계산할 수 있다.

47 Train(2003)과 김재홍(2006, pp. 54~56)을 참고하시오.

$$MWTP_{X_2} = dX_1/dX_2 = \beta_2/\beta_1 \quad (12.10)$$
$$MWTP_{X_3} = dX_1/dX_3 = \beta_3/\beta_1 z$$

식 (12.10)에서 $MWTP_{X_i}$의 t-통계량은 β_j/β_i의 표준오차를 계산하여 구할 수도 있지만, 컨조인트분석이 가능한 통계 소프트웨어에서는 Krinsky & Robb 명령어가 내장되어 있기 때문에 계산이 용이하다.

환경재의 가치측정에 있어서 컨조인트분석과 조건부가치측정법 모두 가상시장을 이용하는 방법이지만 컨조인트분석은 대상 환경재의 가치측정뿐만 아니라 그 환경재를 구성하는 개별 속성의 한계가치를 측정할 수 있다는 점에서 조건부가치측정법의 단점을 보완할 수 있는 유용한 방법이다.

⑥ 실증분석 사례

컨조인트분석을 이용하여 환경재의 경제적 가치를 측정하는 절차와 방법을 간략히 살펴보자. 실증분석 사례로는 2009~2011년간 정부의 원자력기술개발사업의 과제 수행자 125명 중 최종응답자 80명을 대상으로 컨조인트분석법을 적용하여 방사능 피폭 가능성에 대한 지불용의액을 추정한 배정환(2013)의 연구를 이용한다.

컨조인트분석법을 적용하기 위한 첫 번째 단계는 연구대상 환경재를 설정하고 속성의 선택과 지불수단 및 개별속성 수준의 수와 크기를 결정하는 일이다. 배정환(2013)의 연구에서는 연구대상 환경재를 방사능 피폭 가능성으로 설정하고, 지불수단은 방사능 피폭 위험에 대한 보상, 선택된 속성으로는 방사능 노출도, 고용보장성, 회사입지, 근무강도의 4개 속성이 설정되었으며, 회사입지는 수도권, 비수도권의 2개 수준, 나머지 3개 속성은 상, 중, 하 3개 수준을 정하고 각 수준에 대한 설명을 제시하고 있다.

두 번째 단계는 실험계획법에 입각한 최종 선택대안집합을 도출하는 것이다. 이 연구에서의 선택대안집합은 직교계획법(orthogonal dsign)에 의거하여 도출된 총 27개의 프로파일 중 3개의 대안으로 구성된 선택집합을 구성하였기 때문에 설문에 사용된 최종 선택대안집합은 응답자당 9개가 된다.[48]

세 번째 단계는 설문지를 작성하고 보완하는 것이다. 이 연구에 사용된 설문지에 제시된 9개의 선택대안집합 중 하나는 <표 12-5>와 같다.

48 프로파일 수의 결정은 배정환(2013, p).

표 12-5 방사능 노출 가능성에 대한 직장 선택대안집합 예시

선 택	위험 보상수준	방사능 노출도	고용보장성	회사의 입지	근무강도
A	500만원	중	중	수도권	상
B	1,000만원	상	하	비수도권	하
C	A, B 어느 것도 선택하지 않음				

네 번째 단계는 설문조사를 통하여 유효자료를 수집하고, 마지막 단계에서 실증분석을 실시하여 환경영향 속성별 가치를 도출하고 결과를 해석하는 것이다. 패널로짓고정효과모형으로 컨조인트분석을 실시한 이 연구의 결과는 <표 12-7>에 제시되었다. 모형의 추정결과 방사능 노출위험 한 단위 증가에 대한 보상요구액은 777만원(=2.2751/0.2927), 고용보장성 한 단위 증가에 대한 지불용의액은 494만원(=−1.4459/0.2927)인 것으로 추정되었다. 이 연구에서는 보상요구액 또는 지불용의액의 신뢰구간을 제시하지 않았는데, Krinsky & Robb 기법을 적용하면 신뢰구간을 구할 수 있다.

표 12-6 패널로짓고정효과모형 추정결과

변 수	추정계수	표준오차	p-value	보상요구액 또는 지불용의액 (백만원)
보상액	0.2927	0.0285	0.0000	-
방사능노출도	2.2751	0.1902	0.0000	7.7730
고용보장성	-1.4459	0.1549	0.0000	-4.9401
근무강도	1.1378	0.1942	0.0000	3.8875
수도권	0.0113	0.1210	0.9260	
로그우도	-763.1307			
우도비 검증	390.6400			

참고문헌

- Adamowicz, W., Louviere, J. and M. William, "Combining Revealed and Stated Preference Methods for Valuing Environmental Amenities", Journal of Environmental Economics and Management, 1994, 26: 271~292.
- Bateman, I. J., Langford, I. H., Jones, A. P. and G. N. Kerr, "Bound and Path Effects in Double and Triple Bounded Dichotomous Choice Contingent Valuation", Resource and Energy Economics, 2001, 23: 191~213.
- Bohara, A. K., Kerkvliet, J. and R. P. Berrens, "Addressing Negative Willingness to Pay in Dichotomous Choice Contingent Valuation", Environmental and resource Economics, 2001, 20(3): 173~195.
- Brueckner, J. K., Lectures on Urban Economics. MA: MIT Press, 2011.
- Chien, Y－L., C. J. Huang, D and Shaw, "A General Model of Starting Point Bias in Double－Bounded Dichotomous Contingent Valuation Survey", Journal of Environmental Economics and Management, 2005, 50: 362~377.
- Coase, R. H., The Problem of Social Cost, Journal of Law and Economics, 1960, 3(Oct.): 1~44.
- DeShanzo, J. R. and Fermo, G., "Designing Choice Sets for Stated Preference Methods: The Effect of Complexity on Choice Consistency", Journal of Environmental Economics and Management, 2002, 44: 123~143.
- Hanemann, W. M., "Welfare Evaluations in Contingent Valuation Experiments with Discrete Response", American Journal of Agricultural Economics, 1984, 66: 332~341.
- Hanemann, W. M., "Some Issues in Continuous and Discrete Response Contingent Valuation Studies," Northeast Journal of Agricultural Economics, 1985, 14: 5~13.
- Hanemann, W. M., "Issues in the Design and Analysis of Valuation Data", International Symposium on CVM Guideline for PFS, 2012. 5. 17. KDI Main

Conference Hall.

- Hanley, N., R. E. Wright and B. Alvarez－Farizo, "Estimating the Economic Value of Improvements in River Ecology Using Choice Experiments", Journal of Environmental Management, 2006, 78: 183~193.
- Hardin, G., The Tragedy of the Commons. Science, 1968, 162: 1243~1248.
- Kim, J. H., "Amenity Valuing Differentiation in Residential Location Choice among Income Groups: A Stated Preference Approach", International Journal of Urban Sciences, 2006, 10(1): 41~57.
- Kim, J. H., Pagliara, F. and Preston, J., "The Intention to Move and Residential Location Choice Behaviour", Urban Studies, 2005, 42(9): 1621~1636.
- Kocur, G., Alder, T., Hyman, W. and B. Audet, Guide to Forecasting Travel Demand with Direct Utility Assessment. US Department of Transportation, Urban Mass Transportation Administration, Report UMTA－NH－11－0001－82－1. Washington DC, 1982.
- Krinsky, I. and A. I. Robb, "On Approximating the Statistical Properties of Elasticities: Correction", Review of Economics and Statistics, 1990, 68: 713~719.
- Kriström, B., "Spike Models in Contingent Valuation", American Journal of Agricultural Economics, 1997, 79: 1013~1023.
- Kwon, O., Shin, Y. and S－H Yoo, "KDI PFS Guidelines and Estimation of WTP with CV Survey Data", International Symposium on CVM Guideline for PFS, 2012. 5. 17. KDI Main Conference Hall.
- Langford, I. H., Bateman, I. J. and H. D. Langford, "A Multilevel Modelling Approach to Triple－Bounded Dichotomous Choice Contingent Valuation", Environmental and Resource Economics, 1996, 7: 197~211.
- Machado, F. S. and Mourato, S., "Evaluating the Multiple Benefits of Marine Water Quality Improvements: How Important Are Health Risk Reductions?", Journal of Environmental Management, 2002, 65: 239~250.
- Swait, J., Adamowicz, W. and M. van Bueren, "Choice and Temporal Welfare Impacts: Incorporating History into Discrete Choice Model", Journal of Environmental Economics and Management, 2004, 47(1): 94~116.
- Train, K., Discrete Choice Methods with Simulation. Cambridge: Cambridge University Press, 2003.
- Tucker, C. M. and Ostrom, E., Multidisciplinary Research Relating Institutions and Forest Transformation, 81~104 in Moran, E. F. and Ostrom, E. (eds.) 2005,

Seeing the Forest and the Tree. Human-Environment Interactions in Forest Econsystems, Cambridge: The MIT Press, 2005.

- 곽승준·유승훈·신철오, "다속성 효용이론을 이용한 다속성 지수의 개발-지역개발에 대한 의사결정을 중심으로-", 「자원·환경경제연구」, 2001, 10(3): 345~366.
- 김상겸·홍종호, "교통부문 개발사업에 대한 환경비용 추정과 사례분석: 유지비용접근법의 적용", 「공공경제」, 2003, 8(1): 189~219.
- 김승우 외, 「환경경제학-이론과 실제-」, 서울: 박영사, 2003.
- 김재홍, 「환경자원의 경제적 가치와 환경오염의 사회적 비용」, 서울: 집문당, 2006.
- 김재홍, "도심 트랙킹 코스 조성의 경제적 편익추정과 비용의 공간적 재정대등성 분석: 울산광역시 솔마루길 사례", 「지방정부연구」, 2013, 17(1): 55~82.
- 박기목, "도립공원 내 특정 여행코스의 경제적 가치평가 비교에 관한 연구: TCM과 CVM을 이용한 경제적 가치 측정을 중심으로", 「한국지방자치연구」, 2009, 10(4): 125~143.
- 박종화·윤대식·이종렬, 「도시행정론」, 서울: 박영사, 2011.
- 배종환, "선택실험설문에 의한 방사능 피폭 가능성에 대한 원자력 기술개발 종사자의 지불용의액 추정", 「자원·환경경제연구」, 2013, 22(3): 411~435.
- 유동운, 「환경경제학」, 서울: 비봉출판사, 1994.
- 유승훈·곽승준·이주석, "컨조인트 분석을 이용한 서울시 대기오염영향의 환경비용 추정", 「지역연구」, 2003, 19(3): 1~18.
- 유승훈·강대석, 「가로림만의 환경가치평가 연구」, 해양수산부, 2007.
- 이명헌, "낚시터 속성별 개선편익효과-헤도닉여행비용접근법을 통하여-", 「자원·환경경제연구」, 2002, 11(1): 1~29.
- 이선희 외, 「국토개발사업의 환경가치 평가기준 설정과 적용에 관한 연구-댐과 도로사업을 중심으로-」, 서울: 국토연구원, 2004.
- 이정전, 「환경경제학 이해」, 서울: 박영사, 2011.
- 이해춘·정현식·김태영, "3중 양분선택·개방형 CVM을 이용한 수도권 대기질의 편익가치", 「자원·환경경제연구」, 2004, 13(3): 387~415.

Regional
and
Urban Economics

제13장
지역경제분석

제13장은 지역경제분석에 많이 활용되는 기법을 소개한다. 우선 시간의 흐름에 따라 과거의 경제성과를 고용과 임금을 중심으로 분석하는 기법과 미래의 성장잠재력을 고용과 임금을 중심으로 분석하는 기법들을 소개한다. 또한 대상에 따른 분석기법으로는 산업을 대상으로 분석하는 투입산출분석과 직종을 중심으로 분석하는 직종분석을 소개한다. 마지막으로 이러한 지역경제분석을 통해 도출된 결과를 바탕으로 활용될 수 있는 다양한 정책수단들을 소개한다.

13.1 시간의 흐름에 따른 지역경제분석

시간의 흐름에 따라 지역경제를 분석하는 기법은 과거의 경제성과에 대한 분석과 미래경제 성장잠재력에 대한 분석으로 구분할 수 있다.

1) 과거의 경제성과분석

지역경제의 과거 경제성과에 대한 평가는 주로 고용변화와 임금변화에 대한 분석을 통해 이루어진다. 고용은 지역경제가 일자리를 통해 지역의 인적 자원을 얼마나 효율적으로 사용하고 있는지 보여주는 지표이고 임금은 지역경제가 만들어 내는 일자리의 질을 평가할 수 있는 지표이다. 따라서 일자리와 임금의 변화를 살펴보는 것만으로도 지역경제의 과거 성과와 현재상태 등에 대해 많은 정보를 얻을 수 있다.

일자리와 임금변화를 통해 지역경제를 분석하기 위해서는 우선 분석과정에서 변화의 정도를 비교하기 위한 기준지역을 선정하여야 한다. 일자리와 임금이 증가하였다 하더라도 다른 지역에 비하여 상대적으로 낮은 수준의 증가라면 지역경제 성과가 그리 좋다고 평가하기 어려우며, 따라서 적절한 비교기준의 선정은 지역경제분석의 가장 중요한 첫 단계라고 할 수 있다.

비교기준을 선정하는 가장 보편적인 방법은 해당 도시가 속한 더 큰 지역을 비교 대상으로 사용하는 것이다. 예를 들어 수원이 분석 대상이라면 경기도 혹은 우리나라 전체를 비교기준으로 삼는다. 그러나 때로는 분석의 목적에 따라 유사한 규모의 도시 중 벤치마킹 대상이 될 만한 곳을 비교기준으로 삼기도 한다. 본 절에서는 20세기 후반에 전 세계적으로 가장 큰 구조변화를 겪은 도시 중의 하나인 미국 미시간주의 플린트시 사례를 중심으로 고용과 임금변화를 통해 어떻게 지역경제의 성과를 분석할 수 있는지 살펴보기로 한다.[1] 플린트시는 20세기 초반에 GM이 설립된 곳으로 1970~80년대까지만 해도 디트로이트와 함께 미국의 자동차산업을 대표하는 도시였다. 그러나 1970년대의 불황과 특히 1980년대 들어 GM이 플린트에서 운영 중인 자동차조립공장을 폐쇄하면서 급격하게

1 플린트시의 사례분석은 McLean and Voytek(1992) 3장의 내용을 중심으로 재구성되었음.

표 13-1 플린트시의 총고용 변화

구 분	1973	1979	1982	1989	1973~79 변화율(%)	1979~82 변화율(%)	1982~89 변화율(%)
미국 전체	96,854,200	111,631,900	112,565,400	136,074,700	15.3	0.8	20.9
미시간주	3,813,662	4,204,344	3,773,379	4,666,473	10.2	-10.3	23.7
플린트시	188,492	209,205	178,781	195,835	11.0	-14.5	9.5

출처: McLean and Voytek(1992) 3장의 내용을 수정.

쇠퇴하였다. 이러한 변화는 이 시기 동안 플린트시의 고용과 임금 변화에 고스란히 나타나 있다. 우리나라의 도시들은 지난 반세기 동안 외환위기 시기를 제외하면 지속적으로 성장하는 경험만을 해왔기 때문에 디트로이트나 플린트의 경험이 다소 생소할 수 있다. 하지만 급격한 인구감소 추세와 최근 GM 군산 공장 폐쇄의 사례에서도 볼 수 있듯이 이러한 충격은 더 이상 남의 일만은 아니다. 특히 우리나라의 많은 도시들이 디트로이트와 플린트 같이 한 두 가지 특화산업에 대한 의존도가 높은 경제구조를 가지고 있다는 점을 감안하면, 이와 같은 지역경제분석이 가지는 중요성은 더욱 높다고 할 수 있다.

<표 13-1>은 미국 전체, 미시간주, 그리고 플린트시의 1973년에서 1989년 사이 고용변화를 보여준다. 고용 및 임금 변화를 분석하는 시점의 선정에도 주의를 기울여야 하는데, 고용의 증가나 감소가 경기변동에도 영향을 받을 수 있으므로 경기변동 사이클의 시작과 끝을 고려하여 분석의 시점을 선택해야 한다. 1973년과 1989년 사이에는 1973년에서 1979년까지와 1979년에서 1989년까지의 두 번의 경기변동 사이클이 포함되어 있다. 특히 1979년에서 1989년까지의 경기변동 사이클은 1982년을 기점으로 경기축소와 경기팽창이 이루어졌으며, 이는 <표 13-1>에 잘 나타나 있다.

우선 가장 눈여겨볼 점은 이 기간 동안 있었던 고용의 총량 변화이다. 비교기준이 되는 미국 전체로는 40.5% 그리고 미시건주의 경우도 22.4%의 고용 증가가 있었다. 그러나 플린트시의 경우 같은 기간 동안의 고용 증가가 3.9%에 지나지 않는다. 이러한 차이는 이 기간 동안 플린트시의 지역경제에 무언가 상당한 충격이 있었음을 암시해 준다. 이는 경기변동을 불황기와 호황기로 구분한 분석에서도 볼 수 있는데 불황기라고 할 수 있는 1979년에서 1982년 사이에 플린트시의 고용감소율은 미국 전체나 미시간주에 비하여 훨씬 높았으며, 반대로 호황기라고 볼 수 있는 1982년에서 1989년 사이에 플린트시의 고용

표 13-2 플린트시의 1인당 실질임금 변화

구 분	1973($)	1979($)	1989($)	1973~89 변화율(%)	1973~79 변화율(%)	1979~89 변화율(%)
미국 전체	18,180	17,837	19,392	6.7	-1.9	8.7
미시간주	21,730	21,285	21,187	-2.5	-2.0	-0.5
플린트시	24,568	25,314	23,712	-3.5	3.0	-6.3

출처: McLean and Voytek(1992) 3장의 내용을 수정.

증가율은 미국 전체나 미시간주에 비하여 상대적으로 낮았다.

<표 13-2>는 같은 기간 동안 플린트시와 비교 지역들의 1인당 실질임금의 변화를 보여준다. 1973년에서 1989년 사이에 미국 전체의 평균 실질임금이 6.7% 증가하는 동안 미시간주는 2.5% 그리고 플린트시는 3.5% 감소하였다. 플린트시와 유사하게 자동차 산업 등 제조업 중심의 경제 구조를 가지고 있는 미시간주도 미국 전체의 임금추세와는 달리 실질임금의 하락을 겪었으나, 하락의 폭은 플린트시가 훨씬 컸다. 흥미로운 점은 플린트시의 평균소득액이 미국 전체나 미시간주에 비해 훨씬 높다는 점이다. 1973년에는 플린트시의 평균소득이 미국전체 평균에 비해 $6,000 이상 높았고 심각한 구조조정을 겪은

표 13-3 플린트시의 산업별 총고용 변화율(%)

구 분	1973~79			1979~89		
	플린트시	미시간주	미국 전체	플린트시	미시간주	미국 전체
농림수산업	18.7	35.2	38.2	70.6	74.9	63.0
광업	65.8	9.7	51.5	104.6	-10.1	-16.0
건설업	8.5	8.8	16.1	-4.6	9.1	22.5
제조업	3.2	-0.1	5.3	-36.8	-16.6	-7.2
교통·통신업	8.1	6.2	10.9	-17.3	-1.1	13.6
도매업	8.3	7.3	25.3	-31.9	14.5	18.2
소매업	14.5	15.6	18.5	28.1	22.1	27.2
금융·부동산업	26.6	22.4	27.3	10.7	26.6	41.4
서비스업	21.0	22.8	25.2	39.7	47.1	55.7
정부·기타 공공부문	20.1	11.4	9.1	-8.0	2.8	11.8
총고용	11.0	10.2	15.3	-6.4	11.0	21.9

출처: McLean and Voytek(1992) 4장의 내용을 수정.

후인 1989년에도 여전히 $4,000 이상 차이가 남을 알 수 있다. 이는 제조업 특히 자동차 산업의 평균임금이 다른 분야에 비하여 월등히 높음을 시사한다. 또한 평균적으로 볼 때 플린트시 일자리의 질이 지속적으로 하락하고 있음을 의미한다.

좀 더 구체적으로 플린트시의 지역경제 구조에 어떠한 변화가 일어났는지 살펴보기 위해서는 산업별로 구분하여 고용과 임금의 변화 추이를 분석하여야 한다. <표 13-3>과 <표 13-4>는 1973년에서 1989년 사이에 미국 전체, 미시간주, 플린트시에서 발생한 산업별 고용과 임금 변화를 보여준다. 우선 <표 13-3>의 산업별 총고용량 변화에 의하면 플린트시가 80년대 이후에 제조업 분야에 심각한 타격을 입었음이 잘 드러난다. 미국 전체적으로 산업구조가 고도화 되면서 제조업의 비중이 상대적으로 낮아졌다고 하지만 플린트시의 경우 미국 전체의 추세를 훨씬 넘어서는 규모의 제조업 비중 감소를 경험하였다. 1980년대에 제조업에서 미국 전체적으로 7.2%의 고용 감소가 있었으나, 플린트시에서는 그 제조업의 축소 규모가 36.8%에 달하였다. 지역경제 전체적으로 보았을 때 미국 전체가 21.9% 상승, 플린트시가 6.4% 감소라는 사실도 이 시기에 플린트시에서 제조업이 얼마나 큰 구조조정을 겪었는지 잘 보여준다. 흥미로운 사실은 플린트시의 고용이 전체적

표 13-4 플린트시의 산업별 총임금 변화율(%)

구 분	1973~79			1979~89		
	플린트시	미시간주	미국 전체	플린트시	미시간주	미국 전체
농림수산업	18.0	18.6	30.3	52.8	40.9	38.4
광업	78.2	39.5	75.2	-3.8	-25.5	-17.7
건설업	8.3	7.0	17.3	-12.1	-1.5	17.9
제조업	16.2	5.6	11.3	-26.0	-9.1	4.6
교통·통신업	12.3	10.2	15.4	-30.0	0.0	17.0
도매업	16.7	6.6	26.3	-30.5	25.8	31.2
소매업	1.2	0.2	7.6	0.4	6.6	23.4
금융·부동산업	27.4	20.1	25.9	10.1	19.2	53.8
서비스업	21.5	22.3	25.7	47.2	66.6	91.4
정부·기타 공공부문	8.1	6.8	3.7	10.5	16.3	34.5
총임금	14.4	8.0	13.1	-12.4	10.4	32.5

출처: McLean and Voytek(1992) 4장의 내용을 수정.

으로는 6.4% 줄어들었지만 소매업과 서비스업에서는 큰 폭의 증가가 있었다는 점이다. 특히 소매업의 경우 미국 전체와 미시간주의 추세를 뛰어넘는 고용 증가가 있었으며, 이는 이들 산업이 제조업 축소로 인한 고용 상실의 상당 부분을 대체했음을 시사해 준다.

<표 13-3>과 함께 <표 13-4>에 나타난 지역경제의 변화를 살펴보면 더 의미 있는 분석이 가능해진다. <표 13-4>에 드러난 산업별 총임금 변화는 플린트시가 겪은 지역경제구조의 변화를 더욱 뚜렷하게 보여준다. 예를 들어 총고용과 총임금의 변화를 비교해 보면 70년대에는 플린트시의 총고용 증가폭보다 총임금 증가폭이 더 커서 지역경제가 양질의 일자리를 제공하고 있음을 알 수 있다. 그러나 80년대 들어서 미국 평균으로 볼 때는 총고용 증가폭보다 총임금 증가폭이 더 크지만, 플린트시는 총고용의 감소폭이 거의 두 배에 이르는 총임금 감소를 경험하였다. 이는 플린트시의 지역경제가 제공하는 일자리의 질이 80년대 들어 악화되었음을 의미한다. 좀 더 구체적으로 소매업의 총고용이 80년대 들어 28.1% 증가하였음에도 불구하고 총임금 증가는 0.4%에 그쳤다. 비슷한 수준의 고용 성장을 하고 총임금도 23.4% 증가한 소매업 미국 전체 평균과 비교할 때 매우 큰 차이라고 할 수 있는데, 이는 플린트시에 새로 생기는 소매업 분야의 일자리 질이 상당히 낮음을 시사해 준다.

과거의 경제성과를 고용과 임금의 변화를 통해 분석하는 방법을 미국 미시간주 플린트시의 사례를 통해 살펴보았다. 지금까지의 분석은 특정기간 동안의 단순한 총량 변화만을 평가한 것인데, 총량 변화 뒤에 존재하는 변화의 원인을 찾는다면 지역경제구조 변화에 대한 좀 더 깊이 있는 이해가 가능할 것이다. 이러한 분석을 가능하게 해주는 기법이 변화할당분석법(shift-share analysis)이다. 변화할당분석법의 주목적은 지역산업의 고용변화를 가져오는 원인을 국가 및 산업수준 뿐 아니라 지역수준으로 세분화하여 보다 심도 있게 평가하는 데에 있다.

고용변화를 설명하는 변화할당분석법은 특정기간 동안의 고용변화 원인을 1) 경제 전반의 변화로 인해 발생하는 국가수준에서의 고용 추세, 2) 특정 산업의 변화로 인해 발생하는 산업수준에서의 고용 추세, 3) 지역 산업의 변화로 인해 발생하는 지역 산업수준에서의 고용추세의 세 가지에서 찾는데, 이를 수식으로 간략하게 설명하면 다음과 같다.

$$NS_i = e_{i,t-1}(E_t/E_{t-1}) \tag{13.1}$$

$$IM_i = e_{i,t-1}[(E_{i,t}/E_{i,t-1}) - (E_t/E_{t-1})] \tag{13.2}$$

$$LF_i = e_{i,t-1}[(e_{i,t}/e_{i,t-1}) - (E_{i,t}/E_{i,t-1})] \quad (13.3)$$

식 (13.1)에서 NS(National Share)는 국가수준의 영향으로 인한 고용변화를 측정한다. $e_{i,t-1}$는 기준시점인 t기보다 1년 앞선 시점의 지역산업 i의 고용수준을 의미한다. E_t/E_{t-1}는 t기와 $t-1$기 사이에 있었던 국가 전체의 고용수준 변화비율을 의미한다. 즉 식 (13.1)은 괄호 안의 부분을 통해 지역산업 i의 고용이 국가 전체의 고용패턴을 따른다면 어느 정도의 변화가 있었겠는지를 보여주는 것이다.

식 (13.2)에서 IM(Industry Mix)은 산업수준의 영향으로 인한 고용변화를 측정한다. 특히 괄호 안은 t기와 $t-1$기 사이에 산업수준의 고용변화 비율과 국가수준의 고용변화 비율의 차이를 의미한다. 산업수준에서의 변화도 결국은 국가 전체의 고용변화 추이의 영향을 받을 수 있으므로 국가수준의 고용수준 변화비율을 산업수준의 고용수준 변화비율에서 빼줌으로 해서 순수한 산업수준의 영향을 측정하려는 것이다.

식 (13.3)에서 LF(local factors)는 지역산업수준의 영향으로 인한 고용변화를 측정한다. 특히 괄호 안은 t기와 $t-1$기 사이에 지역산업수준의 고용변화 비율과 국가 전체 산업수준의 고용변화 비율의 차이를 의미한다. 지역산업수준에서의 고용변화는 국가 전체 산업수준에서의 고용변화 추세에 영향을 받을 수 있으므로, 이를 제거한 후에 순수한 의미에서 지역산업수준에서의 영향을 측정하려는 것이다.

변화할당분석법은 이와 같이 일정기간 동안의 총고용량의 변화요인을 국가수준의 영향(NS), 산업수준의 영향(IM), 그리고 지역산업수준의 영향(LF)으로 나누어 분석한다. 즉 지역수준에서의 고용변화에 미치는 국가 전체 혹은 산업 전체의 영향력을 최대한 배제함으로 해서 지역산업수준에서의 고유한 영향력을 추정하는 것이 가능해진다.

자 그럼 위에 제시한 플린트시의 사례를 대상으로 1979년에서 1989년까지 자동차 산업이 포함되어 있는 운송기기산업의 고용변화에 어떤 요인이 영향을 미쳤는지 살펴보자. NS는 지역산업의 고용에(1979년 플린트시의 운송기기산업 고용 65,398명) 국가경제 전체의 고용 흐름이(1979－1989 기간 동안 미국 전체 고용 21.9% 성장) 미치는 영향으로 다음과 같이 계산할 수 있다. 즉 플린트시의 운송기기산업이 국가경제 전체의 고용 흐름을 따랐다면 1979년에서 1989년까지의 기간 동안 14,322명의 고용 성장을 기대할 수 있었음을 의미한다.

$$NS=65{,}398\times0.219=14{,}322$$

다음으로 IM은 지역 산업의 고용에(1979년 플린트시의 운송기기산업 고용 65,398명) 해당 산업 고유의 흐름이(1979－1989 기간 동안 미국의 운송기기산업 고용 -9.6% 감소) 미치는 영향으로 다음과 같이 계산할 수 있다. 이는 플린트시가 미국 전체의 고용 흐름을 제외한 운송기기 산업의 고유한 고용 흐름을 따랐다면 이 기간 동안 20,600명의 고용 감소를 겪었을 것임을 의미한다.

$$IM=65{,}398\times(-0.096-0.219)=-20{,}600$$

마지막으로 LF는 지역 산업의 고용에(1979년 플린트시의 운송기기산업 고용 65,398명) 지역 산업의 고요 흐름이(1979－1989 기간 동안 플린트시의 운송기기산업 고용 29.1% 감소) 미치는 영향으로 다음과 같이 계산할 수 있다. 이는 플린트시의 고유한 지역산업 환경이 이 기간 동안 12,753명의 고용 감소를 가져왔을 것이라고 해석할 수 있다.

$$LF=65{,}398\times(-0.291-(-0.096))=-12{,}753$$

결과적으로 플린트시는 1979년에서 1989년에 이르는 10년의 기간 동안 이와 같은 세 가지 흐름이 끼친 영향으로 인해 운송기기산업 분야에서 총 19,031명의 고용 감소를 겪었다고 말할 수 있다.

2) 미래의 성장잠재력 분석

과거의 경제성과에 대한 분석과 더불어 중요한 지역경제분석은 미래의 성장잠재력에 대한 분석이라고 할 수 있다. 특히 지방정부에서 지역경제 활성화를 중요한 정책목표로 삼고 있다면 미래의 성장잠재력에 대한 분석은 더할 나위 없이 중요한 주제이다.

미래의 성장잠재력에 대한 분석의 초점은 크게 두 부분이다. 우선 첫째는 지역산업의 상대적 특화 정도를 살펴보는 것이다. 지역산업 가운데 국가 평균 혹은 다른 지역에 비하여 특화된 분야가 있다면 이는 앞으로도 지속적으로 성장할 가능성이 큰 분야이므로 눈여겨볼 필요가 있다. 예를 들어 울산은 자동차산업이, 거제는 조선산업이 지역적으로 특화된 분야이다. 이들 분야는 과거에도 강한 성장 엔진으로서 이 지역의 경제를 이끌어 온 견인차 역할을 하였고 앞으로도 비슷한 역할을 하게 될 가능성이 크다. 따라서 지역경제가 현재 어느 분야에 특화되어 있는지 조사하는 것은 미래 성장잠재력에 대한 분석의 중요한 출발점이 된다.

지역경제의 산업 분야별 특화 정도를 판단하는 데 가장 널리 사용되는 분석기법은 산업입지계수(location quotient)이다. 산업입지계수는 지역수준과 국가수준에서 특정 산업의 고용인구 비율을 비교하여 그 산업의 지역적 특화 정도를 판단한다.

$$LQ_{ij} = (e_i/e_t)/(E_i/E_t) \tag{13.4}$$

식 (13.4)는 지역 j에서 산업 i의 입지계수가 어떻게 구해지는지 보여준다. ei와 et는 지역수준에서 산업 i의 고용량과 그 지역의 총고용량을 가리킨다. 따라서 분자는 지역경제에서 산업 i가 차지하는 고용비중을 의미한다. 또한 E_i와 E_t는 국가 전체에서 산업 i의 고용량과 국가 전체의 총고용량을 가리킨다. 따라서 분모는 국가경제에서 산업 i가 가지는 고용비중을 뜻한다. 입지계수는 지역경제와 국가경제에서 산업 i가 차지하는 고용비중의 비율이므로 그 값이 1인 경우 지역경제에서 산업 i가 가지는 상대적 고용비중이 국가수준에서의 고용비중과 동일함을 의미한다. 따라서 만약 입지계수가 1보다 크다면 이는 해당 지역에 산업 i가 특화되어 있음을 의미한다. 즉 산업입지계수를 통해 지역별 특화산업의 분포를 파악하는 것이 가능해진다.

미래의 성장잠재력을 파악하기 위하여 흔히 산업입지계수와 산업의 성장추세정보(성장산업인지 혹은 쇠퇴산업인지)를 혼합하여 분석을 진행한다. 우선 산업의 절대적·상대적 성장추세에 따라 지역산업을 네 개의 그룹으로 분리할 수 있다. 첫째, 성장산업(strong performer)은 지역에서의 성장이 다른 곳에서의 성장추세를 앞서는 경우이다. 둘째, 지체산업(lagging performer)은 지속적으로 성장하는 산업이지만 지역에서의 성장이 다른 곳에서의 성장추세에 못 미치는 경우이다. 셋째, 제한산업(constrained performer)은 국가 전체적으로는 내리막길을 걷는 추세이지만 지역에서의 쇠락 추세가 다른 곳보다 느린 경우이다. 넷째, 쇠퇴산업(poor performer)은 지역에서의 쇠락 추세가 다른 곳보다 더 빠른 경우이다 (Mclean & Voytek, 1992).

이와 같은 산업 구분을 특화된 산업과 특화되지 않은 산업에 적용한다면 총 여덟 개의 산업그룹이 만들어지며 각각의 그룹은 지역경제의 미래 성장잠재력 분석에 많은 함의를 제공한다. 우선 산업입지계수가 1보다 큰 특화산업의 경우 1) 성장산업 그룹은 현재 그 지역의 최대 강점이자 성장동력이다. 이미 지역에 특화된 산업으로 성장도 다른 지역보다 빠르므로 현재의 추세를 이어갈 수 있게끔 간접적인 지원방안을 고려할 수 있다. 2) 지체산업 그룹은 현재는 지역에 특화되어 있으나 다른 지역의 성장을 따라가고 있지 못해 조만간 뒤쳐질 가능성이 큰 산업들이다. 따라서 지체산업도 기본적으로 성장산업임을 고려한다면 현재의 지역적 특화수준을 유지하기 위해 적극적인 정책적 개입이 요구된다. 3) 제한산업과 쇠퇴산업은 지역에 특화된 산업이지만 지속적으로 쇠락해가는 추세이므로 어떻게 하면 이로 인해 지역경제에 발생할 수 있는 부정적인 영향을 최소화할 수 있을지에 정책의 초점이 맞추어져야 한다.

산업입지계수가 1보다 작은 비특화산업의 경우, 1) 성장산업그룹은 미래성장동력의 핵심 후보군이라고 할 수 있다. 특히 산업입지계수가 1에 가까운 경우 지역경제의 미래 핵심산업으로 성장할 가능성이 높다고 할 수 있다. 국가 전체적으로 성장하는 산업이며 최근의 추세는 해당 지역에서의 성장세가 다른 지역보다 빠르므로 머지않은 장래에 지역의 특화산업으로 발전할 여지를 가지고 있다. 따라서 이러한 산업군을 찾아 적절한 정책적 지원을 하는 것은 지역경제의 미래성장 동력 발굴을 위한 지역발전정책의 핵심이라고 할 수 있다. 이를 위해서는 특히 해당 산업의 비교우위를 가져오는 경쟁력의 원천이 무엇인지에 대한 분석과 이를 강화하기 위한 정책적 수단에 대한 고려가 필요하다. 2) 지체산업그룹은 현재 특화되어 있지 않지만 전국적인 추세에 따라 성장하는 산업군이다. 이러한 산업의 경우 지방정부의 특별한 정책적 지원이 없어도 전국적인 추세에 따른 성장세를 유지할 수는 있으나 경쟁력을 갖춘 미래 지역성장동력이 될 가능성은 그리 크지 않다. 3) 제한산업과 쇠퇴산업의 경우는 쇠락산업이며 지역에서의 영향력도 그리 크지 않으므로 적극적인 정책 개입의 대상으로서는 적합하지 않다고 볼 수 있다.

미래성장잠재력의 분석은 산업입지계수와 성장률을 다양하게 활용하여 진행될 수 있다. 앞에서 제시된 분석틀에서 다소 변형된 형태로서 산업입지계수, 지역산업성장률, 산업의 고용규모 등의 자료를 활용하여 다음과 같이 분석이 이루어지기도 한다. <그림 13-1>은 미국 켄터키주의 1990년대 초반에서 2000년대 초반까지 산업별 고용변화 추세이다. 우선 가장 눈에 띄는 것은 자동차산업이다. 자동차산업은 사례로 제시된 산업들 중 지역에서 가장 많은 인력을 고용하고 있으며 지역적 특화도 이루어져 있다. 게다가 연간 6%대 이상의 빠른 성장을 보여주고 있는데, 이는 같은 기간 국가 전체의 추세보다도 빠른 속도이다. 이러한 산업은 대표적인 특화된 성장산업의 모습으로 지방정부의 특별한 정책적 개입 없이도 지속적인 성장이 가능한 예라고 할 수 있다. 둘째로 눈여겨보아야 할 산업은 통신서비스 및 소프트웨어 산업이다. 이 산업은 지역적 특화는 이루어져 있지 않으나 전국 평균을 상회하는 연 6%대의 고속 성장을 지속해 왔으며 현재 고용규모도 상당한 수준이다. 따라서 앞으로 지역산업의 성장을 이끌 잠재력을 가진 대표적인 미래 성장동력이라고 할 수 있다. 지역경제발전을 위한 정책적 지원이 집중되어야 할 부분은 바로 이와 같은 아직 특화되지 않은 성장산업이라고 할 수 있다. IT산업의 경우 고용규모도 크고 지속적인 성장이 이루어지고는 있으나 국가 전체의 추세에 뒤쳐지는 모습을 보이고 있어 이를 극복하기 위해선 통신서비스 및 소프트웨어 산업의 경우보다 훨씬 더 많은 물적·정책적 자원의 투입이 요구된다. 마지막으로 눈여겨보아야 할 산

그림 13-1 미래성장잠재력 분석

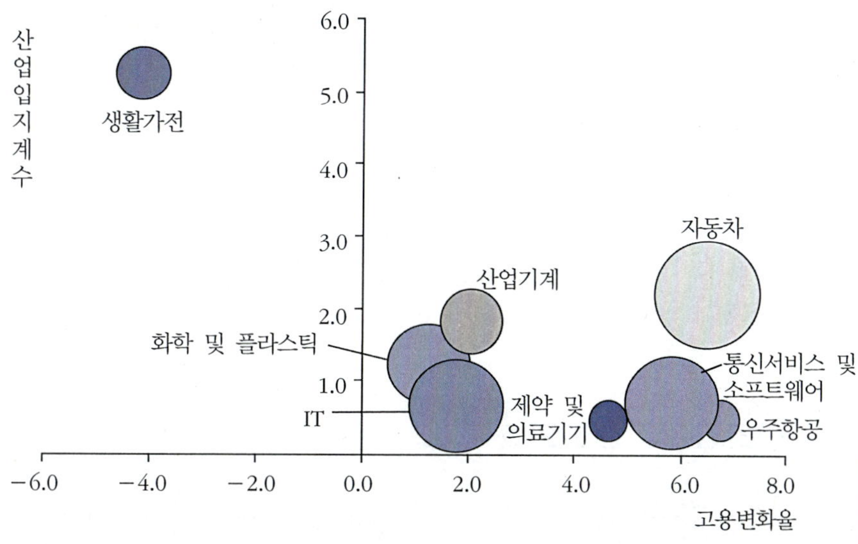

출처: Feser 외(2001).

업은 생활가전산업이다. 생활가전은 입지계수가 5 이상으로 지역적 특화가 가장 높은 수준이고 고용규모도 적지 않은 수준이다. 문제는 매년 약 4% 정도씩 고용수준이 감소하고 있다는 점이다. 대표적인 쇠락산업이므로 과거와 같은 지역경제의 성장동력으로서 역할을 미래에도 기대하기는 어렵다. 다만 생활가전산업이 지역경제에서 차지하는 비중을 고려할 때 이러한 쇠락 추세의 영향을 어떻게 하면 최소화할 것인지에 정책적 초점을 맞추어야 한다.

13.2 대상에 따른 지역경제분석

지역경제에 대한 분석은 분석의 대상이 무엇이냐에 따라 산업중심에 대한 분석과 직종중심에 대한 분석으로 나눌 수 있다. 대표적인 산업중심의 분석으로는 산업연관분석을 들 수 있는데, 이는 산업들 간의 투입산출관계를 통해 새로운 투자나 공장폐쇄와 같은 변화가 지역경제 전체에 어떠한 영향을 미치는지 분석하는 데 흔히 사용된다. 또한 산업연관분석의 기초가 되는 산업연관표는 가치사슬로 밀접하게 연관된 산업군(흔히 산업 클러스터라고도 함)을 찾아 산업입지정책에 활용하는 분석에도 많이 사용된다. 산업연관분석만큼 빈번하게 사용되지는 않지만 최근에는 직종을 대상으로 한 지역경제분석도 많이 소개되고 있다. 직종중심분석은 직종별로 요구되는 지식이나 기술에 대한 정보를 바탕으로 산업구조의 변화에 따른 인력수요의 변화 혹은 이에 따른 교육수요의 변화 등의 분석에 흔히 사용된다.

1) 산업중심분석: 산업연관분석[2]

지역산업연관표는 지역 간 상이한 생산기술구조와 거래형태를 반영하여 지역 및 산업부문 간 상호 연관관계를 파악할 수 있는 통계표이다. 지역산업연관표는 지역의 경제구조

2 본 절은 한국은행 지역산업연관분석을 토대로 하여 작성하였음.

뿐만 아니라 산업 간 상호 연관관계를 수량적으로 측정할 수 있기 때문에 지역산업정책을 분석하는 데 유용하다. 지역산업연관표는 재화와 서비스의 거래형태에 따라 (1) 산업부문 간 중간재 거래를 나타내는 중간수요(또는 중간투입), (2) 산업부문의 노동, 자본 등 생산요소의 투입을 나타내는 부가가치, (3) 산업부문의 생산물이 최종소비자에게 판매되는 내역을 나타내는 최종수요 등으로 구성하고 있다. 재화와 서비스의 산업 간 거래를 나타내는 중간수요와 중간투입을 내생 부문이라고 하고 부가가치와 최종수요를 외생부문이라고 한다.

지역산업연관표는 단일지역을 대상으로 구축한 지역 내 산업연관표와 다수지역을 포괄하는 지역 간 산업연관표로 구분할 수 있다. 지역 내 산업연관표는 일반적으로 전국산업연관표와 유사하지만 배분구조에는 해외부문의 수출 및 수입뿐만 아니라 다른 지역과의 이출과 이입도 포함된다. 배분구조는 생산에 직접 투입되는 중간수요와 최종재로 판매되

표 13-5 지역 내 산업연관표의 기본구조

<table>
<tr><td colspan="3"></td><td colspan="4">내생부문</td><td>외생부문</td><td colspan="3"></td></tr>
<tr><td colspan="3" rowspan="2">수요부문 / 공급부문</td><td colspan="4">중간수요</td><td rowspan="2">최종수요</td><td rowspan="2">(공제)
수입</td><td rowspan="2">(공제)
이입</td><td rowspan="2">지역 내
산출액</td></tr>
<tr><td>산업1</td><td>…</td><td>산업n</td><td>계</td></tr>
<tr><td rowspan="4">내생부문</td><td rowspan="4">중간투입</td><td>산업1</td><td>X_{11}</td><td>…</td><td>X_{1n}</td><td>W_1</td><td>Y_1</td><td>M_1</td><td>N_1</td><td>X_1</td></tr>
<tr><td>⋮</td><td>⋮</td><td>…</td><td>⋮</td><td>⋮</td><td>⋮</td><td>⋮</td><td>⋮</td><td>⋮</td></tr>
<tr><td>산업n</td><td>X_{n1}</td><td>…</td><td>X_{nn}</td><td>X_{1n}</td><td>Y_n</td><td>M_n</td><td>N_n</td><td>X_n</td></tr>
<tr><td>계</td><td>U_1</td><td>…</td><td>U_n</td><td colspan="5"></td></tr>
<tr><td>외생부문</td><td colspan="2">부가가치</td><td>V_1</td><td>…</td><td>V_n</td><td colspan="5"></td></tr>
<tr><td></td><td colspan="2">지역 내
산출액</td><td>X_1</td><td>…</td><td>X_n</td><td colspan="5"></td></tr>
</table>

총산출액 = 중간투입 + 부가가치 [투입구조]

총산출액 = 중간수요 + 최종수요(소비 + 투자 + 수출 + 이출) — 수입 − 이입 [배분구조]

(중간수요 + 최종수요) 총수요(= 총공급)

표 13-6 지역 간 산업연관표(예시)

		중간수요		최종수요		지역 내 산출액
		지역 1	지역 2	지역 1	지역 n	
국산 투입	지역 1	Z_{11}	Z_{1n}	Y_{11}^d	Y_{1n}^d	X_1
	지역 2	Z_{21}	Z_{nn}	Y_{21}^d	Y_{22}^d	X_2
부가가치		V_1	V_2			
지역 내 산출액		X_1	X_2			

는 최종수요로 구분되는 데 지역 내 산업연관표에서 타 지역으로 이출되는 생산품은 수출과 동일하게 최종수요에 포함하고 있다. 중간수요와 최종수요의 합계를 총수요라고 하는데 총수요에서 수입과 이입을 공제한 것이 지역 내 총산출액이라고 한다.

예를 들어, 세로방향을 보면 특정지역의 산업 1부문이 생산활동을 위해서 자부문 및 타부문에서 생산된 중간재 ($U_1 = \sum_{i=1}^{n} X_{i1}$)와 본원적 생산요소인 부가가치 V_1을 각각 구입하였음을 나타낸다. 가로방향은 산업 1부문의 산출액 X_1과 수입 M_1 및 N_1을 합한 총공급액($= X_1 + M_1 + N_1$)이 타부문 및 타부문의 중간수요로 ($W_1 = \sum_{j=1}^{n} X_{1j}$)만큼 판매되고 소비, 투자, 수출 및 이출을 통해서 최종수요로 Y_1만큼 판매되었다.

반면에 지역 간 산업연관표의 세로방향에서는 지역 내 또는 타 지역 및 해외에서 구입한 중간재의 투입내역과 임금, 이윤, 생산세 등의 본원적 생산요소의 투입내역을 나타낸다. 가로방향은 지역 생산물이 지역 내 및 타 지역의 중간수요 또는 최종수요 형태로 얼마나 팔렸는가를 설명한다. 예를 들어, 지역 1의 자기지역 및 타 지역에서 구입한 중간재(Z_{11} 및 Z_{21}), 수입중간재(M_1) 및 부가가치(V_1)를 지역 내 산출액(X_1)으로 나눌 경우, 지역 1의 지역 내 투입계수는 $A_{11}^d (= Z_{11}/X_1)$, 지역 간 투입계수는 $A_{21}^d (= Z_{21}/X_1)$, 수입투입계수는 $Am_1 (= M_1/X_1)$, 부가가치계수는 $Av_1 (= V_1/X_1)$로 정의된다. 투입계수($A_{ij} = Z_{ij}/X_j$)를 이용하여 도출된 $(I - A^d)^{-1}$는 생산유발계수로 정의되며, 이는 최종수요가 한 단위 증가하였을 경우 이를 충족시키기 위해서 각 산업부문에서 직·간접적으로 유발되는 산출규모를 의미한다.

$$Z_{11} + Z_{12} + Y_{11}^d + Y_{12}^d = X_1$$
$$Z_{21} + Z_{22} + Y_{21}^d + Y_{22}^d = X_2$$

$$A_{11}^d X_1 + A_{12}^d X_2 + Y_{11}^d + Y_{12}^d = X_1$$

$$A_{21}^d X_1 + A_{22}^d X_2 + Y_{21}^d + Y_{22}^d = X_2$$
$$\begin{bmatrix} A_{11}^d & A_{12}^d \\ A_{21}^d & A_{22}^d \end{bmatrix} \begin{bmatrix} X_1 \\ \hline X_2 \end{bmatrix} + \begin{bmatrix} Y_1^d \\ \hline Y_2^d \end{bmatrix} = \begin{bmatrix} X_1 \\ \hline X_2 \end{bmatrix}$$

단, $Y_1^d = Y_{11}^d + Y_{12}^d$, $Y_2^d = Y_{21}^d + Y_{22}^d$

$$A^d X + Y^d = X$$
$$\rightarrow (I - A^d)X = Y^d$$
$$\rightarrow X = (I - A^d)^{-1} Y^d$$

A^d: 국산투입계수행렬

X: 총산출액 벡터

Y^d: 국산품의 최종수요 벡터

I: 단위행렬

$$(I - A^d)^{-1} = \left\{ \begin{bmatrix} I & 0 \\ 0 & I \end{bmatrix} - \begin{bmatrix} A_{11}^d & A_{12}^d \\ A_{21}^d & A_{22}^d \end{bmatrix} \right\}^{-1} = \begin{bmatrix} I - A_{11}^d & -A_{12}^d \\ -A_{21}^d & I - A_{22}^d \end{bmatrix}^{-1}$$

$$\begin{bmatrix} X_1 \\ \hline X_2 \end{bmatrix} = \begin{bmatrix} B_{11} & B_{12} \\ B_{21} & B_{22} \end{bmatrix} \begin{bmatrix} Y_1^d \\ \hline Y_2^d \end{bmatrix} \quad \text{단, } B = (1 - A^d)^{-1}$$

최종수요 증가는 생산액을 매개로 하여 부가가치, 수입 및 노동량에 영향을 미치며, 이를 부가가치유발계수, 수입유발계수 및 고용유발계수로 정의할 수 있다. 총투입액 중 부가가치가 차지하는 비율인 부가가치계수 $A^v(= V_i / X_i)$의 대각행렬을 이용하여 최종수요와 부가가치의 관계식을 도출한다.

$$\begin{bmatrix} V_1 \\ \hline V_2 \end{bmatrix} = \begin{bmatrix} A_1^v & 0 \\ 0 & A_2^v \end{bmatrix} \begin{bmatrix} B_{11} & B_{12} \\ B_{21} & B_{22} \end{bmatrix} Y^d$$

총 투입액 중 수입액이 차지하는 비율인 수입투입계수 $Am(= M_i / X_i)$을 이용하여 국산품 최종수요(Y^d)를 충족하기 위한 수입유발액과 최종수요로 직접 사용되는 수입액(Y^m)을 산정한다.

$$\left[\frac{M_1}{M_2}\right] = \begin{bmatrix} A_1^m & 0 \\ 0 & A_2^m \end{bmatrix} \begin{bmatrix} B_{11} & B_{12} \\ B_{21} & B_{22} \end{bmatrix} Y^d + \left[\frac{Y_1^m}{Y_2^m}\right]$$

생산활동에 투입된 산업별 노동량을 산출액으로 나눈 취업계수(L_i/X_i)의 대각행렬을 이용하여 최종수요와 고용의 관계식을 도출한다.

$$\left[\frac{L_1}{L_2}\right] = \begin{bmatrix} l_1 & 0 \\ 0 & l_2 \end{bmatrix} \begin{bmatrix} B_{11} & B_{12} \\ B_{21} & B_{22} \end{bmatrix} Y^d$$

그림 13-2 지역 1의 생산에 미치는 파급경로 분해

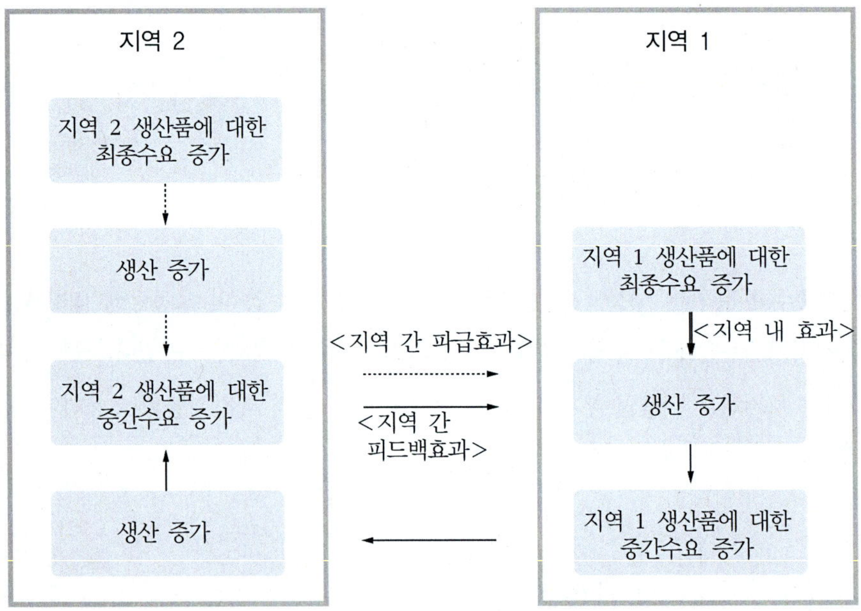

지역 간 산업연관모형에서는 지역 간 교역관계로 인해 특정지역의 생산은 해당지역에서 생산된 제품에 대한 최종수요뿐만 아니라 타지역에서 생산된 제품에 대한 최종수요에 의해서도 달라질 수 있다. 지역 내 효과(intraregional effect)는 지역 1의 생산품에 대한 최종수요가 증가할 경우 지역 1의 생산이 증가하게 됨을 의미한다. 지역 간 피드백효과(interregional feedback effect)는 지역 1의 생산을 위해서 지역 2의 생산품을 중간재로 사용할 경우 지역 2의 생산도 같이 증가하게 되며, 다시 지역 2에서 생산이 증가할 경우 지역 1의 생산품을 중간재로 사용함에 따라 지역 1의 생산이 추가적으로 증가됨을 말한다. 지역 간 파급효과(interregional spillover effect)는 지역 2의 생산물에 대한 최종수요가 증가할 경우 지역 2의 생산에 중간재로 사용되기 위해서 지역 1의 생산이 증가하게 됨을 의미한다.

각 산업 간 상호의존관계의 정도는 후방연쇄효과와 전방연쇄효과로 구분할 수 있다. 전자는 한 산업부문의 생산증가가 그 산업의 생산증가에 필요한 중간재나 원료를 공급하는 다른 모든 산업부문의 생산에 미치는 영향을 의미한다. 후방연쇄효과는 영향력계수로 측정하는데, 이는 한 산업부문의 생산물에 대한 최종수요가 1단위 증가할 때 전 산업에 미치는 영향을 나타내는 계수이다.

$$\text{영향력계수} = \frac{\text{생산유발계수 열(列)합}}{\text{전 산업평균}}$$

한편 전방연쇄효과는 한 산업부문의 생산 증가가 다른 산업부문에 중간재로 쓰여서 그 산업의 생산을 증대시키는 영향을 의미한다. 이러한 효과는 감응도계수로 측정하는데 모든 산업부문에 대한 최종수요가 각각 1단위씩 증가하였을 때 어떤 산업이 받는 영향을 나타낸다.

$$\text{감응도계수} = \frac{\text{생산유발계수 행(行)합}}{\text{전 산업평균}}$$

2) 직종중심분석[3]

지역경제는 결국 사람들로 구성되고 따라서 어떤 사람이 무엇을 만들며 어떤 일을

3 본 절은 저자의 논문 구교준 외(구교준 & 조광래, 2011)와 Koo(2005)의 내용 일부를 수정 보완하여 구성함.

하고 있는지는 지역경제의 성격을 결정짓는 매우 중요한 요인이다(Feser, 2003). 지역경제 분석에서 가장 오래된 전통적인 접근은 앞에서 설명한 산업중심의 분석이었으나,[4] 이는 지역경제가 어떤 일을 하고 있는지에 관한 기능적인 측면을 간과하는 것이다. 특히 지식경제에서 지역경제가 가지는 경쟁력의 핵심은 지역에 거주하는 개인들의 창의적인 활동이며, 지역의 혁신 잠재력은 결국 그 지역에 어떤 사람들이 모여 있고 어떤 활동이 이루어지고 있느냐에 의해 결정되므로 지역경제의 기능적인 측면, 즉 직종중심의 분석은 21세기 지식경제에 더욱 중요하다고 할 수 있다.

직종분석(occupation analysis)의 개념은 이미 1980년대에(P. R. Thompson & Thompson, 1993; W. R. Thompson & Thompson, 1987) 등에 의해 소개된 바 있다. 이들이 강조한 부분이 바로 지역경제를 산업과 직종의 두 가지 축을 중심으로 분석해야 한다는 것인데, 이러한 접근을 통해 산업구조가 유사한 두 도시라도 실제 기능적으로는 많이 다를 수 있다는 점을 보여줄 수 있다. 예를 들어 똑같이 IT산업이 특화되어 있는 도시일지라도 캘리포니아의 실리콘밸리는 연구기능이, 텍사스의 오스틴은 생산기능이 집중되어 있기 때문에 무슨 일을 하느냐 하는 기능적인 측면에서는 두 도시의 성격이 많이 다르다. 그러나 이러한 기능적 차이는 어떠한 산업활동이 지역경제에서 이루어지느냐에만 관심을 두는 산업분석에서는 드러나지 않는다.

지역경제는 산업과 직종이라는 이차원적인 구조를 가지며, 따라서 산업이라는 일차원적인 도구만으로 지역경제를 분석하려 하면 오류를 범할 가능성이 높아진다. 특히 지식경제 하에서 전문지식과 기술을 갖춘 고급 인적 자원의 중요성이 커지면서 지역경제의 기능적 측면을 고려하지 않은 고전적인 산업분석의 무용론까지 제기되고 있다. 이러한 측면에서 지역경제의 분석은 무엇을 생산하느냐(구조적 측면)뿐 아니라 지역의 사람들이 어떤 일을 하느냐에도(기능적 측면) 초점이 모아져야 하며, 이를 위해서는 반드시 산업분석과 함께 직종분석을 통해 지역경제에 대한 종합적인 분석이 이루어져야 한다.

직종분석은 주로 직종 관련 각종 자료의 분석을 통하여 지역별로 어떤 일을 할 기회가 얼마나 있는지를 보여주는 방향으로 이루어진다. 특히 최근에는 직종별로 그 직종의 업무를 수행하기 위해서 요구되는 지식과 기술에 대한 데이터베이스가 구축되어 더욱 심도 있는 직종분석이 가능하게 되었다.[5] 본 절에서는 미국 주요 대도시들의 사례를 중심으

4 산업중심분석의 사례로 소개한 산업연관분석뿐 아니라 앞 절의 시간의 흐름에 따른 지역경제분석의 내용도 결국은 산업중심분석의 일종이라고 볼 수 있다.

로 직종분석이 산업분석과 결합하여 지역경제분석에서 어떤 추가적인 정보를 제공해 줄 수 있는지 살펴보기로 한다.

가장 대표적인 직종분석으로는 앞에서 살펴본 산업클러스터분석과 비슷한 맥락에서 진행되는 직종클러스터분석을 들 수 있다. 직종클러스터분석은 수백여 개로 세분화된 직종을 그 직종의 업무를 수행하는 데 요구되는 핵심 지식과 기술의 조합이 유사한 여러 개의 그룹으로 묶는 작업이다. 이를 위해선 앞에서도 언급한 미국의 직종정보네트워크나 우리나라의 한국직업정보시스템과 같이 직종에 따라 구체적으로 어떤 지식과 기술이 얼마나 요구되는지에 대한 정보가 필요하다. 이들 정보를 요인분석이나 클러스터분석과 같은 통계적인 기법을 동원하여 유사한 지식과 기술이 요구되는 직종군을 도출해 내는 것이 직종클러스터분석의 요체이다. 특히 직종별로 요구되는 지식이나 기술수준의 합을 통해 식 (13.5)와 같이 도출된 직종클러스터의 전반적인 지식집약 정도의 파악이 가능하며 직종클러스터의 고용량 변화에 대한 분석을 통해 지역경제가 가지는 기능적 특성 변화에 대한 분석도 가능하다. 이 밖에도 지역별로 직종클러스터의 분포를 비교함으로 해서 식 (13.6)과 같이 지역수준에서의 기능적 지식집약 정도를 파악하는 것도 가능해진다.

$$S_i = \frac{\sum_j (K_{ij})^2}{n_i} \tag{13.5}$$

$$M_k = \frac{\sum_i S_i E_{ik}}{n_k} \tag{13.6}$$

식 (13.5)에서 S_i는 직종클러스터 i의 지식집약도를 의미하고, K_{ij}는 직종클러스터 i에 요구되는 지식 j를 의미한다. n_i가 직종클러스터에 포함된 직업의 수를 의미하므로 결국 S_i는 직종클러스터 i에 요구되는 평균 지식수준이라고 볼 수 있다. 한편 식 (13.6)에서 M_k는 도시 k의 지식지수이다. 이는 세 가지 요소로 구성되는데 S_i는 앞에서 설명한 직종클러스터 i의 지식집약도, E_{ik}는 도시 k에서 직종클러스터 i가 전체 고용에서 차지하는 비중, n_k는 도시 k에 있는 직종클러스터의 수이다. 즉 도시지식지수 M_k는 해당 도

5 미국의 노동통계청(Bureau of Labor Statistics)이 구축한 직종정보네트워크(Occupation Information Network)와 우리나라 고용정보원이 구축한 한국직업정보시스템이 대표적인 예이다.

표 13-7 미국의 직종클러스터 현황

직종클러스터	지식집약도	고용인구(2001)	고용비중
재무 및 법무 서비스 종사자	44.7	3,486,110	2.9%
사회과학자	118.6	289,520	0.2%
아티스트	28.2	997,610	0.8%
의사, 바이오 관련 과학자 및 기술자	78.2	1,535,000	1.3%
교통 및 광업 종사자	22.8	5,081,120	4.2%
컴퓨터 과학자 및 기술자	68.0	2,647,320	2.2%
경영 관리직 종사자	59.5	10,437,320	8.7%
특수기계 관련 기술자	24.8	5,511,610	4.6%
비숙련 제조업 및 서비스 종사자	11.6	20,512,370	17.1%
사무보조 종사자	29.2	26,476,580	22.1%
각종 기계 관련 숙련기술자	18.6	7,904,440	6.6%
헬스케어 기술자	64.9	9,167,680	7.6%
건설 관련 종사자	15.0	3,799,720	3.2%
교육관련 종사자	58.1	6,540,090	5.5%
판매, 마케팅, 광고 종사자	54.3	6,152,340	5.1%
식음료 제조 관련 종사자	14.6	3,162,430	2.6%
안전 및 치안 관련 종사자	37.6	2,962,330	2.5%
일반 공학자 및 기술자	99.2	2,589,010	2.2%
농축업 관련 종사자	46.9	443,480	0.4%
지구 관련 과학자	63.3	188,970	0.2%

출처: Koo(2005).

시 노동력의 직종별 분포와 지식수준을 통해 그 지역 노동력의 평균적인 지식수준을 보여준다고 할 수 있다.

직종분석에 활용되는 이러한 접근들이 어떻게 활용되는지 실제 분석사례를 통해 살펴보자. <표 13-7>은 미국의 직종정보네트워크와 직종별 고용통계자료를 활용하여 도출한 미국의 직종클러스터 현황이다. 이를 위하여 총 661개의 직종을 지식과 기술요구 수준에 따라 비슷한 유형으로 묶어 20개의 직종클러스터를 도출하였다. <표 13-7>의 자료는 미국의 전반적인 고용분포를 잘 보여준다. 상대적으로 지식집약도가 낮은 비숙련제조업 및 서비스종사자와 사무보조종사자가 가장 많은 전체의 39.2%를 차지하고 있지만

표 13-8 직종으로 살펴본 미국 대도시의 지식집약 순위(괄호 안은 주)

순 위	도시명	고용인구(2001)	지식지수
1	보스턴(매사추세츠)	1,971,030	37.5
2	산호세(캘리포니아)	950,600	37.1
3	워싱턴(DC)	2,673,890	36.93
4	로웰(매사추세츠)	124,200	35.7
5	랄리-더햄(노스캐롤라이나)	661,370	35.68
6	보울더(콜로라도)	180,980	35.66
7	시애틀(워싱턴)	1,331,820	35.64
8	오스틴(텍사스)	658,400	35.23
9	스탠포드-노왁(코네티컷)	207,750	35.04
10	필라델피아(펜실베이니아)	2,342,100	35.02

출처: Koo(2005).

동시에 상대적으로 지식집약도가 높은 직종들(지식집약도 50 이상)의 경우도 전체 고용의 33%에 이른다. 즉, 노동시장이 미숙련 단순기술직종뿐 아니라 고도의 기술과 지식을 요하는 지식집약직종에 이르기까지 전반적으로 고른 분포를 보이고 있다. 또한 <표 13-8>은 평균 지식지수가 가장 높은 10개 미국 도시들의 순위와 고용현황이다. 흥미로운 점은 이들 상위랭크 도시에는 공통적으로 세계적인 연구중심 대학이 입지해 있다는 점이다. 보스턴에는 Havard와 MIT가, 산호세에는 인근에 Stanford와 Caltech이 자리 잡고 있다. 수도인 워싱턴 DC에는 Georgetown, George Washington 등 사립 명문대학뿐 아니라 IMF, World Bank 같은 국제기구들이 상당수 자리 잡고 있다. 상대적으로 규모가 작은 편인 랄리-더햄은 Research Triangle로 유명한 곳으로 Duke, Univ of North Carolina at Chapel Hill, North Carolina State Univ의 세 개 연구중심 대학이 유기적인 연구협력 관계를 유지하고 있다. 이러한 점은 지역에 입지한 대학이 지역 내의 노동력의 질뿐 아니라 지역경제가 만들어내는 일자리의 질에도 상당히 중요한 영향을 미친다는 것을 의미한다고 할 수 있다.

한편 <표 13-9>는 우리나라의 7개 광역시의 직종별 고용분포를 집적계수를 사용하여 보여주고 있다. 고위관리자와 전문가집단이 서울, 광주, 대전에 상대적으로 많이 분

표 13-9 우리나라 광역시별 직종분포(2008년 기준 LQ)

구 분	서울	부산	대구	인천	광주	대전	울산
고위관리자	1.37	0.93	0.93	0.91	1.03	1.02	0.86
전문가	1.46	0.82	0.86	0.77	1.32	1.44	0.70
준전문가	1.41	0.84	0.82	1.09	0.98	1.06	0.92
사무직	1.11	0.97	0.99	0.99	1.05	1.05	0.99
서비스직	1.04	1.14	1.09	0.98	1.06	1.07	0.86
판매직	1.02	1.13	1.24	0.95	1.14	1.23	0.72
농림어업	0.01	0.20	0.26	0.06	0.55	0.15	0.53
기능직	1.13	1.31	1.11	1.20	0.87	0.91	1.29
기계조립조작	0.55	1.16	1.24	1.53	1.01	0.87	1.84
단순노무직	0.88	1.01	1.00	0.99	0.87	0.93	0.96

출처: 구교준 외(2011).

포되어 있고(즉 LQ가 1보다 큼), 이를 통해 이들 도시가 다른 광역시에 비하여 조직의 조정 및 관리기능을 상대적으로 많이 수행하고 있음을 알 수 있다. 한편 기계조립조작과 관련되는 직종그룹의 경우 대구, 인천, 울산에 집중되어 있는데 이 또한 이들 도시가 관리기능보다는 생산기능에 좀 더 특화되어 있음을 잘 보여준다.

<표 13−9>의 직종분포를 좀 더 입체적으로 분석하기 위하여 인구 1,000명당 특허수와 비교하여 살펴보자. <표 13−10>의 특허등록수는 실제 등록된 특허수를 의미하고 기대특허수는 광역시의 산업구조를 고려한 예상된 특허등록수를 의미한다. 즉 산업별로 지식집약도가 다르고 특허출원 성향도 다르므로 지역경제에서 차지하는 각 산업의 비중과 특허출원 성향을 고려한다면 어느 정도의 특허가 등록될 것이지 예측할 수 있다. 이를 비교하면 서울의 경우 기대특허수가 7.2건이고 특허등록수가 7.8건이므로 산업구조를 고려할 때 기대할 만한 수준의 지식생산활동이 이루어지고 있음을 알 수 있고 대전의 경우 기대특허수가 8.8건이고 특허등록수는 11.3건이므로 기대수준 이상의 지식생산활동이 이루어짐을 알 수 있다. 또한 울산, 대구, 인천은 모두 산업구조를 고려한 기대특허수보다 훨씬 적은 특허등록수를 보이고 있어 기대수준보다 훨씬 낮은 지식생산활동이 이루어지고 있음을 추론할 수 있다. 이와 같은 해석은 <표 13−9>의 직종분포를 통해 잘 설명된다. 서울과 대전은 지식생산활동에 참여할 전문가집단의 상대적 집중도가 높은 반면 대구, 인

표 13-10 광역시별 1,000명당 특허수

지 역	총고용인구	1,000명당 특허등록수	1,000명당 기대특허수
서울	4,079,277	7.8	7.2
부산	1,165,574	1.6	7.8
대구	739,022	2.2	9.7
인천	765,014	3.5	19.8
광주	464,104	2.9	11.0
대전	450,857	11.3	8.8
울산	404,866	1.5	21.1

출처: 구교준 외(2011).

천, 울산은 전문가집단의 집중도는 낮은 대신 기계조립조작집단의 상대적 집중도가 높게 나타난다. <표 13-9>의 직종분포를 통해 충분히 설명이 안 되는 도시가 있는데, 이는 광주이다. 광주는 전문가집단의 LQ가 1.32로 다른 지역과 비교할 때 상대적으로 높은 집중도를 가지고 있음에도 불구하고 기대특허수는 11.0건인데 실제 특허등록수는 이보다 훨씬 적은 2.9건이다. 이러한 현상의 설명은 지역경제의 구체적인 산업구조에 대한 분석을 통해 가능해진다. <표 13-11>은 7개 광역시에서 LQ가 1보다 큰 지역특화산업을 보여주는데, 광주의 경우 산업 간 연관성이 많이 떨어지는 분절적인 산업들로 구성되어 있다. 이는 서울과의 비교를 통해 확연히 드러나는데, 서울의 경우 컴퓨터/시스템관리 및 정보서비스, 영상 및 방송통신, 과학 및 기술서비스 등 상호연관성이 상대적으로 높은 기술집약적 산업들이 집중되어 있다. 그러나 광주의 특화산업을 살펴보면 전기장비, 건설, 코크스연탄 및 섬유, 금융 및 보험, 보건 및 사회복지 등 연관성이 뚜렷이 보이지 않는 산업이 대부분이다. 산업 간 연관성이 떨어지는 분절적인 경제구조를 가지고 있을 경우 앞 절에서 설명한 산업 간 연관관계를 통한 지식생산과 확산의 외부효과를 기대하기 어렵고 따라서 지식활동이 상대적으로 저조하게 될 개연성을 가지게 된다. 이와 같이 지역경제분석을 할 때 직종분석과 산업분석을 결합할 경우 좀 더 입체적인 분석이 가능해진다.

표 13-11 우리나라 광역시별 특화산업

서 울	부 산	대 구	인 천	광 주	대 전	울 산
1. 컴퓨터 프로그래밍, 시스템 통합 관리업, 정보서비스(2.7) 2. 영상, 오디오, 기록용 및 방송 통신업(2.4) 3. 전문, 과학 및 기술 서비스(2.0) 4. 인쇄 및 기록매체 복제업(1.8) 5. 섬유, 의류, 가죽제조 (1.5) 6. 금융 및 보험(1.5) 7. 부동산 및 임대 (1.3) 8. 도소매업(1.2) 9. 사업 시설관리 및 기술 서비스(1.2) 10. 운수업(1.1) 11. 종합 건설업(1.1)	1. 어업(9.5) 2. 운수업(1.5) 3. 섬유, 의류, 가죽제조 (1.5) 4. 1차 금속 및 금속 가공(1.2) 5. 도소매업(1.1) 6. 사업 시설관리 및 기술 서비스(1.1) 7. 숙박 및 음식점 (1.1) 8. 금융 및 보험(1.1)	1. 섬유, 의류, 가죽제조 (2.2) 2. 1차 금속 및 금속 가공(1.4) 3. 의료, 정밀, 광학기기 및 시계 제조업(1.2) 4. 보건 및 사회복지 (1.2) 5. 도소매업(1.1) 6. 교육 서비스업(1.1) 7. 금융 및 보험(1.1)	1. 가구 제조업(2.2) 2. 기타 제품제조업 (2.2) 3. 목재 및 펄프, 종이 (2.1) 4. 1차 금속 및 금속 가공 (1.9) 5. 전기장비 제조업 (1.7) 6. 코크스, 연탄, 섬유, 고무, 플라스틱(1.6) 7. 비금속광물 광업; 연료용 제외 (1.4) 8. 화학물질 및 화학제품 제조업(1.3) 9. 전기, 가스, 수도, 하수, 환경정화(1.3) 10. 운수업(1.3) 11. 자동차 및 트레일러, 기타 운송장비(1.2) 12. 전자부품, 컴퓨터, 영상, 음향 및 통신장비 제조업(1.1) 13. 의료, 정밀, 광학기기 및 시계 제조업(1.1)	1. 전기장비 제조업 (1.8) 2. 종합 건설업(1.6) 3. 코크스, 연탄, 섬유, 고무, 플라스틱(1.2) 4. 금융 및 보험(1.2) 5. 보건 및 사회복지 (1.2) 6. 교육 서비스업(1.2) 7. 사업 시설관리 및 기술 서비스(1.1) 8. 도소매업(1.1)	1. 전문, 과학 및 기술 서비스(1.6) 2. 의료, 정밀, 광학기기 및 시계 제조업 (1.5) 3. 사업 시설관리 및 기술 서비스(1.3) 4. 교육 서비스업(1.2) 5. 보건 및 사회복지 (1.2) 6. 의료용 물질 및 의약품 제조업(1.2) 7. 금융 및 보험(1.1) 8. 부동산 및 임대 (1.1)	1. 자동차 및 트레일러, 기타 운송장비(8.3) 2. 화학물질 및 화학제품 제조업(4.2) 3. 코크스, 연탄, 섬유, 고무, 플라스틱(1.5) 4. 1차 금속 및 금속 가공(1.3)

* ( )안의 숫자는 LQ(2008년 기준) 출처: 통계청 경제활동인구조사, 구교준 외(2011).

참고문헌

- Feser, E. J., What regions do rather than make: A proposed set of knowledge-based occupation clusters, Urban Studies, 2003, 40(10), 1937~1958.
- Feser, E. J., & Koo, J., Kentucky Clusters: Industrial Interdependence and Economic Competitiveness, Lexington, KY: Kentucky Science and Technology Corporation, 2001.
- Koo, J., How to analyze the regional economy with occupation data, Economic Development Quarterly, 2005, 19, 356~372.
- Mclean, M. L., & Voytek, K. P., Understanding Your Economy: Using Analysis to Guide Local Strategic Planning, Chicago, IL: American Planning Association, 1992.
- Thompson, P. R., & Thompson, W. R., Cross-hairs targeting for industries and occupations, In D. L. Barkley (Ed.), Economic adaptation: Alternatives for nonmetropolitan areas (pp. 265~286): Westview Press, 1993.
- Thompson, W. R., & Thompson, P. R., National industries and local occupational strengths: The cross-hairs of targeting, Urban Studies, 1987, 24, 547~560.
- 구교준 & 조광래, 창의경제 연구 어떻게 할 것인가?: 지역경제 분석의 관점에서, 한국행정학보, 2011, 45(2), 269~289.

찾아보기

ㄷ

ㄹ

ㅁ

ㅂ

ㅅ

ㅇ

[공저자 약력]

김 의 준

현) 서울대학교 농경제사회학부 교수(euijune@snu.ac.kr)
1991년, 코넬대학교 지역경제학과 졸업, 지역경제학 박사
1990년, 코넬대학교 지역경제학과 졸업, 지역경제학 석사
1987년, 연세대학교 대학원 건축공학과(도시계획 전공) 졸업, 공학석사
1985년, 연세대학교 건축공학과 졸업, 공학사

김 재 홍

현) 울산대학교 사회과학부 교수(jhkim@ulsan.ac.kr)
1993년, 카네기멜론대학교 하인쯔대학원 졸업, 정책학 및 도시계획학 박사
1988년, 카네기멜론대학교 하인쯔대학원 졸업, 정책분석학 석사
1983년, 서울대학교 서양사학과 졸업, 문학사

김 호 연

현) 성균관대학교 경제학과 교수(hykim@skku.edu)
1995년, 펜실베이니아대학교 지역경제학과 졸업, 지역경제학 박사
1992년, 코넬대학교 지역경제학과 졸업, 지역경제학 석사
1989년, 캘리포니아대학교(버클리) 경제학과 졸업, 경제학 학사

구 교 준

현) 고려대학교 행정학과 교수(jkoo@korea.ac.kr)
2003년, 노스캐롤라이나주립대(Chapel Hill) 졸업, 도시계획학 박사
1998년, 뉴욕주립대(Albany) 졸업, 경제학 석사
1996년, 고려대학교 졸업, 행정학 석사
1994년, 고려대학교 졸업, 행정학 학사

마 강 래

현) 중앙대학교 도시계획부동산학과 부교수(kma@cau.ac.kr)
2004년, 런던대학교(UCL) 도시계획학과 졸업, 도시계획학 박사
1998년, 서울대학교 환경대학원 도시 및 지역계획학학과 졸업, 도시계획학 석사
1996년, 중앙대학교 정경대학 응용통계학과 졸업, 경제학사

이 수 기

현) 한양대학교 도시공학과 부교수(sugielee@hanyang.ac.kr)
2005년, Georgia Tech, 건축대학 졸업, 도시 및 지역계획 박사
1997년, 한양대학교 도시공학과 졸업, 도시공학 석사
1994년, 한양대학교 도시공학과 졸업, 도시공학 학사

임 업

현) 연세대학교 도시공학과 교수(uplim@yonsei.ac.kr)
2003년, 텍사스(오스틴) 대학교 도시 및 지역계획학과 졸업, 도시 및 지역계획학 박사
1996년, 서울대학교 환경대학원 환경계획학과 졸업, 도시계획학 석사
1992년, 서울대학교 신문학과(현 언론정보학과) 졸업, 문학사

제 2 판 **지역·도시경제학** 이론과 실증

2015년 9월 1일 제 1 판 발행
2019년 8월 10일 제 2 판 발행

공저자 김의준·김재홍·김호연·구교준·마강래·이수기·임 업
발행인 임 권 규
발행처 弘 文 社

05855 서울시 송파구 송파대로 167 테라타워 B동 802호
登錄 1993. 6. 24 第 1 – 1543 號
TEL : (02) 712 – 5311(代) FAX : (02) 716 – 5311
http://www.hongmoonsa.co.kr

값 30,000원

ISBN 978-89-7770-431-2 93320